AF338095

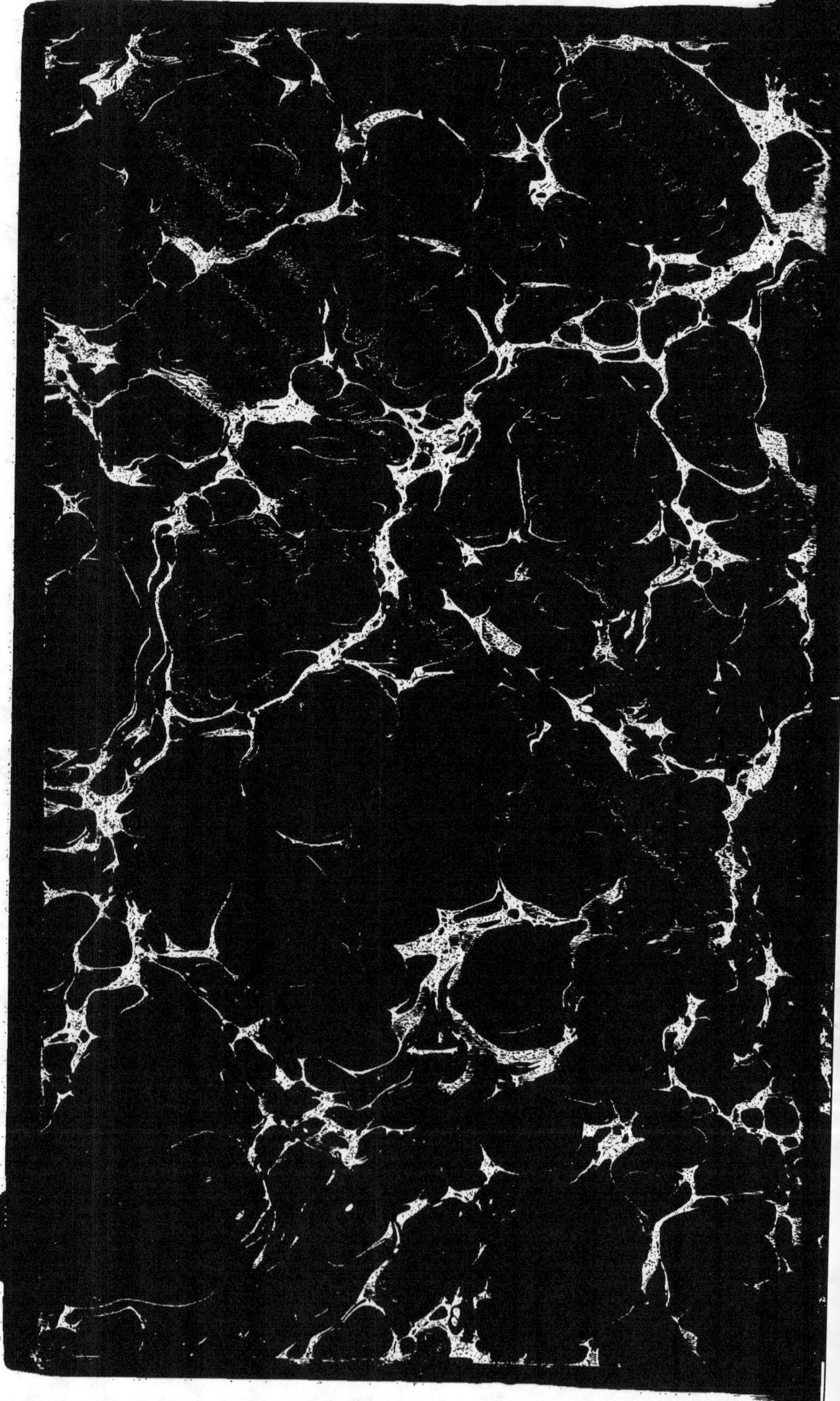

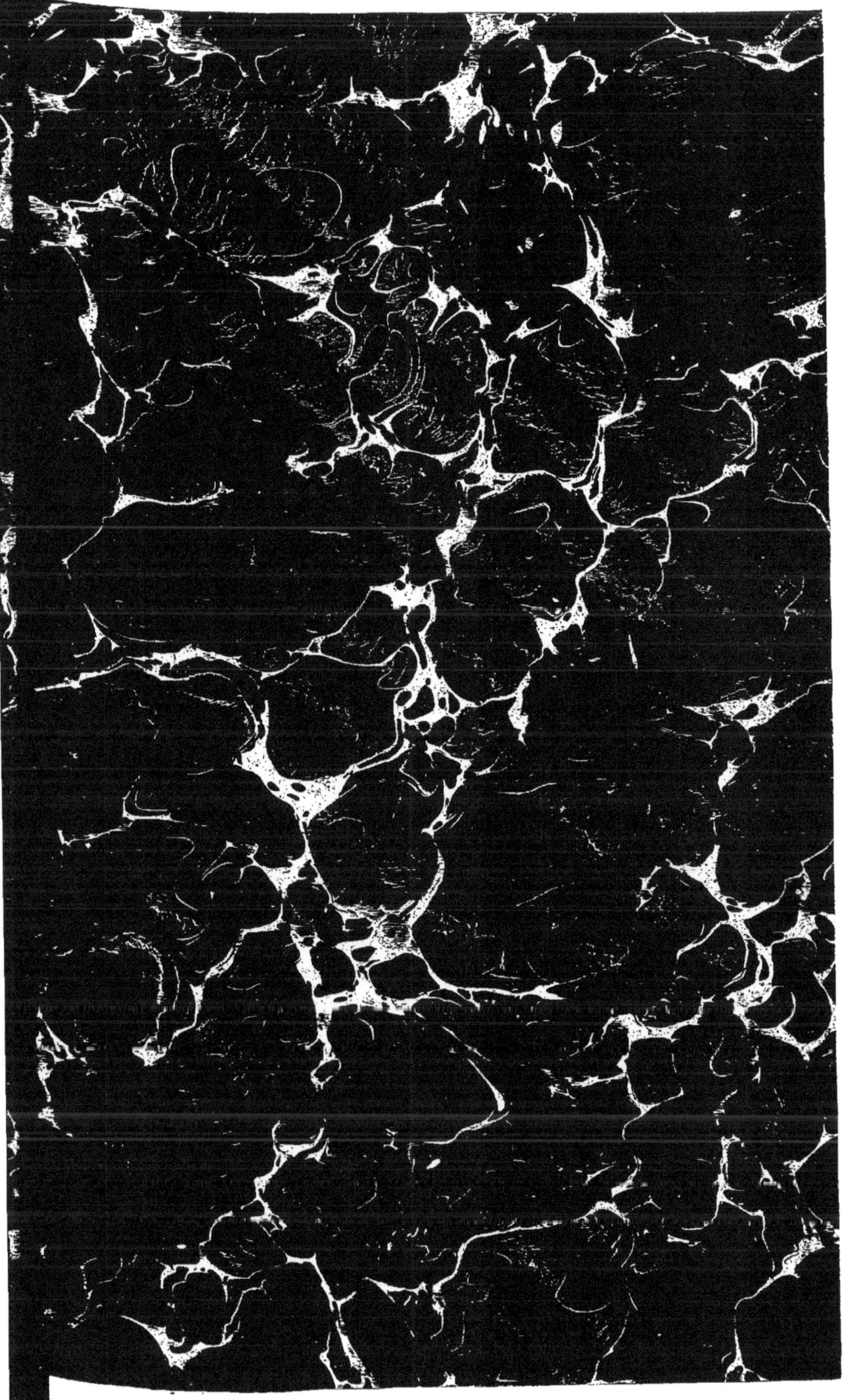

CODE CIVIL

PAR DEMANDES ET RÉPONSES

Paris. — Imp. Viéville et Capiomont, rue des Poitevins, 6.

CODE CIVIL

PAR

DEMANDES ET RÉPONSES

PAR

PROSPER RAMBAUD

DOCTEUR EN DROIT, — RÉPÉTITEUR DE DROIT

DEUXIÈME ÉDITION

ENTIÈREMENT REFONDUE, MISE AU COURANT DES NOUVELLES DISPOSITIONS LÉGISLATIVES

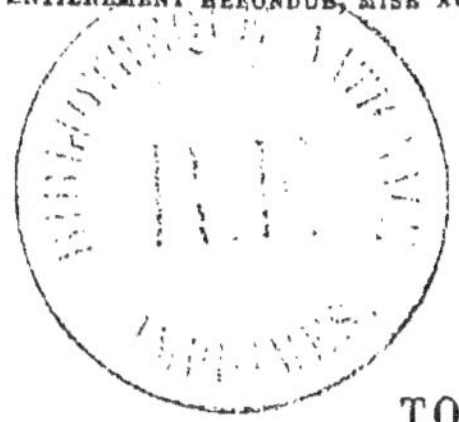

TOME DEUXIÈME

COMPRENANT LES MATIÈRES DU DEUXIÈME EXAMEN

(Art. 711 à 1386)

PARIS

MENARD ET DAVID, LIBRAIRES-ÉDITEURS

49, BOULEVARD SAINT-MICHEL, 49

1872

A M. VALETTE

PROFESSEUR A LA FACULTÉ DE DROIT DE PARIS

Vous avez bien voulu, mon honoré et savant maître, accepter l'hommage de ce travail; ce qui est pour lui une sorte de patronage. Cet encouragement que vous lui avez donné, vos conseils, vos critiques, votre bienveillance, ont été d'un grand prix pour moi. Je m'honore d'avoir à vous en remercier publiquement.

Ainsi que je vous l'ai exposé, ce livre n'est pas destiné à remplacer les cours; il doit servir, au contraire, à leur donner plus d'attrait et plus d'utilité, en y préparant l'esprit des jeunes gens. Il facilite la connaissance du droit; mais il n'a pas été fait pour dispenser d'une étude plus complète et plus étendue. Je me suis inspiré de cette maxime de Bacon, « que les jeunes gens et les débutants doivent être préparés par des livres élémentaires, avant d'aborder l'étude approfondie du droit. » *Præparandi sunt juvenes et novitii ad scientiam et ardua juris altius et commodius haurienda et imbibenda, per institutiones.* — Ces livres élémentaires, ajoutait Bacon, doivent être clairs et faciles : ils doivent parcourir toutes les parties du droit; ne rien omettre d'important, et observer sur tous les points une juste proportion.

C'est ainsi qu'un jurisconsulte remarquable, M. Le Sellyer, appréciait ce livre, lorsqu'il parut, il y a deux ans, pour la première fois : « Le livre de M. Rambaud, écrivait-il *dans la Revue bibliographique de droit*, est l'application de la règle tracée par Bacon. Il est clair, il parcourt tout le droit civil, ne garde le silence sur aucune partie, ne s'étend pas trop sur d'autres, présente de toutes un choix succinct, et lorsque le *juvenis*, le *novitius*, ce sont les expressions de Bacon, qui se le sera assimilé, commencera l'étude approfondie du corps des lois, rien ne sera entièrement nouveau pour lui, tout lui aura été enseigné par avance dans une proportion exacte et mesurée. Ainsi préparé par ce livre substantiel et élémentaire, il pourra, plus à fond et avec plus de facilité, puiser la science du droit et se pénétrer de ses notions les plus ardues. »

Voué depuis plusieurs années à l'enseignement du droit, j'apprécie autant que personne le mérite des traités qui ont déjà été publiés sur le Code civil. Mais je sais par expérience combien est dangereuse pour les débutants la multiplicité des détails qu'on y rencontre, et quelles difficultés ils éprouvent à reconnaître dans un sujet traité avec trop de développements les principes qui le dominent et qui forment un corps de doctrine. C'est ce qui m'a inspiré la pensée de composer un livre vraiment élémentaire, renfermant la substance de l'enseignement officiel, et destiné tout à la fois à préparer aux cours et à faciliter les examens; convaincu, d'ailleurs, que la notion claire et bien ordonnée des éléments du droit est éminemment propre à éveiller dans l'intelligence une noble curiosité, à faire naître le goût et l'attrait d'une étude plus approfondie.

Voilà pourquoi, mon honoré et savant maître, j'ai recherché vos suffrages. Votre enseignement, que tant de générations ont recueilli avec empressement, votre autorité doctrinale, qui a tant contribué à maintenir l'antique renommée de la Faculté de Paris, leur donnaient une valeur d'autant plus grande à mes yeux que je suis attaché à cette Faculté par le double lien d'une profonde reconnaissance pour mes anciens maîtres et d'une collaboration modeste, mais dévouée. — Je suis heureux d'avoir ici l'occasion d'exprimer ces sentiments, et je vous prie, ainsi que vos éminents collègues, de vouloir bien en accepter l'hommage.

Il me reste maintenant à dire quelques mots sur la méthode que j'ai employée.

Suivant l'exemple de M. Pigeau, une des gloires de la Faculté de Paris, j'ai adopté la forme de demandes et réponses. M. Pigeau motivait ainsi l'adoption de cette forme : « J'ai préféré, dit-il, *dans son Introduction à la procédure civile*, la forme par demandes et par réponses à la forme ordinaire, conseillée par plusieurs personnes, parce qu'elle est plus propre à inculquer les principes dans la mémoire; que, d'ailleurs, la plupart des étudiants s'examinant entre eux pour se préparer à l'examen sur la procédure, cette forme est plus commode pour leur faciliter cet exercice. »

Je puis donc invoquer en faveur de ma méthode l'opinion de M. Pigeau, comme j'ai, sous d'autres rapports, celle de Bacon. Toutefois, j'ai cru devoir apporter quelques modifications à cette méthode, en évitant de multiplier les demandes, et en ayant soin de les formuler, autant que possible, d'une façon brève et concise; de manière à ce qu'elles signalent à l'attention du lecteur les points importants de la matière, sans tomber dans des redites oiseuses et puériles.

J'ai suivi l'ordre et les divisions du Code. En tête de chaque titre, j'ai placé une courte exposition du sujet; mais je l'ai faite, à dessein, très-sommaire. Sous chaque chapitre, j'ai indiqué les articles du Code qui y sont expliqués; puis, j'ai cité séparément chaque article dans le commentaire. Dans les questions controversées, j'ai exposé brièvement les opinions les plus autorisées. — Les personnes qui voudraient étudier certains points avec plus d'étendue pourront consulter avec avantage le Traité de *Marcadé*, continué et terminé par un savant jurisconsulte, M. *Paul Pont*, conseiller à la Cour de cassation.

Le *Code civil par demandes et réponses* forme trois volumes, qui embrassent tout le droit civil, et qui comprennent chacun la matière d'un examen.

Qu'il me soit permis, en terminant, de remercier les savants professeurs de nos facultés de droit, qui, lors de la publication du Ier volume de cette édition, ont bien voulu me faire parvenir leurs encouragements et leurs conseils. Ils m'ont donné l'assurance que mon œuvre serait utile à la jeunesse studieuse des Écoles de droit. C'est là ma seule ambition.

Paris, 31 juin 1872.

Prosper RAMBAUD.

CODE CIVIL

PAR DEMANDES ET RÉPONSES

LIVRE TROISIÈME

DES DIFFÉRENTES MANIÈRES DONT ON ACQUIERT LA PROPRIÉTÉ

On sait que le Code civil se divise en un titre préliminaire et en trois livres.

Dans le premier volume de cet ouvrage, nous avons étudié le titre préliminaire, relatif à l'application des lois en général, et les deux premiers livres du Code, qui traitent des personnes et des biens. Nous allons maintenant aborder l'étude du troisième livre, qui s'occupe des différentes manières d'acquérir la propriété. Conformément à l'ordre du Code et au programme de l'enseignement officiel, nous diviserons notre travail de la manière suivante :

§ I. — Dispositions générales.
Titre I. — Des successions.
Titre II. — Des donations.
Titre III. — Des contrats ou obligations.

Ici se terminera notre second volume. — Après la théorie générale des contrats, nous nous occuperons des différents contrats particuliers, tels que le mariage, la vente, le louage, la société, le prêt, etc. Puis, nous étudierons les droits réels de priviléges et d'hypothèques. Enfin, nous nous arrêterons en dernier lieu à la prescription, qui se trouve à la fin du Code, et qui se placera également à la fin du troisième et dernier volume de cet ouvrage.

DISPOSITIONS GÉNÉRALES

DES DIFFÉRENTES MANIÈRES D'ACQUÉRIR
Articles 711 à 717.

Qu'est-ce qu'acquérir?

Acquérir, c'est recevoir la propriété d'une chose. On acquiert par voie d'aliénation ou par voie d'occupation : par voie d'aliénation, lorsque la chose qui est transmise appartenait à autrui; par voie d'occupation, lorsqu'elle n'appartenait à personne.

Aliéner, c'est transférer à autrui son droit sur une chose. L'aliénation peut avoir lieu de plusieurs manières : par vente, par échange, par donation, etc. D'où il suit que l'expression d'*aliéner* a un sens beaucoup plus étendu que celle de *vendre;* car elle comprend toute transmission quelconque à autrui du droit qu'on a sur une chose, tandis que la vente est seulement un mode particulier de transmission.

Comment faut-il classer les différentes manières d'acquérir la propriété?

Les différentes manières d'acquérir la propriété peuvent être classées de trois manières. Elles sont :

1º Originaires ou dérivées.

2º A titre onéreux ou à titre gratuit.

3º A titre universel ou à titre particulier.

On acquiert par un mode *originaire*, lorsqu'on devient propriétaire d'une chose qui n'appartenait à personne : telle est l'*occupation*, et, dans la plupart des cas, l'*accession*. — On acquiert par un mode *dérivé*, lorsqu'on devient propriétaire d'une chose qui appartenait à autrui : telles sont la *tradition* et la *convention*, par lesquelles on fait entrer dans son patrimoine des choses qui étaient auparavant dans le patrimoine d'une autre personne.

On acquiert à *titre onéreux*, lorsqu'on fournit l'équivalent de la chose qu'on reçoit : tels sont les contrats de *vente* et d'*échange*. — On acquiert à *titre gratuit*, lorsqu'on reçoit une chose sans en fournir l'équivalent : telle est la *donation*.

On acquiert enfin à *titre universel*, lorsqu'on reçoit d'une personne, non pas tel objet déterminé, mais l'universalité de ses biens ou une quote-part de cette universalité : telles sont, en général, les *successions ab intestat*, sauf le cas des *successions anomales* de l'adoptant, de l'ascendant donateur ou des frères et sœurs légitimes d'un enfant naturel. — On acquiert, au contraire, *à titre particulier*, lorsqu'on reçoit d'une personne un ou plusieurs biens déterminés : tels sont, en général, les contrats de *vente, échange, donation*, etc.

Cette distinction des modes d'acquisition en plusieurs classes n'est pas sans intérêt. — Effectivement, lorsqu'on acquiert par un mode originaire, tel que l'occupation, on n'a qu'un droit de propriété incomplet, puisqu'on ne peut pas revendiquer les animaux sauvages lorsqu'on a cessé de les détenir. L'acquisition à titre gratuit est soumise à certaines conditions résolutoires, telles que le rapport, la réduction, l'ingratitude, etc., tandis que l'acquisition à titre onéreux a lieu ordinairement d'une manière définitive. Enfin, l'acquisition à titre universel oblige à supporter les charges afférentes à la quotité des biens qu'on recueille, tandis que l'acquisition à titre particulier a lieu ordinairement sans charges.

Quelles sont les différentes manières d'acquérir la propriété ?

Aux termes des articles 711 et 712, la propriété des biens s'acquiert de cinq manières, savoir :

1° *Par les successions ab intestat ou testamentaires.* — Les successions *ab intestat* sont dévolues par la loi aux plus proches parents du défunt. Les successions testamentaires sont dévolues, suivant la volonté du défunt, aux personnes désignées par lui.

2° *Par les donations entre-vifs.* — Toutefois, on peut dire que les donations entre-vifs constituent une cause, plutôt qu'un moyen d'acquisition. Effectivement, si elles ont pour objet une chose individuellement déterminée, la translation de propriété au donataire a lieu par l'effet de la convention; et si elles ont pour objet une chose déterminée seulement quant à son espèce, elle s'opère par la tradition de la chose aux mains du donataire.

3° *Par l'effet des obligations.* — Toutefois cette formule n'est pas exacte : actuellement, la translation de propriété a lieu par le seul consentement des parties ou par la tradition. Elle s'opère par le seul consentement des parties, ou, en d'autres termes, par l'effet de la convention, lorsqu'il s'agit de choses déterminées seulement dans leur espèce. Quant aux obligations, elles ne transfèrent pas la propriété; mais elles fournissent au créancier ou à l'acquéreur un moyen de coercition pour contraindre le vendeur à livrer la chose qu'il a promise ou transférée par la convention.

4° *Par accession ou incorporation.* — On comprend sous le nom d'accession les diverses sortes d'acquisitions qui ont lieu en vertu du principe : *Accessorium sequitur principale.* Telles sont les alluvions, les constructions et plantations élevées sur un terrain, la spécification, le mélange, etc.

5° *Par prescription.* — La prescription est un moyen d'acquérir par la possession d'une chose pendant un certain temps et sous certaines conditions.

Les articles 711 et 712 ne mentionnent pas d'autres modes d'acquisition; mais c'est à tort, car la propriété peut encore s'acquérir :

6° *Par la tradition.* — La tradition est un moyen d'acquérir qui résulte de la remise qu'une personne fait à une autre de la possession d'une chose avec l'intention de lui en transférer la propriété.

7° *Par la perception.* — La perception est un moyen d'acquérir les fruits de la chose d'autrui qu'on possède avec bonne foi et juste titre.

8° *Par la loi.* — On acquiert par la loi, lorsqu'on devient propriétaire d'une chose par le seul effet d'une disposition législative, et indépendamment de toute autre cause d'acquisition et notamment du fait de l'homme. C'est ainsi que l'article 384 du Code accorde aux père et mère l'usufruit légal des biens personnels de leurs enfants mineurs et non émancipés.

9° *Par l'occupation.* — L'occupation est un moyen originaire d'acquérir qui consiste à prendre possession d'une chose qui n'appartient à personne. (Art. 711, 712.)

Peut-on acquérir par occupation toutes les choses qui n'appartiennent à personne ?

Non; les choses qui n'ont pas de maître sont acquises, suivant les cas, tantôt par l'État et tantôt par le premier occupant. L'État devient propriétaire des immeubles qui n'ont pas de maître, ainsi que des successions en déshérence. Mais les animaux sauvages, les meubles abandonnés, les plantes ou herbages qui naissent dans la mer et le trésor deviennent la propriété du premier occupant. — Pour les animaux pris à la chasse ou à la pêche, un arrêt de la cour de cassation, du 29 avril 1862, décide que l'occupation est censée exister dès que l'animal ne peut plus se soustraire à la poursuite du chasseur.

En outre, il est des choses qui n'appartiennent à personne et dont l'usage est commun à tous, comme l'air, la mer et ses rivages. — Des lois de police règlent la manière d'en jouir. (Art. 713, 714.)

A qui appartient le droit de chasse ?

Autrefois, le droit de chasse était attaché à certains fonds et réservé à certaines personnes. Depuis la loi du 30 avril 1790, il appartient à tout le monde, ou du moins toute personne a la jouissance du droit de chasse, puisque toute personne a la faculté d'acquérir par occupation des animaux sauvages. Seulement, comme on ne peut pas chasser sur le fonds d'autrui sans sa permission expresse ou tacite, l'exercice de ce droit n'appartient qu'au propriétaire sur son terrain. — Il en résulte que le chasseur est propriétaire de l'animal pris à la chasse sur le terrain d'autrui ; mais qu'il peut être condamné à une amende pour avoir porté atteinte au droit de propriété du maître du terrain, lorsqu'il y chasse malgré sa défense.

Dans l'intérêt des récoltes et du gibier, le droit de chasse a été assujetti à des règles particulières, notamment par la loi du 3 mai 1844. — Nul ne peut chasser, si ce n'est en vertu d'un permis délivré par l'administration, et seulement dans le temps où la chasse est ouverte par le préfet. Toutefois, on peut chasser sur son fonds sans permis et en tout temps, s'il est enclos et attenant aux habitations ; car il se confond alors avec le domicile, qui est inviolable et sacré. (Art. 715.)

A qui appartient le droit de pêche ?

La jouissance du droit de pêche appartient à tout le monde, puisque tout le monde peut acquérir par occupation les poissons pris à la pêche, mais l'exercice de ce droit n'appartient qu'au propriétaire des eaux où se trouve le poisson. — Ainsi, toute personne peut pêcher dans la mer, parce qu'elle est une chose commune ; mais l'État a seul le droit de pêche dans les rivières navigables ou flottables, qui lui appartiennent ; et, pareillement, les riverains ont seuls le droit de pêche dans les rivières non navigables ni flottables, sur lesquelles on leur reconnaît un droit analogue à celui de la propriété. Il est vrai que la pêche à la ligne flottante est libre partout; mais c'est par tolérance.

L'exploitation de la pêche sur les rivières navigables ou flottables est cédée par l'État à des fermiers, soit par la voie de l'adjudication publique, soit par la concession de *licences* à prix d'argent. Les portions de rivières affermées ou concédées divisément prennent le nom de *cantonnements*.

Au surplus, les fermiers de l'État ou les propriétaires riverains ne peuvent exercer le droit de pêche qu'en se conformant aux règlements administratifs, tant pour les instruments que pour les époques de la pêche. (Art. 715.).

Qu'est-ce qu'un trésor?

Aux termes de l'article 716, le trésor est toute chose cachée ou enfouie sur laquelle personne ne peut justifier sa propriété, et qui est découverte par le pur effet du hasard.

La dernière partie de cette définition, *et qui est découverte par le pur effet du hasard*, est de trop. Pour qu'une chose soit un trésor, il suffit de deux conditions : 1° qu'elle ait été cachée ou enfouie; 2° que personne ne puisse justifier de son droit de propriété. — Quant à la question de savoir si le trésor a été découvert par hasard ou par l'effet des recherches, elle n'a d'importance que pour déterminer à qui le trésor doit appartenir.

Au reste, la chose trouvée ne serait pas un trésor si elle n'avait pas été cachée ou enfouie. Ce serait alors une chose abandonnée par le propriétaire, et destinée à devenir la propriété du premier occupant.

A qui appartient le trésor?

Il faut distinguer :

Si le trésor a été découvert par le propriétaire du fonds où il était enfoui, soit par hasard, soit par l'effet des recherches qu'il a ordonnées, il lui appartient en totalité.

S'il a été découvert par un tiers sur le fonds d'autrui, mais que ce soit à la suite de recherches *qui n'avaient pas été ordonnées par le propriétaire du fonds*, il appartient également en totalité à ce dernier. — En effet, les recherches faites sur le fonds d'autrui, sans le consentement du propriétaire, constituent une violation de la propriété, et cette violation ne peut pas servir de juste cause d'acquisition pour celui qui s'en est rendu coupable.

Enfin, si le trésor a été découvert par un tiers, *et par le pur effet du hasard*, il appartient pour une moitié à l'inventeur et pour l'autre moitié au propriétaire du fonds dans lequel il se trouvait caché. Ce partage équivaut à une sorte de transaction entre les droits de l'inventeur sur une chose qui n'a pas de maître, et ceux du propriétaire du fonds sur une chose qui avait probablement été enfoui dans son fonds par des personnes auxquelles il a succédé. (Art. 716.)

Qu'entend-on par épaves?

On entend par *épaves*, les choses perdues ou égarées.—Les épaves sont maritimes ou ordinaires. Les épaves *maritimes* comprennent les plantes ou herbages qui croissent dans la mer ou sur ses rivages, ainsi que les objets naufragés ou jetés à la mer pour alléger le navire. Les épaves *ordinaires* comprennent les objets mobiliers perdus ou égarés ailleurs qu'en mer.

A qui appartiennent les épaves?

Il faut distinguer :

L'acquisition des épaves *maritimes* est régie par des lois particulières, et notamment par l'ordonnance de la marine de 1681. Aux termes de cette ordonnance, les objets qui n'ont jamais appartenu à personne sont attribués à ceux qui les ont retirés des flots.—S'ils ont été trouvés sur les grèves, ils appartiennent pour un tiers à l'inventeur et pour les deux autres tiers à l'État.—Quant aux objets provenant de naufrages, ils appartiennent à l'inventeur, si le propriétaire ne les a pas réclamés dans le délai de deux mois.

Les épaves ordinaires sembleraient devoir appartenir à l'État par application des articles 539 et 713, qui lui attribuent les choses qui n'ont pas de maître. Elles sont néanmoins régies par des dispositions particulières, et notamment par une circulaire du ministre des finances, en date du 5 août 1825.—Cette circulaire dispose que les objets trouvés doivent être déposés entre les mains de la justice. Lorsqu'ils n'ont pas été réclamés dans le délai de trois ans, l'inventeur peut se les faire remettre et en acquérir la propriété.

Quelques auteurs, notamment M. Mourlon, critiquent cette circulaire : il vaudrait mieux, disent-ils, laisser la possession des objets trouvés à l'inventeur, en lui accordant la faculté d'en devenir propriétaire par prescription au bout de trente ans. Mais ce système est de pure fantaisie : en effet, la prescription de trente ans ne s'applique pas aux meubles ; et d'ailleurs la possession ne devient un élément de la prescription que si elle peut être facilement connue des tiers qui ont intérêt à la faire cesser, que si, en un mot, elle s'est exercée publiquement à l'encontre du prétendu propriétaire. L'inaction de celui-ci implique alors une reconnaissance tacite du droit du possesseur. Mais comment pourrait-il en être ainsi des objets trouvés qui seraient restés en la possession de l'inventeur? Comment le propriétaire de ces objets pourrait-il interrompre la prescription, lorsqu'il ne connaît pas quelles sont les personnes qui les possèdent?

Au reste, il ne faut pas confondre les choses perdues avec les choses abandonnées. La chose, qui est abandonnée, qui est rejetée par celui qui la possède, devient, par le fait de cet abandon, une chose commune, et, comme telle, elle appartient au premier occupant. — Au contraire, la chose qui a été perdue par son propriétaire continue néanmoins de lui appartenir et doit lui être restituée. C'est ainsi que les objets abandonnés sur la voie publique appartiennent à ceux qui veulent les recueillir. Mais il faut que les objets soient de peu de valeur pour qu'on puisse présumer qu'ils ont été abandonnés. (Art. 717.)

LIVRE III, TITRE I

Des successions.

Le mot *succession* s'emploie dans deux acceptions différentes. Il désigne tantôt l'ensemble des droits actifs et passifs laissés par un défunt, tantôt la transmission de ces mêmes droits à une ou plusieurs personnes survivantes.

Dans ce dernier sens, les successions peuvent être légitimes ou testamentaires, selon qu'elles sont déférées par la loi ou par la volonté du *de cujus*. On appelle *de cujus*, la personne dont la succession est ouverte, celui de la succession duquel il s'agit : *de cujus successione agitur*.

Les successions *légitimes*, qu'on appelle aussi successions *ab intestat*, sont déférées par la loi, soit aux héritiers, soit, à leur défaut, aux successeurs irréguliers. — Les successions *testamentaires* sont recueillies par les légataires, et, dans certains cas, par les donataires de biens à venir. Ces successions sont plus exactement qualifiées de legs : *Dieu seul pouvant faire un héritier*, d'après la vieille maxime.

On verra plus loin les différences importantes qui existent entre les divers successibles. Nous remarquerons seulement que les héritiers légitimes méritent seuls la qualification d'héritiers proprement dits, car ils sont seuls continuateurs juridiques du défunt. Les successeurs irréguliers, ainsi que les légataires et donataires de biens à venir, ne font que recueillir ses biens, sans représenter sa personne. C'est pourquoi ils sont désignés par le Code sous le nom de *successeurs aux biens*.

Nous nous occuperons d'abord des successions légitimes, déférées par la loi, et dans le titre suivant des successions testamentaires. — Conformément à l'ordre du Code, nous traiterons ici :

Chap. I. De l'ouverture des successions.
Chap. II. — Des qualités requises pour succéder.
Chap. III. — Des divers ordres de succession.
Chap. IV. — Des successions irrégulières.
Chap. V. — De l'acceptation et de la répudiation des successions.
Chap. VI. — Du partage et des rapports.

CHAPITRE PREMIER

DE L'OUVERTURE DES SUCCESSIONS ET DE LA SAISINE DES HÉRITIERS

Articles 718 à 724.

A quel moment s'ouvrent les successions ?

Aux termes des articles 718 et 719, les successions s'ouvrent par la mort naturelle et par la mort civile. Mais, comme la mort civile a été abolie par la loi du 31 mai 1854, les successions ne peuvent plus être ouvertes maintenant que par la mort naturelle.

Dans le cas d'absence, l'envoi en possession définitif produit, il est vrai, plusieurs résultats comparables à ceux de l'ouverture de la succession par la mort ; mais cet état de choses n'est que provisoire. Si l'on découvre plus tard l'époque du décès de l'absent, les droits des envoyés en possession pourront être anéantis, et la dévolution des biens héréditaires sera réglée d'après l'époque du décès. (Art. 718, 719.)

Comment prouve-t-on le décès du de cujus ?

En principe, le décès du *de cujus* se prouve au moyen de l'acte qui a été dressé par l'officier de l'état civil. — Si l'acte de décès ne mentionne pas le moment du décès, les intéressés pourront l'établir par toute espèce de preuve, même par témoins ou par de simples présomptions. — Si l'acte porte cette mention, la personne qui prétend que le décès a eu lieu à un autre moment que celui qui est indiqué, peut en faire la preuve, sans avoir besoin de s'inscrire en faux ; car l'article 79 du Code n'exige pas la mention du jour et de l'heure du décès, et dès lors cette mention, même lorsqu'elle émane directement de l'officier de l'état civil, n'a aucun caractère d'authenticité.

Est-il nécessaire de connaître le moment précis de la mort du de cujus ?

A cet égard, il faut faire une distinction. — En général, il n'est pas nécessaire de connaître exactement le jour et l'heure du décès ; il suffit de savoir que le *de cujus* est décédé, et que son héritier était conçu au moment du décès et qu'il lui a survécu. — Mais si l'héritier est lui-même décédé à peu près à la même époque et que la succession soit réclamée par ses représentants, il devient alors nécessaire de connaître exactement le moment précis du décès des deux co-mourants. Effectivement, si l'héritier a survécu de quelques instants au *de cujus*, il a recueilli sa succession et il l'a transmise en mourant à ses propres héritiers. Mais si, au contraire, il est décédé avant le *de cujus*, la succession a dû être recueillie par d'autres parents qui étaient appelés à succéder à son défaut. Par exemple, un père et un fils meurent dans la même journée : si le fils a survécu, il a recueilli la succession du père et il l'a transmise à ses héritiers, c'est-à-dire pour moitié à sa mère et pour une autre moitié à ses parents paternels. Mais, si c'est le père qui a survécu, sa succession est recueillie en totalité par ses parents à l'exclusion de la mère.

Comment établira-t-on l'ordre des décès, lorsque des personnes appelées à se succéder l'une à l'autre ont péri dans le même événement?

Aux termes de l'article 720, lorsque plusieurs personnes, respectivement appelées à la succession l'une de l'autre, périssent dans un même événement, sans qu'on puisse reconnaître laquelle est décédée la première, la présomption de survie est déterminée par les circonstances du fait, et, à leur défaut, par la force de l'âge et du sexe.

Il résulte de cette disposition que, dans le cas qui nous occupe, le juge peut recourir à des présomptions fondées sur l'âge et le sexe des co-mourants; mais qu'il ne doit recourir à ces présomptions qu'à défaut de tout autre moyen de preuve. Ainsi, les preuves qui résulteraient du témoignage des personnes qui ont été présentes à l'événement, celles qui résulteraient des vérifications matérielles et de l'inspection des corps par les médecins, enfin celles qui seraient tirées des circonstances du fait devront être admises avant les présomptions fondées sur l'âge ou le sexe des co-mourants. (Art. 720.)

Comment sont établies les présomptions de survie fondées sur l'âge des co-mourants?

A cet égard, la vie humaine a été partagée en trois périodes qui sont :

1° La période au-dessous de quinze ans révolus;

2° La période de quinze à soixante ans révolus;

3° La période au-dessus de soixante ans.

Si les personnes qui ont succombé dans le même événement

avaient toutes les deux moins de quinze ans, la plus âgée est présumée avoir survécu, parce qu'elle est censée avoir pu lutter plus longtemps contre la mort.

Si les deux personnes qui ont succombé dans le même événement avaient plus de quinze ans et moins de soixante ans révolus, c'est, au contraire, la moins âgée qui est présumée avoir survécu. — Effectivement, pendant la période de quinze à soixante ans, l'homme est considéré comme jouissant de la plénitude de sa force, et les différences entre deux individus étant, sous ce rapport, peu appréciables la plupart du temps, il y a lieu de penser qu'ils ont pu opposer une résistance égale à la mort qui les menaçait. On suit alors l'ordre naturel des choses, et l'on suppose que le plus jeune est mort le dernier.

Enfin, si les deux personnes qui ont succombé dans le même événement avaient plus de soixante ans révolus, la moins âgée est présumée avoir survécu. — Effectivement, durant cette période, les forces de l'homme vont en diminuant graduellement, et il est rationnel de supposer que la personne la moins âgée a opposé une plus forte résistance à la mort. (Art. 721.)

Dans quel cas la présomption de survie tirée du sexe des co-mourants est-elle admise?

La présomption de survie, tirée du sexe des co-mourants, n'est admise que lorsqu'ils sont l'un et l'autre âgés de quinze à soixante ans. Dans cette hypothèse, l'homme est réputé avoir survécu à la femme, lorsque leur âge est le même ou qu'ils ne sont séparés l'un de l'autre que par une année de différence. — Si la différence des âges excède une année, on rentre dans le droit commun, et le co-mourant qui était le plus jeune est présumé avoir survécu. (Art. 722.)

Que faut-il décider lorsque les co-mourants n'appartiennent pas à la même période?

Il faut distinguer :

Si l'un des co-mourants est dans la première période et l'autre dans la seconde, c'est-à-dire si l'un des co-mourants était âgé de moins de quinze ans révolus et si l'autre avait de quinze à soixante ans, ce dernier est présumé avoir survécu. — Effectivement, les forces sont plus développées dans la seconde période que dans la première.

Si l'un des co-mourants est dans la première période et l'autre dans la troisième, c'est-à-dire si l'un des co-mourants était âgé de moins de quinze ans révolus et si l'autre avait plus de soixante ans, le plus jeune est réputé avoir survécu. — Dans cette hypothèse, la faiblesse des co-mourants étant à peu près égale, il est rationnel de suivre l'ordre de la nature.

Enfin, si l'un des co-mourants est dans la seconde période et l'autre dans la troisième, c'est-à-dire si l'un des co-mourants était âgé de quinze à soixante ans et si l'autre avait plus de soixante ans, le plus jeune sera réputé avoir survécu. — Effectivement, les forces sont plus développées dans la seconde période que dans la troisième. (Art. 721, 722.)

Ces présomptions peuvent-elles être appliquées en dehors des cas exprimés par la loi?

Non ; les présomptions fondées sur l'âge ou le sexe des co-mourants étant de droit étroit, comme toutes les présomptions légales, ne doivent s'appliquer que dans les cas pour lesquels elles ont été spécialement établies. — Effectivement, ces présomptions reposent sur des probabilités assez faibles ; elles ne présentent pas par elles-mêmes une force probante suffisante. Si la loi les a néanmoins établies, c'est afin de donner aux juges le moyen de résoudre certaines questions qui, dans l'intérêt de l'ordre public, ne doivent pas rester en suspens. Mais, hors de là, il ne serait ni rationnel, ni équitable de pouvoir y recourir.

En conséquence, il faut décider que les présomptions fondées sur l'âge ou le sexe des co-mourants ne sont pas applicables : — 1° lorsque les co-mourants étaient appelés à se succéder l'un à l'autre, en vertu d'un testament par lequel ils se sont réciproquement institués légataires universels ; — 2° lorsque l'un d'eux seulement était appelé à la succession *ab intestat* de l'autre, sans qu'il y eût réciprocité ; — enfin, lorsqu'ils ne sont pas morts dans le même événement.

En ce qui concerne les dévolutions d'hérédité par testament notre décision a cet avantage qu'elle sert le vœu de la loi, laquelle est peu favorable aux successions testamentaires. En effet, les présomptions légales fondées sur l'âge ou sur le sexe des co-mourants ne pouvant s'appliquer lorsqu'il s'agit de ce genre de successions, les représentants des co-mourants qui se sont réciproquement institués légataires universels l'un de l'autre devront établir par des preuves directes la survivance de leur auteur, et, s'ils n'y parviennent pas, les deux testaments tomberont et la dévolution des biens aura lieu au profit des héritiers légitimes de chacun des co-mourants.

En ce qui concerne les dévolutions d'hérédité *ab intestat*, dans lesquelles l'un des co-mourants était appelé à succéder à l'autre sans qu'il y eût réciprocité, il faudra que les représentants de celui qui devait succéder à l'autre établissent par des preuves directes qu'il lui a survécu. — Ainsi, lorsque deux cousins germains sont morts dans un même événement, et que l'un a des enfants appelés à lui succéder, tandis que l'autre n'a pas d'héritiers plus proches que son co-mourant, il faudra que les représentants du co-mourant qui aurait succédé à son cousin s'il avait survécu établissent par des preuves directes la survie de leur auteur; faute de quoi ils seront écartés.

En résumé, dans tous les cas où les présomptions légales ne reçoivent pas d'application on rentre dans le droit commun, et les intéressés doivent établir par des preuves directes la survie du co-mourant dont ils invoquent les droits.—S'ils ne peuvent l'établir, les co-mourants sont présumés morts au même instant, et leur succession est dévolue comme elle le serait s'ils n'avaient jamais dû hériter l'un de l'autre.

En combien de classes divise-t-on les successibles ab intestat?

Les successibles *ab intestat* se divisent en deux classes, qui comprennent les héritiers légitimes et les successeurs irréguliers.

Les *héritiers légitimes* sont les parents légitimes du défunt jusqu'au douzième degré inclusivement. — Les *successeurs irréguliers* sont, aux termes de l'article 723, les enfants naturels, le conjoint survivant et l'État. Mais cette énumération est incomplète, et il faut y joindre les père et mère naturels et les frères et sœurs naturels, qui passent avant le conjoint survivant et l'État.

L'article 723 contient une autre inexactitude, lorsqu'il exprime que les successeurs irréguliers ne recueillent les biens héréditaires qu'à défaut des héritiers légitimes. Effectivement, les enfants naturels peuvent venir à la succession de leurs père et mère en concours avec les héritiers légitimes. (Art. 723.)

Quelles différences y a-t-il entre ces deux classes de successibles ab intestat?

Entre les héritiers légitimes et les successeurs irréguliers il existe trois différences principales :

1° Les héritiers légitimes représentent le défunt ; ils continuent sa personne juridique, et, par suite, ils sont tenus de ses dettes comme il en serait de lui-même, c'est-à-dire *in infinitum*, lors même qu'elles excèdent l'actif de la succession. — Au contraire, les successeurs irréguliers ne font que succéder aux biens héréditaires, sans représenter le défunt ni continuer sa personne juridique, et, par suite, ils ne sont tenus de ses dettes que jusqu'à concurrence de la valeur de la succession.

2° Les héritiers légitimes, étant tenus personnellement des dettes contractées par le défunt, ne peuvent pas se soustraire aux poursuites des créanciers héréditaires en faisant abandon des biens qu'ils ont recueillis dans la succession. — Au contraire, les successeurs irréguliers peuvent se décharger des dettes héréditaires en faisant abandon des biens ; car ils ne sont pas poursuivis comme personnellement obligés, mais simplement comme détenteurs de la succession.

3° Enfin, les héritiers légitimes ont la saisine, et les successeurs irréguliers ne l'ont pas. (Art. 724.)

Qu'est-ce que la saisine ?

La saisine est l'investiture légale de l'exercice des droits actifs et passifs du défunt. — Être saisi, c'est pouvoir immédiatement poursuivre les débiteurs héréditaires et être poursuivi par les créanciers de la succession.

La saisine a son origine dans le droit féodal. A cette époque, les seigneurs prétendaient avoir conservé le domaine direct sur tous les biens situés sur le territoire de leur seigneurie, en sorte que ces biens devaient leur faire retour à la mort des vassaux qui les avaient acquis. A la vérité, les héritiers du vassal décédé pouvaient en obtenir la rétrocession ; mais c'était à la condition d'acquitter certains droits, tels que les droits de *reliefs* pour les fiefs, et les droits de *rachat* ou de *saisine* pour les fonds roturiers. — Pour échapper au payement de ces droits, les légistes imaginèrent une fiction en vertu de laquelle les héritiers du vassal décédé étaient censés avoir reçu la possession des biens héréditaires des mains de leur auteur, ce qui les dispensait d'en demander la délivrance à leur seigneur. C'est ce qu'exprime la maxime : *le mort saisit le vif, son hoir le plus proche est habile à lui succéder ;* le défunt met en possession son plus proche héritier.

Suivant le Code, le mort saisit aussi le vif ; puisqu'aux termes de l'article 724 les héritiers légitimes sont saisis *de plein droit* des biens, droits et actions du défunt, sous l'obligation d'acquitter toutes les dettes et charges de la succession. En conséquence, ils peuvent dès l'ouverture de la succession, et sans avoir accompli préalablement aucune formalité, poursuivre les débiteurs du défunt, revendiquer ses biens contre les tiers détenteurs, agir, en un mot, de la même manière que le défunt pourrait le faire s'il vivait encore. — Au reste, l'héritier légitime qui est saisi à son insu n'est pas saisi malgré lui, comme cela se pratiquait en droit romain : il peut, à sa volonté, répudier la succession, ou ne l'accepter que sous bénéfice d'inventaire.

De même que les héritiers légitimes, les successeurs irréguliers acquièrent de plein droit la propriété de la succession. Mais ils n'en acquièrent pas de même la possession, et, par suite, ils ne peuvent pas exercer les actions qui appartenaient à leur auteur avant d'avoir obtenu un envoi en possession, soit du tribunal, soit, dans certains cas, des héritiers légitimes.

On voit qu'en résumé la différence qui sépare les héritiers légitimes des successeurs irréguliers, au point de vue de la saisine, consiste en ce que les premiers sont saisis, *ipso jure*, et à l'instant même, de l'exercice des droits et actions du défunt, tandis que les seconds, quoique investis de la propriété de ses biens, ne peuvent exercer ses actions avant d'avoir demandé leur envoi en possession.

Notons en passant que l'article 1006 confère également la saisine aux légataires universels, lorsqu'il n'existe pas d'héritiers réservataires et que le testament qui les a institués, est authentique. Nous aurons plus tard à revenir sur ce point.

CHAPITRE DEUXIÈME

DES QUALITÉS REQUISES POUR SUCCÉDER

Articles 725 à 730.

Qu'est-ce que succéder ?

Succéder, c'est venir prendre la place d'une personne décédée.

En principe, toute personne est capable de succéder. — Toutefois, certaines causes empêchent d'acquérir le droit de succession. et d'autres empêchent de le conserver. Les premières constituent l'*incapacité*; les autres constituent l'*indignité*.

Le Code traite ici de ces deux états d'incapacité et d'indignité.

Quelles sont les personnes incapables de succéder?

Pour succéder, dit le Code, il faut nécessairement exister à l'ouverture de la succession. — En conséquence, les artices 725 et 726 déclarent incapables de succéder :

1° Celui qui n'est pas encore conçu au moment de l'ouverture de la succession;

2° L'enfant qui n'est pas né viable;

3° Celui qui est mort civilement;

4° L'étranger qui ne peut pas invoquer en sa faveur le bénéfice de la réciprocité.

La mort civile a été abolie par la loi du 31 mai 1854. Mais cette loi a laissé subsister l'incapacité de recevoir par donation ou par succession, et la disposition du Code conserve encore sur ce point toute sa force prohibitive.

Quant à l'incapacité qui s'applique à l'étranger, dans le cas où il ne peut pas invoquer en sa faveur le bénéfice de la réciprocité, elle a également disparu depuis la loi du 14 juillet 1819, qui accorde à tous les étrangers indistinctement la faculté de recueillir les successions qui leur sont échues. — Seulement, l'article 2 de la loi de 1819 dispose que, dans le cas de partage d'une même succession entre des cohéritiers étrangers et des cohéritiers français, ceux-ci prélèveront, sur les biens situés en France, une valeur égale à celle des biens situés en pays étrangers dont ils seraient exclus en vertu des lois étrangères.

En résumé, pour être capable de succéder, il suffit, en général :

1° d'avoir été conçu au moment de l'ouverture de la succession;

2° d'être né vivant et viable.

La preuve de la conception doit être fournie par l'héritier lui-même ou par ses représentants. Quant à la viabilité, elle se présume en sa faveur, et c'est aux tiers qui la contestent à fournir la preuve du contraire. (Art. 725, 726.)

Pourquoi exige-t-on que l'enfant soit conçu au moment de l'ouverture de la succession?

Cette disposition a été introduite en vue d'exclure toute possibilité de succéder avant d'être conçu; ce qui avait lieu autrefois dans les substitutions, et ce qui a lieu encore aujourd'hui, mais seulement par exception, dans les cas de substitutions permises.

Conformément à la maxime romaine : « *Qui in utero est, perindè ac si in rebus humanis esset, custoditur, quotiens de commodo ejus agitur* », la loi considère l'enfant qui est conçu comme jouissant des mêmes droits que s'il eût été né, toutes les fois qu'il s'agit de ses intérêts.

Comment prouvera-t-on que le prétendu héritier était conçu au moment de l'ouverture de la succession?

D'après les articles 312 et 315, un enfant est réputé conçu dans la période comprise entre les cent quatre-vingts jours et les trois cents jours qui ont précédé sa naissance. Cette présomption, qui a été introduite dans le but de fournir les moyens de reconnaître la légitimité des enfants, est-elle applicable lorsqu'il s'agit de rechercher si l'héritier était conçu au moment de la mort du *de cujus?* — Il faut distinguer.

Lorsque la question de succession est liée à la question de légitimité, les présomptions établies par les articles 312 et 315 sont admissibles, et ces présomptions ne pourront être combattues par aucune preuve contraire. — Ainsi, lorsqu'un enfant est né moins de trois cents jours après la mort du mari, la présomption légale qui établit sa légitimité lui confère en même temps des droits irrécusables à l'hérédité de son père. En effet, on ne peut pas, en ce qui concerne sa légitimité, reconnaître qu'il était conçu au moment de la mort de son père, et, d'autre part, l'écarter de la succession, sous prétexte qu'il n'était pas encore conçu à cette époque.

Au contraire, ces présomptions ne doivent point être admises, lorsque la question de succession n'est pas liée à celle de légitimité; car les présomptions légales ne peuvent être invoquées que dans les cas en vue desquels elles ont été spécialement établies. Est-ce à dire, comme le font entendre de graves auteurs, que l'enfant devra, dans cette hypothèse, fournir la preuve directe qu'il était conçu au moment de la mort du *de cujus?* la preuve directe de sa conception! Mais comment pourrait-il la fournir, puisque le moment de la conception est un fait invisible, qui échappe aux investigations.

La question, à notre avis, doit se résoudre par une nouvelle distinction. Comme toutes les présomptions légales, en général, les présomptions des articles 312 et 315 reposent sur des données probables, elles sont conformes aux faits habituels, à l'ordre ordinaire des choses, au moins lorsqu'on ne les pousse pas à leur extrême limite. Par conséquent, elles ne laissent pas que d'avoir une certaine force probante, même dans les cas où la loi n'en fait pas des moyens de preuve. Seulement, alors, la force probante qu'elles présentent en elles-mêmes étant assez faible, elle peut être combattue et détruite par la preuve contraire, si l'adversaire est en mesure de la fournir.

Ce principe mis en lumière, il est facile d'en tirer des conséquences pour l'espèce qui nous occupe. L'enfant, disons-nous, ne peut pas invoquer les présomptions légales des articles 312 et 315, en tant que présomptions légales, mais alors, de deux choses l'une : ou bien il peut invoquer les données probables sur lesquelles elles reposent, et alors il n'a pas besoin d'autre preuve; ou bien, au contraire, ces données probables sont contre lui, et alors il doit fournir une preuve directe pour les faire tomber. Examinons ces deux hypothèses.

1° Si l'enfant est né moins de neuf mois après la mort du *de cujus*, il lui suffira d'invoquer le fait habituel, la durée ordinaire de la gestation, pour établir qu'il était conçu au moment du décès de celui-ci; seulement, comme c'est là une simple présomption de fait, les intéressés pourront la combattre et démontrer, par exemple, au moyen d'un rapport de médecine, que la gestation a été plus courte qu'elle ne l'est habituellement.

2° Si l'enfant est né plus de neuf mois après la mort du *de cujus*, ses adversaires pourront, à leur tour, invoquer le fait habituel, la durée ordinaire de la gestation, qui ne dépasse pas neuf mois : pour faire tomber cette présomption, l'enfant devra opposer une preuve contraire et directe. Ainsi, il opposera, par exemple, un rapport de médecin constatant que la gestation a été plus longue qu'elle ne l'est habituellement. — Ici, il importe d'observer que si la question de succession était liée à la question de légitimité l'enfant pourrait invoquer la présomption légale jusqu'au dixième mois inclusivement. Mais, comme c'est en faveur de la légitimité qu'on a compris le dernier mois, et que la durée ordinaire de la gestation est de neuf mois seulement, l'enfant qui veut établir sa conception aura la charge de la preuve, s'il est né plus de neuf mois après la mort du *de cujus*.

En résumé, on prouvera que l'héritier était conçu au moment

de la mort du *de cujus :* 1° Par les présomptions légales des articles 312 et 315 ; 2° à défaut de ce moyen, par des présomptions de fait, tirées de la durée habituelle de la grossesse ; 3° à défaut des moyens précédents, par la preuve directe résultant des circonstances particulières de l'accouchement.

Dans quel cas la question de succession est-elle indépendante de la question de légitimité ?

La question de succession est indépendante de la question de légitimité, par exemple, dans le cas où un frère du *de cujus* est appelé à recueillir sa succession en concours avec le père et la mère. Le frère du défunt, étant né, comme nous le supposons, du vivant de ses père et mère, il n'est pas question de sa légitimité, qui est hors de doute. Mais sa vocation à la succession pourra, au contraire, donner lieu à des débats, s'il est né, par exemple, huit mois après la mort du *de cujus*. En effet, dans ce cas, l'enfant peut très-bien être considéré comme légitime, sans qu'il doive pour cela être considéré comme héritier de son frère.

Est-il nécessaire de prouver que l'héritier est né vivant et viable ?

Aux termes de l'article 725, il ne suffit pas que l'héritier ait été conçu au moment de la mort du *de cujus ;* il faut, de plus, qu'il soit né vivant et viable.

Mais il existe une différence importante entre la preuve de la conception de l'enfant au moment du décès du *de cujus* et celle de sa viabilité. C'est à l'enfant ou à ses représentants à établir que la conception a eu lieu avant le décès du *de cujus* et que l'enfant est né vivant. Mais une fois ces deux faits établis par eux, ils n'ont plus rien à prouver, et c'est aux opposants à démontrer que l'enfant qui était conçu au moment de la mort du *de cujus*, et qui est né vivant, n'était pas né viable. Effectivement, suivant l'ordre ordinaire des choses, l'enfant qui naît vivant naît viable.

On peut établir que l'enfant est né vivant, soit par l'acte de naissance, soit par le témoignage des personnes qui étaient présentes à l'accouchement. Quant à la non-viabilité, les adversaires de l'enfant pourront également l'établir par toute espèce de moyens.

La *viabilité* est l'aptitude à vivre de la vie extra-utérine. Le législateur ne tient aucun compte d'une existence éphémère et souvent douteuse. D'ailleurs, il aurait été peu équitable de grever les héritiers définitifs des frais de mutation et autres, qui résulte-raient d'une succession deux fois transmise du défunt jusqu'à eux.

Qu'est-ce que l'indignité ?

L'indignité est un fait qui empêche un héritier de conserver la succession qu'il a recueillie.

L'indignité ne frappe que les personnes capables de succéder, car il est bien évident qu'il n'y aurait pas lieu de l'employer contre une personne exclue déjà par une cause antérieure. — Ainsi, l'indigne a les qualités requises pour hériter, et, jusqu'à ce qu'un jugement l'en ait privé, il aura la succession.

Quelles sont les personnes indignes ?

Aux termes de l'article 727, sont indignes de succéder, et, comme tels, exclus des successions :

1° L'héritier qui a été condamné pour avoir donné ou tenté de donner la mort au défunt ;

2° Celui qui a porté contre lui une accusation capitale, jugée calomnieuse ;

3° Celui qui, étant majeur, n'a pas dénoncé à la justice le meurtre du défunt, dont il avait connaissance ;

1° *L'héritier qui a été condamné pour avoir donné ou tenté de donner la mort au défunt.* — Il ne suffit pas qu'il y ait eu meurtre ou tentative de meurtre, il faut encore que l'acte criminel soit constaté et prouvé judiciairement. Pas de déclaration d'indignité possible sans condamnation préalable. — Au reste, le vœu de la loi en cette matière paraît être de poursuivre l'intention coupable, et non l'accident ou le malheur. Ainsi, il n'y aurait pas lieu de prononcer l'indignité contre celui qui aurait occasionné la mort du *de cujus*, soit par imprudence, soit en état de légitime défense ou de folie, soit enfin sans avoir encore un discernement suffisant. Toutefois, on admet généralement qu'il y aurait lieu de déclarer l'indignité si le meurtre avait été seulement jugé excusable, comme ayant été commis par suite de provocation ; car l'admission d'une excuse atténuante ne fait pas disparaître la criminalité de l'acte. Elle la diminue, sans doute, mais elle ne laisse pas moins subsister une condamnation contre l'héritier, pour avoir donné ou tenté de donner la mort au défunt.

2° *L'héritier qui a porté contre le défunt une accusation capitale jugée calomnieuse.*

Ici, deux conditions sont nécessaires pour qu'il y ait indignité.

Il faut : 1° que l'héritier ait porté contre le défunt une accusation capitale ; 2° que cette accusation ait été jugée calomnieuse. — Observons d'abord que ces expressions *ait porté une accusation* sont inexactes : le ministère public a seul le droit d'accusation ; un particulier ne peut que faire une dénonciation, ou porter une plainte. — Quoi qu'il en soit, il faut que la plainte ou la dénonciation dirigée par l'héritier contre le défunt soit de nature à entraîner une peine *capitale*. Sous l'empire du Code, les peines capitales étaient la mort naturelle et la mort civile. Mais, depuis l'abolition de la mort civile par la loi du 31 mai 1854, la mort naturelle est la seule peine capitale. — L'article 727 ajoute que cette accusation doit avoir été jugée calomnieuse. D'où il suit que si le *de cujus* n'a point attaqué et fait condamner son héritier comme calomniateur, celui-ci ne pourra être déclaré indigne.

3° *L'héritier majeur qui, instruit du meurtre du défunt, ne l'a pas déclaré à la justice.*

Cet héritier est considéré comme coupable d'une grave indifférence en ce qui concerne le meurtre de son auteur. Au reste, ni le mineur, ni ceux qui lui sont assimilés par la loi, tels que le fou et l'interdit, ne devront souffrir de leur défaut de dénonciation.

Suivant l'article 728, le défaut de dénonciation ne peut pas non plus être opposé à l'héritier qui serait un ascendant ou un descendant du meurtrier, ou qui serait son conjoint, son frère ou sa sœur, son oncle ou sa tante, son neveu ou sa nièce, ou son allié au même degré. — Le Code semble, il est vrai, n'admettre d'excuse pour les alliés qu'autant ils se trouvent alliés à titre d'ascendants ou de descendants ; mais on convient généralement qu'il y a une erreur de rédaction et que ces expressions *alliés au même degré* doivent être reportées à la fin de l'article, et s'appliquer aux alliés dans la ligne collatérale, aussi bien qu'aux alliés dans la ligne ascendante ou descendante.

Il est à remarquer que l'article 728 arrivera souvent à un résultat contraire à celui qu'il s'est proposé. En effet, l'héritier sera précisément obligé de faire connaître que le meurtrier est son parent, pour prouver qu'il n'était pas obligé de le dénoncer. — Dans un cas cependant cette contradiction n'aura pas lieu : c'est quand le meurtrier sera déjà connu au moment où l'on poursuit son parent comme indigne. Celui-ci n'aura pas alors à le dénoncer comme indigne, mais seulement à déclarer sa parenté avec lui, pour s'excuser de ne l'avoir pas dénoncé. — Ajoutons que l'héritier qui aurait été condamné comme indigne pourrait faire réformer la condamnation, s'il était encore dans les délais de l'appel ou de la requête civile, en prouvant que ses adversaires étaient de mauvaise foi, et qu'ils connaissaient la cause légitime de son silence. (Art. 727, 728.)

Quelles sont les personnes qui peuvent intenter l'action en indignité ?

L'action en indignité peut être intentée par toutes les personnes qui y ont un intérêt né et actuel : par les cohéritiers de l'indigne, ou, à leur défaut, par les successibles du degré subséquent. — Mais les créanciers des héritiers ne pourraient pas intenter cette action, par la raison que l'article 1166 n'autorise les créanciers à exercer les droits et actions de leur débiteur que dans le cas où ils ne sont pas exclusivement attachés à la personne. Or, l'action en indignité nous semble, par son caractère personnel, rentrer dans la prohibition de la loi. On peut ajouter que les créanciers des héritiers n'ont jamais dû compter que leur débiteur aurait l'occasion de s'enrichir par suite de la faute d'un cohéritier.

L'action en indignité ne peut être intentée qu'après l'ouverture de la succession à laquelle l'indigne est appelé ; car ce n'est qu'à ce moment-là que ses cohéritiers ou les successibles du degré subséquent ont un intérêt né et actuel à la faire prononcer. — En outre, comme l'indignité est une véritable peine, elle ne pourra être prononcée que si l'indigne est encore vivant.

Quels sont les effets de l'indignité par rapport à l'indigne ?

Aux termes de l'article 729, l'héritier exclu de la succession pour cause d'indignité est tenu de restituer aux ayants droit tous les fruits et revenus dont il a eu la jouissance depuis l'ouverture de la succession. Tous les droits actifs et passifs qui s'étaient éteints par confusion revivent, comme s'ils n'avaient jamais cessé d'exister. — En un mot, l'effet de l'indignité, par rapport à l'indigne, c'est de remettre les choses dans l'état où elles étaient avant qu'il eût été saisi de la succession. (Art. 729.)

Quels sont les effets de l'indignité par rapport aux tiers ?

L'indignité n'a aucun effet rétroactif par rapport aux tiers qui ont contracté de bonne foi avec l'indigne antérieurement au jugement qui l'a flétri, en le croyant apte à conserver la succession qu'il avait recueillie. En conséquence, tous les actes qu'ils auront faits avec lui, tous les droits qu'ils auront acquis devront être respectés, sauf aux héritiers qui prendront la place de l'indigne à recourir contre lui.

Quant aux actes qui auraient été faits par l'indigne après le jugement d'indignité, ils peuvent être critiqués. Mais on devra maintenir les actes conservatoires qu'il aurait faits au profit de l'hérédité; car, autrement, ce serait préjudicier aux héritiers qui prennent sa place.

Quels sont les effets de l'indignité par rapport aux enfants de l'indigne?

Comme l'indignité est une peine qui doit frapper exclusivement le coupable, les enfants de l'indigne ne sont pas exclus de la succession par la faute de leur père : seulement, ils ne peuvent la recueillir que de leur propre chef, et non par représentation. — Ainsi, lorsque le défunt laisse seulement un fils qui est déclaré indigne, les enfants de ce fils viennent de leur chef recueillir la succession de leur aïeul. Mais si le défunt a laissé deux fils, dont l'un est déclaré indigne, les enfants de celui-ci sont exclus par leur oncle; car ils ne pourraient prétendre à la succession que par représentation de leur père, et, comme nous l'avons dit, la représentation ne saurait avoir lieu à leur profit.

Au surplus, l'article 730 n'avait pas besoin de dire que les enfants de l'indigne n'ont pas le bénéfice de la représentation. Comment pourraient-ils l'avoir? On ne représente qu'un héritier qui était décédé au moment de l'ouverture de la succession. Or, l'indignité ne peut être prononcée que si l'héritier a survécu au *de cujus*. — Notre article ne peut donc se justifier qu'en ce qu'il empêche des discussions qui, à la rigueur, eussent pu s'élever sur le point de savoir si les enfants de l'indigne ne devraient pas être écartés, même quand ils viennent de leur chef. (Art. 730.)

Quelle différence y a-t-il entre l'incapacité et l'indignité?

L'incapacité et l'indignité diffèrent principalement sous deux rapports.

D'abord, comme l'incapable n'a jamais été héritier, il n'a pu faire en cette qualité aucun acte qui soit valable, tandis que l'indigne, ayant été héritier, a pu valablement contracter avec les tiers de bonne foi, avant la déclaration d'indignité. — Mais, d'autre part, l'incapable qui a possédé de bonne foi la succession a pu acquérir les fruits qu'il a perçus dans la croyance qu'il était héritier; tandis que l'indigne est privé expressément de cette faveur par l'article 729, qui le considère comme un possesseur de mauvaise foi, et l'oblige à restituer tous les fruits et revenus dont il a eu la jouissance depuis l'ouverture de la succession.

CHAPITRE TROISIÈME

DES DIVERS ORDRES DE SUCCESSION

Articles 731 à 755.

Ce chapitre, à ne consulter que sa rubrique, semblerait devoir s'occuper de toutes les espèces de succession. Il ne traite cependant que des successions régulières.

Tout en suivant l'ordre général du Code, nous réunirons les sections III, IV et V sous la même rubrique, et, d'autre part, nous classerons sous une section spéciale tout ce qui a rapport à la succession anomale de l'ascendant donateur. Ainsi, nous ferons l'exposé de nos matières dans l'ordre suivant : 1° dispositions générales; 2° de la représentation; 3° des divers ordres d'héritiers légitimes; 4° de la succession anomale de l'ascendant donateur.

SECTION I

DISPOSITIONS GÉNÉRALES

Comment les successions étaient-elles dévolues dans notre ancienne législation ?

On sait que la France était divisée autrefois en pays de droit écrit et en pays de droit coutumier. Les pays de droit écrit étaient soumis au droit romain, et l'ordre des successions y était réglé par la novelle 118, qui faisait passer toute l'hérédité aux plus proches parents paternels ou maternels. Si ce système avait l'avantage de la simplicité, il avait, d'un autre côté, le défaut de faire qu'une succession venant entièrement, par exemple du côté paternel du défunt, pût passer entièrement aussi à ses parents maternels.

Pour les pays de droit coutumier, il n'en était pas de même.

On considérait la nature et l'origine des biens pour en régler la succession. L'esprit du droit coutumier, dit Pothier, était que chacun conservât à sa famille les biens qui en étaient venus. C'est dans ce but que les coutumes distinguaient avec soin les biens nobles des biens roturiers, les meubles des immeubles, et, parmi ces derniers, les propres des acquêts.

Les biens *nobles* appartenaient à certains héritiers à l'exclusion des autres héritiers. La succession du défunt était déférée en première ligne aux enfants et descendants. Parmi ceux-ci, les mâles, et surtout le fils aîné, avaient sur les immeubles une plus grande part que les femmes, tandis que les meubles se partageaient par égales portions entre tous les héritiers. — A défaut des descendants, la succession était déférée à la famille paternelle et maternelle du défunt, et c'est alors qu'on recherchait la nature et l'origine des biens pour en régler la dévolution.

On appelait *biens propres*, les immeubles que le *de cujus* avait reçus d'un de ses parents en ligne directe, soit par succession, soit par donation ou legs. — On appelait *acquêts*, tous les autres biens que le défunt avait acquis de son vivant, autrement que par succession ou donation émanée de parents en ligne directe.

Les *acquêts* étaient dévolus aux parents les plus rapprochés dans l'ordre appelé à succéder. — *Pour les propres*, il fallait distinguer : ceux qui provenaient de la branche paternelle revenaient exclusivement aux parents de cette branche, et ceux qui provenaient de la branche maternelle étaient dévolus aussi exclusivement aux parents de cette branche, conformément à la règle : *Paterna paternis ; materna maternis.* Cette division des propres entre les deux branches était connue sous le nom de *fente.* On appelait *refente*, la subdivision qui s'opérait ensuite entre les divers parents de la même branche, suivant les mêmes distinctions.

Ce mode de transmission héréditaire avait l'avantage de conserver les biens dans la même famille ; mais il exigeait des recherches compliquées. La loi du 4 août 1789 lui porta les premiers coups, en abolissant toute distinction entre les biens nobles et les biens roturiers. Celle du 15 août 1791 fit disparaître les droits d'aînesse et de masculinité. Puis, vint la fameuse loi du 17 nivôse an II, qui supprima toute distinction des biens, à raison de leur nature et de leur origine, et qui partagea la succession par égales portions entre les deux branches de la parenté. Le principe de l'égalité établi par cette loi règle aujourd'hui les transmissions héréditaires.

Comment les successions sont-elles dévolues par le Code?

D'après le Code, il n'y a plus, du moins en principe, à considérer la nature et l'origine des biens pour en régler la succession. Il n'est apporté à cette règle que trois exceptions qui sont relatives : 1° à la succession de l'adopté mort sans postérité; 2° à celle de l'enfant mort sans postérité, et qui avait reçu une donation de l'un de ses ascendants; 3° à celle d'un enfant naturel mort sans postérité, et qui avait reçu une donation de son père ou de sa mère naturels. — Sauf ces trois cas, on suit le principe que la succession doit se partager en deux portions égales, et revenir, pour une moitié, aux parents paternels du défunt, et pour l'autre moitié, à ses parents maternels.

Toutefois, cette division de la succession entre les deux lignes paternelle et maternelle ne peut évidemment point être appliquée dans les trois hypothèses suivantes : 1° lorsque le défunt laisse pour héritiers des descendants; 2° lorsqu'il laisse des frères et sœurs issus du même père et de la même mère; 3° lorsqu'il n'existe plus de parents au degré successible dans une ligne. (Art. 731, 732, 733.)

Comment a lieu la dévolution des biens dans chaque ligne?

La succession étant partagée en deux portions égales, la moitié afférente à la ligne paternelle est recueillie par l'ordre d'héritiers le plus proche dans cette ligne, à l'exclusion des ordres les plus éloignés; et la moitié afférente à la ligne maternelle est pareillement recueillie par l'ordre d'héritiers le plus proche dans cette ligne. — Ainsi, lorsque le défunt a laissé dans une ligne des ascendants et des collatéraux autres que ses frères et sœurs, les premiers recueillent seuls la moitié afférente à la ligne. Comme les deux lignes paternelle et maternelle sont indépendantes l'une de l'autre, il arrivera assez souvent que les héritiers appelés à recueillir la part dévolue à une ligne seront d'un ordre différent que les héritiers appelés à recueillir la part dévolue à l'autre ligne. Ainsi, la moitié afférente à la ligne paternelle sera quelquefois recueillie par des ascendants, tandis que la moitié afférente à la ligne maternelle sera recueillie par des cousins du défunt.

Dans chaque ordre, les biens sont dévolus au parent le plus proche, sauf l'effet de la représentation. Ainsi, dans l'ordre des ascendants, le père exclut l'aïeul, et dans l'ordre des collatéraux, le cousin germain exclut le cousin issu de germain. — En résumé, les biens héréditaires sont dévolus de la manière suivante : 1° la succession, sauf les cas dont nous avons parlé, se divise en deux moitiés correspondant aux deux lignes paternelle et maternelle ; 2° chaque moitié est recueillie par l'ordre d'héritiers le plus proche de la ligne ; 3° entre les héritiers faisant partie du même ordre, on donne la préférence aux plus proches parents du défunt.

On appelle *ordres d'héritiers*, différentes classifications d'héritiers, qui s'excluent les unes les autres. L'article 731 n'indique que trois ordres de succession régulière, les descendants, les ascendants et les collatéraux. Il a suivi en cela la division du droit coutumier. Mais il est plus exact de diviser les héritiers légitimes en quatre ordres, savoir : 1° les descendants ; 2° les ascendants et les collatéraux privilégiés ; 3° les ascendants ordinaires ; 4° les collatéraux ordinaires.

C'est ici le lieu d'expliquer brièvement quelle est, d'après le Code, l'organisation de la famille. (Art. 734.)

Qu'est-ce que la parenté ?

La parenté est le lien qui unit deux personnes qui descendent l'une de l'autre, ou qui, sans descendre l'une de l'autre, descendent d'un auteur commun.

Les parents sont paternels ou maternels.

Nos parents paternels sont d'abord notre père, qui forme, pour ainsi dire, le premier anneau de la chaîne de la parenté ; puis, à la suite de notre père, viennent tous ses parents tant paternels que maternels.

Réciproquement, *nos parents maternels* sont d'abord notre mère, et, par son intermédiaire, tous ses parents paternels et maternels.

Quand il s'agit des frères et sœurs, la parenté avec le défunt existe le plus souvent tout à la fois du côté du père et du côté de la mère. Cependant elle existe quelquefois d'un seul côté, et alors la dévolution des biens entre les frères du défunt a lieu suivant des distinctions formulées par l'article 752, et qu'on verra plus loin.

Examinons maintenant de quelle manière s'établit entre les divers parents la proximité de parenté.

Comment s'établit la proximité de parenté ?

La proximité de parenté s'établit par le nombre de *degrés* qui séparent le parent du défunt. Chaque génération forme un degré, dit l'article 735. Mais il serait plus exact de dire que c'est l'intervalle qui sépare deux générations qui s'appelle un degré.

La suite des degrés forme la *ligne*. On appelle ligne *directe*, la suite des degrés entre parents qui descendent l'un de l'autre, et ligne *collatérale*, la suite des degrés entre parents qui ne descendent pas les uns des autres, mais qui descendent d'un auteur commun.

La ligne directe se subdivise elle-même en ligne descendante ou ascendante. Elle est *descendante*, lorsqu'on compte les degrés en allant de l'auteur aux enfants qui descendent de lui. Elle est *ascendante*, lorsqu'on les compte, au contraire, en remontant des enfants à l'auteur. (Art. 735, 736.)

Comment se comptent les degrés de parenté ?

En ligne directe, on compte autant de degrés qu'il y a de générations entre les personnes. — Ainsi, le fils, par rapport au père, est au premier degré ; le petit-fils, au second, et ainsi de suite.

En ligne collatérale, les degrés se comptent des deux côtés ; en remontant de l'un des parents jusques et non compris l'auteur commun, puis en redescendant de celui-ci à l'autre parent. — Ainsi, deux frères sont au deuxième degré ; l'oncle et le neveu sont au troisième degré ; les cousins germains sont au quatrième degré.

Dans le droit canonique, on comptait quelquefois les degrés d'un seul côté. S'il y avait plus de degrés d'un côté que de l'autre, on comptait les degrés du côté du parent le plus éloigné de l'auteur commun. — Ainsi, deux cousins germains étaient au deuxième degré ; deux frères étaient au premier degré. (Art. 737, 738.)

SECTION II

DE LA REPRÉSENTATION

Quelle est l'origine de la représentation ?

L'origine de la représentation remonte au droit romain. Effectivement, la loi des douze tables appelait également, et au même titre, tous les héritiers siens à la succession du chef de famille qui les avait tenus sous sa puissance directement et sans intermédiaire. D'où cette conséquence que les héritiers les plus proches en degré n'excluaient pas les plus éloignés.

C'est qu'en effet il avait paru de toute justice que les petits-fils qui ont perdu leur père ou leur mère fussent appelés à recueillir, à leur place, une succession que ceux-ci auraient recueillie s'ils avaient survécu. Seulement, comme ils venaient au lieu et place de leur père, on ne leur donnait que la portion que celui-ci aurait eue s'il avait succédé lui-même. C'est pourquoi le partage avait lieu par souches et non par têtes.

Justinien étendit le bénéfice de la représentation aux neveux et nièces en concurrence avec leurs oncles à la succession du frère de leur père.

Qu'est-ce que la représentation ?

Aux termes de l'article 739, la représentation est une fiction de la loi dont l'effet est de faire entrer les représentants dans la place, dans le degré et dans les droits du représenté.

Cette définition a été critiquée sous plusieurs rapports. On lui reproche :

1° De présenter comme deux choses différentes la *place* et le *degré*, qui ne sont, en réalité, qu'une seule et même chose.

2° De dire que le représentant entre dans les droits du représenté, alors que celui-ci étant mort avant le *de cujus*, n'a pu avoir aucun droit à sa succession. — Pour être exact, il fallait dire que le représentant entre dans les droits *qu'aurait eus* le représenté, s'il avait survécu.

3° De qualifier la représentation de *fiction*, alors qu'en réalité elle confère des droits à des personnes qui, sans cela, n'auraient eu aucun droit. — Toutefois, on peut dire qu'elle est bien une fiction, en ce sens que les représentés sont présumés ne former qu'une seule et même personne avec le représentant.

En résumé, nous adopterions volontiers la définition donnée, avec beaucoup de justesse et de précision, par M. Bufnoir à son cours. Suivant le jeune et savant professeur, la représentation est *le droit en vertu duquel un descendant d'une personne prédécédée vient occuper, dans une succession, la place que cette personne y aurait prise, si elle eût survécu.* (Art. 739.)

Quelles sont les personnes qui ont le droit de représentation?

Les personnes qui ont le droit de représentation sont :

1° Tous les descendants à l'infini. — Ainsi, l'enfant peut représenter son père, et par lui son aïeul, et arriver, par ses deux représentations successives, à la succession de son bisaïeul ;

2° Les collatéraux descendant des frères ou sœurs du défunt à l'infini. — Ainsi, un petit-neveu peut venir par représentation à la succession de son grand-oncle en concours avec les frères et sœurs du défunt.

Dans tous les cas où la représentation est admise, le partage de la succession a lieu, comme en droit romain, par souches, et non point par têtes. — Ainsi, le défunt laisse un fils et trois petits-fils issus d'une fille prédécédée : le fils prend une moitié de la succession, et les petits-fils l'autre moitié. Pareillement, si le défunt a laissé un petit-fils né d'un fils décédé, et trois petits-fils nés d'une fille prédécédée, le premier recueille une moitié de la succession, et les autres petits-fils se partagent l'autre moitié.

Il en est de même lorsque les neveux et nièces viennent à la succession du frère de leur père en concours avec leurs oncles ou tantes. Si le défunt a laissé un frère, et trois neveux issus d'une sœur prédécédée, le premier recueille une moitié de la succession et les neveux du défunt se partagent l'autre moitié. (Art. 740, 742, 743.)

Pourquoi la représentation n'existe-t-elle pas en faveur des ascendants?

La représentation, avons-nous dit, n'existe qu'en faveur des petits-enfants et des neveux et nièces du défunt. —Ainsi, lorsque le *de cujus* laisse pour héritiers son aïeul et son frère, ce dernier recueille toute la succession à l'exclusion de l'aïeul, tandis qu'il n'en recueillerait que les trois quarts si le défunt avait laissé son père, ou si l'aïeul pouvait venir par représentation au lieu et place de celui-ci.

La raison en est qu'il n'est pas dans l'ordre naturel des choses que les ascendants viennent à la succession *ab intestat* de leurs descendants, à l'exclusion des autres parents. Ainsi que l'a observé judicieusement M. Demolombe, la succession d'un descendant n'est pas destinée dans l'ordre naturel des choses à être recueillie par un ascendant : la mort prématurée du descendant ne trompera donc, sous ce rapport, aucune espérance de transmission héréditaire pour l'ascendant. (Art. 741.)

Quelles sont les personnes qui peuvent être représentées?

Aux termes de l'article 744, on ne peut représenter que les personnes qui étaient décédées, lors de l'ouverture de la succession. En effet, pour pouvoir occuper le degré et la place d'une personne, il faut de toute nécessité que cette personne soit morte. En conséquence, on ne peut pas représenter un héritier renonçant ou déclaré indigne.

Au reste, les enfants qui viennent par représentation doivent être capables par eux-mêmes de recueillir et de conserver la succession à laquelle ils sont appelés au lieu et place du représenté. (Art. 744.)

Les enfants légitimes de l'adopté peuvent-ils venir par représentation à la succession de l'adoptant?

Quelques auteurs admettent la négative; car, disent-ils, les enfants de l'adopté n'ont aucun lien de parenté avec l'adoptant, et, par suite, ils n'ont pas une vocation propre à sa succession. — Suivant M. Bufnoir, il faut, au contraire, admettre l'affirmative. Effectivement, il résulte de l'article 351, qui ne permet à l'adoptant de reprendre les biens par lui donnés que si l'adopté n'a pas laissé de postérité légitime, que les enfants de l'adopté sont subrogés à ses droits par rapport à l'adoptant.

Pareillement, comme le fait encore observer M. Bufnoir, les enfants du déclaré absent viennent par représentation à la succession de l'aïeul, car la déclaration d'absence fait présumer le décès. (Bufnoir, à son cours, Paris.)

A l'inverse, les enfants naturels reconnus ne peuvent pas représenter leur père défunt, car ils ne se rattachent qu'à lui, et ils n'ont aucun droit à la succession des autres ascendants.

Au surplus, nous ferons observer que les représentants peuvent venir par représentation au lieu et place d'une personne à laquelle ils n'ont pas succédé. — Ainsi, l'enfant légitime, qui aurait renoncé à la succession de son père, peut néanmoins le représenter, car le droit de représentation lui appartient personnellement, et non point comme héritier de son père. (Art. 744.)

Quels sont les effets de la représentation?

La représentation a deux effets principaux :

1° Elle procure au représentant les avantages d'une succession, dont il aurait été privé autrement. Mais alors elle lui impose les charges et les obligations qui lui sont attachées;

2° Elle entraîne un partage par souches, au lieu d'un partage par têtes, de manière à ce que les représentants de la personne décédée ne recueillent, quel que soit leur nombre, que la part héréditaire qui aurait été recueillie par celle-ci, si elle avait survécu.

Au surplus, il peut y avoir successivement plusieurs partages par souches : dans ce cas, il y aura d'abord une division de l'hérédité, puis des subdivisions dans les parts. — Ainsi, le défunt laisse pour héritiers, d'un côté, un petit-fils né de son fils *Primus*, et, d'un autre côté, un petit-fils et deux arrière-petits-fils qui descendent de sa fille *Prima*. Une première division par souches a lieu entre les descendants de *Primus* et de *Prima*. Puis, vient une seconde division entre le petit-fils et les arrière-petits-fils qui descendent de *Prima*. (Art. 743.)

En résumé, quelles sont les diverses manières de recueillir une succession ab intestat ?

On peut recueillir une succession *ab intestat* de trois manières : — 1° de son propre chef; — 2° par représentation; — 3° par transmission.

On recueille une succession *de son chef*, lorsqu'on y est appelé directement et en son propre nom : par exemple, lorsqu'un fils succède à son père.

On recueille une succession *par représentation*, lorsqu'on succède à son ascendant ou à ses oncles et tantes au lieu et place de son père ou de sa mère décédés, qu'on ait accepté ou non leur propre hérédité.

Enfin, on recueille une succession *par transmission*, lorsqu'on succède à un héritier, qui est lui-même décédé avant d'avoir accepté ou répudié l'hérédité qui lui était échue. — Ainsi, *Primus* décède et laisse pour héritier *Secundus;* quelque temps après, celui-ci décède, à son tour, avant d'avoir accepté ni répudié la succession qui s'était ouverte à son profit. Il transmet à son héritier *Tertius* les droits qu'il a sur cette succession. Mais, dans ce cas, *Tertius* ne peut recueillir la succession, qui lui est transmise par l'intermédiaire de *Secundus*, que s'il reste son héritier. Effectivement, il n'a pas une vocation propre à cette succession, il ne la recueille que parce qu'elle est dans le patrimoine de *Secundus*, auquel il succède.

SECTION III

DES DIVERS ORDRES D'HÉRITIERS LÉGITIMES

Dans quel ordre les héritiers légitimes sont-ils appelés à succéder ?

Les héritiers légitimes sont appelés à succéder dans l'ordre suivant :

1° Les descendants du défunt ;

2° Les ascendants et les collatéraux privilégiés ;

3° Les ascendants ordinaires ;

4° Les collatéraux ordinaires.

Les ascendants privilégiés sont les père et mère du défunt ; les collatéraux privilégiés sont ses frères et sœurs.

Comment les descendants succèdent-ils au défunt ?

Aux termes de l'article 745, les enfants ou leurs descendants succèdent à leurs père et mère, aïeuls et aïeules, ou autres ascendants, sans distinction de sexe ou de primogéniture, et encore qu'ils soient issus de différents mariages.

Dans notre ancienne législation, le fils aîné du défunt recueillait le manoir paternel, et au moins la moitié des immeubles de la succession. Les autres fils et les filles se partageaient l'autre moitié, mais de telle façon que la part de la fille n'était que la moitié de la part du fils. Notre article confirme l'abolition des droits d'aînesse et de masculinité, et appelle tous les enfants à jouir des mêmes droits, à quelque degré qu'ils se trouvent, à l'exclusion de tous autres parents.

Les descendants succèdent par égales portions et par têtes, lorsqu'ils viennent à la succession de leur chef. — Au contraire, ils succèdent par souche, lorsqu'ils recueillent la succession par représentation. (Art. 745.)

L'article 745 ne renferme-t-il pas une inexactitude sur ce point ?

Oui ; aux termes de cet article, les enfants succèdent par égales portions et par tête, quand ils sont tous au premier degré et appelés de leur chef. Ces mots, *quand ils sont tous au premier degré*, doivent être retranchés. En effet, lorsque les descendants viennent de leur chef, ils partagent nécessairement par tête, à quelque degré qu'ils se trouvent placés. — Ainsi, lorsque deux fils, ayant chacun des enfants, ont renoncé à la succession de leur père, leurs enfants viennent à cette succession de leur chef par égale portion et par tête, et pourtant ils ne sont pas au premier degré.

Les enfants légitimés ou adoptifs ont-ils les mêmes droits de succession que les enfants légitimes ?

Oui; les enfants légitimés ou adoptifs ont les mêmes droits de succession que les enfants légitimes. — Toutefois, plusieurs auteurs décident que les descendants de l'adopté ne peuvent pas recueillir de leur chef la succession de l'adoptant, par la raison que les effets de l'adoption sont limités à l'adoptant et à l'adopté. Il est vrai que l'adoption fait naître des empêchements au mariage entre l'adoptant et les enfants de l'adopté; mais ces empêchements sont fondés uniquement sur des motifs d'honnêteté publique, et non sur un lien quelconque de parenté entre l'adoptant et les descendants de l'adopté.

Quels sont les héritiers appelés à succéder, à défaut des descendants ?

Les héritiers appelés à succéder, à défaut des descendants, sont les ascendants et les collatéraux privilégiés, c'est-à-dire les père et mère et les frère et sœurs du défunt.

Les père et mère et les frères et sœurs du défunt concourent ensemble à la succession, mais pour des parts différentes. — Si le père et la mère existent en même temps, chacun d'eux prend un quart de la succession, et les frères et sœurs se partagent le surplus. Si l'un des parents est décédé, le père survivant ou la mère survivante prend un quart de la succession, et les frères et sœurs se partagent les trois autres quarts.

A défaut du père et de la mère, les frères et sœurs recueillent la totalité de la succession. — Pareillement, à défaut des frères et sœurs, les père et mère recueillent tous les biens héréditaires par portions égales. C'est alors qu'a lieu la première application de la règle : *dimidium paternis et dimidium maternis*. Effectivement, si le défunt n'a laissé ni descendants, ni frères et sœurs, les père et mère prennent chacun la moitié de la succession qui est afférente à la ligne dont ils sont les représentants les plus proches; et, à leur défaut, la dévolution des biens se fait ensuite, dans chaque ligne, en opérant distinctement pour chacune d'elles, comme s'il s'agissait de deux successions différentes. — Ainsi, supposons que le père existe et qu'il recueille la moitié paternelle, mais que la mère soit décédée : la moitié afférente à la ligne maternelle sera dévolue aux ascendants maternels s'ils existent, et, à défaut d'ascendants, aux collatéraux maternels du degré le plus rapproché, jusqu'au douzième degré. Dans cette dernière hypothèse, la loi accorde au père ou à la mère survivante l'usufruit du tiers des biens qui ont été recueillis par la ligne opposée. (Art. 746, 748, 749, 750, 751, 754.)

Comment les frères et sœurs partagent-ils entre eux la part héréditaire qui leur revient?

Il faut distinguer parmi les frères et sœurs du défunt : 1° les frères et sœurs *consanguins*, c'est-à-dire ceux qui sont nés du même père que le défunt, mais non point de la même mère; 2° les frères et sœurs *utérins*, c'est-à-dire ceux qui sont nés de la même mère que le défunt, mais non point du même père; 3° les frères et sœurs *germains*, c'est-à-dire ceux qui sont nés du même père et de la même mère que le défunt.

Si les frères et sœurs dn défunt sont tous germains, s'il sont tous nés du même père et de la même mère que lui, la part héréditaire qui leur revient se partage entre eux par égales portions et par têtes. — S'ils ne sont pas tous nés du même père et de la même mère, la part héréditaire qui leur revient se partage en deux moitiés égales : ceux qui sont nés du même père que le défunt, mais non point de la même mère, prennent une part dans la moitié afférente à la ligne paternelle; ceux qui sont nés de la même mère que le défunt, mais non point du même père, prennent une part dans la moitié afférente à la ligne maternelle; enfin, ceux qui sont nés, tout à la fois, du même père et de la même mère que le défunt prennent une part dans les deux moitiés paternelle et maternelle. En réalité, ils reçoivent deux fois plus que les frères et sœurs utérins ou consanguins.

Au surplus, la distinction que la loi a établie entre les frères et sœurs a seulement pour but de régler leurs droits réciproques. Par rapport aux autres parents, les frères et sœurs consanguins ou utérins ont les mêmes droits que s'ils étaient germains. — Ainsi, ils concourent également avec les père et mère du défunt, et ils excluent les ascendants et les collatéraux ordinaires. (Art. 752.)

Quels sont les héritiers appelés à succéder en troisième lieu?

A défaut des descendants et des ascendants et collatéraux privilégiées, les héritiers appelés à succéder sont les ascendants ordinaires, c'est-à-dire les aïeuls et aïeules du défunt. La succession se trouvant alors divisée en deux portions égales, conformément à la règle *dimidium paternis et dimidium maternis*, on donne une moitié aux ascendants paternels, et l'autre moitié aux ascendants maternels. A défaut d'ascendants dans une ligne, la part afférente à cette ligne est dévolue aux collatéraux.

La représentation n'étant pas admise pour les ascendants, le plus proche dans chaque ligne recueille la moitié affectée à sa ligne. (Art. 753.)

Quels sont les héritiers appelés en dernier lieu?

Les héritiers appelés en dernier lieu sont les collatéraux ordinaires, c'est-à-dire les collatéraux autres que les frères et sœurs du défunt. Ils ne viennent à la succession qu'à défaut des descendants, des ascendants et collatéraux privilégiés, et enfin des ascendants ordinaires.

Le mode de succession est le même que pour les ascendants ordinaires, en ce sens que le partage se fait entre les deux lignes, et que le collatéral le plus proche exclut les autres.

Au surplus, les collatéraux ne sont exclus par les ascendants qu'autant que ceux-ci se trouvent appartenir à la même ligne. Dans le cas contraire, ils peuvent très-bien concourir avec les ascendants de la ligne opposée, en laissant ceux-ci prendre une moitié de la succession, et en prenant eux-mêmes la moitié qui est afférente à leur ligne. Seulement, lorsqu'ils sont en concours avec le père survivant ou avec la mère survivante, ceux-ci ont droit, outre la part qui leur revient, à l'usufruit du tiers des biens qui sont dévolus aux collatéraux. (Art. 753, 754.)

Jusqu'à quel degré les collatéraux peuvent-ils succéder?

Les collatéraux succèdent jusqu'au douzième degré. A défaut de parents au degré successible dans une ligne, les parents de l'autre ligne succèdent pour le tout.

En limitant au douzième degré la successibilité en ligne collatérale, le Code a transigé entre le système du droit romain, qui n'étendait la successibilité qu'au sixième degré, et celui de notre ancien droit, qui admettait tous les parents, sans aucune limite, à quelque degré qu'ils fussent placés. (Art. 755.)

SECTION IV

SUCCESSION ANOMALE DE L'ASCENDANT DONATEUR

En quoi consiste la succession anomale de l'ascendant donateur?

En énonçant plus haut le principe *que la loi ne considère ni la nature, ni l'origine des biens pour en régler la succession*, nous avons signalé trois exceptions, qui sont relatives : 1° à la succession de l'adoptant aux choses par lui données à l'adopté ; 2° à la succession des frères et sœurs légitimes aux biens donnés à leur frère naturel par l'auteur commun ; 3° enfin, à la succession de l'ascendant donateur aux choses par lui données.

L'article 747 formule ainsi cette dernière succession : les ascendants succèdent, à l'exclusion de tous autres, aux choses par eux données à leurs enfants ou descendants décédés sans postérité, lorsque les objets donnés se retrouvent en nature dans la succession. Si les objets ont été aliénés, les ascendants recueillent le prix qui peut en être dû. Ils succèdent aussi à l'action en reprise que pouvait avoir le donataire.

La succession de l'ascendant donateur est appelé *anomale*, parce qu'elle s'écarte des règles ordinaires ; elle est aussi appelée *retour légal*, parce que les choses données reviennent à l'ascendant donateur par l'effet d'une disposition de la loi. — Ce retour légal diffère sous plusieurs rapports du retour conventionnel. (Art. 747.)

Quelles différences y a-t-il entre le droit de succession de l'ascendant donateur et le retour conventionnel?

On entend, par *retour conventionnel*, une donation faite sous une condition résolutoire, sous la condition que le donateur reprendra les biens donnés dans l'état où ils se trouvaient au moment de la donation, si le donataire meurt avant lui. La condition vient-elle à s'accomplir par le prédécès du donataire, la donation est censée n'avoir jamais existé. — Il en résulte : 1° que les biens dont elle se composait reviennent au donateur, entièrement libres des charges et hypothèques constituées par le donataire ; 2° que celui-ci les reprend, sans être obligé de contribuer aux dettes de la succession du donataire ; 3° qu'il peut réclamer une indemnité, dans le cas où ils n'existeraient plus par la faute du donataire.

Dans le cas de *retour légal*, au contraire, l'ascendant recueille les biens donnés en qualité d'héritier, et non point comme donateur. — Il en résulte : 1° qu'il les reprend dans l'état où ils se trouvent au moment de l'ouverture de la succession, avec toutes les charges et hypothèques dont ils ont été grevés par le donateur ; 2° qu'en les reprenant il s'oblige à contribuer aux dettes de la succession ; 3° qu'il ne peut réclamer aucune indemnité, si les biens ont péri par la faute de son descendant.

Ajoutons que le retour légal de l'ascendant donateur vient de la loi elle-même, qu'il n'a pas besoin d'être stipulé dans la donation ; tandis que le retour conventionnel n'a lieu que si le donateur l'a expressément réservé en sa faveur par une clause insérée dans l'acte.

A quelles conditions le droit de succession de l'ascendant donateur est-il subordonné ?

Le droit de succession de l'ascendant donateur est subordonné à deux conditions. Il faut :

1° Que le donataire soit mort sans laisser de postérité ;

2° Que les biens donnés se retrouvent en nature ou en équivalents dans sa succession.

3° *Il faut que le donataire soit mort sans laisser de postérité.* — Par *postérité*, on entend ici non-seulement la descendance légitime, mais encore la descendance adoptive. — Effectivement, le donataire a la propriété des biens donnés, il peut en disposer par donation ou testament au profit d'un étranger, et, par conséquent, il faut lui reconnaître le droit d'empêcher le retour légal à l'ascendant, en adoptant cet étranger.

Un enfant naturel pourrait même empêcher le retour légal ; mais seulement pour la portion qui doit lui revenir dans la succession de son père.

Ainsi, l'ascendant donateur ne recueille pas les biens donnés lorsque le donataire a laissé des descendants. — Toutefois, il convient d'observer qu'il ne serait pas exclu par ceux-ci s'ils avaient renoncé à la succession de leur père, ou s'ils en étaient écartés pour indignité ; car alors ils seraient supposés ne pas exister par rapport à la succession.

Au surplus, l'ascendant donateur ne peut pas reprendre la donation qu'il a faite à son fils, lorsque celui-ci étant mort en laissant des enfants, ces derniers sont ensuite décédés, sans laisser eux-mêmes de postérité. — En effet, l'ascendant ne peut exercer son droit de retour qu'autant qu'il a la qualité de donateur vis à vis du *de cujus*. Or, il n'est pas donateur à l'égard du petit-fils, qui n'a pas traité avec lui, mais qui a recueilli les biens dans la succession de son père. Il ne peut donc venir qu'à son rang ordinaire, c'est-à-dire à défaut de descendants, d'ascendants et de collatéraux privilégiés, et seulement pour sa quote-part.

2° *Il faut que les biens donnés se retrouvent en nature ou en équivalents dans la succession du donataire.* — Sur ce point, nous devons examiner avec quelques détails quels sont les biens que l'ascendant donateur est appelé à recueillir, ou, en d'autres termes, dans quels cas il peut exercer son droit de retour.

Dans quels cas l'ascendant donateur exerce-t-il son droit de retour?

L'ascendant donateur exerce son droit de retour :

1° Lorsque les choses données se retrouvent en nature dans la succession du donataire;

2° Lorsque le prix en est encore dû, si elles ont été aliénées par le donataire;

3° Quand il existe une action en reprise.

1° *Il faut que la chose se retrouve en nature, identiquement la même.* — Ceci toutefois ne doit pas être entendu d'une manière absolue. Ainsi, le droit de l'ascendant n'en existe pas moins sur les choses, telles qu'elles se trouvent, si elles ont dépéri, ou si elles ont augmenté de valeur par cas fortuit, ou même par le fait du donataire. Dans ce dernier cas, le dépérissement ou l'augmentation de valeur des choses données ne donneront lieu de part et d'autre à aucune indemnité. Le législateur a voulu, par là, couper court aux contestations qui auraient pu surgir sur un point aussi délicat entre l'ascendant donateur et les autres héritiers du donataire.

Au reste, il ne suffit pas que la chose se retrouve dans la succession du donataire, il faut qu'elle y soit en tant que chose donnée par lui. Ainsi, si elle avait été vendue, puis rachetée par le donataire, elle ne serait pas sujette au retour légal. — Il en serait de même, si le donataire avait disposé par testament de la chose donnée au profit d'un tiers. Il est vrai que, dans ce cas, les biens ne sont pas matériellement sortis de la succession au moment de son ouverture; mais la propriété n'en est pas moins, dès cette époque, transférée au légataire. Or, le droit d'un légataire est opposable, sauf le cas de réserve, à tout héritier légitime.

M. Bufnoir observe avec raison que si le donataire a vendu le bien donné moyennan une rente perpétuelle, le donateur lui succède, soit pour recevoir le payement des arrérages, soit pour exercer le rachat. Effectivement, les arrérages à recevoir et l'action de rachat à exercer représentent l'immeuble aliéné, ils en sont un équivalent exact. (Bufnoir, à son cours. Paris.)

La jurisprudence a admis, avec raison, que les biens acquis en échange des biens donnés seraient sujets au retour légal. En effet, si les biens ont perdu dans ce cas leur individualité matérielle, ils ont conservé leur individualité juridique ; ils sont représentés par les biens reçus en échange.—Mais la jurisprudence nous paraît être allée trop loin en décidant que l'ascendant qui a donné une somme d'argent pourra reprendre une somme équivalente, car alors la chose donnée ne se trouve pas représentée dans la succession d'une manière certaine.

2° *Il faut que le prix soit encore dû, si les choses données ont été aliénées par le donataire.* — Le législateur a considéré ici que la vente n'était pas définitive, lorsque le prix n'avait pas encore été payé en totalité ou en partie. Dans ce cas, le prix est la représentation évidente et certaine des choses données. Celles-ci se retrouvent dans la succession en équivalents.

3° *Il faut qu'il existe une action en reprise.* — En effet, dans ce cas, de même que dans le cas précédent, l'aliénation de la chose donnée n'est, pour ainsi dire, pas définitive. Elle est susceptible d'être résolue, et ainsi les choses peuvent revenir au même point que si l'aliénation n'avait pas eu lieu.

On entend par *action en reprise*, toute action au moyen de laquelle on peut faire rentrer dans le patrimoine du donataire les biens qui en sont sortis. — Ainsi, lorsque l'aliénation des biens donnés est annulable, soit pour cause de lésion, soit pour cause d'erreur, de violence ou de dol, l'ascendant donateur peut exercer, à son profit, l'action en nullité qu'avait le donataire.

L'ascendant donateur succède à l'action en reprise de la femme à laquelle il a constitué une dot, lors même que celle-ci consiste en une somme d'argent, car cette somme est la représentation juridique de la dot. (Bufnoir.)

En quoi la succession anomale de l'ascendant donateur diffère-t-elle de la succession ordinaire ?

La succession anomale de l'ascendant donateur diffère de la succession ordinaire sous trois rapports principaux :

1° Dans la succession ordinaire, on ne considère pas l'origine des biens pour en régler la dévolution ; tandis qu'il en est différemment dans la succession anomale de l'ascendant donateur.

2° Les héritiers ordinaires succèdent à l'universalité ou à une fraction de l'universalité des biens du défunt. — L'ascendant donateur ne succède, en cette qualité, qu'aux biens par lui donnés, par conséquent, à des objets déterminés.

3° La succession dévolue à l'ascendant donateur est indépendante de l'ordre et du degré auquel est dévolue la succession ordinaire. — L'ascendant exclut, pour les biens donnés, des parents qui l'excluraient s'il s'agissait d'autres biens.

Au reste, l'ascendant peut être appelé à la fois à la succession anomale et à la succession ordinaire. Et, comme les deux successions sont indépendantes, il peut renoncer à l'une et conserver ses droits sur l'autre.

CHAPITRE QUATRIÈME

DES SUCCESSIONS IRRÉGULIÈRES

Articles 756 à 773.

Notre chapitre est divisé par le Code en deux sections, qui traitent : 1° Des droits de succession des enfants naturels sur les biens de leur père ou mère, et de ceux des père et mère et des frères et sœurs sur les biens de l'enfant naturel ; 2° Des droits du conjoint survivant et de l'État.

SECTION I

DES DROITS DE SUCCESSION DES ENFANTS NATURELS, ET DE CEUX DES PÈRE ET MÈRE ET DES FRÈRES ET SŒURS NATURELS

Quels sont les successeurs irréguliers ?

Lorsqu'une succession vient à s'ouvrir, la loi appelle d'abord à la recueillir les parents légitimes du défunt, et elle leur réserve exclusivement le titre d'héritiers légitimes et les avantages qui y sont attachés—. A défaut des parents légitimes, les biens sont dévolus aux successeurs irréguliers. Toutefois, la règle que les successeurs irréguliers ne sont appelés à recueillir une succession qu'à défaut des héritiers légitimes reçoit une exception en faveur des enfants naturels, qui viennent en concours avec eux.

Les successeurs irréguliers sont :

1° Les enfants naturels.

2° Les père et mère naturels.

3° Les frères et sœurs naturels.

4° Le conjoint survivant.

5° L'État.

Quels étaient, avant le Code, les droits de succession des enfants naturels ?

Dans notre ancienne jurisprudence, les enfants naturels ne succédaient point : ils n'avaient droit qu'à des aliments. Sous le droit intermédiaire, on leur accorda, au contraire, les mêmes droits de succession qu'aux enfants légitimes.

Le Code a fait une sorte de transaction entre le droit ancien et le droit intermédiaire. Il distingue, parmi les enfants nés hors mariage, les enfants naturels simples et les enfants adultérins ou incestueux. A ces derniers, il refuse toute espèce de droit successif sur les biens de leurs père et mère, et il ne leur accorde que des aliments. Aux enfants naturels simples, au contraire, il confère des droits de succession assez étendus, à la condition que ces enfants soient *légalement reconnus*. — Cette reconnaissance légale peut résulter, soit d'un acte volontaire des père et mère de l'enfant, soit d'une décision judiciaire obtenue à l'encontre de la mère et quelquefois, mais très-rarement, à l'encontre du père.

Ainsi, les enfants naturels qui ont été reconnus par leur père ou par leur mère peuvent venir à la succession de celui d'entre eux qui les a reconnus. — Mais ils n'ont aucun droit à la succession des parents de leurs père et mère, parce que la reconnaissance n'établit le lien de parenté qu'entre l'enfant et les personnes qui l'ont reconnu.

Quels sont les droits de succession des enfants naturels reconnus ?

Les enfants naturels reconnus sont appelés à recueillir la succession de leurs père et mère d'après la distinction suivante : 1° si le défunt a laissé des parents légitimes, ils viennent en concours avec eux, et alors ils ne recueillent qu'une portion des biens héréditaires; 2° s'il n'a pas laissé de parents légitimes, ou si les parents légitimes qui existaient sont renonçants ou indignes, ils reçoivent la totalité des biens.

Dans tous les cas, ils ne succèdent jamais qu'en qualité de successeurs irréguliers. C'est ce que veut dire l'article 756, lorsqu'il exprime que les enfants naturels ne sont point héritiers. La loi les rend *propriétaires* des biens et des droits de la succession; mais elle ne les rend pas *possesseurs* de ces biens et droits. Ils doivent, par conséquent, obtenir un envoi en possession. (Art. 756.)

Quels sont les droits de succession des enfants naturels, lorsqu'ils viennent en concours avec des héritiers légitimes?

Lorsque les enfants naturels viennent en concours avec des héritiers légitimes, leurs droits de succession sont plus ou moins étendus, suivant la qualité des héritiers avec lesquels ils sont appelés à succéder. Ainsi :

1° Lorsqu'ils concourent avec les descendants légitimes du défunt, ils ont le tiers de ce qu'ils auraient eu s'ils avaient été légitimes.

2° Lorsqu'ils concourent avec les frères et sœurs ou avec les ascendants du défunt, ils ont la moitié de ce qu'ils auraient eu s'ils avaient été légitimes, c'est-à-dire la moitié de la succession.

3° Lorsqu'ils concourent avec les collatéraux ordinaires du défunt, ils ont les trois quarts de ce qu'ils auraient eu s'ils avaient été légitimes, c'est-à-dire les trois quarts de la succession. (Art. 757.)

Comment se calcule la part des enfants naturels, en concours avec les descendants légitimes du défunt?

A cet égard, nous avons à considérer deux hypothèses :

1° Lorsqu'il n'existe qu'un seul enfant naturel, en concours avec les descendants légitimes; 2° lorsqu'il existe plusieurs enfants naturels, en concours avec les descendants légitimes.

Dans le cas où il n'y a qu'un seul enfant naturel, le calcul est fort simple. Supposons, par exemple, qu'il existe seulement un enfant légitime et un enfant naturel, et divisons la succession en six portions égales. Si l'enfant naturel avait été légitime, il aurait recueilli la moitié de la succession, c'est-à-dire *trois* sixièmes : en sa qualité d'enfant naturel, il ne recevra que le tiers de cette moitié, c'est-à-dire *un* sixième seulement de la succession. Les *cinq* sixièmes qui restent seront dévolus à l'enfant légitime. — Supposons encore qu'il existe deux enfants légitimes et un seul enfant naturel, et divisons la succession en neuf portions égales.

Si l'enfant naturel avait été légitime, il aurait recueilli un tiers de la succession, c'est-à-dire *trois* neuvièmes. En sa qualité d'enfant naturel, il ne recevra que le tiers de ce tiers, c'est-à-dire *un* neuvième. Les *huit* neuvièmes qui restent seront dévolus aux enfants légitimes, et chacun d'eux touchera *quatre* neuvièmes.

Ainsi, lorsqu'il n'existe qu'un seul enfant naturel en concours avec des descendants légitimes, la part proportionnelle de cet enfant est de *un* contre *cinq* que reçoit l'enfant légitime avec lequel il concourt; s'il y a plusieurs enfants légitimes, la part proportionnelle de l'enfant naturel est de *un* contre *quatre* que reçoivent chacun des enfants légitimes.

L'enfant naturel, au lieu de se trouver en présence d'enfants légitimes, peut se trouver en présence de petits-enfants. S'ils viennent par représentation, ces petits-enfants ne comptent, vis à vis de lui, que pour l'enfant légitime dont ils tiennent la place. —Ainsi, lorsque le défunt a laissé un enfant naturel et trois petits fils, issus d'un fils précédé, on divisera la succession en six portions égales : l'enfant naturel prendra *un* sixième, et les petits-enfants, *cinq* sixièmes, qu'ils auront ensuite à subdiviser entre eux. Si le défunt a laissé un enfant naturel et quatre petits-enfants, issus de ses fils *Primus* et *Secundus* qui sont prédécédés, on divisera la succession en neuf portions égales : l'enfant naturel prendra *un* neuvième, les enfants de *Primus* recueilleront *quatre* neuvièmes, et ceux de *Secundus* recueilleront également *quatre* neuvièmes, qu'ils se partageront ensuite entre eux. — Si les petits-enfants viennent de leur chef, par suite de la renonciation ou de l'indignité de leur père, l'enfant naturel prendra le tiers de toute la succession, puisque c'est à la totalité de la succession qu'il aurait eu droit s'il avait été légitime.

Examinons maintenant le cas où il existe plusieurs enfants naturels, en concours avec un ou plusieurs descendants légitimes.

Comment se fera le calcul, lorsqu'il existe plusieurs enfants naturels en concours avec un ou plusieurs enfants légitimes?

Lorsqu'il existe plusieurs enfants naturels, le calcul est plus difficile, et nous trouvons deux systèmes.

Suivant le premier, il faut d'abord opérer comme si tous les enfants étaient légitimes, et diviser la succession en autant de parts qu'il y a d'enfants, soit légitimes, soit naturels. Puis, on retranche à chacun des enfants naturels les deux tiers de la part qu'on leur a d'abord fictivement attribuée, et l'on reporte ces deux tiers sur les parts des enfants légitimes. — Supposons, par exemple, qu'il existe trois enfants naturels et deux enfants légitimes, on divisera d'abord la succession en quinze portions égales. Si les enfants naturels avaient été légitimes, ils auraient recueilli chacun un cinquième de la succession, c'est-à-dire *trois* quinzièmes. En leur qualité d'enfants naturels, ils ne conserveront que le tiers de ces trois quinzièmes, c'est-à-dire *un* quinzième chacun. Les *douze* quinzièmes qui restent seront dévolus aux enfants légitimes, et chacun d'eux touchera *six* quinzièmes.

Ce système est simple et d'une application facile ; mais il lutte contre le texte même de la loi, car il ne donne pas à l'enfant naturel le tiers de ce qu'il aurait eu s'il avait été légitime. — Effectivement, il accroît la part des enfants légitimes en proportion du nombre des enfants naturels, sans accroître celle de ces derniers. Or, il serait rationnel d'attribuer aux enfants naturels une part dans l'accroissement, de manière à ce que chacun d'eux fût appelé à profiter des retranchements qui ont été opérés sur les autres portions, pour un tiers du profit qu'il en aurait retiré s'il avait été légitime. Il faudrait, en un mot, que lorsque la portion des enfants légitimes devient plus forte, le tiers de cette portion devint plus fort aussi.

Le second système, proposé par M. Gros et adopté par notre savant maître, M. Valette, fait disparaître cette inégalité. Ce système consiste à prendre la proportion que nous avons précédemment établie entre la part de l'enfant naturel et celle des enfants légitimes, *lorsqu'il n'existe qu'un enfant naturel*. Cette proportion est, on s'en souvient, de *un* à *cinq*, lorsqu'il n'existe qu'un enfant légitime en concours avec l'enfant naturel ; et, de *un* à *quatre*, lorsqu'il se trouve plusieurs enfants légitimes. La proportion une fois établie, il faut la maintenir constamment, *quelque soit le nombre des enfants naturels*.

Supposons, par exemple, qu'il y ait en présence deux enfants naturels et un seul enfant légitime. Dans ce cas, la proportion entre les parts est, avons-nous dit, de *un* pour l'enfant naturel et de *cinq* pour l'enfant légitime. Or, pour maintenir la même proportion de un à cinq lorsqu'il se trouve plusieurs enfants naturels, il y a un moyen bien simple : il suffit d'ajouter une unité par chaque enfant naturel de plus, en donnant toujours cinq à l'enfant légitime. — Ainsi, lorsqu'il y a en présence deux enfants naturels et un enfant légitime, on divise la succession en sept portions égales, et l'on donne *un* septième à chaque enfant naturel et *cinq* septièmes à l'enfant légitime. — S'il y avait trois enfants naturels, il faudrait diviser la succession en huit portions égales, de manière à ce que chaque enfant naturel ait *un* huitième, et l'enfant légitime *cinq* huitièmes. Et ainsi de suite.

Il en est de même si, au lieu d'être en présence d'un seul enfant légitime, les enfants naturels se trouvent en présence de plusieurs enfants légitimes. Seulement, alors, la proportion ne sera pas la même : elle est, avons-nous dit, de *un* pour l'enfant naturel et de *quatre* par chaque enfant légitime. Or, pour maintenir la même proportion dans le cas où l'on trouve plusieurs enfants naturels en concours avec les enfants légitimes, il suffit de diviser la succession de telle manière que chaque enfant légitime ait *quatre*, et chaque enfant naturel *un*. — Ainsi, si l'on met en présence deux enfants légitimes et deux enfants naturels, on divise la succession en dix. Chaque enfant légitime reçoit *quatre* dixièmes, et chaque enfant naturel ~~deux~~ dixièmes. — S'il y a deux enfants légitimes et trois enfants naturels, on divise la succession en onze : de cette manière, chaque enfant légitime reçoit *quatre*, et chaque enfant naturel *un*. — S'il y a cinq enfants légitimes et cinq enfants naturels, on divise la succession en vingt-cinq, et de cette manière, chaque enfant légitime reçoit également *quatre*, et chaque enfant naturel *un*. Et ainsi de suite.

Comment se calcule la part des enfants naturels, en concours avec les frères et sœurs ou avec les ascendants du défunt?

Lorsque l'enfant naturel concourt avec les frères et sœurs ou les ascendants du défunt, il a la moitié de ce qu'il aurait eu s'il avait été légitime, c'est-à-dire la moitié de la succession. En conséquence, s'il n'y a qu'un enfant naturel, on divise la succession en deux portions égales. S'il y en a plusieurs, on la divise en autant de portions égales qu'il y a d'enfants naturels, plus une portion pour les frères et sœurs ou les ascendants du défunt, de telle sorte que chaque enfant naturel ait à lui seul une part égale à celle des héritiers légitimes pris collectivement. — Ainsi, lorsque le défunt a laissé deux enfants naturels et trois frères légitimes, on divise la succession en trois parties égales :

chaque enfant naturel en recueillera une, et les frères légitimes du défunt ou ses ascendants prendront celle qui reste.

Si le défunt a laissé des neveux ou nièces légitimes issus de son frère, l'enfant naturel ne recueillera que la part qu'il aurait recueillie s'il avait dû concourir avec le frère du défunt, c'est-à-dire la moitié de la succession. — Il est vrai que l'article 757 ne désigne que les frères et sœurs parmi les collatéraux qui concourent pour moitié avec lui, mais on sait que les descendants des frères et sœurs ont les mêmes droits que le parent qu'ils représentent.

Quelle est la part des enfants naturels, en concours avec des collatéraux ordinaires?

Lorsque l'enfant naturel concourt avec les collatéraux ordinaires, il a les trois quarts de ce qu'il aurait eu s'il avait été légitime, c'est-à-dire les trois quarts de la succession. En conséquence, s'il n'y a qu'un seul enfant naturel, on divise la succession en quatre portions égales : l'enfant naturel en recueille trois, et la quatrième est dévolue aux collatéraux. — S'il y a plusieurs enfants naturels, on la divise de manière à ce que chaque enfant naturel ait, à lui seul, trois parts, tandis que les collatéraux, pris collectivement, n'en recueilleront qu'une seule. — Ainsi, lorsque le défunt a laissé deux enfants naturels et des collatéraux ordinaires, on divise la succession en *sept* portions égales : chaque enfant naturel en recueillera *trois*, et les collatéraux ordinaires *une*.

Si le défunt a laissé des ascendants dans une ligne et des collatéraux ordinaires dans l'autre ligne, on divise d'abord la succession en deux portions égales. — Dans la première portion, l'enfant naturel concourt avec les ascendants et prend la moitié; dans la seconde portion, il concourt avec les collatéraux ordinaires et il prend les trois quarts.

L'enfant naturel qui vient en concours avec des héritiers légitimes peut-il demander le rapport? Il faut répondre affirmativement, puisque la loi lui accorde pour une fraction tous les droits qu'il aurait eu s'il avait été légitime. (Bufnoir.)

Quelle est la part des enfants naturels, lorsque le défunt ne laisse aucun héritier légitime?

Lorsque le défunt ne laisse aucun héritier légitime, les enfants naturels recueillent la totalité de la succession.

Observons que les enfants légitimes de l'enfant naturel peuvent succéder à leur aïeul par représentation de leur père décédé, et même venir à sa succession de leur chef, lorsque leur père y a renoncé ou qu'il en a été écarté comme indigne. (Art. 758, 759.)

La part héréditaire attribuée aux enfants naturels peut-elle être augmentée ?

Non ; aux termes de l'article 908, les enfants naturels ne peuvent rien recevoir par donation ou par testament au delà de la part héréditaire qui leur est attribuée. En conséquence, la loi les oblige à imputer sur cette part, de manière à ce qu'elle soit diminuée d'autant, toutes les libéralités qu'ils ont reçues de leurs père et mère.

L'obligation d'imputer diffère de deux manières de l'obligation de rapporter, que l'article 843 impose aux héritiers légitimes : 1° Les héritiers légitimes peuvent être dispensés de rapporter les libéralités qu'ils ont reçues du défunt, tandis que l'enfant naturel ne peut pas être dispensé de les imputer sur sa part héréditaire ; 2° les héritiers légitimes ne sont pas tenus de rapporter les libéralités qui ont été faites à leur conjoint ou à leur enfant, tandis que l'enfant naturel est tenu de les imputer sur sa part héréditaire, parce qu'elles sont présumées faites à lui-même, par interposition de personnes. — A part ces deux points, l'imputation suit les mêmes règles que le rapport. Elle a lieu pour les mêmes choses, et elle se fait de la même manière, en nature ou en moins prenant. (Art. 760.)

La part héréditaire attribuée à l'enfant naturel peut-elle être diminuée ?

Oui ; aux termes de l'article 761, l'enfant naturel ne peut rien prétendre dans la succession de ses père et mère, lorsqu'il a reçu pendant leur vie la moitié de la part héréditaire qui devait lui revenir après leur mort.

Au reste, la donation qui serait ainsi faite n'emportera réduction de la part héréditaire de l'enfant naturel que si elle réunit les conditions suivantes. Elle doit :

1° Contenir une déclaration expresse du père ou de la mère, constatant qu'elle est faite dans le but de réduire la part héréditaire de l'enfant. — Cette déclaration doit être faite dans l'acte de donation ; elle ne pourrait avoir lieu après coup, même avec le consentement de l'enfant.

2° Attribuer à l'enfant, du vivant de ses père et mère, une portion de ses droits héréditaires futurs ; car c'est à raison des avantages que la jouissance anticipée lui procure que la loi autorise la réduction de sa part héréditaire ;

3° Être égale à la moitié au moins de la part héréditaire qui devrait revenir à l'enfant. Sinon celui-ci aura le droit de demander un supplément aux héritiers légitimes, lors de l'ouverture de la succession. — Au reste, le supplément ne lui est accordé, dans ce cas, que jusqu'à concurrence de la moitié de sa part héréditaire. (Art. 761.)

Pour quels motifs la loi accorde-t-elle aux père et mère le droit de réduire la part héréditaire de leur enfant naturel ?

Cette disposition, tout exceptionnelle dans notre législation, qui interdit, en général, les conventions relatives à une succession non ouverte, vient de ce qu'on a cherché à concilier l'intérêt de l'enfant et celui des héritiers légitimes. — L'enfant naturel trouve, dans la jouissance anticipée qui lui est donnée, une compensation à la perte qui lui est imposée ; d'un autre côté, les parents légitimes peuvent ainsi écarter de la succession des bâtards, dont la présence au partage serait, le plus souvent, une cause de conflits.

Quelques auteurs ont observé que le but de la loi serait rarement atteint, et que la donation ainsi faite ne saurait écarter l'enfant naturel du partage, par la raison qu'il peut toujours assister aux opérations d'inventaire et d'estimation, qui suivent le décès de ses père et mère, pour s'assurer qu'il a reçu la moitié de sa part héréditaire. — Il nous suffira de répondre que si la disposition dont il s'agit est inefficace pour empêcher l'enfant naturel d'assister aux actes d'inventaire et d'estimation qui précèdent le partage, en revanche elle réussit à le faire écarter des opérations les plus compliquées et qui offrent le plus matière à chicane, telles que la licitation des immeubles et la vente des meubles, la composition et l'attribution des lots. Ainsi, le but de la loi est atteint, sinon complétement, au moins dans ce qu'il a de plus essentiel.

Au surplus, l'enfant naturel recueille toute l'hérédité, nonobstant la renonciation qu'il aurait faite de ses droits successifs, lorsque les héritiers légitimes du donateur n'ont pas survécu. — Effectivement, sa renonciation avait eu lieu au profit des héritiers légitimes seuls, et elle ne saurait avoir aucun effet vis-à-vis des successeurs irréguliers qui sont appelés à recueillir les biens héréditaires à son défaut.

L'enfant naturel a-t-il le droit de refuser la donation qui lui est faite en vue de réduire sa part héréditaire ?

Pour répondre à cette question, il faut examiner si le législateur a eu en vue une donation entre-vifs, qui ne saurait exister sans le consentement de l'enfant ; ou s'il a eu en vue une attribution de part héréditaire, que le père ou la mère de l'enfant naturel auraient le droit de faire de leur propre volonté.

Ce dernier système est soutenu par la jurisprudence. Nous pensons néanmoins, avec MM. Demante et Demolombe, qu'il s'agit bien ici d'une donation entre-vifs, qui exige pour être valable l'acceptation de l'enfant.— Effectivement, l'article 761 parle d'une donation *reçue* par l'enfant et non point *imposée* par le père ou la mère, et cette expression implique une acceptation volontaire de la part du premier. — D'ailleurs, on obtiendra plus facilement le résultat que le législateur s'est proposé, d'écarter l'enfant naturel du partage, si l'on suppose que celui-ci *a consenti* à toucher par avance le montant de la moitié de sa part héréditaire en renonçant au surplus ; tandis qu'il ne manquerait pas d'y intervenir, pour vérifier s'il a reçu exactement tout ce qu'il devait recevoir, si on a réduit sa part violemment et malgré lui.

Quels sont les droits des enfants adultérins ou incestueux ?

Comme nous l'avons dit, les enfants adultérins ou incestueux ne succèdent pas ; ils n'ont droit qu'à des aliments. En conséquence, toutes les libéralités qu'ils ont reçues de leur père ou de leur mère, au delà de la pension alimentaire à laquelle ils avaient droit, sont réductibles.

La quotité des aliments sera réglée en prenant en considération, d'une part, l'importance des biens héréditaires et le nombre des héritiers entre lesquels ils doivent être partagés, et, d'autre part, les besoins de l'enfant adultérin ou incestueux. — Ce dernier ne peut élever aucune réclamation si son père ou sa mère lui ont fait apprendre un art mécanique, ou lorsque l'un d'eux lui a assuré des aliments de son vivant, ou enfin lorsqu'on lui a procuré, soit un établissement de commerce, soit une profession libérale.

Nous avons expliqué, dans notre premier volume, page 229, la manière dont se prouve la filiation adultérine ou incestueuse.

Nous ne reviendrons pas sur ce point. Nous rappellerons seulement que la première résulte implicitement du jugement en désaveu, par lequel le mari fait déclarer qu'il n'est pas le père d'un enfant né pendant le mariage, et que la seconde résulte aussi implicitement du jugement qui prononce la nullité du mariage contracté de mauvaise foi entre des personnes parentes au degré prohibé.

Nous venons d'examiner quels sont les droits des enfants naturels dans la succession de leurs père et mère. — Voyons maintenant quelles sont les personnes qui viennent à leur propre succession, lorsqu'ils sont décédés. (Art. 762, 763, 764.)

A qui est déférée la succession des enfants naturels?

Lorsqu'un enfant naturel meurt, sa succession est recueillie, comme toutes les successions, par ses descendants légitimes, et par ses enfants naturels, s'il en existe, pour le tiers de ce qu'ils auraient eu s'ils avaient été légitimes.

Ensuite, à défaut de descendants légitimes, elle passe, en totalité, à ses enfants naturels et à leurs descendants légitimes.

Enfin, à défaut de descendants légitimes et d'enfants naturels, elle est dévolue : 1° aux père et mère naturels; 2° aux frères et sœurs naturels; 3° au conjoint survivant; 4° à l'État.

Quant aux frères et sœurs légitimes de l'enfant naturel, ils n'ont aucun droit de succession proprement dite sur ses biens ; mais ils peuvent reprendre dans sa succession les choses qui ont été données par leur père ou par leur mère, lorsqu'elles s'y retrouvent en nature ou en équivalents. Ils ont, en un mot, un droit de succession *anomale*, analogue à celui de l'ascendant donateur. (Art. 745, 757, 765, 766.)

Comment se partage la succession, lorsqu'elle est dévolue aux père et mère naturels?

Il faut distinguer :

Lorsque l'enfant naturel qui vient à décéder a été reconnu par ses père et mère naturels, la succession se partage entre eux par moitié. — Si l'un des parents y renonce ou est écarté comme indigne, sa part accroît celle de son conjoint, qui recueille alors la succession tout entière.

Lorsque l'enfant naturel n'a été reconnu que par son père ou par sa mère, la succession est dévolue tout entière au parent qui l'a reconnu.

Suivant la plupart des auteurs, les père et mère naturels n'ont pas le droit de succession anomale, établi par l'article 747 au profit de l'ascendant donateur. En conséquence, lorsque l'un d'eux a fait une donation à l'enfant naturel, il ne peut pas reprendre les biens donnés à l'exclusion de son conjoint. — Effectivement, l'article 747 ne confère l'avantage de cette succession qu'aux ascendants légitimes. Et, comme il ne serait pas rationnel d'appliquer par analogie une disposition exceptionnelle à des personnes au profit desquelles elle n'a pas été expressément formulée, il faut suivre le principe qu'on ne doit pas rechercher l'origine des biens pour en régler la succession.

On décide par la même raison que les père et mère naturels ne peuvent pas succéder aux enfants de leur enfant naturel; car la loi se borne à les appeler à la succession de celui-ci, et l'on ne peut pas établir par analogie des droits de succession.

Comment se partage la succession, lorsqu'elle est dévolue aux frères et sœurs naturels?

Il faut distinguer :

Si l'enfant naturel laisse des frères et sœurs *légitimes* et des frères et sœurs *naturels*, sa succession se divise en deux parts. L'une de ces parts comprend les biens qui lui ont été donnés par ses père et mère; elle constitue une succession anomale pareille à celle qui est établie par l'article 747 en faveur de l'ascendant donateur, et elle est recueillie par les frères et sœurs légitimes. Mais ce droit leur est personnel et n'appartient jamais à leurs descendants légitimes.—La seconde part, qui comprend tous les autres biens de la succession irrégulière, est recueillie par les frères et sœurs naturels du défunt.

Si l'enfant naturel ne laisse pas de frères et sœurs légitimes, ou s'il n'existe pas dans la succession des biens donnés par les père et mère, les frères et sœurs naturels succèdent seuls, à l'exclusion des frères et sœurs légitimes. — A leur défaut, la succession est dévolue à leurs descendants légitimes; et, après ceux-ci, au conjoint survivant et à l'État.

Il nous reste maintenant à voir quels sont les droits du conjoint survivant et de l'État, qui viennent aux derniers rangs parmi les successibles, et quelles sont les obligations imposées aux successeurs irréguliers, en général.—C'est ce que nous allons examiner dans la section suivante.

SECTION II

DES DROITS DU CONJOINT SURVIVANT ET DE L'ÉTAT

Quels sont les successeurs irréguliers appelés à succéder en dernier lieu ?

Lorsque le défunt ne laisse ni parents légitimes, ni enfants naturels, ni père ni mère naturels, ni frères et sœurs naturels, la succession est déférée au conjoint survivant; et, à défaut du conjoint survivant, à l'État.—Toutefois, aux termes de l'article 337, la succession sera, par exception, dévolue au conjoint survivant, à l'exclusion de l'enfant naturel, lorsque celui-ci a été reconnu postérieurement au mariage.

La disposition qui place le conjoint survivant au dernier rang a été vivement critiqué. Que le Code, dans un intérêt d'ordre public, et pour éviter de faire passer les biens du défunt dans une famille étrangère, ait appelé les parents légitimes avant le conjoint, on le comprend à la rigueur. Mais c'est avec raison qu'on lui reproche de faire passer les enfants naturels avant lui, et de ne pas lui avoir au moins laissé le droit de réclamer aux héritiers une pension alimentaire, lorsqu'il est dénué de ressources personnelles, alors que ce droit lui était accordé par la législation romaine et les coutumes.—Hâtons-nous de dire que cette omission est due à une surprise du conseil d'État. On réclamait pour l'épouse une pension alimentaire : M. Treillard répondit qu'un article lui assurait l'usufruit du tiers des biens. C'était une assertion erronée : le survivant des père et mère n'a un droit d'usufruit sur les biens héréditaires que lorsqu'il succède à son enfant, en concurrence avec les collatéraux de la ligne opposée, et ce n'est pas ici le cas. Mais personne ne releva l'erreur et on passa outre. (Art. 767.)

Quels sont les droits de l'État ?

A défaut du conjoint survivant, dit l'article 768, la succession est acquise à l'État.

C'est là une application de l'article 713, qui déclare que les biens qui n'ont pas de maîtres appartiennent à l'État. Aussi l'État n'est-il pas à proprement parler un successeur. Cependant il est investi des mêmes droits et soumis en général aux mêmes obligations que les successeurs irréguliers.

Suivant la loi du 15 pluviôse an XIII, les hospices succèdent, de préférence à l'État, aux enfants qu'ils ont recueillis. (Art. 768.)

Quelles sont les formalités exigées des successeurs irréguliers?

Les successeurs irréguliers, n'ayant pas la saisine légale, doivent se faire envoyer en possession. En outre, afin d'assurer la conservation des biens héréditaires et leur restitution, s'il y a lieu, aux parents légitimes qui viendraient à se faire connaître, ils doivent :

1° Faire apposer les scellés.

2° Faire procéder à l'inventaire de toutes les valeurs de la succession.

3° Rendre publique par affiches leur demande d'envoi en possession, afin d'avertir les parents légitimes, s'il en existe, d'avoir à se faire connaître. — Les formes de ces publications et affiches sont laissées à l'appréciation du tribunal.

4° Faire emploi du mobilier en acquisitions d'immeubles ou de rentes sur l'État, ou bien donner caution de restituer les biens héréditaires au cas où des héritiers légitimes viendraient à se présenter. — Après trois ans, la caution est de plein droit déchargée; mais les héritiers légitimes ont trente ans pour réclamer la succession. (Art. 769, 770, 771, 772, 773.)

Tous les successeurs irréguliers sont-ils tenus à accomplir ces formalités?

Il faut distinguer :

1° Les enfants naturels sont évidemment dispensés de toutes les formalités qui précèdent, lorsqu'ils concourent avec des parents légitimes. C'est ce qu'indique d'ailleurs l'article 773, qui ne les oblige à accomplir ces formalités que dans le cas où ils sont appelés à succéder à défaut de parents. — S'ils viennent en concours avec eux, ceux-ci devront eux-mêmes veiller à l'apposition des scellés et à la confection de l'inventaire. Et, en outre, ils délivreront eux-mêmes aux enfants naturels la possession des biens héréditaires qui leur reviennent.

2° Les père et mère naturels, qui succèdent à leur enfant mort sans postérité, sont également dispensés de toutes les formalités qui précèdent, et même d'obtenir un envoi en possession. — Effectivement, comme le défunt n'a pu laisser aucun parent légitime, il serait tout à fait inutile de prendre des mesures conservatoires, qui ne sont exigées des autres successeurs irréguliers qu'en prévision du cas où ils auraient été mis en possession de l'hérédité nonobstant l'existence de parents inconnus.

3° Le conjoint survivant est, au contraire, tenu d'accomplir toutes les formalités qui ont été précédemment indiquées.

4° Enfin, l'État est dispensé de fournir caution, parce qu'il est évidemment solvable. Mais il doit accomplir les autres formalités. (Art. 769, 770, 771, 772, 773.)

Le conjoint survivant et l'État sont-ils tenus de prouver qu'il n'existe pas d'héritiers légitimes?

On sait que le conjoint survivant et l'État ne peuvent venir à une succession qu'en alléguant qu'il n'existe point d'héritiers légitimes ou d'enfants naturels reconnus. Mais ils ne sont pas tenus de faire la preuve de cette allégation : autrement, comme il leur serait à peu près impossible de la fournir, ils n'obtiendraient jamais la possession des biens héréditaires. C'est ce qui résulte implicitement de l'article 771, suivant lequel le conjoint survivant doit restituer les biens héréditaires au cas où il se présenterait des héritiers du défunt. En admettant une pareille hypothèse, notre article suppose évidemment que l'inexistence des héritiers n'a pas été prouvée. — En résumé, il suffit que les successeurs irréguliers fassent constater, par un acte de notoriété, l'absence des héritiers légitimes et des enfants naturels pour être envoyés en possession par le tribunal.

L'époux survivant ou l'État qui ont obtenu du tribunal l'envoi en possession sont réputés de bonne foi.—En conséquence, ils acquièrent les fruits qu'ils ont perçus, et ils ne doivent restituer à l'héritier qui se présente que les biens qui composaient la succession.

Les actes faits par les successeurs irréguliers sont-ils maintenus, en cas de survenance d'un héritier légitime?

Il faut distinguer :

Les actes faits par les successeurs irréguliers doivent être maintenus, en cas de survenance d'un héritier légitime : 1° lorsqu'ils se réfèrent à l'administration et à la conservation des biens; 2° lorsqu'ils ont pour objet une transmission de meubles, car les acquéreurs de bonne foi peuvent invoquer la maxime : *En fait de meubles, la possession vaut titre;* 3° lorsqu'ils ont été faits en vertu d'une autorisation de justice.

Dans toute autre hypothèse, les actes faits par les successeurs irréguliers devront être annulés. — En effet, l'envoyé en possession n'avait qu'un droit révocable, et il n'a pu le transmettre que tel qu'il le possédait.

CHAPITRE CINQUIÈME

DE L'ACCEPTATION ET DE LA RÉPUDIATION DES SUCCESSIONS

Articles 774 à 814.

Conformément à l'ordre du Code, nous traiterons dans ce chapitre : 1° De l'acceptation pure et simple; 2° De la renonciation; 3° De l'acceptation sous bénéfice d'inventaire; 4° Des successions vacantes.

SECTION I

DE L'ACCEPTATION PURE ET SIMPLE

Quels sont les différents partis que peut prendre un héritier ?

Un héritier peut prendre trois partis :

1° Accepter purement et simplement la succession ;

2° Y renoncer ;

3° L'accepter sous bénéfice d'inventaire.

Afin que l'héritier puisse se décider en connaissance de cause, l'article 795 lui accorde un délai de trois mois et quarante jours pour faire inventaire et pour délibérer sur le parti qu'il lui convient de prendre. — On verra plus loin quelle est sa situation pendant ce délai. Il suffit pour le moment de savoir qu'on lui laisse un temps suffisant pour que sa détermination soit réfléchie. Ce délai était nécessaire à cause des avantages et des inconvénients qui sont attachés à chacun des partis entre lesquels il peut choisir.

Par l'acceptation *pure et simple*, l'héritier devient *irrévocablement* propriétaire de tous les biens et de tous les droits qui composent la succession ; mais il s'oblige à en acquitter toutes les dettes et charges. En effet, il confond alors sa personne avec celle du défunt; en sorte qu'il est censé avoir pris lui-même tous les engagements dont le défunt était tenu.

Par l'acceptation *bénéficiaire*, l'héritier sépare la personne et le patrimoine du défunt de sa personne et de son patrimoine. Il paye les dettes de la succession ; mais seulement jusqu'à concurrence de la valeur des biens qui la composent. Lorsque toutes les dettes ont été payées, s'il y a un excédant d'actif, il l'acquiert irrévocablement.

Enfin, par la *renonciation*, l'héritier repousse la succession et y devient tout à fait étranger.

L'acceptation bénéficiaire n'est pas toujours, comme on pourrait le croire, le parti le plus avantageux. Si l'héritier est certain que la succession est solvable, il a intérêt à l'accepter purement et simplement, pour éviter les frais et les lenteurs qu'entraînerait l'acceptation bénéficiaire. — Dans certains cas, la renonciation sera le parti le plus sûr : c'est lorsque l'héritier a reçu une libéralité du défunt. Effectivement, la loi oblige tout donataire, qui est appelé à la succession du donateur et qui l'accepte, à remettre les biens qui lui ont été donnés dans la masse partageable. Or, si les biens donnés ont plus de valeur que la part héréditaire qui revient au donataire, il est évidemment préférable pour celui-ci de renoncer à la succession et de conserver la libéralité qui lui a été faite. (Art. 774, 775.)

L'acceptation est-elle nécessaire pour conférer la qualité d'héritier ?

Non ; l'acceptation n'est pas nécessaire pour conférer la qualité d'héritier. — Tout héritier est de plein droit, et même à son insu, investi de la succession dès qu'elle est ouverte. Mais s'il l'acquiert de plein droit et à son insu, il ne la conserve pas malgré lui ; il peut la répudier, conformément à la maxime : *Nul n'est héritier qui ne veut.*

L'acceptation n'est donc pas nécessaire pour conférer la qualité d'héritier, et elle ne fait que confirmer cette qualité et la rendre définitive.—Tant qu'il n'a pas accepté, l'héritier saisi de la succession conserve la faculté de s'en dessaisir : il peut y renoncer ou réclamer le bénéfice d'inventaire. Dès qu'il l'accepte, au contraire, il manifeste, par là, sa volonté de conserver irrévocablement l'hérédité, et de ne pas faire usage de sa faculté de renoncer.

Cette doctrine est généralement suivie : néanmoins, elle paraît avoir soulevé quelques objections :

D'abord, on oppose le texte de l'article 775, aux termes duquel *nul n'est tenu d'accepter une succession qui lui est échue;* d'où l'on veut conclure qu'on n'est héritier qu'après avoir préalablement accepté la succession échue. — Mais il est facile de répondre que cette interprétation est purement arbitraire, et que les expressions de notre article, prises dans leur sens le plus naturel, signifient simplement, ce que nous savons déjà, que nul n'est héritier malgré lui, ou ce qui revient au même, que tout héritier a la faculté de renoncer à la succession qui lui est échue.

En second lieu, on oppose le texte de l'article 777, aux termes duquel *l'effet de l'acceptation remonte au jour de l'ouverture de la succession.* Effectivement, cet article suppose qu'en réalité on n'est héritier qu'à partir de l'acceptation qu'on a faite; sans quoi il n'aurait aucun sens. — Mais on répond en disant que l'article 727, qui est d'ailleurs assez mal rédigé, vise spécialement deux hypothèses particulières dont nous parlerons bientôt. A part ces deux hypothèses, il est certain que l'héritier est saisi de plein droit de la succession avant d'avoir donné son acceptation. C'est ce que l'article 724 exprime en termes formels et de manière à ne laisser subsister aucun doute, en disant que *les héritiers légitimes sont saisis de plein droit des biens, droits et actions du défunt.*

Ainsi, en principe, l'acceptation ne confère pas la qualité d'héritier; elle ne fait que la confirmer et la rendre définitive et irrévocable. En un mot, l'acceptation est la renonciation au droit de renoncer.

Dans quelles hypothèses particulières l'acceptation confère-t-elle la qualité d'héritier?

Bien que l'acceptation ne confère pas en principe la qualité d'héritier, il existe cependant deux cas dans lesquels on peut dire qu'elle est attributive de cette qualité :

1° Lorsque la succession est acceptée par un héritier qui y avait d'abord renoncé. — Dans ce cas, l'acceptation fait recouvrer au renonçant la qualité d'héritier dont il s'était dépouillé; elle le saisit de nouveau des biens dont il s'était d'abord dessaisi. Et, alors, l'acceptation a un effet rétroactif, et elle rétablit l'héritier dans tous ses droits, comme s'il n'avait jamais cessé de les posséder.

2° Lorsque la succession est acceptée par un héritier d'un de-

gré inférieur qui est appelé à succéder par suite de la renonciation du parent plus rapproché. — Effectivement, l'héritier du
degré subséquent n'ayant pas été saisi, à l'origine, des biens héréditaires, reçoit le titre et la qualité d'héritier par l'effet de
son acceptation. Mais, de même que dans l'hypothèse précédente, il est réputé avoir été héritier dès l'ouverture de la succession.

Dans ces deux cas, l'article 777 reçoit, comme on le voit, sa
véritable application : *L'effet de l'acceptation remonte au jour de
l'ouverture de la succession.* (Art. 775, 777.)

**Quelles sont les conditions requises pour la validité de l'ac-
ceptation?**

Pour pouvoir accepter valablement une succession, il faut :
1° que la succession soit ouverte; 2° que l'héritier en connaisse
l'ouverture; 3° qu'il soit capable de s'obliger.

Les deux premières conditions sont la conséquence de cette
règle *qu'on ne peut faire aucune convention sur une succession non
encore ouverte.* — Quant à la troisième, elle résulte de ce que
l'acceptation d'une succession fait naître pour l'héritier l'obligation d'acquitter les dettes et charges qui y sont attachées.

Cette obligation que la loi impose à un héritier de payer les
dettes et charges de la succession fait que l'acceptation n'est pas
sans dangers. — En conséquence, la femme mariée ne peut accepter la succession qui lui est échue qu'avec l'autorisation de son
mari ou de justice. Pareillement, le tuteur de l'interdit ou du
mineur ne peut accepter celle qui est échue à l'incapable que
sous bénéfice d'inventaire. (Art. 776.)

Comment a lieu l'acceptation?

L'acceptation peut être expresse ou tacite.

Elle est *expresse,* lorsque le successible prend le titre d'héritier
dans un acte authentique ou privé.

Elle est *tacite,* lorsqu'il fait un acte qui suppose nécessairement son intention d'accepter : par exemple, lorsqu'il aliène ou
hypothèque, en qualité d'héritier, les immeubles de la succession. — Au contraire, l'héritier qui se borne à administrer les
biens n'est pas censé accepter.

Observons que les aliénations ou hypothèques consenties par
le successible n'emportent acceptation tacite que si elles ont été
faites par lui en qualité d'héritier. — En conséquence, elles n'au-

raient pas le même effet s'il les avait concédées dans la croyance que les biens aliénés ou hypothéqués lui appartenaient à un autre titre qu'à celui d'héritier, parce qu'alors cette constitution de droits réels n'impliquerait pas de sa part l'intention d'accepter. (Art. 778, 779.)

La loi n'a-t-elle pas désigné spécialement certains actes comme étant de nature à impliquer une acceptation tacite?

Oui; tout en établissant une règle générale, destinée à guider l'appréciation du juge dans les cas les plus nombreux, le législateur a jugé à propos de s'expliquer d'une façon toute particulière au sujet de certains actes à l'égard desquels il aurait pu exister des doutes. — Ainsi, il déclare que l'héritier est réputé acceptant :

1° *Lorsqu'il vend, échange ou donne ses droits successifs, soit à un étranger, soit à tous ses cohéritiers, soit à quelques-uns d'entre eux.* — Effectivement, les actes dont il s'agit sont des actes de disposition : or, on ne peut disposer que des choses qu'on a acquises. D'où il suit que l'héritier qui aliène ses droits successifs est réputé les avoir acquis par une acceptation tacite de l'hérédité.

2° *Lorsqu'il renonce à ses droits dans la succession, même gratuitement, au profit d'un ou de plusieurs de ses cohéritiers.* — En effet, un pareil acte, qui ne profite qu'à quelques-uns des héritiers, suppose évidemment que l'héritier a dû accepter l'hérédité. Autrement, il n'aurait pas pu disposer de sa part au profit de certains héritiers à l'exclusion des autres.

3° *Lorsqu'il renonce à ses droits successifs au profit de tous ses cohéritiers indistinctement, moyennant un prix ou en stipulant d'autres avantages.* — Dans ce cas, l'héritier consent une véritable vente de droits successifs, et la transmission qu'il fait de ses droits suppose évidemment qu'il les a acquis par une acceptation tacite. — Si, au contraire, il ne reçoit pas de prix et s'il n'a stipulé aucun autre avantage, la renonciation qu'il fait au profit de tous ses cohéritiers indistinctement équivaut à une renonciation pure et simple. — Toutefois, elle ne produit son effet, par rapport aux créanciers héréditaires, que lorsqu'elle a été inscrite sur les registres tenus au greffe du tribunal civil.

Ainsi, l'héritier qui renonce à titre gratuit à ses droits successifs au profit de tous ses cohéritiers indistinctement devient, par là, étranger à la succession, pourvu qu'il ait soin de faire inscrire sa renonciatiou au greffe. Mais il en est différemment, si sa renonciation a lieu au profit d'un ou de plusieurs de ses cohéritiers seulement, et non point au profit de tous indistinctement. Une pareille renonciation équivaut évidemment à une donation; car elle procure à certains cohéritiers des avantages qu'ils n'auraient pas eus si l'héritier s'était borné à renoncer purement et simplement, et, d'autre part, elle fait perdre aux autres cohéritiers tout le bénéfice de la renonciation. Or, pour pouvoir disposer d'un bien par donation il faut l'avoir préalablement acquis. — D'où il suit que l'héritier qui fait une renonciation de ses droits successifs au profit d'un ou de plusieurs cohéritiers seulement est réputé avoir d'abord acquis sa part héréditaire par une acceptation tacite, puis, en avoir disposé ensuite à titre gratuit. En conséquence il faut décider : 1° qu'il conserve par rapport aux créanciers héréditaires la qualité d'héritier pur et simple, et qu'il peut, à ce titre, être poursuivi par eux à raison des dettes et charges de la succession; 2° qu'il acquiert, par rapport aux cohéritiers qui ont profité de sa renonciation, la qualité de donateur, et qu'à ce titre la disposition qu'il a faite à leur profit est sujette à rapport, ainsi qu'à réduction, et qu'elle est révocable pour cause d'ingratitude, de survenance d'enfants ou d'inexécution des charges. (Art. 780.)

Lorsqu'un successible meurt avant d'avoir pris un parti, ses héritiers ont-ils le même droit d'option?

Lorsqu'un successible meurt avant d'avoir pris un parti, la succession est alors transmise à ses propres héritiers. Ceux-ci, étant mis au lieu et place de leur auteur, recueillent tous les biens droits et actions qui lui appartenaient, pour en user de la même façon que celui-ci aurait pu le faire, et, par suite, ils ont, comme lui, la faculté d'accepter purement et simplement la succession, ou d'y renoncer, ou enfin de ne l'accepter que sous bénéfice d'inventaire. — Seulement, comme leur auteur devait nécessairement prendre un parti unique, ils doivent s'entendre pour prendre également un seul et même parti. S'ils ne se mettent pas d'accord sur ce point, la loi leur impose à tous la qualité d'héritiers bénéficiaires.

C'est là une exception remarquable au principe que *nul n'est héritier qui ne veut*. Il suffit qu'un seul veuille accepter pour que les autres soient obligés de prendre ce parti. Au surplus, les représentants de l'héritier ne viennent pas à une succession échue à leur auteur comme héritiers du *de cujus*, mais comme héritiers de son héritier. En conséquence, ils ne sont pas tenus de rapporter les libéralités qu'ils en ont personnellement reçues. (Art. 781, 782.)

Dans quel cas l'acceptation peut-elle être révoquée?

L'acceptation d'une succession peut être révoquée :

1° Lorsqu'elle a été faite par un incapable sans l'accomplissement des formalités prescrites par la loi.

2° Lorsque la succession étant insolvable elle a été faite par un héritier en fraude de ses créanciers.

3° Lorsqu'elle a eu lieu par suite de dol ou de violence, c'est-à-dire lorsqu'elle a été déterminée par des manœuvres frauduleuses, ou par la crainte d'un mal considérable et de nature à faire impression sur une personne raisonnable.

4° Lorsqu'elle devient pour l'héritier une cause de lésion, par la découverte d'un testament inconnu au moment de l'acceptation, si ce testament absorbe toute la succession ou la diminue de plus de moitié. (Art. 783.)

Lorsque l'acceptation a eu lieu par suite de dol, faut-il considérer par qui le dol a été pratiqué?

Pour qu'il y ait dol, il faut que l'héritier prouve qu'il n'aurait pas accepté sans les manœuvres frauduleuses au moyen desquelles il a été trompé. Est-il nécessaire, comme dans les contrats, que ces manœuvres aient été pratiquées par l'une des parties intéressées, c'est-à-dire qu'elles aient été pratiquées par des créanciers héréditaires, ou par des cohéritiers, qui, ayant eux-mêmes accepté imprudemment une succession insolvable, auraient voulu diminuer la part qu'ils ont à supporter dans les charges en décidant leur cohéritier à accepter la succession?

L'article 783 résout la difficulté : suivant cet article, l'héritier peut faire annuler son acceptation dès qu'elle est le résultat d'un dol pratiqué envers lui, sans qu'il y ait besoin que le dol ait été pratiqué par l'une des parties. Cette solution est rationnelle : en effet, dans les contrats, les parties contractantes sont réciproquement liées l'une envers l'autre. Chacune d'elles a un *droit*, et non pas seulement un *intérêt*, à ce que l'acte soit maintenu, lorsqu'elle n'a pas à se reprocher des manœuvres frauduleuses. Au contraire, lorsqu'il s'agit de l'acceptation d'une succession, aucune des parties intéressées n'a concouru à l'acte : elles sont donc loin d'avoir les droits d'un contractant à empêcher l'acceptant de quitter une situation qu'il aurait très-bien pu, s'il avait voulu, ne jamais adopter.

L'article 783 ne mentionne pas l'erreur et la violence parmi les causes de nullité de l'acceptation. *La violence* est certainement une cause de rescision, car ce n'est qu'une espèce de dol entouré de circonstances aggravantes. Quant à *l'erreur*, elle ne serait une cause de nullité que si l'héritier avait accepté la succession d'une personne, en croyant accepter celle d'une autre.

Si l'erreur ne porte que sur le *quantum* de la succession, que l'héritier croyait être plus avantageuse qu'elle ne l'est en réalité, il y a simplement *lésion*, et la lésion ne vicie l'acceptation d'une succession que dans une seule hypothèse, celle où elle résulte de la découverte d'un testament dont les libéralités dépassent la moitié de la succession.

Comment la découverte d'un testament peut-elle léser l'héritier?

Si l'héritier était tenu de payer les legs *ultrà vires*, on comprendrait facilement que la découverte d'un testament, qui lui impose l'obligation d'acquitter des legs, pût lui causer une lésion. Après avoir accepté une succession qui paraissait être solvable, il serait néanmoins contraint de prendre sur son propre patrimoine pour désintéresser les légataires. Mais il n'en est pas ainsi : les légataires ne peuvent réclamer leur émolument que sur les biens laissés par le défunt ; et dès lors on ne conçoit guère que la découverte de legs à acquitter puisse rendre l'acceptation onéreuse pour l'héritier.

Pour expliquer la lésion dont parle le Code, on a dû imaginer l'hypothèse suivante. — Une succession qui paraissait solvable a été acceptée par un héritier, qui avait l'intention de consacrer l'excédant des biens sur le passif au payement des dettes éventuelles qui pourraient exister en dehors du passif connu. Survient un testament inconnu lors de l'acceptation, et contenant des legs particuliers pour plus de moitié de l'actif de la succession : les légataires sont payés jusqu'à concurrence de l'excédant de l'actif sur le passif connu. Mais supposons que de nouveaux créanciers viennent réclamer le payement de dettes inconnues d'abord, l'héritier sera alors obligé de les payer de ses propres deniers, puisqu'il est tenu des dettes *ultrà vires*. Il aura bien, il est vrai, un recours contre les légataires qu'il a payés; mais ils peuvent se trouver insolvables, et alors l'héritier sera en perte, tandis que s'il avait renoncé à la succession son patrimoine serait intact. L'acceptation lui est donc préjudiciable ; et, comme il n'y a consenti que dans l'ignorance des legs qui l'ont rendue telle, la loi vient à son secours en lui permettant de la faire rescinder.

Ainsi, l'héritier avait accepté une succession de 100 d'actif et de 50 de passif. Survient un testament inconnu au moment de l'acceptation, et contenant des legs particuliers jusqu'à concurrence de 60. L'héritier paye les 50 de dettes, et les legs jusqu'à concurrence de 50. Mais, après qu'il a ainsi épuisé la succession, survient un créancier, d'abord inconnu, qui réclame 20. L'héritier, étant obligé de prendre sur ses propres biens pour désintéresser ce créancier serait, évidemment lésé, si la loi n'était pas venue à son secours.

La rescision de l'acceptation remet les choses dans le même état que si l'acceptation n'avait pas eu lieu. L'héritier dont l'acceptation a été rescindée peut donc renoncer, accepter sous bénéfice d'inventaire, ou accepter de nouveau puremeut et simplement.

L'héritier qui est mineur peut-il faire révoquer son acceptation en invoquant le dol ou la lésion ?

Si l'on s'en référait uniquement aux termes de l'article 783, il faudrait décider que la nullité de l'acceptation, pour cause de dol ou de lésion, ne peut être demandée que par un majeur. Effectivement, la succession déférée à un mineur a dû nécessairement avoir été acceptée sous bénéfice d'inventaire : or, le bénéfice d'inventaire dispense de rien payer au delà de l'actif de la succession, et, par conséquent, à ce point de vue, l'acceptation bénéficiaire ne peut pas être onéreuse. — Mais il en serait différemment si l'héritier mineur avait reçu une libéralité du défunt. L'acceptation bénéficiaire aurait pour effet de l'obliger à en faire le rapport : dans cette hypothèse, nul doute qu'il ne puisse, comme l'héritier majeur, faire rescinder son acceptation, pour cause de dol ou de lésion, car l'article 783 ne se réfère pas à cette hypothèse.

Quels sont les délais accordés à l'héritier pour demander la nullité de son acceptation ?

La loi ne s'est pas expliquée à cet égard. On en conclut généralement qu'il faut accorder à l'héritier un délai de trente ans; car il est de règle que toute action peut être exercée pendant trente ans, lorsqu'elle n'a pas été expressément limitée à un plus court délai.

Le délai de trente ans commencera à courir à partir du jour où l'héritier a eu connaissance du dol ou du testament, si la nullité est fondée sur le dol ou sur la découverte d'un testament; et, à partir du jour où la violence a cessé, si elle est fondée sur la violence.

SECTION II

DE LA RENONCIATION AUX SUCCESSIONS

Qu'est-ce que la renonciation ?

La renonciation est l'acte par lequel on refuse une succession, afin de ne pas être tenu des charges qui la grèvent.

Pour que la renonciation soit valable, il faut : 1° que la succession soit ouverte; 2° que l'héritier en connaisse l'ouverture; 3° qu'il soit capable d'aliéner.

La loi prohibe toute convention relative à une succession non encore ouverte. La raison de cette prohibition vient, dit-on, de l'immoralité d'une pareille convention.—Mais il y a, ce nous semble, un autre motif plus pressant : c'est que le législateur a voulu prévenir l'imprudence des héritiers, qui, pressés de jouir des avantages attachés à l'hérédité, ou poussés par la nécessité, auraient été trop souvent entraînés à battre monnaie avec leurs droits successoraux, au grand détriment des familles et à la satisfaction des usuriers, qui, en France, comme autrefois à Rome, ont l'habitude de circonvenir les fils de famille.

Sans cette disposition tutélaire, combien on verrait de jeunes prodigues trafiquer de l'héritage paternel et le dissiper avant même de l'avoir recueilli.—Ce n'est donc pas seulement la raison d'immoralité qui a fait prohiber de pareils trafics : le législateur a voulu également garantir les familles contre la facilité qu'ont les jeunes gens à se dépouiller des avantages qu'ils ne doivent recueillir que dans l'avenir. (Art. 791.)

Comment a lieu la renonciation ?

La renonciation à une succession ne se présume point de la part de l'héritier saisi : elle doit être expresse et solennelle. Il faut que l'héritier se présente au greffe du tribunal de l'ouverture de la succession, accompagné d'un avoué qui certifie son identité, et qu'il y déclare sa volonté de renoncer. — Cette déclaration est consignée sur un registre tenu à cet effet.

Cette formalité a pour objet de donner aux cohéritiers et aux créanciers héréditaires un moyen facile de savoir si la renonciation a été faite. (Art. 784.)

Quels sont les effets de la renonciation?

La renonciation a les effets d'une condition résolutoire accomplie. L'héritier qui renonce perd la saisine légale, dont il avait été investi à l'origine, et il est considéré comme n'ayant jamais été héritier.

En conséquence, les créances qu'il pouvait avoir contre la succession, ou les dettes dont il pouvait être tenu envers elle, tombent, comme si elles n'avaient jamais été éteintes par la confusion. Les actes d'administration qu'il a fait sur les biens héréditaires sont respectés, il est vrai, parce qu'ils profitent à l'hérédité; mais les aliénations et les hypothèques par lui consenties sont anéanties. Enfin, le renonçant doit restituer les fruits qu'il a perçus aux héritiers qui recueillent sa part héréditaire.

Par contre, l'héritier qui a renoncé à la succession n'a plus rien à démêler avec les créanciers héréditaires et les légataires. (Art. 785.)

Que devient la succession répudiée?

Aux termes de l'article 786, la part de l'héritier renonçant accroît à ses cohéritiers, et, s'il est seul, elle est dévolue à l'héritier du degré subséquent.

Mais cette disposition ne doit pas être entendue dans un sens trop absolu. — Effectivement, lorsque l'héritier qui renonce a des cohéritiers, sa part n'accroît pas à tous ses cohéritiers indistinctement : elle accroît seulement à ceux qui font partie de la même ligne que lui. Les cohéritiers de la ligne opposée ne sont appelés à la recueillir que dans un cas fort rare, celui où le renonçant n'aurait aucun parent dans la ligne à laquelle il appartient.

En second lieu, lorsque l'héritier qui renonce n'a pas de cohéritiers dans la ligne à laquelle il appartient, sa part n'est pas toujours dévolue, comme le suppose le Code, aux héritiers du degré subséquent. — Supposons, par exemple, que le défunt ait laissé son père, un fils et un petit-fils, et que le fils qui est appelé à lui succéder renonce : la succession sera dévolue, non pas au père, quoiqu'il soit au premier degré, mais au petit-fils, quoiqu'il soit au second degré. Ainsi, la disposition de l'article 786 n'est pas toujours exacte. La règle qu'il faut poser c'est que la renonciation d'un héritier profite exclusivement à ceux auxquels l'acceptation de cet héritier aurait nui.

Maintenant, comme l'héritier renonçant est censé n'avoir jamais été héritier, il faut évidemment se référer à l'ouverture de la succession pour savoir quelles sont les personnes qui doivent profiter de la renonciation. — Ainsi, on recherchera quels étaient à ce moment-là les cohéritiers du renonçant, dans la même ligne que lui; à défaut de cohéritiers, quels étaient les héritiers qui devaient recueillir après lui les biens laissés par le défunt; à défaut de cohéritiers dans la même ligne et d'héritiers du degré subséquent, quels étaient les cohéritiers de la ligne opposée. — Si les parents qui devaient recueillir la part du renonçant sont décédés dans l'intervalle, la renonciation profitera à leurs héritiers légitimes ou testamentaires. (Art. 786.)

Les cohéritiers du renonçant peuvent-ils refuser l'accroissement?

Non; les cohéritiers du renonçant ne peuvent pas refuser l'accroissement: ils sont tenus de recueillir la part héréditaire qu'il a répudiée. Effectivement, ceux qui sont appelés comme cohéritiers à une succession sont appelés chacun pour le tout, et ce n'est que leur concours qui amène la nécessité d'un partage: *concursu partes fiunt.*

Il suit de là que si l'un des héritiers renonce, le droit des autres n'est pas augmenté; car on ne saurait augmenter un droit qui comprenait déjà tout: seulement, il n'est pas diminué. Les cohéritiers n'acquièrent donc pas, ils conservent; et c'est plutôt *jure non decrescendi* que *jure accrescendi* que la succession tout entière leur reste.

L'héritier peut-il revenir sur sa renonciation?

Oui; l'héritier peut revenir sur sa renonciation, et reprendre la succession qu'il avait d'abord répudiée; mais c'est à deux conditions. Il faut: 1° que la succession n'ait pas encore été acceptée par ceux qui devaient la recueillir à son défaut; 2° que les délais de la prescription ne soient pas expirés.

Au reste, l'héritier qui reprend la succession qu'il avait d'abord répudiée doit respecter tous les actes faits dans le temps intermédiaire par le curateur qui a été nommé à la succession vacante, ainsi que tous les droits qui auraient été acquis à des tiers par prescription. (Art. 790.)

Quels sont les droits des créanciers du renonçant?

Il faut distinguer :

1° Lorsque l'héritier renonçant a la possibilité de revenir sur sa renonciation, parce que la succession n'a pas encore été appréhendée par d'autres héritiers, ses créanciers peuvent, par application de l'article 1166, être autorisés par le tribunal à exercer ses droits et à accepter la succession en son nom.

2° Si, au contraire, l'héritier renonçant ne peut plus revenir sur sa renonciation, parce que la succession se trouve appréhendée par d'autres cohéritiers ou par des héritiers du degré subséquent, ses créanciers peuvent, en agissant en leur propre nom et par application de l'action *Paulienne*, contenue dans l'article 1167, faire annuler la renonciation, comme faite en fraude de leurs droits.

Au surplus, comme la renonciation n'est annulée, dans ces deux cas, qu'à raison du préjudice qu'elle cause aux créanciers du renonçant, l'excédant d'actif qui reste, après qu'ils ont été intégralement payés, profite aux héritiers qui devaient recueillir la succession à défaut du renonçant. (Art. 788.)

Quels sont les délais accordés à l'héritier pour accepter ou répudier une succession?

Aux termes de l'article 789, la faculté d'accepter ou de répudier une succession se prescrit par le laps de temps requis pour la prescription la plus longue des droits immobiliers. — La prescription la plus longue est celle de trente ans, qui court ici du jour de l'ouverture de la succession.

Quelle est, après trente ans, la position de l'héritier qui n'a ni accepté ni répudié? Est-il héritier irrévocablement; ou bien, au contraire, est-il irrévocablement étranger à la succession? Il y a, sur ce point, plusieurs systèmes. — A notre avis, la question se résout par une distinction :

1° S'agit-il d'un héritier saisi, qui a été dès l'origine investi et mis en possession de tous les droits actifs et passifs du défunt, cet héritier est présumé accepter la succession, telle qu'elle lui est déférée par la loi, c'est-à-dire purement et simplement. — Il a, il est vrai, pendant trente ans, la faculté d'y renoncer, soit complétement, soit en partie, au moyen du bénéfice d'inventaire; mais il doit alors faire connaître expressément que telle est sa volonté. S'il ne dit rien, s'il garde le silence pendant trente ans, il perd cette double faculté de renoncer ou de n'accepter que sous bénéfice d'inventaire, et il rend irrévocable et définitive sa qualité d'héritier pur et simple. Seulement, comme nul n'est héritier malgré lui, les trente ans ne commencent à courir qu'à compter du jour où l'héritier a eu connaissance de l'ouverture de la succession ; car ce n'est qu'à partir de ce moment qu'il a été en mesure de faire connaître sa volonté.

2° S'agit-il, au contraire, d'un héritier non saisi qui reste dans le silence, cet héritier est présumé renoncer à la succession ; parce qu'il ne pouvait l'appréhender et en obtenir la possession qu'en accomplissant un acte qu'il n'a pas accompli. — Les héritiers non saisis sont : 1° les parents du degré subséquent qui sont appelés à recueillir la succession, par suite de la renonciation d'un héritier qui les primait, mais qui, n'en ayant pas la saisine légale, ne peuvent être mis en possession des biens héréditaires qu'après une acceptation expresse ; 2° les successeurs irréguliers, qui sont dans le même cas. Les uns et les autres n'ont pas la possession de l'hérédité à l'origine, mais ils ont la faculté de l'obtenir en faisant connaître expressément leur volonté d'accepter, et cette faculté leur est laissée pendant trente ans. Si, durant cet intervalle, ils ne font pas connaître leur volonté d'accepter, ils finissent par être considérés comme renonçants.

En résumé, après trente ans, l'héritier perd la faculté de modifier son état. Était-il saisi de la succession, il ne peut plus y renoncer, ni l'accepter sous bénéfice d'inventaire. Était-il appelé à la recueillir, sans en être possesseur, il ne peut plus en obtenir la possession, et, par suite, il en perd définitivement la propriété. (Valette. Cours de Paris et de Caen.)

Dans quels cas la renonciation peut-elle être rescindée ?

La renonciation peut être rescindée :

1° Lorsque l'héritier renonçant a ensuite accepté la succession, avant qu'elle n'ait été appréhendée par un autre héritier ;

2° Lorsqu'elle a été faite par l'héritier au préjudice de ses créanciers ;

3° Lorsqu'elle est entachée de dol ou de violence ;

4° Lorsque l'héritier a diverti ou recélé des objets héréditaires.

Divertir, c'est détourner des objets de la succession, afin qu'ils ne soient point compris dans l'inventaire et qu'on puisse se les approprier. — *Recéler*, c'est cacher des objets qui ont été divertis par un autre.

Le divertissement et le recel impliquent nécessairement l'idée du dol et de la fraude; ils produisent chacun un double effet contre celui qui s'en est rendu coupable : 1° ils le constituent irrévocablement héritier pur et simple, et le rendent responsable *in infinitum* des dettes héréditaires; 2° ils lui font perdre sa part dans les objets divertis ou recélés, s'il existe des cohéritiers.

Le divertissement ou le recel ont-ils les mêmes conséquences lorsqu'ils ont été commis par un héritier mineur?—Presque tous les auteurs admettent que le mineur sera privé de sa part dans les objets divertis ou recélés. Mais il y a désaccord sur le point de savoir si le divertissement ou le recel le rendent nécessairement héritier pur et simple. La raison de douter vient de ce que toute succession déférée à un mineur ne peut, en général, être acceptée que sous bénéfice d'inventaire. — Nous pensons, toutefois, que le mineur doit supporter toutes les conséquences de son fait, lorsqu'il a agi avec discernement. Effectivement, le mineur s'est alors rendu coupable d'un délit : or, l'article 1310 assimile le mineur au majeur pour la réparation de ses délits. (Demante.)

Rappelons ici une règle déjà exprimée, à savoir que les descendants du renonçant ne peuvent pas venir en son lieu et place par représentation. — Si le renonçant a des cohéritiers qui acceptent la succession, ceux-ci recueillent la part abandonnée. A défaut de cohéritiers, elle est recueillie par les enfants du renonçant, qui succèdent alors en leur propre nom et de leur chef. (Art. 787, 792.)

SECTION III

DU BÉNÉFICE D'INVENTAIRE

Qu'est-ce que l'acceptation sous bénéfice d'inventaire?

L'acceptation sous bénéfice d'inventaire est un acte par lequel l'héritier sépare le patrimoine du défunt de son propre patrimoine, afin de n'être pas tenu des dettes héréditaires au delà de la valeur des biens qu'il recueille.

L'acceptation sous bénéfice d'inventaire a été introduite dans la législation romaine par l'empereur Justinien en faveur des héritiers externes, qui, auparavant, n'avaient pas d'autre parti à prendre que d'accepter ou de refuser l'hérédité. Elle fut conservée dans notre droit coutumier, mais elle y était vue avec défaveur : le cohéritier qui acceptait purement et simplement excluait l'héritier qui ne voulait accepter que sous bénéfice d'inventaire. Elle fut rétablie avec tous ses avantages par le Code. (Art. 802.)

Quels sont les héritiers auxquels on accorde le bénéfice d'inventaire?

En principe, tous les héritiers ou successeurs peuvent accepter sous bénéfice d'inventaire. Mais cette faculté n'est utile qu'aux héritiers légitimes, parce qu'ils sont seuls tenus *in infinitum* des dettes de la succession.

Quant aux successeurs irréguliers et aux légataires universels, ils n'ont pas besoin du bénéfice d'inventaire, car ils ne succèdent qu'aux biens et non point à la personne du défunt : d'où il suit qu'ils ne sont tenus des dettes de la succession que jusqu'à concurrence de la valeur de l'émolument qu'ils en retirent.

Cependant, bien qu'ils soient dispensés d'avoir à demander le bénéfice d'inventaire, ils doivent néanmoins faire dresser un inventaire des biens qu'ils recueillent, afin de pouvoir démontrer aux créanciers et légataires, qui demanderaient à être payés, que les dettes qu'ils ont déjà acquittées absorbent toute la valeur des biens. (Art. 803.)

Comment a lieu l'acceptation bénéficiaire?

De même que la renonciation, l'acceptation bénéficiaire doit avoir lieu expressément au greffe du tribunal du lieu où la succession s'est ouverte. Elle est inscrite sur le registre destiné à recevoir les actes de renonciation. — L'héritier qui réclame le bénéfice d'inventaire doit : 1° déclarer qu'il entend ne prendre le titre et la qualité d'héritier que sous bénéfice d'inventaire; 2° faire dresser un inventaire.

Cet inventaire peut précéder ou suivre la déclaration au greffe. Mais l'ordre le plus naturel est de faire procéder d'abord à l'inventaire; puis, lorsqu'on est ainsi éclairé sur les forces de la succession, de déclarer au greffe que l'on accepte bénéficiairement. — Quoi qu'il en soit, l'inventaire doit être fidèle et exact. S'il est *infidèle*, c'est-à-dire s'il est fait de mauvaise foi, l'héritier est constitué héritier pur et simple, et privé de sa part dans les objets qu'il a tenus cachés. S'il est fidèle, mais *inexact*, c'est-à-dire s'il a été fait de bonne foi, mais s'il contient des omissions, le successible n'encourt aucune déchéance ; mais il doit, aussitôt qu'il découvre de nouveaux biens, faire rectifier l'inventaire.

Dans le cas où il n'existerait point d'effets mobiliers, l'héritier fera dresser un procès-verbal de carence.

Il n'est pas obligé de faire dresser un état des immeubles, ni de faire apposer les scellés. (Art. 793, 794, 801.)

Quels sont les délais accordés à l'héritier pour faire inventaire et pour délibérer?

Comme l'héritier a le choix entre trois partis, qui sont plus ou moins avantageux suivant les cas, la loi lui accorde des délais suffisants pour se renseigner et prendre sa détermination en connaissance de cause. En conséquence, elle lui donne un délai de trois mois, à compter du jour de l'ouverture de la succession, pour faire inventaire ; plus, un autre délai de quarante jours, à compter de l'expiration des trois mois ou de la clôture de l'inventaire, s'il a été terminé avant les trois mois, pour délibérer sur le parti qu'il lui convient de prendre. — Si l'héritier n'a pas fait dresser l'inventaire dans les trois mois, il pourra le faire dresser dans les quarante jours accordés pour délibérer, car il ne peut être contraint de prendre qualité qu'après l'expiration du double délai pour faire inventaire et délibérer. Au reste, les juges peuvent proroger les délais légaux, si l'héritier démontre qu'ils lui ont été insuffisants.

Lorsque l'héritier qui avait d'abord été appelé à succéder renonce, sans avoir auparavant fait dresser un inventaire, les parents du degré subséquent ont également un délai de trois mois pour le faire dresser, et ces délais commencent à courir du jour où ils ont connu la renonciation.

Si le renonçant avait fait confectionner un inventaire, ils auront encore un délai de quarante jours pour délibérer, et ce délai commencera à courir à compter du moment où ils ont connu la renonciation. (Art. 795, 798.)

Quelle est la situation de l'héritier, pendant ces délais?

Pendant les délais qui lui sont accordés pour faire inventaire et pour délibérer, l'héritier administre la succession. A ce titre, il peut faire tous actes d'administration et de conservation, sans que ces actes impliquent aucunement l'idée d'une acceptation émanée de lui. — En outre, s'il existe dans la succession des objets mobiliers susceptibles de dépérir ou dispendieux à conserver, il peut demander à la justice l'autorisation de les faire vendre aux enchères publiques, après affiches et publications préalables.

Si les créanciers de la succession actionnent l'héritier bénéficiaire, celui-ci n'est pas tenu d'engager un débat avec eux, et il peut les repousser, en leur opposant les délais que la loi lui accorde pour faire inventaire et délibérer. — Au reste, l'exception qu'il peut opposer aux créanciers héréditaires, à raison des délais qui lui sont accordés pour délibérer, n'empêchera pas ceux-ci d'exercer contre lui des actes de poursuites; car ils ont, dans certains cas, intérêt à agir, par exemple, pour interrompre une prescription qui serait sur le point de s'accomplir contre eux au profit de la succession, ou pour faire courir les intérêts des sommes qui leur sont dues.

Les frais qui ont été faits par l'héritier, soit pour repousser les poursuites des créanciers héréditaires, soit pour pourvoir à l'administration des biens, pendant qu'il se trouvait encore dans les délais légaux, sont à la charge de la succession, s'ils ont été régulièrement faits. — Quant aux frais qui ont été faits postérieurement à ces délais, ils sont supportés personnellement par l'héritier, à moins qu'il ne prouve n'avoir pas eu connaissance de l'ouverture de la succession dans le moment où elle s'est ouverte, ou qu'il ne démontre que les délais ont été insuffisants. (Art. 796, 797, 799.)

Quelle est la situation de l'héritier, après l'expiration de ces délais?

Après l'expiration des délais qui lui sont accordés par la loi, ou, en cas d'insuffisance, par le juge, pour faire inventaire et délibérer, l'héritier qui n'a pas pris un parti n'est pas cependant définitivement constitué héritier pur et simple. Il peut encore, pendant les trente ans qui suivent l'ouverture de la succession, modifier ou faire cesser la saisine légale, en acceptant sous bénéfice d'inventaire ou en renonçant. — Seulement, les créanciers de la succession, s'il en existe, ont alors le droit de le contraindre à prendre immédiatement un parti. S'ils l'actionnent en payement de leurs créances, il ne peut plus leur opposer d'exception, et il doit se hâter de déclarer qu'il réclame le bénéfice d'inventaire ou qu'il renonce à la succession, s'il veut éviter d'être

condamné à payer le montant intégral de leurs créances.
(Art. 798, 800.)

Quels sont les événements qui font perdre la faculté d'accepter sous bénéfice d'inventaire?

L'héritier est déchu de la faculté d'accepter sous bénéfice d'inventaire :

1° Lorsqu'il s'est écoulé trente ans depuis le jour où il a eu connaissance de l'ouverture de la succession, et qu'il n'a pas pris un parti; il se trouve, par là, constitué irrévocablement héritier pur et simple;

2° Lorsqu'il a consenti une acceptation pure et simple, soit expressément en prenant le titre d'héritier dans un acte public ou sous seing privé, soit tacitement en faisant des actes de disposition;

3° Lorsqu'il a recélé ou diverti des objets de la succession;

4° Lorsqu'il existe contre lui un jugement passé en force de chose jugée, qui le condamne en qualité d'héritier pur et simple. (Art. 800, 801.)

Ce jugement a-t-il un effet absolu?

Avant d'aborder ce point délicat, il faut savoir qu'un jugement est considéré, d'une manière générale, comme ayant acquis *force de chose jugée*, lorsqu'il n'est pas susceptible d'être rétracté ou réformé par la voie de l'opposition ou de l'appel.

Voici maintenant la question qui se présente : en principe, un jugement ne produit ses effets qu'entre les personnes qui ont été parties au procès, et il ne peut ni nuire ni profiter à celles qui y sont demeurées étrangères. Il s'agit de savoir si l'on doit appliquer rigoureusement cette règle au jugement dont il est question. — En d'autres termes, l'héritier qui a été condamné en qualité d'héritier pur et simple n'a-t-il cette qualité que par rapport au créancier qui l'a fait condamner, ou bien a-t-il désormais cette qualité par rapport à tous les créanciers héréditaires, et doit-il, en conséquence, être tenu de payer toutes les dettes de la succession *in infinitum?* — Cette question a donné lieu à de nombreuses controverses.

Suivant un premier système, la question se résout par une distinction. — Si le jugement qui a condamné l'héritier en qualité d'héritier pur et simple a été rendu contradictoirement et en dernier ressort, de telle sorte qu'il ne soit pas susceptible d'être rétracté ou réformé par la voie de l'opposition ou de l'appel, il ne produit son effet qu'en faveur du créancier qui l'a obtenu ; car il n'y a alors aucune raison pour déroger au droit commun. — Au contraire, si le jugement qui condamne l'héritier en qualité d'héritier pur et simple a été rendu *par défaut* ou *en premier ressort*, de telle sorte que l'héritier ait eu la possibilité de le faire tomber par la voie de l'opposition ou de l'appel, il produit son effet à l'égard de tous les créanciers héréditaires. Qu'ils aient ou non figuré dans le procès, l'héritier est déchu, à leur égard, de la faculté d'accepter sous bénéfice d'inventaire ou de renoncer. —En effet, dans ce cas, il a laissé le jugement acquérir force de chose jugée, lorsqu'il pouvait l'en empêcher ; il n'a pas voulu faire usage des voies de recours que la loi lui fournissait pour le faire rétracter ou réformer, et son silence équivaut alors à une acceptation tacite de la qualité qui lui est conférée par le jugement. En un mot, c'est bien là le cas d'appliquer la maxime : *qui tacet, cum loqui deberet, consentire videtur.* (Marcadé.)

Le système que nous venons d'indiquer n'a pas prévalu.

On objecte : — 1° que les expressions de *jugement passé en force de chose* jugée s'appliquent aux jugements contradictoires ou rendus en dernier ressort, tout aussi bien qu'aux jugements par défaut ou rendus en premier ressort, qui sont devenus irrévocables par l'expiration des délais d'opposition ou d'appel. D'où il suit que la distinction que l'on établit est purement arbitraire. — 2° que le fait de n'avoir pas cherché à faire tomber le jugement qui le condamne comme héritier pur et simple, par la voie de l'opposition ou de l'appel, n'implique pas nécessairement de la part de l'héritier l'intention de conserver cette qualité *ergà omnes ;* car il peut se faire qu'il n'ait pas porté beaucoup d'attention au procès, à cause de la modicité de l'intérêt qui y était engagé. En conséquence, on décide qu'il faut s'en tenir à la règle de droit commun, qui limite l'effet des jugements aux personnes qui ont figuré dans l'instance. — On ajoute que cette solution est conforme : 1° au texte de l'article 800, qui n'exprime aucune exception au droit commun ; 2° à l'équité, qui demande à ce qu'un jugement ne puisse pas entraîner de déchéances dont il n'était pas question au procès ; 3° enfin, aux précédents historiques. (Demolombe.)

Mais cette solution soulève également de fortes objections. D'abord la disposition de l'article 800 serait évidemment inutile si elle ne faisait que se référer à la règle ordinaire. On ne peut guère l'expliquer que si elle renferme, au contraire, une exception au droit commun, en attribuant au jugement qui condamne un héritier en qualité d'héritier pur et simple un effet que les jugements n'ont pas habituellement. Et cela est d'autant plus rationnel, qu'en cette matière il y a bien d'autres exceptions au droit commun, puisque nous voyons que l'héritier qui prend dans un acte la qualité d'héritier pur et simple a cette qualité *ergà omnes*, bien que, suivant la règle habituelle, les actes passés ne soient également susceptibles de produire des effets qu'entre les personnes qui y ont été parties. Or, si un simple acte sous seing privé, passé entre l'héritier et un créancier, suffit pour conférer au premier la qualité d'héritier pur et simple *ergà omnes*, à plus forte raison faut-il attribuer le même effet à un jugement.

En conséquence, il faut décider que l'héritier qui a été condamné en qualité d'héritier pur et simple est déchu de la faculté d'accepter sous bénéfice d'inventaire par rapport à tous les créanciers de la succession. Mais, s'il encourt cette déchéance, c'est par l'effet d'une disposition expresse de la loi, et non point par l'application de la règle qui détermine les effets habituels des jugements. Cette disposition s'explique par la raison qu'on a voulu, dans l'intérêt des créanciers, limiter par un laps de temps la faculté d'accepter sous bénéfice d'inventaire. Seulement, au lieu de fixer un délai déterminé, passé lequel l'héritier serait constitué irrévocablement héritier pur et simple, on a pris un délai variable, qui peut durer plus ou moins, et qui se prolonge jusqu'au moment où l'héritier a fait un acte qui lui confère cette qualité, ou jusqu'au moment où il a été condamné comme tel. — Toutefois, comme la loi ne parle ici que de la faculté d'accepter sous bénéfice d'inventaire, l'héritier qui a subi le jugement ne perdra que cette faculté. Il conservera celle de renoncer, par rapport à tous les créanciers qui n'ont pas figuré dans le procès. (Valette.)

Cette opinion nous paraît devoir être adoptée.

Quels sont les effets du bénéfice d'inventaire ?

L'effet du bénéfice d'inventaire consiste à faire cesser la confusion qui s'était établie, lors de l'ouverture de la succession, entre la personne et les biens de l'héritier et la personne et les biens du défunt.

Pour déterminer la position réelle de l'héritier bénéficiaire, il est nécessaire de la considérer sous un double aspect : d'abord, dans ses rapports avec toutes les personnes autres que les créanciers et les légataires de la succession; ensuite, dans ses rapports avec les créanciers et légataires eux-mêmes.

Dans ses rapports avec les personnes autres que les créanciers et légataires de la succession, l'héritier bénéficiaire a la même situation que s'il était demeuré héritier pur et simple. — Il en résulte : 1° qu'il reste tenu de l'obligation de rapporter les libéralités qu'il a reçues du défunt; 2° qu'il conserve sa part héréditaire et qu'il profite ainsi de l'excédant des biens sur les dettes; 3° qu'il doit au fisc le droit de mutation, auquel tout héritier est assujetti.

Au contraire, l'acceptation bénéficiaire modifie considérablement sa situation, par rapport aux créanciers et légataires de la succession. L'héritier cesse alors de représenter le défunt, il ne continue pas sa personne. — D'où il suit :

1° Qu'il est affranchi de toute obligation *personnelle* d'acquitter les dettes héréditaires, et qu'il est seulement tenu de les payer jusqu'à concurrence de la valeur des biens qu'il a recueillis.

2° Que les droits qu'il avait contre le défunt ou que le défunt avait contre lui revivent, comme s'ils n'avaient jamais été éteints par la confusion.

3° Qu'il peut se décharger du payement des dettes en abandonnant tous les biens de la succession aux créanciers et légataires. Effectivement, comme ceux-ci ne peuvent l'actionner que parce qu'il détient les biens héréditaires, l'abandon qu'il leur en fait leur enlève tout droit d'action.

Cet abandon fait perdre à l'héritier bénéficiaire l'administration légale de la succession, qui est alors confiée à un curateur, nommé par le tribunal, à la requête des créanciers et légataires. Mais il ne lui enlève pas sa qualité d'héritier, en sorte que s'il y a un excédant d'actif, après que toutes les dettes ont été payées, cet excédant lui reste acquis. (Art. 802.)

Quels sont les pouvoirs de l'héritier bénéficiaire, comme administrateur légal de la succession?

L'article 803 impose à l'héritier bénéficiaire qui n'a pas fait abandon des biens de la succession l'obligation de les administrer, et de rendre compte de cette administration aux créanciers et aux légataires. Lorsqu'il existe plusieurs héritiers bénéficiaires, ils sont tous administrateurs de la succession.—Toutefois, d'après la jurisprudence, le tribunal peut choisir un administrateur unique, même étranger à la succession, si les héritiers bénéficiaires se trouvent éloignés les uns des autres et s'ils ont des intérêts opposés.

En sa qualité d'administrateur légal des biens de la succession, l'héritier bénéficiaire peut faire, relativement à ces biens, tous les actes d'administration et de conservation. Il répond de ses fautes, mais seulement de ses fautes *graves*, parce qu'il n'est pas salarié, vis-à-vis des créanciers et légataires ; et ceux-ci peuvent le poursuivre, à raison de sa gestion, sur ses biens personnels.

La loi ne lui impose pas l'obligation de vendre les biens; il peut donc, à son choix, les conserver ou les faire vendre. Dans le premier cas, il est tenu de les représenter en nature. Dans le second cas, il doit observer certaines formalités prescrites par les lois, telles que publications et affiches, ministère d'un officier public, et, en outre, s'il s'agit d'immeubles, autorisation préalable du tribunal. —Lorsqu'il a vendu des immeubles, il est tenu, ajoute l'article 806, *d'en déléguer le prix* aux créanciers hypothécaires qui se sont fait connaître. (Art. 803, 804, 805, 806.)

Que veulent dire ces expressions de l'article 806?

Dans notre ancien droit, les hypothèques étant occultes, l'acquéreur d'un immeuble devait déposer son acte d'acquisition au greffe du tribunal et l'y laisser pendant deux mois, afin de donner aux créanciers hypothécaires le temps de se faire connaître. Ces créanciers une fois connus, l'héritier bénéficiaire qui avait vendu un immeuble de la succession les déléguait, c'est-à-dire les mettait en son lieu et place, pour recevoir le prix de l'immeuble vendu.

C'est à ce système que se réfère notre article, lorsqu'il dit que l'héritier bénéficiaire est tenu de *déléguer* le prix des immeubles vendus aux créanciers hypothécaires qui se sont fait connaître. A l'époque où il fut rédigé, on n'avait pas encore traité la matière des hypothèques, et l'on suivait encore les anciennes règles. Mais depuis lors, ces règles ont été abrogées, et les hypothèques ont été rendues publiques au moyen d'une inscription. Il en résulte qu'il n'y a plus de dépôt de l'acte d'acquisition au greffe du tribunal pendant deux mois, ni de délégation du prix.—L'acquéreur d'immeuble distribue le prix d'acquisition aux créanciers privilégiés et hypothécaires, suivant l'ordre des priviléges et hypothèques, sans que ceux-ci aient été délégués pour le recevoir par l'héritier bénéficiaire, et sans qu'ils aient eu à se faire connaître, puisqu'ils étaient connus dès l'instant de leur inscription.

Les aliénations faites par l'héritier bénéficiaire sans les formalités prescrites sont-elles nulles?

Si l'on s'en tenait rigoureusement au texte des articles 805 et 806, il faudrait décider l'affirmative, car ces articles déclarent que l'héritier *ne peut vendre* les meubles ou les immeubles de la succession que sous la condition d'accomplir les formalités prescrites. — Mais on convient généralement que ces expressions ne doivent pas être prises à la lettre, et qu'il faut les entendre en ce sens que l'héritier est tenu d'accomplir toutes les formalités prescrites pour la vente des biens héréditaires, s'il veut conserver la faculté de réclamer le bénéfice d'inventaire. S'il néglige de les accomplir, la vente est valable ; mais l'héritier se trouve, par ce fait, constitué héritier pur et simple. C'est ce que décident, en effet, les articles 988 et 989 du Code de procédure.

L'héritier bénéficiaire est-il tenu de fournir une garantie de sa bonne administration?

Oui ; les créanciers et autres personnes intéressées peuvent exiger que l'héritier bénéficiaire donne caution :

1° De la valeur du mobilier compris dans l'inventaire ;

2° De la portion du prix des immeubles que l'acquéreur n'a pas payée aux créanciers privilégiés et hypothécaires ;

3° Des sommes à recouvrer sur les débiteurs de la succession.

L'héritier pur et simple n'est pas tenu de donner caution, car son acceptation fait présumer que la succession est bonne et valable ; et, de plus, les créanciers sont garantis par l'obligation qui lui est imposée de payer toutes les dettes de la succession, même sur ses biens personnels.

L'héritier bénéficiaire qui ne peut fournir une caution, ni y suppléer par une garantie d'une autre nature, voit ses pouvoirs d'administrateur restreints. — Il se trouve à peu près dans une position analogue à celle d'un curateur à une succession vacante. Ainsi, il doit déposer les valeurs qu'il reçoit, à Paris, à la caisse des consignations ; et, dans les départements, aux bureaux de l'enregistrement. (Art. 807.)

Dans quel ordre l'héritier bénéficiaire doit-il payer les créanciers et légataires?

Les créanciers sont privilégiés, hypothécaires ou chirographaires. Les créanciers privilégiés priment les créanciers hypothécaires; ceux-ci, à leur tour, passent avant les créanciers chirographaires. Ces derniers concourent entre eux au marc le franc. Après ces trois espèces de créanciers, viennent les légataires, qui sont payés en dernier lieu.

C'est à ces diverses personnes que l'héritier bénéficiaire doit compte des biens de la succession. Doit-il les désintéresser dans l'ordre ci-dessus, ou les payer au fur et à mesure qu'ils se présentent, et sans faire aucune distinction entre eux?—La question est sans importance lorsque la succession est solvable, car alors tous les créanciers finissent par obtenir ce qui leur est dû; mais il en est différemment dans l'hypothèse où elle ne présente pas un actif suffisant pour désintéresser tous les créanciers et légataires. Alors il s'agit de savoir si les créanciers qui avaient un droit de préférence, et qui cependant n'ont pas été payés, auront un recours, soit contre l'héritier, soit contre les créanciers qui ont reçu le montant de leur créance, soit contre les légataires qui ont recueilli leur legs?—Sur ce point, plusieurs distinctions sont nécessaires.

1° *Si les créanciers privilégiés ou hypothécaires ont formé opposition*, l'héritier bénéficiaire ne peut payer les divers intéressés que dans l'ordre fixé par le juge, en commençant par les créanciers privilégiés, puis par les créanciers hypothécaires, et ainsi de suite; car l'opposition lui enlève instantanément le droit de payer lui-même et à l'amiable. — S'il agit autrement, s'il paye les créanciers et légataires au fur et à mesure qu'ils se présentent, et qu'il ne reste plus ensuite aucun actif dans la succession pour désintéresser les opposants, ceux-ci peuvent exercer un recours soit contre lui, soit contre les créanciers d'un ordre inférieur qui ont reçu le montant de leur créance, soit contre les légataires qui ont recueilli leur legs; et ce recours existe pendant trente ans, puisqu'il n'a pas été limité à un délai plus court. — Les articles 808 et 809 ne laissent subsister aucun doute à cet égard. L'article 808 consacre le recours contre l'héritier. Quant au recours contre les créanciers et contre les légataires, il résulte de l'article 809. En effet, cet article exprime que les non-opposants n'ont de recours que contre les légataires : donc, *a contrario*, les opposants ont un recours contre les légataires et contre les autres créanciers. On objecte, il est vrai, que les créanciers qui ont été payés malgré l'existence d'une opposition n'ont rien reçu au delà du montant de leur créance; mais, comme celle-ci s'est trouvée réduite à un dividende par suite de l'insolvabilité de la succession, ils ont touché une somme plus forte que celle qu'ils devaient toucher, et l'on peut répéter l'excédant contre eux.

2° *Si les créanciers privilégiés ou hypothécaires n'ont pas formé opposition*, l'héritier bénéficiaire peut alors payer les divers intéressés au fur et à mesure qu'ils se présentent. Et, en effet, quelle raison pourrait-il alléguer pour refuser de payer les premiers créanciers qui se présentent, et qui ne demandent en définitif que ce qui leur est dû? — En conséquence, les créanciers privilégiés ou hypothécaires qui ne se font connaître qu'après l'épuisement de l'actif héréditaire n'ont aucun recours contre l'héritier. Toutefois, s'ils se sont présentés avant l'apurement du compte et le payement du reliquat, ils peuvent recourir, soit contre les créanciers payés à leur préjudice, soit contre les légataires qui ont été désintéressés. Dans l'un et l'autre cas, le recours se prescrit par le laps de trois ans, à compter du jour de l'apurement du compte et du payement du reliquat. — Le recours contre les créanciers n'est pas, il est vrai, formellement exprimé par l'article 809; mais il en ressort clairement. En effet, cet article exprime que les ayants droit ne pourront recourir que contre les légataires s'ils n'ont pas formé opposition, et s'ils n'ont pas produit leurs titres avant l'apurement du compte. Ils peuvent donc, lorsqu'ils ont produit leurs titres en temps utile, exercer un recours contre les créanciers placés dans un rang inférieur au leur. C'est ce qu'exprimait expressément le projet du Code; mais on jugea que la rédaction actuelle suffisait à le faire comprendre.

3° *Enfin, si les créanciers privilégiés ou hypothécaires n'ont pas formé opposition et s'ils ne se sont pas présentés avant l'apurement du compte et le payement du reliquat*, ils ne peuvent exercer de recours que contre les légataires payés à leur préjudice; et ce recours, comme dans le cas précédent, ne dure que trois ans. — Les créanciers privilégiés ou hypothécaires subissent

alors les conséquences de leur négligence. Mais ils sont néanmoins préférés aux légataires, parce qu'ils combattent pour éviter une perte; tandis que ces derniers combattent pour garder
un gain : *certant de lucro captando.* (Art. 808, 809.)

L'héritier bénéficiaire doit-il supporter personnellement les frais d'inventaire?

Non; les frais d'inventaire et de compte, ainsi que ceux des
scellés, s'il en a été apposé, sont à la charge de la succession.
Tous ces frais sont payés par préférence aux autres créances héréditaires. (Art. 810.)

SECTION IV

DES SUCCESSIONS VACANTES

Qu'est-ce qu'une succession en déshérence?

Dans l'ordre de succession établi par le Code, l'État est appelé
à recueillir les biens héréditaires, à défaut d'héritier et d'autre
successeur. — Mais, si le droit de l'État aux successions abandonnées est incontestable, on s'accorde moins facilement quand il
s'agit de déterminer ce qu'on entend par succession en déshérence. A cet égard, il faut observer la distinction suivante.

Une succession *est réputée en déshérence*, lorsque l'État, à défaut
d'héritier et d'autre successeur, se présente pour la recueillir et
qu'il obtient l'envoi en possession.

Une succession *est définitivement en déshérence*, lorsqu'il ne peut
plus se présenter aucun héritier ou successeur ayant un droit
préférable à celui de l'État; c'est-à-dire, ordinairement, lorsque
la prescription s'est accomplie au profit de l'État : car la preuve
qu'il n'existe ni héritier, ni autre successeur irrégulier sera
presque toujours impossible.

Cette distinction résulte des dispositions du Code, qui exigent
de l'État l'accomplissement de certaines formalités, telles que
l'apposition des scellés et la confection d'un inventaire, dans l'intérêt des héritiers ou successeurs irréguliers qui pourraient venir,
plus tard, revendiquer la succession. Ces mesures seraient parfaitement inutiles, s'il était certain qu'il ne peut se présenter aucun
prétendant. — En résumé, lorsqu'il paraît seulement probable
qu'il n'existe aucun héritier, l'État n'obtient l'envoi en possession
qu'à la condition d'accomplir certaines formalités. Au contraire,
lorsqu'il est certain qu'il n'existe aucun successible, il obtient
l'envoi en possession, immédiatement et sans aucunes formalités.

Qu'est-ce qu'une succession vacante?

On appelle *succession vacante* celle qui n'est réclamée par personne. Lorsqu'une succession est vacante, on nomme un curateur pour l'administrer.

Pour qu'une succession soit vacante, il faut :

1° Que les délais de trois mois et quarante jours pour faire inventaire et délibérer soient écoulés;

2° Qu'il n'y ait pas d'héritier connu, ou que les héritiers connus y aient renoncé;

3° Qu'il ne se présente personne pour la réclamer.

D'abord, on comprend facilement que la loi ne veuille pas considérer une succession comme vacante tant que les délais accordés aux héritiers pour faire inventaire et pour délibérer ne sont pas expirés. Pendant ces délais, le tribunal, sur la demande des intéressés, pourra ordonner les mesures conservatoires qui seraient nécessaires.

En second lieu, pour qu'une succession puisse être considérée comme vacante, il faut qu'il ne se présente personne qui la réclame. — Ces termes sont généraux, et doivent comprendre tous ceux qui peuvent y prétendre, à quelque titre que ce soit : héritiers et successeurs irréguliers.

Enfin, la loi exige pour que la succession soit réputée vacante, qu'il n'y ait pas d'héritier connu ou que les héritiers connus y aient renoncé. — S'il existe un héritier connu et investi des biens héréditaires par la saisine légale, les créanciers de la succession peuvent agir contre lui pour le forcer à prendre un parti. Mais, si cet héritier saisi renonce, et que les parents du degré subséquent n'aient pas encore accepté, les créanciers héréditaires peuvent demander au tribunal la déclaration de vacance et la nomination d'un curateur.

On admet généralement que les créanciers peuvent également demander la déclaration de vacance, lorsque la succession est réclamée par des successeurs irréguliers qui n'ont pas encore reçu l'envoi en possession. — Effectivement, comme il peut s'écouler un laps de temps assez long entre la demande d'envoi en possession et le jugement qui la prononce, il est équitable d'accorder aux créanciers qui auraient un intérêt légitime à exercer immédiatement des poursuites contre la succession, le droit de faire nommer un curateur qui la représente. (Art. 811.)

Les cas de successions vacantes sont-ils bien fréquents?

Non; la vacance d'une succession se produit bien rarement, puisqu'il n'y a vacance qu'autant que la succession n'est réclamée par personne, et, qu'à défaut d'héritiers, il se trouvera au moins l'État pour réclamer.

Cependant, si la vacance d'une succession est un fait rare, elle n'est pas un fait impossible.— Il peut se faire que les agents du fisc ignorent l'ouverture de la succession, ou, qu'en étant informés, ils ne demandent point l'envoi en possession, parce qu'ils pensent qu'il y a des héritiers ou successeurs qui se présenteront; ou encore, qu'ayant demandé cet envoi en possession, ils ne l'obtiennent pas du tribunal. Il peut donc y avoir, en fait, des successions vacantes, et il n'est pas inutile de rechercher les règles qui les régissent.

Quelles sont les mesures à prendre dans le cas de successions vacantes?

Lorsqu'une succession est vacante, toutes les personnes intéressées, telles que les créanciers héréditaires, les légataires, les associés et même le procureur de la République peuvent requérir la nomination d'un curateur, qui la représentera et qui sera chargé de l'administrer.

La demande en nomination de curateur doit être portée devant le tribunal de première instance du lieu où la succession s'est ouverte. (Art. 812.)

Quels sont les pouvoirs du curateur?

Le curateur à une succession vacante est tenu, avant tout, d'en faire constater l'état par un inventaire: il en exerce et poursuit les droits; il répond aux demandes formées contre elles; il administre, sous la charge de faire verser le numéraire qui se trouve dans la succession, ainsi que les deniers provenant du prix des meubles ou immeubles vendus, dans la caisse des dépôts et consignations. Il a, en général, les pouvoirs d'un héritier bénéficiaire : comme celui-ci, il doit rendre compte de sa gestion.

Les actes faits par lui dans la limite de ses pouvoirs sont valables, et il en est de même des jugements rendus pour ou contre lui. — Quant aux actes qui dépasseraient ses pouvoirs, ils sont nuls à l'égard des héritiers ou successeurs qui viendraient plus tard à réclamer la succession.

Les fonctions du curateur cessent dès qu'un successeur quelconque est mis en possession des biens héréditaires. Il peut, avant ce temps, demander à en être déchargé. De son côté, le procureur de la République pourrait aussi demander la nomination d'un autre curateur. (Art. 813, 814.)

Quelle différence y a-t-il entre l'administration du curateur et celle de l'héritier bénéficiaire ?

Il y a, comme on le voit, beaucoup de rapports entre l'administration du curateur à une succession vacante et celle de l'héritier bénéficiaire. Cependant l'assimilation n'est pas complète, ainsi :

1° Le curateur est un mandataire salarié, et, comme tel, il est responsable même de ses fautes légères. — Au contraire, l'héritier bénéficiaire administre gratuitement sa propre chose, et il n'est responsable que de ses fautes graves.

2° Le curateur doit déposer à la caisse des dépôts et consignations les fonds qui proviennent de la vente des biens ou des créances héréditaires. — Au contraire, l'héritier bénéficiaire touche les fonds, et les garde sous la charge d'en rendre compte.

3° Le curateur n'a aucun droit à l'excédant de l'actif sur le passif. — Au contraire, l'héritier bénéficiaire profite de cet excédant.

4° Le curateur doit faire vendre les meubles corporels ; tandis que l'héritier bénéficiaire peut les conserver sous sa responsabilité. Quant aux immeubles, ils ne peuvent les faire vendre l'un et l'autre qu'avec l'autorisation du tribunal.

5° Enfin, le curateur n'est pas tenu de fournir caution ; tandis que l'héritier bénéficiaire doit la fournir.

CHAPITRE SIXIÈME

DU PARTAGE ET DES RAPPORTS

Articles 815 à 892.

Suivant l'ordre du Code, nous diviserons ce chapitre en cinq sections, qui traitent : — 1° De l'action en partage et de sa forme ; — 2° Des rapports ; — 3° Du payement des dettes ; — 4° Des effets du partage et de la garantie des lots ; — 5° De la rescision en matière de partage.

SECTION I

DE L'ACTION EN PARTAGE ET DE SA FORME

Qu'est-ce que le partage ?

On appelle *partage*, l'opération qui fait cesser l'indivision, en déterminant les biens qui sont la propriété exclusive de chacun des héritiers.

L'*indivision* est l'état où se trouvent plusieurs personnes qui possèdent des biens en commun.

Cet état peut se présenter, non-seulement en matière de succession, mais encore dans le cas de dissolution d'une société.

Un héritier peut-il être contraint de rester dans l'indivision ?

Non. L'état d'indivision est contraire, en même temps, à l'intérêt général et à l'intérêt privé : il empêche la libre circulation des biens ; il nuit à leur administration ; et enfin il est une source de rixes et de procès entre les copropriétaires. Aussi, l'article 815 exprime en termes généraux, *que nul ne peut être contraint de demeurer dans l'indivision ; et il ajoute, que le partage peut toujours être demandé, nonobstant prohibitions et conventions contraires.* — Ainsi, il suffit qu'un héritier demande le partage, lorsque tous ses cohéritiers s'y refusent, pour forcer ceux-ci à sortir de l'indivision.

Toutefois, la loi, ayant égard à certaines considérations d'ordre privé, admet une exception à cette règle. Elle autorise les cohéritiers à s'engager réciproquement à rester dans l'indivision pendant un temps limité, qui ne peut pas dépasser cinq ans. — Effectivement, les héritiers peuvent avoir intérêt à retarder le partage, afin de vendre un bien à de meilleures conditions. Pareillement, s'il se trouve parmi eux un mineur, ils préféreront attendre qu'il ait atteint sa majorité, afin d'éviter les frais d'un partage judiciaire.

La convention de rester dans l'indivision, peut être renouvelée. Seulement, si elle a été renouvelée avant l'expiration des cinq années, la dernière période de cinq ans commencera à partir du jour du renouvellement, afin que le laps de temps pendant lequel les héritiers peuvent être tenus de rester dans l'indivision ne dépasse jamais les justes limites qui lui ont été assignées par le législateur.

Que faut-il penser de la convention qui prolongerait au delà de cinq ans le temps de l'indivision ? Sera-t-elle déclarée nulle ou simplement réductible à ce terme? On décide dans ce dernier sens, par analogie avec l'article 1660, qui s'applique au cas de vente à réméré. (Art. 815.)

Un testateur peut-il imposer à ses héritiers l'obligation de rester dans l'indivision pendant cinq ans?

Quelques auteurs soutiennent l'affirmative. — Ils font observer qu'il en était ainsi dans notre ancienne législation, et que l'obligation de rester dans l'indivision pendant un certain temps présentait des avantages aux familles. — Ainsi, lorsque le testateur a laissé des enfants mineurs, elle lui fournira le moyen de retarder le partage jusqu'à leur majorité, et de leur épargner, par là, les frais d'un partage judiciaire.

Néanmoins, cette opinion ne nous paraît guère admissible en présence de l'article 815, qui déclare formellement que nul n'est tenu de rester dans l'indivision, nonobstant toutes prohibitions et conventions contraires.—Le législateur n'ayant énoncé aucune exception à cette règle, en ce qui concerne les prohibitions, il faut nécessairement en conclure que les héritiers ne peuvent pas être contraints par la volonté du testateur de rester dans l'indivision malgré eux.

Comment cesse l'indivision?

L'action en partage est perpétuelle, en ce sens qu'elle dure tant que dure l'indivision, et qu'elle ne peut s'éteindre que lorsque l'indivision elle-même s'est éteinte. Or, l'indivision, et avec elle l'action en partage, cesse dans deux cas:

1° Lorsqu'il y a eu un acte de partage. — Le mot *acte* est pris ici dans son acception la plus naturelle, pour exprimer la convention des parties; car le partage n'a pas besoin d'être fait par écrit.

2° Lorsque l'un des héritiers a possédé toute la succession pour lui-même, avec l'intention d'en être exclusivement propriétaire. — Dans ce cas, il acquiert les parts de ses cohéritiers par la prescription de trente ans, et il fait, par là, cesser l'indivision. Elle cesserait également si chaque héritier avait possédé pour lui-même, et avec l'intention d'en être exclusivement propriétaire, une part des biens indivis proportionnelle à sa part héréditaire.

Il en serait différemment si la succession avait été possédée par un héritier au nom de tous ses cohéritiers, et comme administrateur d'une chose commune. Dans ce cas, l'indivision continu-rait d'exister, et chaque héritier conserverait le droit d'exercer l'action en partage. (Art. 815, 816.)

Quelle est la capacité requise pour procéder au partage?

Il faut distinguer si le partage est définitif ou provisionnel. — Le partage *définitif* est celui qui porte sur la propriété même des choses indivises ; le partage *provisionnel* est celui qui ne porte que sur la jouissance.

En général, le partage est définitif : cependant il est provisionnel dans deux cas :

1° Lorsque les parties capables, ou dûment représentées, n'ont entendu diviser que la jouissance.

2° Lorsque les formalités exigées pour la validité d'un partage définitif n'ont pas été observées : par exemple, s'il s'était trouvé parmi les copartageants des héritiers non présents ou incapables et si les règles spéciales qui doivent être observées dans ce cas n'avaient pas été suivies. La partie incapable ou non présente pourra alors considérer le partage comme provisionnel à son égard.

Pour procéder à un partage provisionnel, les pouvoirs d'un simple administrateur suffisent : ainsi, un mineur émancipé et un tuteur non autorisé peuvent valablement y figurer.

Pour le partage définitif, la capacité qu'exige la loi est d'une nature mixte. — D'un côté, il ne suffit pas de pouvoir administrer, parce que le partage est, au fond, une espèce d'échange, et qu'il constitue, par là, un acte de disposition. D'autre part, il n'est pas nécessaire que les copartageants aient le pouvoir d'aliéner, parce que le partage consiste dans un échange de choses qui sont de même nature, et qu'il ne présente pas les mêmes dangers que la vente, où la chose aliénée est convertie en une somme d'argent, qui peut être facilement dissipée.

Comment les incapables sont-ils représentés dans un partage définitif?

Lorsque les héritiers sont tous présents et majeurs, ils procèdent au partage comme ils l'entendent, sous la condition de respecter l'ordre public et les bonnes mœurs. Mais, s'il y a parmi eux des incapables ou des absents, la loi prescrit l'accomplissement de certaines règles destinées à les protéger. — A cet égard, plusieurs hypothèses peuvent se présenter :

1° *Lorsque, parmi les héritiers, il se trouve un mineur non émancipé ou un interdit*, ceux-ci sont représentés par leur tuteur. — Le tuteur ne peut provoquer le partage que s'il y a été autorisé par le conseil de famille; mais cette autorisation n'est pas nécessaire si la demande en partage a été formée par un cohéritier du pupille.

2° *Lorsque, parmi les héritiers, il se trouve un mineur émancipé*, celui-ci peut procéder au partage avec l'assistance de son curateur, soit qu'il ait lui-même formé la demande, soit qu'elle ait été formée contre lui par un de ses cohéritiers.

3° *Lorsqu'un héritier est pourvu d'un conseil judiciaire*, il peut également procéder au partage avec la seule assistance de ce conseil.

4° *Lorsqu'un héritier est absent*, il doit être représenté par un notaire, nommé à cet effet par le tribunal, s'il est simplement présumé absent. S'il est déclaré absent, il est représenté par les envoyés en possession provisoire. — On sait, d'ailleurs, que l'héritier absent ne peut être représenté que dans les successions qui s'étaient ouvertes avant sa disparition. (Art. 817.)

Comment les femmes mariées sont-elles représentées dans un partage définitif?

Lorsque, parmi les héritiers, il se trouve une femme mariée, il faut distinguer trois cas :

1° *Lorsque la femme est mariée sous le régime de séparation de biens*, c'est-à-dire lorsqu'elle s'est réservée par son contrat de mariage la jouissance et l'administration de ses biens, elle procède seule au partage. — Toutefois, elle a besoin de l'autorisation de son mari ou de celle de la justice, si la succession comprend des immeubles ou si le partage a lieu judiciairement.

2° *Lorsqu'elle est mariée sous le régime sans communauté ou sous le régime dotal pour les biens à venir*, c'est-à-dire lorsqu'elle a la propriété de ses biens présents ou de ceux qui peuvent lui advenir dans la suite, sans en avoir la jouissance, elle ne peut figurer dans un partage définitif qu'avec le concours de son mari. — La présence du mari suffirait, s'il s'agissait d'un partage simplement provisionnel.

3° *Lorsqu'elle est mariée sous le régime de la communauté, et que les biens dont se compose la succession doivent tomber dans la communauté*, c'est le mari seul qui procède au partage en qualité de chef de la communauté. (Art. 818.)

Dans quelle forme a lieu le partage?

Le partage peut être fait amiablement ou judiciairement.

Il est fait *amiablement*, lorsque tous les héritiers sont présents, majeurs, non interdits, et qu'ils sont tombés d'accord. — En pareil cas, les héritiers ne sont assujettis à aucune forme, et ils procèdent, comme bon leur semble, à la formation des lots.

Toutefois, ils doivent observer les règles qui concernent l'égalité des lots; car si l'un d'eux était lésé de plus d'un quart de sa part héréditaire, il pourrait demander la rescision du partage.

Il est fait *judiciairement*, lorsque l'un des héritiers refuse de consentir un partage amiable, ou lorsque l'un des héritiers est mineur, interdit ou absent. — S'il y a plusieurs mineurs qui aient des intérêts opposés dans le partage, il doit leur être donné à chacun un tuteur spécial et particulier.

Avant de procéder au partage judiciaire, il y a lieu d'accomplir deux formalités conservatoires : l'apposition des scellés et la confection d'un inventaire. (Art. 819, 838.)

Dans quels cas les scellés doivent-ils être apposés?

Les scellés doivent être apposés : 1° lorsqu'il existe des héritiers mineurs, interdits ou non présents; 2° lorsque les créanciers de la succession, munis d'un titre exécutoire ou de la permission du juge, le demandent.

On appelle *titre exécutoire*, la grosse d'un acte notarié ou l'expédition d'un jugement, terminés par un mandement à la force publique de prêter main-forte au requérant pour lui faire obtenir ce qui lui est dû.

Une fois les scellés apposés, tout créancier, même sans titre exécutoire et sans permission du juge, peut s'opposer à ce qu'ils soient levés. — Le Code autorise plus facilement les créanciers à s'opposer à la levée des scellés, une fois qu'ils sont apposés, qu'il ne leur permet d'en requérir l'apposition. Effectivement, l'apposition des scellés peut avoir des inconvénients pour les héritiers, tandis que le maintien des scellés déjà apposés ne peut leur occasionner aucun préjudice.

L'apposition des scellés est destinée à empêcher le détournement d'effets mobiliers. Le juge de paix met les scellés en plaçant au domicile du défunt, sur les portes, sur les fenêtres, les armoires et les caisses des bandes de papier, fixées aux deux extrémités par un sceau, en sorte qu'il n'est pas possible de les ouvrir sans briser les bandes.

Après la levée des scellés, on procède à l'inventaire, suivant les règles tracées par les articles 941 et suivants du Code de procédure. Il est fait par un notaire, en présence du juge de paix, qui lève les scellés, et des parties intéressées. (Art. 819, 820, 821.)

Devant quel tribunal doit-on porter la demande en partage?

La demande en partage, ainsi que toutes les contestations relatives au partage, doivent être portées devant le tribunal du domicile du défunt. C'est devant ce tribunal qu'il sera procédé aux licitations, et que les demandes en garantie et en rescision de partage seront débattues. — Le tribunal qui accueille la demande en partage nomme ordinairement : — 1° un *juge-commissaire*, pour surveiller et activer les opérations du partage ; — 2° des *experts*, pour estimer les biens de la succession, et indiquer les bases de la formation des lots ; — 3° enfin, un *notaire*, pour faire le règlement des comptes entre les héritiers, et dresser l'acte de partage.

Les questions qui se réfèrent uniquement aux formalités du partage sont jugées par le tribunal comme en matière sommaire, en abrégeant la procédure ordinaire. — Les questions soulevées sur des points plus importants, telles que celles qui concernent la qualité d'héritier, les rapports et la réduction des libéralités doivent être jugées suivant les formes ordinaires.

On suit les mêmes règles, lorsque le partage a lieu après la dissolution d'une société. La demande en partage est alors portée devant le tribunal du siége social. (Art. 822, 823.)

Quelles sont les diverses opérations du partage judiciaire?

Après l'apposition des scellés et la confection de l'inventaire, la demande en partage est portée devant le tribunal, qui nomme, comme on l'a vu, un juge-commissaire, des experts et un notaire. Alors commencent les opérations du partage, qui sont :

1° L'estimation des meubles et des immeubles ;

2° La vente des meubles et la licitation des immeubles, si elles sont jugées nécessaires ;

3° La formation de la masse à partager ;

4° La composition des lots ;

5° L'homologation du partage.

Comment a lieu l'estimation des meubles et des immeubles?

L'estimation des meubles est faite par des commissaires-priseurs ou autres officiers ministériels, soit dans l'inventaire même, soit par acte postérieur, *à juste prix et sans crue.* — Ces derniers mots font allusion à un édit de Henri II, qui obligeait les experts à prendre, au prix de leur estimation, les meubles qui ne trouveraient pas d'enchérisseurs. Pour atténuer les conséquences de cette responsabilité, ils avaient pris l'habitude de n'estimer les meubles qu'aux trois quarts de leur valeur, et de porter un quart en crue. Ainsi, lorsqu'ils estimaient un meuble 800 fr., ils le portaient comme étant d'une valeur de 600 fr., et, en marge de leur procès-verbal d'estimation, ils mettaient le quart en crûe, c'est-à-dire 200 fr. : s'il n'y avait point d'enchérisseurs, le meuble leur restait pour 600 fr. Maintenant, l'estimation est toujours faite à juste prix et sans crue, les experts n'étant plus garants de leur estimation.

L'estimation des immeubles est faite par des experts choisis par les parties ou, à leur refus, nommés d'office par le tribunal. — Le procès-verbal des experts doit présenter les bases de l'estimation : il doit indiquer si l'objet estimé peut être commodément partagé et de quelle manière il peut l'être; il doit enfin déterminer, en cas de division, les parts qu'on peut en former et leur valeur. (Art. 824, 825.)

Quand y a-t-il lieu à la vente des meubles et à la licitation des immeubles ?

En principe, les meubles et les immeubles doivent être partagés en nature. — Toutefois, la loi exige que les *meubles* soient vendus dans deux cas :

1° Lorsqu'il y a des créanciers saisissants ou opposants, et que le numéraire de la succession ne suffit pas pour les désintéresser.

2° Lorsque la majorité des cohéritiers juge la vente nécessaire pour l'acquit des dettes et charges de la succession. — Cette décision de la majorité peut être motivée, soit par la crainte de poursuites imminentes des créanciers, soit par l'intérêt moral qu'ils ont à voir toutes les dettes du défunt promptement et intégralement acquittées.

Quant aux *immeubles*, ils doivent également, en principe, être partagés en nature. — Toutefois, la loi exige qu'ils soient licités, c'est-à-dire vendus aux enchères publiques, toutes les fois qu'ils ne sont pas commodément partageables.

La licitation a lieu devant le tribunal, qui commet un de ses membres pour recevoir les enchères. Toutefois, si les héritiers sont tous capables, ils peuvent choisir eux-mêmes, pour procéder aux enchères, le notaire qui leur convient. — Les étrangers, c'est-à-dire les non-successibles, sont admis à prendre part aux enchères, à moins que les héritiers, étant tous capables, ne soient d'accord pour les écarter. (Art. 826, 827, 839.)

Comment procède-t-on à la formation de la masse à partager?

Après que les meubles et immeubles ont été estimés, et vendus, s'il y a lieu, le juge-commissaire renvoie les parties devant un notaire choisi par elles, ou nommé d'office par le tribunal. — Devant ce notaire on procède :

1° Aux comptes que les cohéritiers peuvent se devoir,

2° Aux rapports et aux prélèvements à faire par eux,

3° A la formation générale de la masse à partager,

4° A la composition des lots.

1° *On procède aux comptes que les cohéritiers peuvent se devoir.* — Les comptes des cohéritiers ont pour objet, d'une part, le remboursement des dépenses utiles ou nécessaires qu'ils ont faites en administrant les biens communs; d'autre part, le payement qu'ils doivent fournir à la succession des dépenses qu'ils lui ont occasionnées par leur faute.

2° *On procède aux rapports et aux prélèvements.* — Pour les rapports, on oblige les cohéritiers qui ont reçu des libéralités du défunt, ou qui étaient ses débiteurs, à remettre dans la succession les libéralités qui leur ont été faites ou les sommes dont ils étaient débiteurs. Pour faire les *prélèvements*, on remet, au contraire, aux cohéritiers qui ont reçu un legs par préciput, ou qui étaient créanciers du défunt, les objets qui leur ont été légués ou qui leur étaient dus. — Quelquefois, l'héritier débiteur ou donataire ne fait pas le rapport *en nature*, et garde la libéralité qu'il a reçue du défunt ou les sommes dont il lui était redevable. Dans ce cas, le rapport a lieu *en moins prenant :* les autres héritiers prélèvent sur les biens de la succession des objets de même nature, qualité et bonté.

3° *On procède à la formation de la masse à partager.* — La masse à partager comprend : 1° les biens laissés par le défunt; 2° le prix des biens qui ont été vendus; 3° les rapports qui ont été faits en nature par les cohéritiers.

Une fois que la consistance de la masse partageable a été déterminée, on procède à la composition des lots. (Art. 828, 829, 830, 831.)

Comment a lieu la composition des lots?

Lorsque les héritiers sont tous capables et consentants, ils peuvent former les lots et se les distribuer à leur convenance : il y a alors *attribution de lots*.—S'ils ne sont pas d'accord, ou s'il y a parmi eux des mineurs, des interdits ou des non-présents, le notaire les renvoie devant le juge-commissaire, qui nomme un expert pour composer les lots. — La mission de cet expert ne doit pas se confondre avec celle des trois experts nommés précédemment par le tribunal pour évaluer la valeur des immeubles. Celui-ci est chargé de diviser la masse des biens partageables en lots égaux, après que leur valeur a déjà été évaluée.

La composition des lots se fait de la manière suivante :

1° *S'il y a des héritiers appartenant à deux lignes différentes*, on fait d'abord deux lots principaux, qu'on subdivise ensuite en autant de parts qu'il y a d'héritiers dans chaque ligne. Ainsi, lorsqu'il y a un héritier dans la ligne paternelle et trois héritiers dans la ligne maternelle, on fait d'abord deux lots égaux : l'un pour la ligne paternelle, et l'autre pour la ligne maternelle; puis, on subdivise le lot échu à cette dernière en trois parts égales. — Pareillement, *s'il y a des héritiers appartenant à des souches différentes*, on fait d'abord autant de lots principaux qu'il y a de souches; et ensuite on subdivise le lot échu à chacune des souches en autant de parts qu'elle comprend de membres. Ainsi, lorsque le défunt a laissé ses père et mère et des frères et sœurs, on fait d'abord deux lots égaux : ensuite, le lot échu aux père et mère est divisé en deux parts, et celui échu aux frères et sœurs ou descendants d'eux est divisé en autant de parts qu'il y a de frères et sœurs. Si l'un d'eux est représenté par ses descendants, on subdivise de nouveau la part qui lui est échue en un nombre de portions égal à celui des descendants qui le représentent.

2° *Si les héritiers qui se trouvent immédiatement en concours ont des droits différents*, on divise la masse à partager en lots égaux au lot le plus faible. Ainsi, lorsque le défunt a laissé son père et son frère, on divise la succession en quatre lots égaux : le père, prend un des lots et le frère les trois autres lots. Si, au lieu de procéder de cette manière, on avait divisé de suite la succession en deux lots inégaux, comprenant l'un le quart, et l'autre les trois quarts des biens héréditaires, il est évident que l'attribution des lots n'aurait pas pu avoir lieu par la voie du tirage au sort. Or, il faut qu'on ait toujours la possibilité d'y recourir, afin d'éviter des contestations interminables relativement à la composition des lots. (Art. 831, 834, 836.)

Suffit-il que les lots soient égaux en valeur?

Non; aux termes de l'article 832, il ne suffit pas que les lots soient égaux *en valeur*, il faut encore qu'ils soient égaux *en nature*. Cela veut dire qu'on doit, s'il se peut, faire entrer dans chaque lot la même quantité de meubles, d'immeubles, de droits ou de créances, en ayant soin d'éviter cependant, autant que possible, la division des exploitations et le morcellement des héritages.

Hâtons-nous d'ajouter qu'une proposition de loi, relative à la modification des articles 832 et 1079 du Code civil, a été présentée à l'Assemblée nationale, à la date du 17 mai 1871. Cette proposition a été prise en considération par l'Assemblée; mais elle n'a pas encore été convertie en loi. Il est probable qu'elle le sera d'un moment à l'autre. Ce sera assurément un progrès : l'égalité *de valeur* dans les lots est désirable et doit toujours être maintenue; mais l'égalité *de nature* est chose toute différente; la rigueur extrême des exigences légales sur ce dernier point deviendrait un véritable péril social et économique.

Afin de rassurer les inquiétudes d'une démocratie ombrageuse, qui voyait se dresser devant elle le spectre des droits féodaux, l'honorable rapporteur du projet de loi, M. Numa Baragnon, disait : « J'affirme qu'il ne s'agit pas de porter atteinte à l'égalité du partage. Nous désirons seulement donner plus de latitude à l'auteur du partage, que le partage soit judiciaire, ou qu'il soit l'œuvre du père de famille lui-même. Nous nous bornons à modifier l'article 832. Cet article exige que chaque lot soit formé de la même quantité de meubles, d'immeubles, de valeurs de toute nature; nous le modifions de manière à ce que chaque lot puisse être composé, au besoin, d'une seule nature de biens. » (*Journal officiel* du 28 juin 1871.)

Comment compense-t-on l'inégalité des lots?

L'inégalité des lots en nature se compense par un retour, soit en rente, soit en argent.

Le retour de lots en rente ou en argent se nomme *soulte*, du latin *solvere*. Cette expression indique que l'héritier qui a un lot trop fort est tenu de payer quelque chose à ses cohéritiers ou à l'un d'eux.

Avant de procéder au tirage des lots, chaque héritier est admis à proposer ses réclamations contre leur formation. — Les réclamations sont constatées par le notaire, qui en dresse procès-verbal, et renvoie les parties devant le juge-commissaire nommé pour le partage. (Art. 833, 835, 837.)

Quelle est la dernière opération du partage ?

Après la formation des lots, et lorsque les parties ont été admises à proposer leurs réclamations, s'il y a lieu, le juge-commissaire fait un rapport au tribunal, et celui-ci, après avoir entendu le procureur de la République, prononce l'homologation du partage, c'est-à-dire qu'il approuve toutes les opérations qui ont été faites.

Par le même jugement, le tribunal ordonne le tirage au sort des lots, en présence du juge-commissaire ou du notaire. (Art. 981, 982, C. de procédure.)

Dans quels cas les partages sont-ils annulables pour défaut de capacité des parties ?

Il faut distinguer :

Si le partage est simplement *provisionnel*, il demeure inattaquable lors même que les règles ci-dessus prescrites n'auraient pas été observées, notamment en ce qui concerne la capacité des cohéritiers qui y ont figuré. Seulement, dans ce cas, chaque partie conserve le droit de provoquer un partage définitif. — Ainsi, lorsqu'un mineur émancipé n'a pas été assisté de son curateur, ou lorsqu'un tuteur n'a pas été autorisé par le conseil de famille, le partage doit néanmoins être maintenu, s'il n'a été que provisionnel, parce que les parties avaient alors une capacité suffisante pour faire seules tous les actes qui ne concernent que la jouissance.

Au contraire, si les cohéritiers ont manifesté l'intention de faire un partage *définitif*, la violation des formes prescrites pour la validité des partages judiciaires, et notamment de celles qui ont rapport à la capacité des parties, rend le partage annulable. Toutefois, la nullité est purement relative, car elle ne peut être invoquée que pendant un délai limité, et seulement par les incapables. — Ainsi, lorsqu'un mineur émancipé ou un tuteur ont provoqué un partage définitif, sans avoir obtenu à cet effet l'auto-

risation du conseil de famille, le partage peut être annulé sur la demande des incapables.

Observons qu'il ne s'agit ici que des formes du partage judiciaire ; car, ainsi que nous le verrons plus loin, tous les intéressés, majeurs ou mineurs, ont le droit d'attaquer le partage, lorsqu'il est vicié, au fond, par suite de lésion, de dol ou de violence éprouvé par l'une des parties. (Art. 838, 839, 840.)

Qu'est-ce que le retrait successoral ?

On entend par *retrait successoral*, le droit qui appartient à chaque héritier d'écarter du partage, moyennant indemnité, les personnes qui, n'étant pas elles-mêmes successibles, voudraient y participer comme cessionnaires d'un autre héritier.

L'intervention d'un étranger qui n'a en vue que la spéculation était une chose trop dangereuse pour que l'esprit des législateurs anciens et modernes n'en ait pas été vivement frappé. Aussi trouvons-nous l'origine du retrait successoral dans deux lois romaines, les lois *per diversas* et *ab Anastasio*. — Dans l'ancien droit français, on l'appelait *retrait lignager :* il avait pour but la conservation des biens dans les familles. — Aujourd'hui, il a pour but d'empêcher qu'un étranger ne pénètre les secrets d'une famille, et n'introduise un esprit de chicane dans une matière si délicate et déjà si fertile en procès.

Ainsi qu'on le verra plus loin, l'article 1699 établit, en matière de cession de créances, un autre retrait appelé *retrait litigieux*.

Quels sont les cessionnaires qui peuvent être écartés du partage ?

Aux termes de l'article 841, le retrait successoral peut être exercé contre tout cessionnaire de droits successifs qui n'est pas lui-même au nombre des successibles, c'est-à-dire qui n'a pas qualité pour figurer au partage, soit comme héritier légitime ou successeur irrégulier, soit comme légataire à titre universel. — Ainsi, le retrait successoral permet d'écarter du partage : la personne étrangère au *de cujus*, le parent qui n'est pas appelé à lui succéder, l'héritier qui a renoncé à la succession ou qui a été déclaré indigne, le légataire à titre particulier, en un mot, tous ceux qui n'ont pas une vocation propre à assister au partage, et qui ne pourraient y figurer que par suite de l'acquisition des droits successifs d'un des cohéritiers.

Par contre, le retrait successoral ne peut pas être opposé pour écarter du partage : le cohéritier du cédant, l'enfant naturel du défunt en concours avec ses parents légitimes, le légataire ou donataire universel en concours avec des héritiers; en un mot, tous les cessionnaires qui pourraient venir de leur propre chef au partage, quand même ils n'auraient pas acquis les droits d'un des héritiers.

Une question assez délicate est celle de savoir si l'héritier qui a acheté les droits successifs d'un cohéritier de la ligne opposée peut être écarté du partage qui s'opère entre les parents de cette ligne, après que la succession a été d'abord divisée par moitié entre les deux lignes. — On admet généralement l'affirmative, et c'est avec raison; car un héritier n'a pas qualité pour participer au partage qui s'opère dans la ligne opposée à celle dont il fait partie. (C. de Pau, 14 février 1860.)

Pareillement, le cessionnaire qui n'aurait acquis les droits successifs d'un héritier que pour partie, et même l'acheteur d'un objet particulier de la succession, pourraient encore être écartés du partage, bien qu'ils aient intérêt à y assister, soit pour s'assurer que le cédant a reçu tout ce qui lui revenait, soit pour empêcher que l'objet vendu ne passe frauduleusement entre les mains d'un autre héritier. — En effet, il est évident que le cessionnaire pour partie ou l'acheteur d'un objet déterminé de la succession n'ont pas plus le droit d'assister au partage qu'ils ne l'auraient s'ils avaient acquis la totalité d'une part héréditaire. Toutefois, ils peuvent se mettre à l'abri du retrait successoral, en renonçant à intervenir au partage. (Valette.)

Les cessionnaires à titre gratuit peuvent-ils être écartés du mariage?

Non ; bien que le Code ne se soit pas expliqué formellement à cet égard, tout le monde convient qu'il n'a pas entendu écarter du partage les cessionnaires à titre gratuit.—En effet, il ne permet d'exercer le retrait successoral qu'à la condition de rembourser le prix de la cession au cessionnaire; ce qui suppose nécessairement que celui-ci a acquis les droits successifs à titre onéreux.

Au surplus, on comprend facilement que le législateur n'ait pas soumis le cessionnaire à titre gratuit au retrait successoral. Cet acquéreur, en effet, n'a rien de suspect; ce n'est point un spéculateur, *alicnis fortunis inhians*, selon l'énergique expression des lois romaines. (Art. 841.)

Qui peut exercer le retrait successoral ?

Le retrait successoral peut être exercé, non-seulement par les héritiers légitimes, mais encore par les successeurs irréguliers et par les légataires universels ou à titre universel.

Il peut être exercé séparément par l'un des héritiers, ou par tous les héritiers en même temps. S'ils l'exercent tous, le bénéfice qui en résulte se partage entre eux dans la proportion de leurs droits héréditaires.

La loi ne fixe aucun délai pour former la demande en retrait successoral. Mais, comme elle ne l'autorise que dans le but d'écarter le cessionnaire du partage, il est évident que les héritiers ne peuvent plus y recourir dès que celui-ci a commencé à intervenir dans les opérations du partage.

A quelle condition les héritiers peuvent-ils exercer le retrait successoral ?

Les héritiers ne peuvent exercer le retrait successoral qu'à la condition de rembourser au cessionnaire, non-seulement le prix de la cession, mais encore tous les frais et loyaux coûts du contrat, tels que droits de mutation, honoraires de notaire, etc., ainsi que les intérêts du prix, à partir du jour où il l'a fourni. — L'article 844 ne mentionne, il est vrai, que le remboursement du prix; mais c'est évidemment par oubli. En effet, l'article 1699 décide que celui qui veut exercer le retrait litigieux doit rendre le cessionnaire complétement indemne. Or, il n'y a aucune raison pour ne pas accorder à l'acquéreur de droits successifs une indemnité aussi complète que celle qui est accordée à l'acquéreur de créances litigieuses.

Quel est l'effet du retrait successoral ?

Le retrait successoral n'a pas seulement pour effet d'écarter un étranger du partage : il met, en outre, celui qui l'exerce au lieu et place du cessionnaire. Les choses se passent comme si l'héritier retrayant avait lui-même traité avec le successible qui a vendu sa part.

Au reste, le but si utile que le législateur s'est proposé en instituant le retrait successoral n'est qu'imparfaitement atteint, car il existe deux moyens bien simples de l'éluder : 1° rendre le retrait trop onéreux, en élevant démesurément dans l'acte le prix de la cession; 2° ou bien encore, déguiser la cession sous l'apparence d'un mandat, en vertu duquel le cessionnaire assistera à toutes les opérations du partage en qualité de mandataire du cédant.

A qui sont remis les titres relatifs aux biens partagés?

Il faut distinguer :

1° Les titres qui se réfèrent à des objets particuliers de la succession sont remis à ceux des héritiers qui ont reçu ces objets dans leur lot;

2° Ceux qui se réfèrent à une propriété qui a été divisée entre plusieurs héritiers sont remis à celui des héritiers qui en a reçu la plus grande part, à la charge d'en aider ceux de ses copartageants qui y auront intérêt, quand il en sera requis.

3° Enfin, ceux qui se réfèrent à toute l'hérédité sont remis à celui des héritiers qui aura été choisi par tous les intéressés pour en être le dépositaire, à la charge d'en aider ses copartageants à toute réquisition. Si les héritiers ne s'entendent pas sur ce choix, le tribunal décidera lui-même. (Art. 842.)

SECTION II

DES RAPPORTS

Qu'est-ce que le rapport?

Le rapport est la remise que les héritiers doivent faire à la masse partageable des libéralités qu'ils ont reçues du défunt.

Le rapport est *réel*, lorsqu'il s'agit d'une donation entre-vifs; il n'est que *fictif*, lorsqu'il s'agit d'un legs, parce que, dans ce cas, le légataire ne peut rapporter une chose dont il n'a pas la possession : il ne la *rapporte* pas, il la *laisse* dans la masse partageable.

Quelle est l'origine du rapport?

Le rapport a son origine dans la *collatio bonorum* du droit romain. Le préteur, en appelant les enfants émancipés à la succession du père de famille, les obligeait à remettre dans la masse commune les biens qu'ils avaient acquis pour eux-mêmes depuis leur émancipation. Dans la suite, l'idée du rapport se généralisa, et on arriva à l'étendre à tous les enfants avantagés.

Du droit romain, le rapport passa dans notre ancienne législation. — Suivant certaines coutumes, il avait lieu dans tous les cas : le donateur ne pouvait pas en dispenser son donataire, et celui-ci devait rapporter les biens donnés, lors même qu'il renonçait à la succession du donateur. — Suivant d'autres coutumes, au nombre desquelles se trouvaient celles de Paris et d'Orléans, le donataire pouvait conserver la libéralité qui lui avait été faite, en renonçant à la succession du donateur.—Enfin, suivant d'autres coutumes encore, le donataire pouvait conserver la libéralité qui lui avait été faite dans deux hypothèses : 1° lorsqu'il renonçait à la succession du donateur; 2° lorsque celui-ci lui avait fait la libéralité avec dispense de rapport.

C'est ce système que les rédacteurs du Code ont adopté. Seulement, le droit coutumier n'exigeait le rapport que de la part des descendants du donateur, et le Code en imposa l'obligation à tous les héritiers indistinctement, en ligne directe ou en ligne collatérale.

Quant au legs, notre ancien droit en exigeait le rapport de la part de tous les héritiers : *nul ne pouvait être en même temps héritier et légataire d'une personne.* Le Code apporta un tempérament à la rigueur de ce principe, en décidant que le légataire pourrait, comme le donataire, conserver la libéralité qui lui avait été faite : 1° lorsqu'il renoncerait à la succession du disposant; 2° lorsque celui-ci l'aurait dispensé de faire le rapport. (Art. 843, 845.)

Quelle est la raison qui a fait établir le rapport ?

Le rapport a été établi afin de maintenir l'égalité entre les héritiers. Toutefois, le législateur a permis d'y déroger dans une certaine mesure et de faire des libéralités non sujettes à rapport à l'un de ses héritiers; mais c'est à la condition que le disposant exprime formellement sa volonté de dispenser l'héritier du rapport. A défaut de cette déclaration, on présume qu'il a voulu simplement lui procurer par avance une portion de sa part héréditaire, et on considère la libéralité comme un *avancement d'hoirie.* — Cette présomption est rationnelle : le disposant pouvait, à son choix, procurer à son héritier une libéralité définitive, ou lui attribuer seulement un simple avancement d'hoirie. Pour que la libéralité fût définitive, il n'avait qu'à manifester sa volonté, et il pouvait le faire, comme on le verra plus loin, non-seulement dans l'acte de donation, mais encore par un acte séparé et postérieur, qu'il lui était facile de tenir secret, s'il voulait ménager les susceptibilités de ses autres héritiers. S'il ne l'a pas fait, c'est évidemment parce qu'il n'a pas voulu le faire. En conséquence, l'héritier qui a reçu la libéralité, sans avoir été dispensé du rapport, devra remettre les biens donnés dans la masse partageable, ou renoncer à la succession du disposant.

Pareillement, lorsque le *de cujus* a légué des biens par testament à l'un de ses héritiers, sans déclarer expressément qu'il entend le dispenser du rapport, on présume qu'il a voulu seulement lui donner la faculté de prendre l'objet légué au lieu et place de sa part héréditaire. En conséquence, l'héritier doit renoncer à la succession, s'il veut recueillir son legs.

Le rapport des legs est-il aussi facile à justifier que celui des donations?

Non; le rapport des legs ne s'explique pas aussi bien que le rapport des donations, et il n'est pas aussi facile à justifier que ce dernier. — Effectivement, l'obligation de rapporter les donations entre-vifs laisse néanmoins subsister quelques-uns des avantages de la libéralité : l'héritier conserve les fruits qu'il a perçus depuis le jour de la donation jusqu'à la mort du *de cujus*. En outre, l'avancement d'hoirie qu'il reçoit le met en mesure de former un établissement avantageux. D'un autre côté, la faculté qu'a le chef de famille de disposer de son vivant, par avancement d'hoirie, lui permet d'établir convenablement ses enfants.

Ainsi, la donation entre-vifs, faite par le défunt à son héritier, ne laisse pas que d'offrir à celui-ci des avantages très-appréciables, lors même qu'elle est sujette à rapport, puisqu'elle le met immédiatement en jouissance des biens qui ne devaient lui revenir qu'à la mort du disposant. D'un autre côté, l'obligation où se trouvent chacun des héritiers de rapporter les donations qui leur ont été faites, permet au chef de famille de fournir à chacun de ses enfants un établissement plus ou moins considérable, selon les circonstances, sans cependant favoriser démesurément les uns au détriment des autres.

Il en est différemment du rapport des legs. D'abord, on ne voit guère quel est l'avantage que le legs peut procurer à l'héritier, puisque celui-ci ne doit pas le recueillir s'il accepte la succession. Sans doute, la disposition faite en sa faveur lui donnera la faculté de choisir entre le legs et sa part héréditaire ; mais c'est là un avantage qui n'est pas suffisamment appréciable.

Le rapport des legs n'est donc pas aussi facile à justifier que celui des donations; aussi est-on obligé de recourir à la tradition historique pour l'expliquer. — Suivant les coutumes de Paris et d'Orléans, on ne pouvait pas être en même temps héritier et légataire d'une personne; et, par suite, l'héritier qui avait reçu une libéralité testamentaire du défunt ne pouvait recueillir

l'objet légué qu'à la condition de renoncer à ses droits héréditaires, *lors même que le legs avait été fait avec dispense de rapport.*
Le législateur a abrogé cette dernière disposition ; mais il a cru
assez faire en autorisant le testateur à dispenser son héritier du
rapport, et il a maintenu l'incompatibilité entre la qualité d'héritier et celle de légataire pour le cas où la dispense de rapport
n'a pas été exprimée.

Quand y a-t-il lieu au rapport?

Pour être tenu à l'obligation de rapporter, il faut :

1° Être héritier;

2° Être donataire ou légataire;

3° Avoir reçu la libéralité sans dispense de rapport;

4° Venir à la succession du disposant.

Qu'entend-on en disant qu'il faut être héritier?

On entend ici par *héritier*, tout successible *ab intestat*, quel qu'il
soit, héritier pur et simple ou bénéficiaire, héritier légitime ou
successeur irrégulier.

L'héritier qui a reçu une libéralité du défunt, sans avoir été
dispensé du rapport, peut néanmoins, comme nous l'avons observé, conserver la libéralité en renonçant à la succession de son
bienfaiteur. — Cette disposition a été vivement critiquée. Effectivement, l'absence de toute clause de dispense fait présumer que
le défunt n'entendait pas disposer des biens donnés à titre de
libéralité définitive et irrévocable. Dans cette pensée, il a pu
disposer, par la suite, de sa quotité disponible, qu'il croyait
intacte, au profit d'un étranger. Or si l'héritier conserve définitivement la donation qui lui avait été faite en renonçant à la succession, il peut en résulter que la seconde libéralité, celle qui a
été faite à un étranger, sera sujette à réduction, comme excédant
la quotité disponible. — On répond que le défunt devait prévoir
ce résultat, et qu'il avait les moyens de le prévenir en déclarant
que la donation faite à son héritier serait révoquée dans le cas où
il renoncerait à sa succession. (Art. 844, 845.)

**Qu'entend-on en disant qu'il faut être donataire ou léga-
taire?**

En disant qu'il faut être *donataire* ou *légataire* pour être tenu
du rapport, on entend par là que le rapport n'est pas dû par les
personnes qui ont indirectement profité de la libéralité, mais
seulement par le donataire auquel elle a été faite directement.

A cet égard, les articles 847 et 849 prévoient diverses hypothèses :

1° L'héritier ne doit pas rapporter la libéralité qui a été faite à son fils, ni celle qui a été faite à son père. — Effectivement, les deux qualités d'héritier et de donataire ne sont pas alors réunies sur la même tête. D'autre part, on ne doit pas supposer que la libéralité ait été faite par interposition de personnes, puisque le donateur pouvait la faire directement à son héritier, en le dispensant du rapport.

2° L'héritier ne doit pas rapporter la libéralité qui a été faite à son conjoint. — Effectivement, dans ce cas, comme dans le précédent, les deux qualités d'héritier et de légataires ne se trouvent pas réunies sur la même tête ; et, en outre, si le conjoint du donataire tire quelque profit de la libéralité, c'est là un effet des conventions matrimoniales et non point un effet de la donation.

Il en était différemment dans notre ancienne législation. Les coutumes de Paris et d'Orléans décidaient que les libéralités faites au père, au fils ou au conjoint de l'héritier seraient réputées faites à l'héritier lui-même, et, par suite, qu'elles seraient soumises au rapport. C'est pourquoi le Code a jugé à propos de s'expliquer sur tous ces cas. Seulement il s'est expliqué d'une manière inexacte, en déclarant que les libéralités ainsi faites sont dispensées du rapport. Il fallait dire simplement qu'elles ne sont plus, comme autrefois, réputées faites par interposition de personnes. Cela aurait éloigné toute idée de rapport, puisque ce rapport n'a lieu que si *la même personne* réunit les qualités d'héritier et de donataire ou de légataire. Au lieu de cela, les expressions du Code donnent à entendre que le rapport devait être effectué, mais qu'on a voulu déroger ici à la règle habituelle. (Art. 847, 849.)

L'enfant qui succède par représentation doit-il rapporter les libéralités qui ont été faites à son père ?

Oui ; l'enfant qui succède par représentation doit rapporter les libéralités qui ont été faites à son père. Effectivement, les enfants qui viennent par représentation au lieu et place de leur père décédé doivent supporter toutes les obligations qui auraient été à la charge de celui-ci, s'il avait lui-même succédé. Or, le père n'aurait pas pu venir à la succession sans rapporter les libéralités qu'il avait reçues du défunt, et, par suite, il en sera de même pour ses représentants.

Mais si c'est un point bien établi que l'enfant qui succède par représentation doit rapporter les libéralités faites à son père, il en est différemment de la question de savoir s'il doit rapporter celles qui lui ont été faites à lui-même. — A cet égard, le Code ne s'est pas expliqué, et les auteurs ne sont pas d'accord. Suivant l'éminent doyen de la faculté de Caen, M. Demolombe, l'enfant qui succède par représentation doit rapporter les libéralités qu'il a reçues personnellement du *de cujus*, parce qu'il réunit la double qualité d'héritier et de donataire, et que cela suffit pour rendre le rapport nécessaire.—Mais on admet généralement la négative, et c'est avec raison. En effet, l'enfant qui succède par représentation de son père décédé ne vient pas à la succession en son nom personnel : il succède au lieu et place d'un autre héritier; et, par suite, il ne doit rapporter que les libéralités faites à cet autre héritier. (Art. 848.)

Le rapport est-il dû si le donataire n'était pas héritier présomptif au moment de la donation?

Oui; le rapport est dû par le donataire qui n'était pas héritier présomptif lors de la donation, mais qui se trouve successible au jour de l'ouverture de la succession. — Cette disposition semble rigoureuse au premier abord, car il semble évident que le défunt a voulu faire au donataire une libéralité définitive et irrévocable, et que, s'il ne l'a pas dispensé du rapport, c'est que la dispense était inutile. Néanmoins, elle se justifie par deux considérations : d'abord, elle est conforme au principe de l'égalité entre les héritiers; ensuite, on peut dire que le donateur a fait une libéralité à son parent dans la pensée que celui-ci ne lui succéderait pas. Lorsqu'il a vu que le donataire était devenu son héritier présomptif, il aurait pu le dispenser du rapport, et s'il ne l'a pas fait, c'est parce qu'il n'a pas voulu l'en dispenser. (Art. 846.)

Qu'entend-on en disant qu'il faut avoir reçu la libéralité sans dispense de rapport?

Pour être tenu à l'obligation de rapporter, il ne suffit pas de réunir les qualités d'héritier et de légataire; il faut, de plus, que la libéralité ait été faite sans dispense de rapport.

Suivant l'usage de certaines coutumes, le Code a autorisé le donateur à dispenser son héritier du rapport, et même il a étendu aux legs ce principe de la dispense du rapport. — Toutefois, le disposant qui fait une libéralité à son héritier avec dispense de rapport, doit avoir soin de ne pas dépasser la quotité disponible. Autrement, la libéralité serait réductible, nonobstant la dispense de rapport.

La loi veut que la dispense de rapport soit formellement exprimée, car elle est une grave dérogation au principe d'égalité entre cohéritiers. On l'exprime ordinairement par ces mots : je donne ou je lègue *par préciput* ou *hors part*. Mais on peut se servir de toute autre formule, pourvu que la volonté du disposant soit clairement manifestée.

La clause du préciput ou hors part peut être insérée, soit dans l'acte de donation, soit dans un acte postérieur. (Art. 843, 844.)

Qu'entend-on en disant qu'il faut venir à la succession du disposant?

Ces expressions signifient : 1° que l'héritier qui a reçu des libéralités du défunt n'est pas tenu d'en faire le rapport, s'il renonce à sa succession, ou s'il en est écarté comme indigne ; 2° qu'il n'est jamais tenu d'en faire le rapport à une autre succession qu'à celle du disposant. — Ainsi, le petit-fils n'est pas tenu de rapporter à la succession de son père les libéralités qu'il a reçues de son aïeul, parce qu'il ne tient pas ces libéralités du père auquel il succède. Pareillement, si un enfant a été doté conjointement et par portions égales, par ses père et mère, il rapportera moitié de la dot à la succession du père et l'autre moitié à celle de la mère. (Art. 850.)

Quelles sont les choses soumises au rapport?

L'héritier doit rapporter à la succession :

1° Les sommes dont il était débiteur envers le défunt.

2° Les objets qui lui ont été donnés ou légués par celui-ci sans dispense de rapport.

Au reste, il y a une distinction importante à faire entre le rapport des sommes dues par l'héritier au défunt, et le rapport des libéralités. — Effectivement, l'héritier doit effectuer le rapport des sommes dont il était débiteur envers le défunt, lors même qu'il renonce à sa succession ; tandis qu'il n'est pas tenu de rapporter les libéralités dans ce dernier cas. En outre, il peut être actionné en remboursement de sa dette, non-seulement par ses cohéritiers, mais encore par les créanciers et légataires du défunt ; tandis que le rapport des libéralités ne peut être réclamé que par ses cohéritiers.

L'héritier doit-il le rapport de tous les avantages qu'il a reçus du défunt, quelle que soit leur importance ?

Non ; l'héritier doit seulement rapporter les libéralités, faites sans clauses de préciput, qui ne rentraient pas dans les dépenses ordinaires du défunt et qui lui ont procuré un avantage appréciable en argent. Il peut conserver celles qui n'avaient pas assez d'importance pour diminuer le patrimoine du donateur et pour augmenter le sien. — A cet égard, le Code à tracé quelques règles particulières, qui sont destinées à guider l'appréciation du juge.

Ainsi, l'héritier doit rapporter :

1° Les sommes qui ont été fournies par le défunt pour son établissement. — Le mot *établissement* est pris ici dans un sens large; il comprend tout ce que l'héritier a reçu du défunt pour dot, pour achat d'office ministériel ou de fonds de commerce, pour exonération du service militaire, lorsque cette exonération n'a pas été faite dans l'intérêt de la famille. — Dans tous ces cas, l'héritier est censé avoir reçu par avance une portion de sa part héréditaire.

2° Les sommes qui ont été fournies par le défunt pour payer ses dettes. — Toutefois, on convient généralement que si la dette qui a été payée par le défunt était annulable, l'héritier ne devrait pas rapporter la somme qui a servi à l'acquitter, parce qu'alors le payement de la dette ne lui a procuré aucun avantage.

A l'inverse, l'héritier ne doit pas rapporter à la succession du de cujus :

1° Les frais de nourriture, d'entretien, d'éducation, d'apprentissage, les frais ordinaires d'équipements, ceux de noces et présents d'usage. — Les frais de cette nature ne doivent pas être rapportés, soit parce qu'ils sont ordinairement l'acquittement d'une obligation civile ou naturelle, soit parce qu'ils n'ont pas augmenté d'une manière appréciable le patrimoine du successible. Pour la même raison, les frais qui ont servi à lui faire obtenir des grades en droit ou en médecine ne sont pas rapportables en général.

2° Les profits qu'il a retiré des contrats à titre onéreux passés entre lui et le *de cujus*, si ces contrats ne présentaient aucun avantage indirect au moment où ils ont été faits. — Ainsi, un père a vendu une maison à son fils au prix de 100,000 fr. Si la maison ne valait pas davantage au moment de la vente, le fils n'a rien à rapporter, lors même qu'elle aurait ensuite augmenté de valeur.

3° Les profits qu'il a pu retirer des associations faites sans fraude entre le *de cujus* et lui, lorsque les conditions en ont été réglées par un acte authentique. — Pour que l'association formée entre le *de cujus* et l'héritier soit faite *sans fraude*, il faut qu'elle n'ait présenté aucun avantage indirect au moment où elle a pris naissance. On présume qu'il en est ainsi lorsque le contrat de société a été constaté par un acte authentique. En effet, dans ce cas, les associés ne peuvent pas modifier en secret l'acte qui a été dressé, afin de soustraire l'héritier au payement des dettes de la société, lorsque celle-ci est en perte; ou de lui donner une part plus grande dans les bénéfices, lorsqu'elle est prospère. — Au contraire, lorsque le contrat de société n'a pas été constaté par un acte authentique, on considère l'association formée entre le *de cujus* et l'un de ses héritiers comme une libéralité déguisée, car les parties peuvent alors en modifier les clauses, à leur gré, à l'avantage de l'héritier.

4° L'immeuble qui a péri par cas fortuit et sans sa faute. — Si l'immeuble donné avait péri par la faute du donataire, celui-ci serait tenu d'imputer la perte sur sa part héréditaire. Mais si la perte a eu lieu par cas fortuit, il est exonéré du rapport. (Art. 851, 852, 853, 854, 855.)

Les juges n'ont-ils pas un certain pouvoir d'appréciation en cette matière?

Oui; tout en indiquant que telles libéralités sont sujettes au rapport et que telles autres n'y sont point sujettes, le législateur n'a pas voulu enlever aux juges tout pouvoir d'appréciation. D'abord, ils auront à prononcer sur les libéralités à l'égard desquelles le Code ne s'est pas expliqué. En outre, ils auront à examiner si les dépenses faites par le défunt ont, en réalité, le caractère qu'elles paraissent avoir au premier abord, et que les parties leur ont assigné : exemple, si les dépenses qui ont été faites pour l'éducation du successible n'ont pas dépassé les limites ordinaires de ces sortes de dépenses. — Ainsi, les frais qui sont faits pour acheter les livres nécessaires aux études ne sont pas rapportables; mais l'argent donné pour l'achat d'une bibliothèque devrait être rapporté, parce que le successible se trouve par là enrichi d'une valeur appréciable. Il faut décider de même relativement aux présents de noces, ou autres, s'ils dépassaient notablement, eu égard à la fortune du disposant, ce que l'on donne habituellement.

Quelques auteurs ont formulé sur ce point la règle suivante: les libéralités, disent-ils, sont soumises au rapport lorsqu'elles ont été prises sur le capital du disposant, et elles n'y sont point soumises lorsqu'elles ont été prises sur ses revenus. — Mais la distinction que l'on veut établir se trouve contredite par le texte même de la loi, puisque l'article 851 soumet au rapport les sommes qui ont servi à payer les dettes de l'héritier, lors même qu'elles ont été prises sur les revenus du donateur. — En résumé, pour savoir si un don est ou non sujet à rapport, il faut rechercher s'il rentrait dans les dépenses ordinaires du défunt, et s'il a procuré à l'héritier un avantage d'une valeur appréciable.

Doit-on rapporter les libéralités indirectes?

Oui; aux termes de l'article 843, tout héritier, venant à une succession, doit rapporter à ses cohéritiers tout ce qu'il a reçu directement ou indirectement du défunt, sans dispense du rapport.

Les libéralités *directes* sont celles qui proviennent, soit d'une donation faite en la forme ordinaire des donations, soit d'une donation manuelle, soit de la remise d'une dette faite par le créancier à son débiteur. — Les libéralités *indirectes* sont celles qui ont été opérées de toute autre manière. Ainsi, le *de cujus* fait une donation indirecte à son successible en se portant caution pour lui, en payant ses dettes, en renonçant à une donation dans le but de l'en faire profiter, en faisant des conventions à titre onéreux qui présentent des avantages indirects pour son successible.

En ce qui concerne les conventions de cette nature, les articles 853 et 854, confirment la règle formulée par l'article 843, en décidant que l'héritier doit rapporter les profits qu'il a pu en retirer, lorsqu'elles présentaient des avantages indirects en sa faveur.

Une question débattue est celle de savoir si les donations déguisées rentrent dans les libéralités indirectes, et si, comme telles, elles sont soumises au rapport?

Les libéralités déguisées sont-elles soumises au rapport?

Une donation peut être déguisée de deux manières: — 1° lorsqu'elle est faite sous l'apparence d'un contrat à titre onéreux, par exemple, lorsque le défunt a vendu un immeuble à son héritier, en reconnaissant en avoir reçu le prix, bien qu'il ne lui ait pas été payé; — 2° lorsqu'elle est faite par interposition de personnes, par exemple, lorsque le défunt a fait une donation au fils ou à la femme de son successible, pour que celui-ci en profite.

Suivant quelques auteurs, de pareilles donations ne doivent pas être confondues avec les libéralités indirectes auxquelles le Code fait allusion. Ce sont des libéralités *cachées*, mais non point indirectes : elles ne sont pas seulement faites en dehors des formes ordinaires, mais elles sont faites avec la pensée de dissimuler la libéralité. En conséquence, la règle de l'article 843, qui soumet les donations indirectes au rapport, ne leur est point applicable, et c'est avec raison ; car, en dissimulant la libéralité, le donateur a manifesté, par là même, son intention de dispenser son héritier du rapport. (Marcadé.)

Mais on répond : — 1° que les libéralités déguisées rentrent évidemment dans la classe des donations indirectes, puisqu'on a eu recours à des moyens détournés pour les faire, et que dès lors elles doivent être soumises au rapport ; — 2° que le défunt peut très-bien avoir eu recours à ces moyens détournés pour un tout autre motif que celui de dispenser son héritier du rapport. Le déguisement des donations aura souvent pour but de les cacher à d'autres successibles, afin de prévenir leur mécontentement, leurs exigences ; — 3° enfin, qu'en supposant même que le donateur ait déguisé la libéralité, dans l'intention de dispenser son héritier du rapport, cela ne prouverait rien ; car la volonté de dispenser du rapport ne suffit pas : il faut, de plus, que la dispense ait lieu expressément. (Valette, Demolombe.)

Doit-on rapporter les fruits et intérêts des choses sujettes à rapport ?

Aux termes de l'article 856, les fruits et intérêts des choses données sans dispense de rapport ne sont dus qu'à compter du jour de l'ouverture de la succession.

Ainsi, la donation, lors même qu'elle est sujette à rapport, offre encore un avantage au donataire, puisqu'elle lui procure la jouissance anticipée d'une portion de la succession du vivant même du *de cujus*. — Au surplus, cette jouissance ne nuit pas d'une manière bien sensible à ses cohéritiers ; car il est probable que le défunt n'aurait pas capitalisé les fruits et revenus dont il s'agit, et qu'il les aurait dépensés *lautiùs vivendo*.

On sait que les fruits civils s'acquièrent jour par jour et les fruits naturels par la perception. En conséquence, l'héritier donataire gardera tous les fruits qui sont échus ou perçus au moment de l'ouverture de la succession. Mais il rapportera tous les autres fruits. (Art. 856.)

A qui est dû le rapport?

Aux termes de l'article 857, le rapport n'est dû que par le cohéritier à son cohéritier; il n'est pas dû aux légataires, ni aux créanciers de la succession. — Effectivement, il a été établi uniquement pour maintenir l'égalité dans les partages entre les héritiers *ab intestat*.

Bien que l'enfant naturel du défunt ne soit point rangé parmi les héritiers proprement dits, on admet cependant qu'il peut exiger le rapport de ses cohéritiers. Ceux-ci, de leur côté, peuvent, aux termes de l'article 760, l'obliger à imputer sur sa part héréditaire les libéralités qu'il a reçues du défunt.

Les auteurs ne sont pas d'accord sur l'interprétation qu'il faut donner au mot *imputer*. — Suivant les uns, l'imputation exclut toute idée de rapport en nature, et elle s'applique uniquement au rapport en moins prenant. En d'autres termes, imputer signifie rapporter en moins prenant. D'où la conséquence que si un enfant naturel a reçu un immeuble par donation, il n'est pas obligé de le remettre dans la succession, mais seulement d'en restituer la valeur.

Mais on s'accorde généralement à donner une portée plus grande au sens du mot imputer, et l'on décide qu'il faut l'entendre de tout rapport, soit en nature, soit en moins prenant. D'où il suit que l'enfant naturel doit remettre dans la succession l'immeuble qui lui a été donné par le *de cujus*, comme le ferait un héritier légitime. (Art. 857.)

Pourquoi les légataires ne sont-ils pas admis à demander le rapport?

A la différence des héritiers légitimes, les légataires ne peuvent ni demander le rapport, ni en profiter, lorsqu'il a été effectué. Cette exclusion est juste et rationnelle : en effet, le rapport n'est établi que pour maintenir l'égalité entre les héritiers appelés par la loi à succéder, toutes les fois que le *de cujus* n'a pas manifesté expressément la volonté d'avantager l'un d'eux au détriment des autres. Il en résulte que les donataires et les légataires, qui tiennent leurs droits de la volonté du *de cujus* et non point de la loi, n'ont pas qualité pour le demander. Comment pourrait-on concevoir que des acquéreurs, qui n'ont pas d'autres droits que ceux que le *de cujus* a bien voulu leur conférer, puissent critiquer les actes de celui-ci?

Pourquoi les créanciers du défunt ne sont-ils pas admis à demander le rapport?

Avant de répondre à cette question, il faut établir une distinction.

S'agit-il de legs, les créanciers du défunt peuvent en demander le rapport; car, aux termes de l'article 809, ils ont le droit d'être payés avant les légataires.

S'agit-il de donations entre-vifs, ils ne peuvent pas en demander le rapport, en leur propre nom, ni en profiter, s'il a été effectué; mais, dans ce cas, leur exclusion est également juste et rationnelle, comme celle qui frappe les légataires.

Effectivement, si l'on se reporte au moment où la donation a été faite, on se trouve en présence de deux hypothèses : ou bien leur créance n'existait pas encore, et elle n'a pris naissance que lorsque la donation avait déjà été effectuée, et alors, au moment où ils ont traité avec le *de cujus*, ils n'avaient pas à compter sur les biens donnés qui ne se trouvaient déjà plus dans son patrimoine; — ou bien leur créance existait au moment de la donation, et celle-ci leur a causé un préjudice en rendant le défunt insolvable; mais, dans ce cas, l'article 1167 leur fournit les moyens de la faire annuler, au moyen de l'action Paulienne. Ainsi, de deux choses l'une : ou la libéralité faite par le défunt n'a pas pu leur nuire; ou bien, si elle leur a été nuisible, et si elle a été faite en fraude de leurs droits, ils ont une action qui leur est propre pour la faire annuler. Dès lors, on conçoit facilement que le législateur leur ait refusé le droit d'exercer, en leur propre nom, l'action en rapport, qui avait été spécialement créée pour les héritiers, en vue de maintenir entre eux l'égalité du partage.

Toutefois, si les créanciers du défunt n'ont pas le droit d'exercer l'action en rapport en leur propre nom, ils peuvent quelquefois l'exercer au nom et du chef des héritiers.

Dans quels cas les créanciers du défunt peuvent-ils exercer l'action en rapport au nom et du chef des héritiers?

Il faut distinguer :

Si les héritiers ont accepté la succession purement et simplement, ils sont, par l'effet de la confusion qui s'est établie entre leur patrimoine et le patrimoine du défunt, devenus personnellement débiteurs des créanciers de la succession. Or, aux termes de l'article 1166, les créanciers peuvent exercer tous les droits et actions de leurs débiteurs personnels. Il en résulte que, si les héritiers ont accepté purement et simplement la succession, les créanciers héréditaires, étant devenus, par ce fait, leurs créanciers personnels, peuvent, en cette qualité, exercer en leur nom et de leur chef l'action en rapport contre l'héritier qui a reçu une libéralité *de cujus*, si les héritiers négligent d'exercer eux-mêmes cette action. — Ils ont intérêt à l'exercer, lorsque la donation a été faite depuis plus de trente ans, et qu'ils ne peuvent plus l'attaquer comme ayant été faite en fraude de leurs droits.

Mais, si les héritiers n'ont accepté la succession que sous bénéfice d'inventaire, de manière à ce que le patrimoine du défunt et le leur restent séparés, les créanciers de la succession ne deviennent pas leurs créanciers personnels, et, par suite, ils ne peuvent pas demander en leur nom le rapport des libéralités qui ont été faites par le *de cujus*.

Comment s'effectue le rapport ?

Le rapport s'effectue de deux manières : en nature ou en moins prenant.

Il s'effectue *en nature*, en remettant dans la masse à partager les biens même qui provenaient du défunt.

Il s'effectue en *moins prenant*, en diminuant la part héréditaire de l'héritier donataire d'une valeur égale au montant de la donation.

En principe, le rapport des immeubles doit se faire en nature et celui des meubles en moins prenant. Toutefois, par exception, le rapport des immeubles a lieu dans certains cas en moins prenant. (Art. 858, 859.)

Quel est l'effet du rapport en nature des immeubles ?

Le rapport en nature a pour effet de faire rentrer l'immeuble donné dans la masse à partager, franc et quitte de toutes les charges créées par le donataire, telles que servitudes, hypothèques. — En effet, l'héritier à qui il avait été donné l'avait acquis sous la condition d'en faire le rapport, s'il succédait au donateur. Cette condition venant à se réaliser, il est censé n'avoir jamais été propriétaire de l'immeuble rapporté. Dès lors, cet immeuble rentre dans la succession dans l'état où il se trouvait au moment de la donation, et les héritiers n'ont point à supporter les charges dont le donataire a pu le grever.

Toutefois, l'anéantissement des droits réels concédés par le donataire n'a été admis que dans l'intérêt des héritiers, et il ne saurait profiter au donataire. Il en résulte que si l'immeuble rapporté dans la succession vient ensuite à tomber dans le lot de ce dernier, les charges dont il avait été grevé par lui renaîtront; car, alors, elles ne peuvent plus nuire à ses cohéritiers. — C'est pourquoi l'article 865 permet aux créanciers hypothécaires d'assister au partage, afin d'empêcher que les héritiers ne s'entendent pour faire tomber l'immeuble rapporté en d'autres mains qu'en celles du donataire.

L'obligation de rapporter est éteinte, lorsque la chose donnée consiste en un corps certain individuellement déterminé, qui a péri par cas fortuit. Si, au contraire, elle consiste en une somme d'argent, ou en d'autres choses qui s'apprécient *in genere*, la perte arrivée par cas fortuit n'éteint pas l'obligation de rapporter, parce que les genres ne périssent pas. (Art. 855, 865.)

Les aliénations faites par le donataire sont-elles anéanties par l'effet du rapport?

A ne consulter que la rigueur des principes, il faudrait évidemment décider l'affirmative; car si le rapport fait tomber les charges dont l'immeuble donné a été grevé par le donataire, il doit, pour la même cause, anéantir toute aliénation qu'il aurait consentie de cet immeuble. — Mais le Code, voulant favoriser la circulation des biens, admet sur ce point une exception. Il maintient l'aliénation que le donataire aurait faite de l'immeuble donné, et il décide que celui-ci pourra faire le rapport de cet immeuble en moins prenant, suivant la valeur qu'il avait au moment de l'ouverture de la succession.

Voyons maintenant quels sont les autres cas dans lesquels le rapport des immeubles a également lieu en moins prenant. (Art. 860.)

Dans quels cas le rapport des immeubles a-t-il lieu en moins prenant?

Le rapport des immeubles a lieu, par exception, en moins prenant :

1° Lorsqu'il existe dans la succession d'autres immeubles de même nature, valeur et bonté, dont on puisse former des lots à peu près égaux pour les autres cohéritiers;

2° Lorsque l'immeuble donné a été aliéné *forcément* par le donataire;

3° Lorsqu'il a été aliéné *volontairement* par lui.

4° Lorsqu'il a péri par sa faute.

1° *Lorsqu'il existe dans la succession d'autres immeubles de même nature, valeur et bonté, dont on puisse former des lots à peu près égaux pour les autres cohéritiers.* — Dans ce cas, le donataire peut conserver l'immeuble donné, en laissant ses cohéritiers prélever chacun dans la succession un immeuble semblable. La valeur de cet immeuble s'apprécie *au moment du partage;* car le rapport constitue un véritable partage, lorsqu'il a lieu, comme nous le voyons ici, au moyen de prélèvements faits par chaque héritier sur les biens à partager. — Au reste, le rapport en moins prenant est ici purement facultatif : l'héritier donataire peut, s'il le préfère, remettre l'immeuble donné dans la masse à partager et courir les chances d'un nouveau partage.

2° *Lorsque l'immeuble donné a été aliéné forcément par le donataire, comme dans le cas d'expropriation pour cause d'utilité publique.* — Le donataire doit alors rapporter la somme qu'il a reçue à raison de l'aliénation. Effectivement, le *de cujus* aurait reçu la même somme s'il était resté en possession de l'immeuble donné au moment où l'expropriation a eu lieu. — En d'autres termes, l'aliénation forcée équivaut à un cas fortuit, et les risques qui proviennent des cas fortuits doivent être supportés par la succession, parce que le *de cujus* les aurait lui-même subis, s'il avait conservé les biens donnés. En conséquence, si la somme reçue par l'héritier donataire excède la valeur de l'immeuble, la succession profitera de l'excédant; et, si elle est inférieure à cette valeur, elle supportera le déficit.

3° *Lorsque l'immeuble donné a été aliéné volontairement par le donataire.* — Dans ce cas, l'héritier donataire doit rapporter en moins prenant la valeur de l'immeuble *au moment de l'ouverture de la succession,* quel que soit le montant du prix d'aliénation. De cette manière les cohéritiers du donataire recevront l'équivalent exact de ce qu'ils auraient reçu si l'aliénation n'avait pas eu lieu, et que l'immeuble eût été rapporté en nature. — Ainsi, lorsque l'immeuble aliéné valait 100 au moment de l'ouverture de la succession, le donataire ne restituera que 100 à ses cohéritiers, lors même qu'il l'a vendu 120. A l'inverse, il devra toujours restituer 100, si l'immeuble avait cette valeur au moment de l'ouverture de la succession, lors même qu'il l'a seulement vendu 80.

4° *Lorsque l'immeuble a péri par la faute du donataire.* — Dans ce cas, l'héritier donataire doit également rapporter la valeur de l'immeuble donné *au moment de l'ouverture de la succession.* Ses cohéritiers recevront ainsi la même quantité de biens que si l'immeuble donné n'avait pas péri ; et cela est juste, car ils ne doivent pas souffrir de la faute de leur cohéritier. (Art. 859, 860.)

Le donataire est-il tenu de faire le rapport lorsque l'immeuble donné a péri par cas fortuit, après l'ouverture de la succession ?

Il faut distinguer :

Si le donataire a conservé la propriété de l'immeuble donné au moment de l'ouverture de la succession, il est libéré de tout rapport, si cet immeuble vient ensuite à périr par cas fortuit. Effectivement, au moment où la succession s'est ouverte, l'obligation dont il était tenu consistait à effectuer le rapport en nature ; il devait fournir à ses cohéritiers un corps certain, un objet individuellement déterminé. Or, tout débiteur d'un corps certain est libéré par la perte fortuite de l'objet dû.

Mais il en serait différemment si le donataire avait aliéné volontairement l'immeuble donné, au moment de l'ouverture de la succession. L'obligation de faire le rapport en nature, dont il aurait été tenu s'il avait conservé l'immeuble, s'est alors convertie en une obligation d'une autre nature, qui consiste à faire le rapport en moins prenant, à rapporter une somme d'argent égale à la valeur de l'immeuble donné au moment de l'ouverture de la succession, au lieu et place de cet immeuble. Et, comme les sommes d'argent sont des choses qui doivent être fournies *in genere*, et que les genres ne sont pas susceptibles de périr, il en résulte que la perte ou la détérioration de l'immeuble donné, survenue par cas fortuit depuis l'ouverture de la succession, ne le dégage pas de l'obligation d'en restituer la valeur.

Quels sont les comptes auxquels le rapport peut donner lieu entre le donataire et la succession ?

Lorsque le rapport des immeubles se fait en nature, ainsi que cela a lieu ordinairement, les améliorations ou les détériorations, *survenues par cas fortuit,* ne donnent lieu, comme on l'a vu, à aucun règlement de compte entre le donataire et la succession. Celle-ci profite des premières et supporte les secondes. Mais il en est différemment, si les améliorations ou les détériorations *proviennent du fait du donataire,* et non point de cas fortuit. Dans cette hypothèse, les améliorations peuvent donner lieu à des réclamations de la part du donataire contre la succession; et, à l'inverse, les détériorations donneront lieu à des réclamations de la part de la succession contre le donataire.

Voyons d'abord les améliorations provenues du fait du donataire, et examinons quelles sont les dépenses qu'il peut réclamer contre la succession :

1° *Améliorations provenant du fait du donataire.* — Le donataire a pu faire, soit des dépenses d'entretien, soit des dépenses voluptuaires, soit des dépenses nécessaires, soit enfin des dépenses utiles.

Il ne peut exercer aucun recours contre la succession, à raison des dépenses d'*entretien;* car ces sortes de dépenses sont toujours prises sur les revenus, et il devait les faire, puisqu'il avait la jouissance de l'immeuble donné.

Il ne peut également exercer aucun recours à raison des dépenses *voluptuaires;* car elles n'ont procuré aucune plus-value à l'immeuble, et la succession ne doit pas rembourser des sommes dont elle n'a tiré aucun profit.

Il peut, au contraire, répéter contre la succession les dépenses *nécessaires* qu'il a faites; parce qu'elles s'imputent sur le capital et non point sur les revenus, et que, d'ailleurs, elles ont été faites pour empêcher l'immeuble de périr. — Ces dépenses pourront être répétées, lors même que l'immeuble donné aurait ensuite péri par cas fortuit; car elles sont d'une nature telle que le défunt lui-même aurait dû les faire, s'il avait conservé l'immeuble.

Enfin, le donataire peut également répéter contre la succession les dépenses *utiles* qu'il a faites, parce qu'elles ont augmenté la valeur de l'immeuble; mais il ne peut les répéter *que jusqu'à concurrence de la plus-value qu'elles lui ont procurée.*

Ici se présente une grave question. A quel moment faut-il se référer pour le calcul de cette plus-value? Suivant l'article 861, ce serait au moment du partage; mais la plupart des auteurs décident, malgré ce texte, qu'il faut se référer au moment de l'ouverture de la succession. — Effectivement, c'est à ce moment-là qu'on se place pour apprécier la somme que l'héritier doit fournir à la succession dans le cas où il a aliéné l'immeuble donné, et il est nécessaire de se placer à la même époque pour calculer l'indemnité qui peut lui être due à raison de la plus-value de l'immeuble; autrement, si la plus-value venait à disparaître, dans l'intervalle de l'ouverture de la succession au partage, on arriverait à des résultats iniques. — Supposons, par exemple, que le *de cujus* ait donné à l'un de ses héritiers un immeuble de la valeur de 50 au moment de la donation, et que, par suite des dépenses d'amélioration faites par le donataire, cet immeuble ait atteint la valeur de 100 au momenni de l'ouverture de la succession; supposons, en outre, que le donataire l'ait volontairement aliéné, il sera tenu de l'obligation de rapporter en moins prenant à la succession une somme de 100. Maintenant, si, dans l'intervalle de l'ouverture de la succession au partage, l'immeuble venait à subir une dépréciation par cas fortuit; si, par exemple, après avoir eu une valeur de 100 au moment de l'ouverture de la succession, il ne valait plus que 50 au moment du partage, cette dépréciation fortuite mettrait le donataire en perte. Il devrait rapporter 100 à la succession, puisque telle était la valeur de l'immeuble au moment où elle s'est ouverte; et, d'autre part, il ne pourrait réclamer aucune indemnité pour ses dépenses d'amélioration, puisque l'immeuble était de 50 au moment de la donation et qu'il est encore de 50 au moment du partage. Ainsi, il devrait rapporter une somme plus forte que celle qu'il aurait eu à rapporter s'il n'avait fait aucune dépense d'amélioration, et ces dépenses n'auraient servi qu'à l'appauvrir. Un pareil résultat est évidemment inadmissible.

L'article 861 contient donc une inexactitude, lorsqu'il dit que la plus-value doit être appréciée *au moment du partage* : c'est au *moment de l'ouverture de la succession* qu'il faudrait dire. On explique cette erreur par l'historique de l'article. Dans notre ancien droit, on se référait à l'époque du partage pour fixer, en même temps, la valeur de l'immeuble aliéné et la plus-value résultant des améliorations. Lors de la discussion du Code, on résolut de se référer, pour ces diverses appréciations, au moment de l'ouverture de la succession, et l'article 860 décida qu'on se reporterait à cette époque pour faire le calcul de la valeur de l'immeuble ; mais on omet de modifier l'article 861 dans le même sens, et d'obliger les parties à se reporter également au moment de l'ouverture de la succession pour apprécier la plus-value résultant des dépenses d'amélioration.

Passons maintenant aux détériorations qui proviennent du fait du donataire, et examinons quels sont les dommages-intérêts auxquels elles peuvent donner lieu.

2° *Détériorations provenant du fait du donataire.* — Pour évaluer le montant des dommages-intérêts qui seraient dus par le donataire à la succession, on procède de la même manière que pour l'indemnité due par la succession au donataire. — Ainsi, on les calcule en se référant à l'ouverture de la succession, à moins que celle-ci ne comprenne des immeubles semblables à l'immeuble donné et que le rapport ne se fasse en moins prenant, au moyen de prélèvements faits par chaque héritier d'un immeuble semblable. Dans cette hypothèse, les dommages-intérêts dus par le donataire à la succession, à raison des détériorations qui proviennent de son fait, sont appréciés au moment du partage.

Dans le cas où le donataire peut exiger une indemnité de la succession, la loi lui accorde le droit de retenir l'immeuble sujet à rapport, jusqu'à ce qu'il ait obtenu le remboursement de cette indemnité. (Art. 860, 861, 862, 863, 864, 867.)

Comment se fait le rapport, lorsqu'un immeuble donné par préciput excède la quotité disponible ?

Avant tout, nous observerons que l'hypothèse dont il s'agit ici, et qui est prévue par l'article 866, n'est pas une question de rapport, puisqu'on suppose que l'immeuble a été donné par préciput, mais une question de réduction. — En d'autres termes, l'immeuble donné doit être remis dans la succession, parce qu'il dépasse en valeur la quotité de biens dont le défunt pouvait disposer, et non point parce qu'il a été donné en avancement d'hoirie.

Cela posé, voyons comment on rapportera à la succession l'excédant de la quotité disponible. — A cet égard, il faut observer la distinction suivante :

1° Lorsqu'on peut commodément séparer en deux parts la portion de biens que le donataire peut conserver et celle qu'il doit remettre à la succession, le rapport se fait en nature. Le donataire restitue l'excédant de la quotité disponible.

2° Dans le cas contraire, lorsqu'on ne peut pas séparer l'immeuble donné en deux portions sans lui faire subir une dépréciation, on applique la règle *major pars trahit ad se minorem*. — Le donataire conserve l'immeuble en entier, sauf à fournir à la succession une indemnité en argent, lorsque la portion qu'il a le droit de conserver est plus forte que celle qu'il est tenu de restituer. — Au contraire, il rapporte l'immeuble en entier, sauf à recevoir une indemnité en argent, lorsque la portion qu'il a le droit de conserver est moins forte que celle qu'il doit restituer. (Art. 866.)

Comment se fait le rapport des meubles?

Le rapport des meubles se fait toujours en moins prenant. Les meubles se déprécient vite, et le rapport en nature eût été trop souvent illusoire pour les cohéritiers si le Code l'avait admis. L'héritier donataire doit rapporter *la valeur* que le meuble donné avait au moment même de la donation. Son obligation a donc pour objet une somme d'argent, c'est-à-dire un genre, et comme les genres ne périssent pas, elle subsistera, même en cas de perte du meuble donné par suite d'un cas fortuit. — Il en est différemment, comme on le sait, lorsque le rapport se fait en nature : le donataire doit alors restituer un corps certain, un immeuble individuellement déterminé, et son obligation est éteinte lorsque l'immeuble périt par cas fortuit.

La valeur des meubles, au moment de la donation, est ordinairement déterminée par un état estimatif, qui est joint à l'acte de donation. A défaut de cet état, la valeur est déterminée par un expert, à juste titre et sans crue. Ajoutons que les dons manuels sont dispensés de l'état estimatif et que leur valeur est toujours déterminée par expertise. (Art. 868.)

Comment se fait le rapport de l'argent donné?

Le rapport de l'argent donné se fait en moins prenant dans le numéraire de la succession. — Ainsi, l'héritier dont la part héréditaire est de 100, mais qui a reçu par donation entre-vifs une somme de 40, ne prendra que 60 dans le numéraire de la succession.

Si la succession ne comprend pas des sommes d'argent, le donataire fera le rapport, en laissant ses cohéritiers prélever une part plus forte dans les créances et autres meubles de la succession. — Enfin, en cas d'insuffisance du numéraire et des autres meubles de la succession, il fera le rapport en laissant ses cohéritiers prélever une part plus forte dans les immeubles à partager.

Par analogie avec ce qui précède, on décide que le rapport de meubles d'une certaine espèce se fera en moins prenant dans des meubles de même espèce. — Ainsi, l'héritier qui a reçu par donation une créance laissera ses cohéritiers prélever une part plus forte dans les créances de la succession, jusqu'à concurrence de la valeur nominale de celle qu'il a reçue.

Mais il se présente ici une question vivement débattue. Il s'agit de savoir si le rapport des meubles incorporels, tels que rentes sur l'État, créances sur particuliers, a lieu, comme le rapport des meubles corporels, en moins prenant, ou s'il se fait en nature, comme le rapport des immeubles. (Art. 869.)

Le rapport des meubles incorporels se fait-il en moins prenant ou en nature?

Pour montrer l'importance de la question, supposons qu'un père de famille ait fait donation d'une créance à l'un de ses enfants, et que le débiteur, qui était solvable au moment de la donation, n'ait cependant pas payé, étant devenu plus tard insolvable. Si l'on décide que le rapport de la créance donnée doit avoir lieu *en moins prenant*, le donataire sera tenu de restituer à la succession le montant de la valeur énoncée dans la créance, c'est-à-dire la valeur qu'elle était supposée avoir au moment de la donation, avant que le débiteur fût devenu insolvable. Au contraire, si le rapport doit s'effectuer *en nature*, le donataire n'aura rien à restituer, puisque la créance ne lui a procuré aucun avantage. Il remettra son titre et cela suffira. — Supposons encore qu'un père de famille ait donné à l'un de ses enfants une action industrielle qui valait 1,000 au moment de la donation, et qui, lors de l'ouverture de la succession, est tombée à 100, le donataire devra restituer une somme de 1,000 à ses cohéritiers, si le rapport a lieu en moins prenant, et il ne devra, au contraire, leur restituer que 100, si le rapport a lieu en nature.

Suivant quelques auteurs, le rapport des meubles incorporels doit se faire *en nature*, comme celui des immeubles. Il y a pour cela deux motifs : — 1° En parlant du rapport en moins prenant *du mobilier*, l'article 868 se réfère uniquement aux meubles corporels, puisqu'il suppose un état estimatif fait, ou, à son défaut, une expertise, formalités qui ne peuvent évidemment s'appliquer à des meubles incorporels, comme les créances et les rentes; — 2° Le rapport en moins prenant des meubles incorporels aurait, comme on l'a vu, le grave inconvénient de rendre quelquefois la donation onéreuse. Or, un pareil résultat serait évidemment contraire à l'intention du donateur. (Marcadé.)

Ce système ne nous paraît point admissible. — 1° D'abord, en disant que le rapport du *mobilier* se fait en moins prenant, le Code entend parler de tous les meubles en général, quels qu'ils soient. Cela résulte de ce qu'il mentionne le rapport du mobilier, après avoir précédemment mentionné le rapport des immeubles. L'expression *de mobilier* est ici opposée à celle *d'immeubles*, et elle doit par conséquent comprendre toutes les espèces de meubles. Si le législateur avait entendu faire une distinction entre les meubles corporels et les meubles incorporels, nul doute qu'il n'eût exprimé cette distinction. — 2° En second lieu, si le rapport en moins prenant des rentes sur l'État, des valeurs industrielles ou des créances sur particuliers est quelquefois onéreux pour le donataire, il ne peut s'en prendre qu'à lui. Pourquoi a-t-il accepté la donation, si elle consistait en une créance peu sûre? Pourquoi, ayant reçu des valeurs cotées à un cours élevé lors de la donation, n'a-t-il pas eu la précaution de s'en défaire au moment opportun? Peut-être a-t-il voulu attendre qu'elles eussent atteint un cours plus élevé, afin de réaliser un bénéfice sur la différence; mais alors il est bien juste qu'il subisse, dans ce cas, la perte à laquelle il s'est volontairement exposé. (Valette.)

SECTION III

DU PAYEMENT DES DETTES

Que comprend le passif d'une succession?

Le passif d'une succession se compose de dettes et de charges. Par *dettes*, il faut entendre les obligations dont était grevé le défunt et qui sont transmissibles. Les *charges* sont les obligations qui prennent naissance après sa mort : tels sont les frais funéraires, les frais de scellés, d'inventaire, de liquidation ou de partage, et les legs laissés par le défunt.

Au reste, entre les legs laissés par le défunt et les autres charges et dettes de la succession, il existe une notable différence.

L'héritier qui a accepté purement et simplement est-il tenu de payer les legs, comme les dettes, *ultra vires successionis?* Sans contredit, ces legs sont des charges de la succession, et, en l'acceptant, l'héritier s'est obligé *quasi ex contractu* à les acquitter; mais il nous répugne d'aller jusqu'à admettre qu'il sera obligé de les payer même sur ses propres biens, et alors même que l'actif de la succession serait déjà épuisé par l'acquittement des dettes. Effectivement, le droit coutumier n'admettait pas que l'héritier pût être obligé aux legs *ultra vires*, et les législateurs du Code se seraient expliqués formellement s'ils avaient voulu introduire une innovation de cette importance.

En ce qui concerne le payement des dettes et charges de la succession, nous examinerons : — 1° quelles sont les personnes qui doivent les payer, et dans quelle proportion elles y sont tenues; 2° dans quel cas le droit de poursuite est plus étendu que la contribution, et quel est alors le recours de l'héritier qui a payé plus que sa part; — 3° en quoi consiste le bénéfice de la séparation des patrimoines.

Quelles sont les personnes qui doivent supporter le passif héréditaire ?

Les personnes qui doivent supporter le passif héréditaire sont:

1° Les héritiers légitimes du défunt;

2° Les successeurs irréguliers;

3° Les légataires universels ou à titre universel;

4° Les donataires universels ou à titre universel.

Les héritiers légitimes doivent évidemment supporter le passif héréditaire; car ils sont les continuateurs juridiques du défunt. — A ce titre, ils sont tenus de toutes ses obligations, comme il en serait lui-même tenu s'il était vivant, et ils doivent les acquitter en totalité, quelle que soit la valeur des biens qu'ils recueillent, à moins qu'ils n'aient accepté la succession sous bénéfice d'inventaire.

Les successeurs irréguliers, les légataires et donataires universels ou à titre universel doivent également supporter le passif héréditaire. Il est vrai qu'ils ne représentent pas le défunt et qu'ils sont de simples successeurs aux biens. Mais ils reçoivent une universalité ou une quote-part de biens, et l'on ne peut recevoir une universalité ou une quote-part de biens que dans l'état où elle se trouve, avec ses avantages et ses charges. — Seulement, comme ils ne sont tenus des dettes du défunt qu'à raison de leur qualité de détenteurs de ses biens, ils ne peuvent être contraints de les payer que jusqu'à concurrence de la valeur de la succession.

Par contre, les *légataires et donataires particuliers* ne sont pas tenus de supporter le passif héréditaire. Effectivement, ils ne sont pas, comme les successeurs qui précèdent, *totius juris successores*. En leur donnant un objet particulier, au lieu de les appeler à recueillir une quote-part, le défunt est censé avoir voulu leur procurer l'intégralité de cet objet. — D'ailleurs, s'ils devaient contribuer au payement des dettes, il serait difficile de savoir quelle est la part qu'ils doivent supporter dans le passif. Il faudrait pour cela établir la valeur proportionnelle de l'objet donné ou légué comparativement à la valeur de la succession ; ce qui occasionnerait des dépenses qui seraient le plus souvent hors de proportion avec l'importance du legs ou de la donation.

Toutefois, il convient d'ajouter que si les légataires et donataires particuliers ne sont pas tenus d'acquitter les dettes de la succession, ils peuvent tout au moins en souffrir. Effectivement, ils ne peuvent recevoir l'objet légué ou donné par institution contractuelle que lorsque toutes les dettes héréditaires ont été intégralement payées, en sorte qu'ils ne recevront rien si le passif de la succession en absorbe toute la valeur. C'est ce qu'exprime la règle *non sunt bona, nisi deducto œre alieno*. — Il peut même arriver qu'un légataire particulier soit obligé de faire l'avance d'une dette de la succession. Cela se présente dans le cas où il est légataire d'un immeuble hypothéqué à la dette. Il sera alors actionné par le créancier, non comme légataire, mais comme tiers détenteur, et il pourra recourir, s'il a payé, contre les héritiers qu'il a libérés.

Tout ce que nous venons de dire du légataire particulier s'applique à l'héritier, institué par le défunt légataire par préciput d'un objet particulier de la succession. Il ne contribuera au payement des dettes qu'en proportion des biens qu'il prendra dans la succession *en qualité d'héritier*. — Sur ce point, l'article 870 contient une formule inexacte, lorsqu'il dit que les héritiers contribuent au payement des dettes et charges de la succession en proportion des biens qu'ils y prennent. Il fallait dire en proportion des biens qu'ils y prennent *en qualité d'héritiers*, car il est évident qu'on ne doit pas tenir compte des biens qu'ils recueillent à titre de legs par préciput ou hors part. (Art. 870, 871.)

Comment les dettes sont-elles réparties entre les diverses personnes qui doivent y contribuer ?

Pour se rendre compte de la répartition des dettes héréditaires entre les héritiers et les successeurs aux biens, il faut examiner : 1° dans quelle mesure les créanciers du défunt peuvent les actionner; 2° quelle est la part de dettes qui doit être définitivement supportée par chacun d'eux. — La fixation de la quotité de dettes que les créanciers ont le droit de réclamer à chaque héritier constitue le *droit de poursuite*. On appelle *contribution*, la fixation de la quotité de dettes qui doit être définitivement supportée par chaque héritier.

On ne saurait nier qu'il n'y ait une corrélation nécessaire entre ces deux idées, droit de poursuite des créanciers héréditaires et contribution des héritiers et successeurs universels, et il faut admettre en principe que le droit de poursuite existe dans la proportion de la contribution. Ainsi, il faut partir de cette donnée, qui dans la plupart des cas est absolument exacte, que le droit de poursuite existe dans la proportion de la contribution, ou, en d'autres termes, que les créanciers du défunt ont le droit de poursuivre les héritiers jusqu'à concurrence de la portion de dettes qui doit être définitivement supportée par ceux-ci. — Mais cette règle reçoit quelques exceptions : les créanciers de la succession peuvent *quelquefois* poursuivre un héritier pour la totalité de la dette, sauf à celui-ci à recourir ensuite contre ses co-héritiers, pour se faire indemniser par eux de ce qu'il a payé au delà de sa part. On dit alors que le droit de poursuite est plus étendu que la contribution. Mais c'est là, nous le répétons, une exception aux principes. On verra tout à l'heure dans quels cas cette exception se produit. Pour le moment, arrêtons-nous à la règle, et voyons quelles sont les conséquences qui en découlent. (Art. 873.)

Quelles sont les conséquences qui résultent de la division des dettes entre les héritiers ?

Suivant le principe contenu dans l'article 1220, et qui était déjà consacré à Rome par la loi des 12 tables dans les termes suivants : « *Nomina inter heredes pro portionibus hereditariis ercta scita sunto,* » les dettes et les créances se divisent de plein droit, par la toute-puissance de la loi, entre les héritiers, dès le jour de la succession. Dès ce moment, chaque dette se fractionne en autant de dettes différentes qu'il y a d'héritiers, et en proportion de leurs droits héréditaires. —Il en résulte immédiatement les conséquences suivantes :

1° Chacune de ces fractions est indépendante des autres, et l'héritier est complétement libéré dès qu'il a payé sa part, alors même que ses cohéritiers seraient insolvables;

2° Les créances que l'un des héritiers pouvait avoir contre la succession ne s'éteignent par confusion que jusqu'à concurrence de sa part héréditaire;

3° La prescription, interrompue à l'égard de l'un des héritiers, ne l'est pas à l'égard des autres.

Le bénéfice d'inventaire n'est pas un obstacle à cette division des dettes. — Ainsi, l'héritier bénéficiaire, qui a payé sa part de dettes, conserve ce qui peut lui rester d'actif, même quand son cohéritier est insolvable; et, d'un autre côté, l'héritier pur et simple ne peut être tenu de payer la portion dont son cohéritier est déchargé par le bénéfice d'inventaire.

Cette division des dettes entre les cohéritiers règle en principe, comme nous l'avons observé, le droit de poursuite des créanciers héréditaires. C'est ce qui résulte de l'article 873, aux termes duquel les créanciers de la succession peuvent poursuivre les héritiers personnellement, pour leur part et portion virile, et hypothécairement pour le tout, sauf le recours des héritiers qui ont payé au delà de leur part contre les cohéritiers. — Mais l'article 873 contient une inexactitude, lorsqu'il énonce que les héritiers peuvent être poursuivis personnellement pour leur part et portion virile. Ce n'est pas pour *leur part virile*, c'est-à-dire pour une part proportionnelle à leur nombre, qu'ils peuvent être poursuivis, mais c'est pour *leur part héréditaire*, c'est-à-dire pour une part proportionnelle à leurs droits dans la succession. — Ainsi, lorsque le défunt a laissé son père et son frère, les créanciers ne pourront poursuivre le père que pour un quart, puisqu'il prend seulement un quart de l'actif, et ils devront poursuivre le frère pour les trois autres quarts.

Cet emploi inexact des mots *part virile* s'explique historiquement. Dans notre ancien droit, il était difficile aux créanciers d'apprécier, dès l'ouverture de la succession, dans quelle proportion les héritiers étaient appelés à succéder, à cause de la recherche qu'il fallait faire de l'origine des biens pour en régler la succession. En conséquence, les créanciers étaient autorisés à diviser leurs poursuites contre les divers héritiers, proportionnellement à leur nombre, comme s'ils avaient tous des droits égaux. — Aujourd'hui que le patrimoine du défunt ne forme plus qu'une masse unique, dans laquelle chaque héritier vient prendre la part qui lui est assignée par la loi, les créanciers n'ont qu'à s'informer de la qualité des héritiers pour savoir dans quelle proportion ils doivent diviser leurs poursuites. Mais les hommes ne se dépouillent pas aisément des habitudes qui leur sont transmises par de longues traditions, et les législateurs du Code, qui étaient imbus du droit coutumier, employèrent par mégarde cette expression de *portion virile*, avec laquelle ils étaient familiers. — Au surplus, nous devons faire observer que les héritiers pourront être poursuivis *pour leur part et portion virile* dans les cas de succession anomale, où les droits des héritiers sont établis à raison de l'origine des biens.

Voyons maintenant dans quels cas le droit de poursuite des créanciers héréditaires est plus étendu que la contribution ; ou, en d'autres termes, dans quels cas ils peuvent agir contre un héritier au delà de la part que celui-ci doit définitivement supporter dans la dette. (Art. 873.)

Dans quels cas le droit de poursuite des créanciers héréditaires est-il plus étendu que la contribution ?

Par exception, le droit de poursuite est plus étendu que la contribution :

1° Lorsque les héritiers appelés par la loi sont en concours avec des légataires universels ou à titre universel ;

2° Lorsque l'un des héritiers a dans son lot un immeuble hypothéqué par le défunt pour sûreté de sa dette ;

3° Lorsqu'il s'agit de succession anomale, et que *la part virile* pour laquelle l'héritier est poursuivi est plus forte que *sa part héréditaire ;*

4° Lorsque les héritiers sont convenus, en partageant la succession, que telle dette sera payée en totalité par l'un d'entre eux.

5° Lorsque la dette est indivisible, ou lorsqu'elle consiste en un corps certain placé dans le lot de l'un des héritiers.

Dans tous ces cas, si l'acte de partage n'a pas indemnisé à l'avance l'héritier qui sera poursuivi pour la totalité de la dette, celui-ci peut exercer un recours contre ses cohéritiers. — Mais, avant de nous occuper de ce recours, nous devons entrer dans quelques développements sur certaines hypothèses que nous n'avons fait qu'indiquer. — Le droit de poursuite, avons-nous dit, est plus étendu que la contribution :

1° *Lorsque les héritiers appelés par la loi sont en concours avec des légataires universels ou à titre universel.* — Le légataire à titre universel, dit l'article 874, contribue avec les héritiers au prorata de son émolument, c'est-à-dire proportionnellement à la part et portion qu'il recueille dans la succession. — Mais, d'autre part, il paraît évident que les créanciers de la succession ne sont pas obligés de poursuivre les légataires, lorsqu'ils viennent en con-cours avec des héritiers légitimes ; qu'ils ont la faculté de s'adresser exclusivement à ces derniers, continuateurs du défunt, sauf le recours de ceux-ci contre les légataires. Effectivement, les héri-tiers légitimes représentent *seuls* le défunt, et ils le représentent *pour le tout*, puisque les successeurs aux biens ne le représentent pour aucune partie. Or, aux termes des articles 724, 873 et 1220, les représentants du défunt sont tenus d'acquitter toutes ses dettes. Cette doctrine est d'ailleurs la meilleure en pratique, car les créanciers peuvent ignorer, et ignoreront le plus fréquemment, l'existence des légataires, tandis qu'il ne leur sera pas difficile de connaître quels sont les héritiers. — Ainsi, bien que les légataires contribuent aux dettes proportionnellement à leur part et por-tion, les héritiers avec lesquels ils viennent en concours peuvent être poursuivis pour le tout, sauf à recourir ensuite contre eux jusqu'à concurrence de la part qu'ils doivent supporter dans la dette.

2° *Lorsque l'un des héritiers a dans son lot un immeuble hypothéqué par le défunt pour sûreté de sa dette.* — Cet héritier peut alors être poursuivi par le créancier dans la proportion de sa part hérédi-taire, en qualité d'obligé personnel ; et, pour la totalité de la dette, en qualité de détenteur de l'immeuble hypothéqué, à cause de l'indivisibilité de l'hypothèque. Ainsi, bien que les héritiers contribuent aux dettes proportionnellement à leur part et por-tion, celui d'entre eux qui a dans son lot un immeuble hypo-théqué par le défunt, peut être poursuivi pour le tout ; sauf à re-courir ensuite contre ses cohéritiers pour se faire rembourser ce qu'il a payé au delà de sa part dans la dette.

Un cas analogue nous est présenté par l'article 874. Aux termes de cet article, le légataire particulier d'un immeuble grevé d'hypothèque peut être poursuivi par le créancier hypothécaire et contraint de payer toute la dette, bien qu'il soit exonéré de toute contribution aux charges de la succession. Mais alors il peut réclamer aux héritiers le remboursement de tout ce qu'il a payé à leur décharge, soit au moyen d'une action en gestion d'affaires, laquelle est garantie par une hypothèque générale sur tous les biens de la succession, soit au moyen de l'action hypothécaire qui compétait au créancier qu'il a désintéressé et auquel il est subrogé. — Cette action en subrogation lui sera quelquefois plus avantageuse que la gestion d'affaires ; car cette dernière ne prend naissance qu'à partir du payement de la dette héréditaire, et, par conséquent, l'hypothèque générale qui y est attachée ne prend rang qu'à dater de cette époque ; tandis que la subrogation procure au légataire une hypothèque générale plus ancienne, puisqu'elle existait déjà au moment où il a payé la dette. Or, en matière d'hypothèques, les plus anciennes passent avant les plus récentes.

Le droit de poursuite peut encore être plus étendu que la contribution :

3° *Lorsqu'il s'agit de succession anomale, et que la part virile pour laquelle l'héritier est poursuivi est plus forte que sa part héréditaire.* — Les successions anomales ont lieu, comme on le sait : 1° lorsque l'adoptant reprend dans la succession de l'adopté les biens qu'il lui avait donnés ; 2° lorsqu'un ascendant donateur reprend dans la succession du donataire les biens qu'il lui avait donnés ; 3° lorsque les frères et sœurs légitimes reprennent dans la succession de leur frère naturel les biens qui lui avaient été donnés par l'auteur commun. — Dans ces différents cas, il est impossible aux créanciers de connaître *à priori* dans quelle proportion les héritiers succèdent au défunt, et, par suite, dans quelle mesure ils doivent les actionner. En conséquence, on admet généralement qu'ils pourront poursuivre chacun d'eux pour une part et portion virile ; mais alors le droit de poursuite sera plus étendu que la contribution, si la part *virile* pour laquelle un héritier est poursuivi est plus forte que sa part *héréditaire*, c'est-à-dire que la part qui lui revient réellement. Dans ce cas, l'héritier pourra recourir ensuite contre ses cohéritiers. — Ainsi, supposons que le défunt ait laissé un aïeul qui lui avait fait une donation durant sa vie, et un frère : l'aïeul recueillera tous les biens qu'il avait donnés et qui se trouvent encore dans la succession en nature ou en équivalents, et le frère recueillera les autres biens. Maintenant, comme les créanciers héréditaires ne peuvent pas savoir facilement dans quelle proportion les biens donnés comptent dans l'actif héréditaire, ils poursuivront chacun des héritiers jusqu'à concurrence de la moitié de leur créance. Mais, alors, si les biens donnés entrent pour une part moins forte dans l'actif héréditaire, l'aïeul pourra exercer une action récursoire contre son co-héritier.

4° *Lorsque les héritiers sont convenus, en partageant la succession, que telle dette sera payée en totalité par l'un d'entre eux.* — Sans doute, une pareille convention n'obligerait pas le créancier, qui pourrait toujours diviser son action contre chacun des héritiers ; mais il a intérêt à s'adresser à l'héritier chargé de le payer, afin d'obtenir d'un seul coup un payement intégral. Dans ce cas, l'héritier poursuivi peut recourir contre ses cohéritiers pour se faire indemniser de ce qu'il a payé en plus de sa part.

Le droit de poursuite est encore plus étendu que la contribution :

5° *Lorsque la dette est indivisible ;*

6° *Lorsqu'elle consiste en un corps certain placé dans le lot de l'un des héritiers.*

Ces deux hypothèses n'ont besoin d'aucun développement.

A part les cas que nous venons d'indiquer, le droit de poursuite est toujours corrélatif à la contribution. Les créances et les dettes se divisent entre les héritiers, proportionnellement à leur part héréditaire, et les créanciers de la succession ne peuvent actionner chacun d'eux que pour la part qu'il doit définitivement supporter. S'il en avait été autrement, aucun héritier solvable n'aurait osé accepter une succession, dans la crainte d'avoir des cohéritiers insolvables, et d'être exposé à supporter seul le fardeau des dettes, tout en ne recueillant qu'une portion de l'actif. Il fallait donc, de toute nécessité, faire retomber sur les créanciers héréditaires l'insolvabilité de l'un des héritiers, et c'est ce que le Code a fait ; mais il a, ainsi qu'on le verra plus loin, fourni aux créanciers un moyen d'échapper aux suites de cette insolvabilité, en les autorisant à demander la séparation des patrimoines.

Voyons maintenant quel est le recours qu'un héritier peut exercer contre ses cohéritiers, lorsqu'il a payé ce qu'il ne devait pas ou plus qu'il ne devait. (Art. 874, 875.)

Quel est le recours qu'un héritier peut exercer contre ses cohéritiers, lorsqu'il a payé plus que sa part?

Ainsi qu'on l'a vu, le légataire particulier d'un immeuble hypothéqué qui a été contraint de payer la dette en qualité de tiers détenteur peut choisir entre deux actions : l'action *negotiorum gestorum* qu'il puise en sa personne, et qui est garantie par l'hypothèque légale que l'article 1027 confère à tout légataire; et l'action du créancier originaire, munie de tous ses accessoires : privilége, hypothèque, cautionnement. En outre, quelle que soit l'action qu'il exerce, il peut l'exercer contre chaque héritier pour la totalité de l'indemnité qui lui est due. — L'héritier qui a payé une dette de la succession en totalité, ou pour une part supérieure à sa portion héréditaire, peut également exercer à son choix : 1° une action en gestion d'affaires, qu'on appelle plus spécialement ici *action en garantie*, qui est munie d'un privilége sur tous les immeubles de la succession, et par laquelle les cohéritiers se garantissent réciproquement la portion qu'ils ont obtenue au partage; 3° une action en subrogation aux droits du créancier originaire. — Il est vrai que l'article 875 ne semble pas lui accorder cette dernière action de plein droit. Mais tous les interprètes du Code s'accordent à reconnaître qu'il y a là un vice de rédaction; car l'article 1251 est trop formel pour qu'on ne reconnaisse pas dans notre hypothèse un cas de subrogation légale.

L'héritier qui a payé une dette de succession au delà de sa part a donc les mêmes actions que le légataire particulier d'un immeuble hypothéqué qui a acquitté une dette hypothécaire. Mais le recours qu'il peut exercer contre ses cohéritiers est bien moins étendu que celui du légataire; car l'article 875 ne lui permet de demander à chacun d'eux que la part qui doit être définitivement supportée par celui-ci dans la dette commune.

Cette division de l'action récursoire de l'héritier est une conséquence de sa situation par rapport à ses cohéritiers. Comme les héritiers sont tenus réciproquement les uns envers les autres de se garantir l'intégralité de leur part héréditaire, l'héritier qui exerce un recours contre un de ses cohéritiers ne peut pas le poursuivre pour une part de dette plus forte que celle qui doit être supportée définitivement par celui-ci. Autrement, l'héritier poursuivi pourrait lui opposer l'exception de garantie : *quem de evictione tenet actio, eumdem agentem repellit exceptio.*

Pour la même raison, l'article 876 décide que l'insolvabilité d'un cohéritier ou successeur universel doit être répartie sur tous les autres *au marc le franc*, c'est-à-dire proportionnellement à la part que chacun d'eux recueille dans la succession. — Si cette insolvabilité était entièrement supportée par l'héritier qui a payé l'intégralité de la dette, le principe de l'égalité serait violé.

L'article 875 contient néanmoins une exception au principe de la divisibilité de l'action récursoire, en faveur de l'héritier bénéficiaire. — Comme le bénéfice d'inventaire fait cesser la confusion qui s'était établie entre le patrimoine personnel de l'héritier et sa part héréditaire, il en résulte que l'héritier bénéficiaire qui a payé l'intégralité d'une dette de la succession peut actionner l'un de ses cohéritiers pour tout ce qu'il a payé au delà de sa part. Effectivement, il agit alors, non plus en qualité d'héritier, mais comme un créancier. (Art. 875, 876.)

Comment procède-t-on lorsqu'il existe dans la succession un immeuble affecté au payement d'une rente perpétuelle ?

Nous venons de voir toutes les complications qui surgissent dans les cas où le droit de poursuite est plus étendu que la contribution, à raison de l'action récursoire que l'héritier poursuivi pour toute la dette dirige ensuite contre ses cohéritiers. — Mais ces complications deviennent encore plus grandes, lorsque l'un des immeubles de la succession est affecté au payement d'une rente perpétuelle. L'héritier dans le lot duquel se trouve l'immeuble hypothéqué pourra, à chaque échéance des arrérages, se voir forcé de les payer en totalité, sauf son recours contre ses cohéritiers.

L'article 872 indique deux moyens pour obvier à cet inconvénient :

1° Rembourser la rente et affranchir l'immeuble de l'hypothèque, avant de procéder à la formation des lots. — 2° Ou bien déduire le capital de la rente de la valeur de l'immeuble hypothéqué, et charger exclusivement du service de la rente, avec obligation d'en garantir les autres, l'héritier qui aura l'immeuble hypothéqué. — Sans doute, nonobstant cette convention, le créancier de la rente conserve le droit de poursuivre chacun des cohéritiers en payement des arrérages pour sa part et portion. Mais il n'est guère probable qu'il usera de ce droit, car il lui sera plus avan tageux d'actionner directement l'héritier détenteur, afin d'obtenir un payement intégral.

Le premier moyen est le plus radical, puisqu'il garantit les cohéritiers de toute poursuite de la part des créanciers et de tout recours entre eux. Mais il n'est possible que lorsque le terme fixé pour le rachat est arrivé, et que les héritiers ont à leur disposition la somme nécessaire pour ce rachat. — Les héritiers pourront-ils s'en servir, si l'hypothèque qui garantit la rente est générale, si elle frappe tous les immeubles de la succession? Le doute sur ce point provient de la rédaction de l'article 872, qui ne parle que d'une hypothèque spéciale, établie sur un des immeubles de la succession. Mais on convient généralement que cet article est mal rédigé, et l'on décide que le rachat de la rente pourra s'opérer dans le cas d'une hypothèque générale, comme dans celui d'une hypothèque spéciale. Seulement, il faut observer que si l'hypothèque est générale, les cohéritiers ne pourront pas charger l'un d'eux exclusivement du service des arrérages, car les créanciers, ayant une hypothèque sur tous les immeubles de la succession, auraient toujours la faculté d'agir pour le tout contre chaque détenteur d'un immeuble hypothéqué.

L'article 862 n'est pas applicable aux rentes viagères, car ces rentes ne sont pas rachetables, et le capital n'en saurait être fixé d'une manière certaine. (Art. 872.)

Quel est, à l'égard de l'héritier, l'effet des titres qui étaient exécutoires contre le défunt?

Les héritiers étant tenus personnellement des dettes comme représentant la personne du défunt, les créanciers de la succession peuvent les poursuivre de la même manière qu'ils auraient poursuivi le défunt, par voie d'exécution ou par voie de demande.

Selon le droit coutumier, les titres qui étaient exécutoires contre le défunt n'avaient aucun effet à l'encontre de ses héritiers. Le créancier qui voulait les poursuivre devait recourir à la justice pour faire déclarer son titre exécutoire contre eux. Cette théorie était en contradiction avec le principe que le *de cujus* renaît dans la personne de l'héritier qui le représente; aussi le Code l'a-t-il abrogée, en déclarant que les titres qui étaient exécutoires contre le défunt seraient également exécutoires contre les héritiers.

Mais, comme l'héritier peut ignorer l'existence des dettes, ainsi que des titres qui sont exécutoires contre lui, la loi exige que ces titres lui soient signifiés huit jours au moins avant leur exécution.

Les titres qui étaient exécutoires contre le défunt sont-ils exécutoires contre les simples successeurs aux biens, tels que légataires et donataires à titre universel ? Il faut admettre la négative, car les successeurs aux biens ne représentent pas le défunt, et ils ne sont pas tenus personnellement de ses obligations. En conséquence, les créanciers devront se munir contre eux de nouveaux titres exécutoires. (Art. 877.)

Qu'est-ce que la séparation des patrimoines ?

La séparation des patrimoines est un bénéfice au moyen duquel les créanciers héréditaires et les légataires font séparer le patrimoine du défunt du patrimoine de l'héritier, afin d'être payés sur le premier par préférence aux créanciers personnels de l'héritier.

On sait que lorsqu'un héritier a accepté purement et simplement, les biens de la succession se confondent avec ses propres biens et ne forment plus ensemble qu'un seul patrimoine, qui est le gage commun des créanciers du défunt et des créanciers de l'héritier. Cette confusion serait nuisible aux créanciers et légataires de la succession, si l'héritier avait plus de dettes que de biens. C'est pourquoi la loi leur permet de la faire cesser au moyen de la séparation des patrimoines. (Art. 878.)

Qui peut demander la séparation des patrimoines ?

La séparation des patrimoines peut être demandée par les créanciers du défunt et par les légataires particuliers, dans tous les cas où ils croient y avoir intérêt. — Peu importe que l'héritier soit solvable ou insolvable, économe ou dissipateur : il suffit qu'ils n'aient pas confiance en lui. Il n'y a pas non plus à distinguer la qualité de la créance : si elle est pure et simple, à terme, sous condition, chirographaire, privilégiée ou hypothécaire. En effet, l'héritier ou ses créanciers personnels n'ont de droit sur les biens de la succession que sous la condition de déduire de ces biens les dettes et charges dont ils sont grevés.

Au reste, le droit de demander la séparation des patrimoines appartient exclusivement aux créanciers et légataires du défunt, et les créanciers personnels de l'héritier ne peuvent pas former une demande de cette nature, dans le cas où l'héritier serait solvable et la succession insolvable. La raison en est bien simple : ils ont traité avec l'héritier, et ils ont dû prendre leurs sûretés pour le cas où il se rendrait insolvable. D'ailleurs, ils ont, aux termes de l'article 1167, la faculté de faire rescinder toute acceptation de succession qui aurait été faite à leur préjudice et en fraude de leurs droits. — Bien différente est la situation des créanciers héréditaires : c'est avec le défunt qu'ils avaient contracté; ils ont suivi sa foi, et voici que, par un événement tout à fait indépendant de leur volonté, la personne de leur débiteur est changée. Il est juste alors de leur permettre de considérer leur ancien débiteur comme vivant encore et de ne pas accepter l'héritier en cette qualité. (Art. 878, 881.)

A l'encontre de quelles personnes la séparation des patrimoines doit-elle être demandée ?

La séparation des patrimoines doit être demandée contre les créanciers de l'héritier, et non point contre l'héritier lui-même; car elle constitue un droit de préférence accordé à une masse de créanciers contre une autre masse de créanciers.

Elle peut être demandée, soit contre tous les créanciers personnels de l'héritier en même temps, soit contre quelques-uns seulement, soit même contre un seul.

La demande en séparation devient-elle inutile, lorsque l'héritier a accepté sous bénéfice d'inventaire ? On pourrait le croire au premier abord, puisque l'acceptation bénéficiaire fait elle-même cesser la confusion qui s'était établie entre le patrimoine du défunt et celui de l'héritier.— Toutefois, il sera plus prudent, de la part des créanciers héréditaires, de demander la séparation, même dans cette hypothèse, par la raison que l'héritier bénéficiaire peut être déchu de son bénéfice et devenir héritier pur et simple, par exemple, en faisant des actes qui excèdent les limites de son administration.

A quels biens s'applique la séparation des patrimoines ?

La séparation des patrimoines s'applique :

1° A tous les biens dont le défunt était propriétaire à l'époque de son décès ;

2° A tous les revenus de la succession échus ou perçus depuis le décès du *de cujus*. — Effectivement, la séparation des patrimoines rétablit les choses dans l'état où elles seraient si le *de cujus* vivait encore : or, s'il vivait encore, ces fruits et revenus auraient augmenté son patrimoine, et, par suite, le gage de ses créanciers ;

3° Au prix encore dû des biens de la succession qui ont été aliénés.

Comment se forme la demande en séparation des patrimoines ?

A Rome, la demande en séparation des patrimoines était formée contre l'héritier lui-même. Les créanciers du défunt s'adressaient au préteur, qui, par un premier décret, les envoyait en possession de l'universalité des biens de la succession, avec pouvoir de l'administrer; un second décret les autorisait à l'aliéner, et l'acquéreur employait le prix d'acquisition à les désintéresser.

Mais, aujourd'hui, il n'y a pas besoin d'une demande formelle en séparation. En effet, cette demande ne pourrait être formée contre l'héritier, puisqu'elle n'est pas dirigée contre lui ; elle ne pourrait pas davantage être formée contre ses créanciers, puisque les créanciers de la succession n'ont aucun moyen de les connaître. Aussi, ni le Code de procédure, ni le Code civil n'indiquent aucune forme pour intenter cette prétendue demande. C'est qu'il ne s'agit pas ici d'une demande proprement dite, mais d'un droit destiné a être exercé par voie d'exception.

Ainsi, les créanciers du défunt exercent le droit de séparation, en s'opposant, par voie d'exception, à tout créancier de l'héritier qui se présente pour être payé sur les biens du défunt.

Quelles sont les causes qui font perdre e bénéfice de la séparation des patrimoines ?

Les causes qui font perdre le bénéfice de la séparation des patrimoines sont au nombre de quatre, savoir : la renonciation, la prescription, la confusion et l'aliénation.

1° *La renonciation*. — Celle-ci peut avoir lieu tacitement ou expressément. Elle a lieu *tacitement*, lorsque les créanciers du défunt acceptent l'héritier pour débiteur, en faisant contre lui des actes qu'ils n'auraient pas pu faire contre un simple administrateur des biens de la succession, par exemple, en se faisant donner par lui un gage ou une hypothèque, ou en faisant saisir ses biens personnels. Leur créance contre le défunt est alors novée et elle se convertit en une créance contre l'héritier.

2° *La prescription*. — Aux termes de l'article 880, la demande en séparation des patrimoines doit être formée dans certain délai, qui varie suivant que la succession comprend des meubles ou des immeubles.

En ce qui concerne les meubles la loi a pensé qu'après un certain laps de temps il serait difficile de reconnaître ceux du défunt d'avec ceux de l'héritier, et elle a limité à un délai de trois ans le droit d'en demander la séparation. Le point de départ de ce délai est le jour de l'ouverture de la succession, car c'est à partir de ce moment que l'héritier a la saisine des biens du défunt. — En ce qui concerne les immeubles, le danger de la confusion n'existe pas; aussi la demande en séparation peut-elle être formée tant qu'ils se trouvent entre les mains de l'héritier, pourvu, toutefois, qu'une inscription soit prise sur ces immeubles au bureau du conservateur des hypothèques, dans les six mois de l'ouverture de la succession.

3° *La confusion.* — La confusion est l'impossibilité matérielle de distinguer les biens du défunt de ceux de l'héritier. Cette impossibilité n'existera jamais pour les immeubles et pour les meubles incorporels, tels que les créances et les rentes; car les choses de cette nature peuvent toujours être distinguées. — Mais il en est différemment, comme nous l'avons déjà observé, pour les meubles corporels. En conséquence, les créanciers qui veulent obtenir la séparation des patrimoines doivent avoir soin d'en faire dresser un inventaire.

4° *L'aliénation.* — L'aliénation faite par l'héritier des biens meubles ou immeubles de la succession éteint le droit de séparation. — Le Code, il est vrai, n'applique expressément ce mode d'extinction que par rapport aux immeubles : mais on doit l'admettre, à plus forte raison, pour les meubles, par suite de la maxime *qu'en fait de meubles la possession vaut titre.*

Si le prix des biens aliénés est encore dû, la séparation peut être demandée par rapport à lui. (Art. 879, 880.)

Quels sont les effets de la séparation des patrimoines?

La séparation des patrimoines a pour effet de faire considérer le défunt comme vivant par rapport à ses créanciers, de manière à ce que ceux-ci soient payés sur les biens qu'il a laissés par préférence aux créanciers personnels de l'héritier.

Elle n'apporte, d'ailleurs, aucun changement dans les rapports réciproques des créanciers et légataires de la succession, et elle n'établit aucune préférence au profit de ceux qui l'ont demandée contre ceux qui se sont abstenus. Seulement, ces derniers auront à supporter le concours des créanciers personnels de l'héritier pour la portion d'actif qui leur revient, tandis que les premiers conserveront intacte la part d'actif qui leur a été distribuée.

Les créanciers et légataires qui ont demandé la séparation conservent-ils le droit de poursuivre l'héritier sur ses biens personnels?

Les créanciers du défunt et les légataires qui demandent la séparation des patrimoines acquièrent, ainsi qu'on l'a vu, le droit de se faire payer sur les biens de la succession, par préférence aux créanciers personnels de l'héritier. Mais sont-ils désormais réduits à ce gage, et cessent-ils, après la séparation, d'avoir l'héritier pour débiteur personnel? — Paul et Ulpien étaient de cet avis : en demandant la séparation du patrimoine, les créanciers du défunt ont, disaient-ils, renoncé à toute action contre l'héritier, *recesserunt a persona heredis*. — Papinien pensait, au contraire, que l'héritier continuait d'être obligé : à ses yeux, la séparation des patrimoines était une protection, qui ne pouvait se retourner contre les créanciers héréditaires.

La doctrine de Papinien finit par prévaloir à Rome. Notre ancienne jurisprudence l'avait admise, et elle a également été adoptée par le Code, qui fait de la demande en séparation un recours dirigé contre les créanciers de l'héritier, et non point contre l'héritier lui-même.

Mais il se présente ici une autre question plus délicate : l'héritier, restant personnellement débiteur des créanciers et légataires du défunt, même après la séparation des patrimoines, ceux-ci peuvent-ils, dans le cas où la vente des biens héréditaires aurait été insuffisante pour les désintéresser, venir en concours avec ses créanciers personnels pour être payés sur son patrimoine? Selon la rigueur des principes, il en devrait être ainsi; mais on admet généralement la négative. Effectivement, à Rome, comme dans notre ancienne jurisprudence, on décidait, par raison d'équité, que les créanciers et légataires du défunt ne pourraient exclure les créanciers personnels de l'héritier des biens de la succession qu'à la condition d'être eux-mêmes exclus par ces derniers du patrimoine de l'héritier. Si le Code avait entendu introduire quelque innovation sur ce point, nul doute qu'il ne se fût expliqué formellement; et, s'il ne l'a pas fait, c'est parce qu'il s'en est référé aux anciens principes. — Il faut en conclure que les créanciers et légataires du défunt ne peuvent se faire payer sur le patrimoine de l'héritier que lorsque les créanciers personnels de celui-ci ont été d'abord désintéressés.

Observons que s'il existe plusieurs héritiers, les créanciers et légataires du défunt peuvent demander la séparation des patrimoines par rapport à ceux dont ils croient avoir à redouter l'insolvabilité, et ne pas la demander par rapport aux autres. — En outre, ils peuvent opposer la séparation seulement pour certains biens, lorsque ces biens leur paraissent avoir une valeur suffisante pour assurer le payement de leur créance. (Art. 878.)

Les créanciers d'un co-partageant n'ont-ils pas le droit d'intervenir au partage ?

Oui; les créanciers de chaque héritier peuvent intervenir au partage, afin d'empêcher qu'il ne soit fait en fraude de leurs droits. —Effectivement, ils pourraient être lésés, de plusieurs manières, par le partage : soit que les co-partageants attribuent à leur débiteur une part moindre que celle qui devrait lui revenir; soit que l'on compose exclusivement son lot d'objets mobiliers, qui sont plus faciles à détourner et à soustraire à leurs poursuites; soit enfin que l'on fasse tomber dans un autre lot que le sien des immeubles qu'il avait grevés d'hypothèques durant la période d'indivision.

Toutefois, les créanciers des co-partageants ne peuvent attaquer un partage fait en leur absence une fois qu'il a été consommé, s'ils n'avaient pas formé opposition à ce qu'il y fût procédé sans eux. Cette opposition se forme par un acte extrajudiciaire notifié à tous les co-partageants, ou par une demande en intervention qui sera également notifiée aux intéressés. — A la suite de cette opposition, les co-partageants sont obligés d'appeler le créancier au partage; et, s'ils ne l'y appellent pas, celui-ci pourra, s'il justifie y avoir intérêt, faire annuler l'opération. (Art. 882.)

SECTION IV

DES EFFETS DU PARTAGE

Quels sont les effets du partage ?

Le partage est, comme nous l'avons dit, un acte qui a pour objet de faire cesser l'indivision entre cohéritiers. —Selon le droit romain, le partage était translatif ou attributif de propriété. Selon le droit français, il est simplement déclaratif de propriété.

A Rome, en disant que le partage était *translatif* ou *attributif* de propriété, on entendait, par là, qu'il impliquait une sorte d'échange entre les cohéritiers, par lequel chacun d'eux faisait abandon de son droit de co-propriété sur l'ensemble des biens héréditaires, et acquérait en retour un droit exclusif de propriété sur les objets tombés dans son lot.

En réalité, le partage est bien aussi dans notre législation un véritable échange; mais on y a admis une fiction, d'après laquelle chaque héritier est censé avoir succédé seul et immédiatement aux effets compris dans son lot ou à lui échus sur licitation, et n'avoir jamais eu la propriété des autres effets de la succession. Il en résulte que le partage ne fait que déterminer les biens qui sont réputés avoir été, dès l'ouverture du partage, la propriété exclusive de chaque héritier. C'est en ce sens que l'on dit qu'il est simplement *déclaratif* de propriété.

Cette maxime est très-sage : les rédacteurs du Code ont eu pour but, en la formulant, d'assurer la paix des familles et la sécurité des cohéritiers. En effet, si, dans l'intervalle qui s'est écoulé entre l'ouverture de la succession et le partage, les héritiers avaient été regardés comme co-propriétaires des biens héréditaires, il en résulterait que chacun d'eux aurait pu valablement grever les lots de ses co-partageants de servitudes et d'hypothèques. Ceux-ci étant ensuite actionnés à raison des droits réels constitués, pendant l'indivision, sur les immeubles qui leur sont échus en partage, exerceraient une action récursoire contre le cohéritier qui a consenti ces droits réels. De là, des recours répétés d'héritier à héritier, des conflits entre les membres d'une même famille. En formulant le principe de l'effet déclaratif du partage, le Code a coupé court à toutes ces difficultés : comme chaque héritier est censé avoir succédé *seul* et *immédiatement* aux immeubles compris dans son lot, aucun autre héritier n'a pu constituer valablement des droits réels sur ces immeubles.

Le partage n'ayant un effet déclaratif que par suite d'une fiction qui a pour but de prévenir les recours d'héritier à héritier, on convient généralement que cet effet déclaratif ne doit exister que par rapport aux héritiers. Vis-à-vis des tiers, le partage est donc translatif de propriété.—Mais une autre question plus délicate est celle de savoir si l'effet déclaratif n'est applicable qu'au partage pur et simple, ou s'il faut le conserver pour tous les actes qui tendent, comme le partage pur et simple, à faire cesser l'indivision, tels que la licitation, le partage avec soulte, le partage déguisé sous la forme d'un autre contrat.

Une autre question non moins grave, et à laquelle nous nous arrêterons ensuite, est celle de savoir si l'effet déclaratif du partage s'applique aux créances, comme il s'applique aux biens corporels de la succession.

Nous examinerons en dernier lieu en quoi consiste la garantie que les cohéritiers se doivent réciproquement les uns les autres. (Art. 883.)

L'effet déclaratif du partage s'applique-t-il à la licitation des immeubles de la succession?

Il faut distinguer :

Si l'immeuble licité a été acquis aux enchères par l'un des cohéritiers, l'effet déclaratif du partage est applicable. — En effet, cette hypothèse est prévue par l'article 883, qui énonce formellement que chaque héritier est censé avoir succédé seul et immédiatement aux effets compris dans son lot, ou *à lui échus sur licitation.*

Mais la question présente plus de difficultés, lorsque c'est un tiers qui s'est porté adjudicataire de l'immeuble. Faut-il, même dans cette hypothèse, dire que la licitation a un effet déclaratif? Dans ce cas, les charges réelles, constituées pendant l'indivision par l'un des héritiers, sont nulles et sans effet; tandis qu'elles subsistent, comme ayant été valablement consenties par un copropriétaire, si on décide que la licitation a un effet translatif.

Quelques auteurs admettent cette solution, par la raison que l'article 883 n'attribue un effet déclaratif à la licitation que pour le cas où l'un des héritiers se serait porté adjudicataire de l'immeuble licité. Lorsque cet immeuble est adjugé à un étranger, la licitation n'est, disent-ils, qu'une vente consentie par la masse des héritiers à l'adjudicataire. Or, il est admis en principe que l'acheteur d'un immeuble le reçoit avec toutes les charges qui le grèvent.

Ce système paraît conforme au texte de la loi; mais il est peu en rapport avec son esprit. — Effectivement, en énonçant le principe de l'effet déclaratif du partage, la loi a voulu faciliter les partages et écarter les recours d'héritier à héritier. Or, si l'étranger qui s'est porté adjudicataire de l'immeuble de succession le reçoit grevé de charges qui ont été constituées pendant l'indivision, il exercera un recours en garantie contre les co-partageants qui le lui ont vendu, et ceux-ci, à leur tour, exerceront une action récursoire contre le cohéritier qui a constitué ces charges. Il faut donc convenir, pour éviter ces difficultés, que la licitation a un effet déclaratif comme le partage pur et simple, et alors même que les biens licités sont acquis par un adjudicataire étranger. (Valette.)

L'effet déclaratif s'applique-t-il aux partages faits avec soulte ?

La loi ne s'est pas expliquée formellement à cet égard ; elle n'attribue directement un effet déclaratif qu'aux partages purs et simples et aux licitations, dans le cas où les biens licités sont acquis par un des héritiers. Néanmoins, on décide généralement, avec raison, que les partages faits avec soulte ont également un effet déclaratif. — Effectivement, si le Code ne s'est pas expliqué davantage en ce qui les concerne, c'est parce qu'ils ne se distinguent guère des partages purs et simples.

L'effet déclaratif du partage s'applique-t-il d'une manière générale à tous les actes qui font cesser l'indivision ?

Les héritiers peuvent faire cesser l'indivision par d'autres opérations que le partage ou la licitation. Dans ce cas, tout le monde est d'accord pour déclarer qu'un acte à titre onéreux, qui fait cesser l'indivision à l'égard de tous les cohéritiers, produit un effet déclaratif, bien que cet acte n'ait pas été qualifié par les parties de partage ou de licitation. Effectivement, la qualification qui a été donnée à un acte ne change pas le caractère propre de cet acte. Or, si un acte, qualifié de vente ou d'échange, fait cesser l'indivision, il est évident que cet acte équivaut pour les héritiers à une opération de partage.

Ainsi, la vente d'un bien héréditaire, la cession de droits successifs faite par tous les cohéritiers à l'un d'eux, et généralement tous arrangements qui seraient de nature à mettre fin à l'indivision, ont un effet déclaratif. L'héritier qui s'est porté acquéreur est censé avoir succédé seul et immédiatement aux effets qui lui ont été cédés, et, par suite, il a pu seul les grever valablement de charges réelles.

L'effet déclaratif du partage s'applique-t-il aux créances, comme aux objets corporels ?

Avant de répondre à cette question, il importe d'en montrer

l'intérêt. On sait qu'en principe les créances et les dettes d'une succession se divisent de plein droit entre les héritiers, proportionnellement à leurs droits héréditaires; d'où il résulte que les débiteurs héréditaires peuvent valablement s'acquitter en payant à chaque héritier la part qui lui revient dans la créance du défunt. Cependant, il arrive quelquefois que les héritiers s'entendent pour mettre une créance tout entière dans le lot de l'un d'eux, afin de compenser son infériorité en nature par rapport aux autres lots. — Maintenant, si l'on décide que l'effet déclaratif du partage s'applique aux créances, comme aux biens corporels de la succession, il faut en conclure que l'héritier qui a reçu dans son lot une créance tout entière est censé avoir eu seul et immédiatement, dès l'ouverture de la succession, cette créance dans son lot, et que les débiteurs qui se sont acquittés envers ses cohéritiers, pour la part qui leur revenait dans la créance, n'ont pas fait un payement valable, et qu'ils peuvent être actionnés, comme s'ils n'avaient rien payé, par l'héritier qui a acquis la totalité de la créance.

Cela posé, il faut, pour résoudre la question qui nous occupe, établir une distinction.

1° Si les héritiers ont suivi exactement le principe de la division des créances, s'ils ont, dès l'ouverture de la succession, succédé chacun à une fraction de la créance, sans rien modifier à cet état de choses, il est évident que l'effet déclaratif du partage n'est pas applicable, par la raison que la créance n'a jamais été dans l'indivision, et, par suite, qu'il n'y a pas eu lieu de la partager. — Effectivement, la loi elle-même l'a divisée entre les héritiers, proportionnellement à leurs droits héréditaires, dès l'ouverture de la succession. Dès ce moment, chacun d'eux en a reçu une fraction qu'il a possédée exclusivement, ce qui éloigne toute idée de partage.

2° Si les héritiers se sont entendus pour faire tomber une créance tout entière dans le lot de l'un d'eux, afin de compenser son infériorité par rapport aux autres lots, il y a bien dans ce cas une opération destinée à faciliter le partage. Mais si cette opération est de nature à faciliter le partage, il ne faut pas en conclure qu'elle soit elle-même une opération de partage. Comment pourrait-elle constituer un partage, puisque le partage ne s'entend que d'une chose qui a été commune, et que la créance a, dès l'origine, été divisée entre les héritiers. C'est donc par l'effet direct et immédiat d'une cession consentie par les héritiers au profit de l'un d'eux, et non point par l'effet du partage, que la créance est acquise en totalité à ce dernier. — Supposons, par exemple, qu'il y ait une créance de 150, et trois héritiers, ayant des droits égaux. Cette créance s'est convertie, dès l'ouverture de la succession, en trois créances de 50 chacune au profit de chaque héritier; et si, à la suite d'un accord, les héritiers s'entendent pour faire tomber la créance tout entière dans le lot de l'un d'eux, ceux qui font abandon de leurs droits doivent, pour obtenir ce résultat, faire une cession de leur créance à leur cohéritier.

Il suit de là que si une créance est mise tout entière dans le lot d'un héritier, il faut appliquer les règles qui concernent la cession de créances, et non point celles du partage. Or, en matière de cession de créance, la règle est que le payement fait au cédant est valable, s'il a eu lieu avant que la cession ait été signifiée au débiteur, ou que celui-ci ait déclaré y donner son acceptation. — En conséquence, il faut décider que les payements qui ont été faits par les débiteurs héréditaires entre les mains des héritiers qui ont cédé leur part dans la créance du défunt sont valables, s'ils ont été faits avant la signification de la cession ou son acceptation par le débiteur; mais qu'ils doivent être considérés, au contraire, comme non avenus par rapport à l'héritier qui est devenu créancier pour la totalité de la créance, lorsqu'ils ont eu lieu postérieurement à ces deux faits.

En quoi consiste l'obligation de garantie entre cohéritiers?

L'obligation de garantie entre cohéritiers consiste en ce que les divers héritiers sont réciproquement tenus de se garantir les uns les autres dans la possession des choses qui leur sont échues en partage. — L'obligation de garantie s'applique à tous les objets du partage, meubles ou immeubles, corporels ou incorporels. Afin d'en assurer l'exécution d'une manière plus efficace, l'article 2103 confie à chaque héritier un privilége sur les immeubles de la succession.

L'obligation de garantie a été reproduite par notre Code des anciennes coutumes et du droit romain où elle existait déjà. (Art. 884.)

Dans quel cas y a-t-il obligation de garantie?

Pour qu'un héritier puisse recourir en garantie contre ses cohéritiers, quatre conditions sont nécessaires. Il faut : 1° qu'il ait souffert un trouble ou une éviction ; 2° que la cause de l'éviction ou du trouble soit antérieure au partage ; 3° que l'espèce d'éviction soufferte n'ait pas été acceptée par une clause particulière et expresse de l'acte de partage ; 4° que l'héritier n'ait pas souffert d'éviction par sa faute. — Reprenons chacune de ces conditions.

1° Il faut que l'héritier qui exerce le recours en garantie ait souffert un trouble ou une éviction. — Le trouble dont il est ici question est un *trouble de droit*, résultant de ce qu'un tiers prétend avoir sur la chose échue à l'héritier un droit de propriété ou un autre droit réel quelconque, et non point un *trouble de fait*, causé par les menaces ou les actes de malfaiteurs ; car, dans ce dernier cas, la loi elle-même nous donne la garantie, et c'est à elle qu'il faut s'adresser pour avoir raison de l'auteur des voies de fait. —On entend par *éviction* la dépossession de l'héritier, prononcée par la justice au profit d'un tiers, qui prétend avoir sur la chose comprise dans son lot un droit de propriété ou un autre droit réel quelconque.

2° Il faut que la cause de l'éviction ou du trouble soit antérieure au partage. — Cela veut dire que le droit réel dont la chose est affectée au profit d'un tiers doit avoir existé déjà au moment où elle a été comprise dans un des lots. Ainsi, lorsque l'héritier a reçu un immeuble hypothéqué par le défunt, et qu'il se voit contraint de délaisser l'immeuble ou de payer l'intégralité de la dette hypothécaire, nul doute que l'éviction ou le trouble ne procède d'une cause antérieure au partage, et que l'héritier qui en a souffert n'ait droit à la garantie. — Mais il est bien évident qu'il n'aurait, au contraire, aucun recours à exercer contre ses cohéritiers, si l'hypothèque était postérieure au partage et si elle provenait de son fait.

3° Il faut que l'espèce d'éviction soufferte n'ait pas été acceptée par une clause particulière et expresse de l'acte de partage. —Il suit de là que l'on doit tenir pour nulle une clause générale par laquelle les copartageants s'affranchiraient réciproquement de toute obligation de garantie. La loi a craint, en effet, que cette renonciation générale à toute garantie ne fût trop facilement consentie par les héritiers imprévoyants, et qu'elle ne devînt, pour les plus habiles, un moyen de surprise. — Toutefois, il faut décider que l'action en garantie n'est pas recevable, lorsque la cause d'éviction était telle qu'elle n'a pu être ignorée des parties, comme, par exemple;

si elle consistait dans une servitude apparente. Dans ce cas, l'héritier qui la subit n'a droit à aucune indemnité; car il a dû être indemnisé à l'avance, en recevant l'immeuble grevé de la servitude, déduction faite de la moins-value qui en résultait.

Au reste, si l'on doit tenir pour nulle une clause générale de non-garantie, il en est différemment de la convention par laquelle les parties ont prévu un cas particulier d'éviction. — Une pareille convention est permise, parce qu'il est évident qu'elle ne peut être consentie qu'en connaissance de cause, et qu'on a dû tenir compte de la possibilité de l'éviction et estimer la chose qui y est sujette au-dessous de sa valeur réelle, afin de compenser la chance de perte par une chance de gain.

4° *Il faut que l'héritier n'ait pas souffert d'éviction par sa faute.* — Mais dans quel cas peut-on dire que l'héritier est en faute? On peut le dire, notamment, dans les deux cas suivants : 1° lorsqu'il a négligé d'opposer une prescription qui existait en sa faveur ; 2° lorsqu'il n'a pas voulu mettre en cause ses cohéritiers au début du procès qui lui a été intenté, et que ceux-ci prouvent qu'ils avaient des moyens suffisants pour faire rejeter la demande.

Ce dernier cas nous conduit à examiner comment s'exerce l'action en garantie. (Art. 884.)

Comment s'exerce l'action en garantie ?

L'action en garantie peut s'exercer de deux manières : soit par voie principale, soit par voie incidente.

Elle s'exerce *par voie principale*, lorsque l'héritier n'y a recours qu'après avoir subi l'éviction. — Dans ce cas, après avoir été dépossédé par un premier jugement de son droit de propriété, ou de tout autre droit réel quelconque, sur la chose qui avait été comprise dans son lot, il intente un procès à ses cohéritiers, afin de se faire indemniser par eux de la perte qu'il a subie.

Elle s'exerce *par voie incidente*, lorsque l'héritier appelle en cause ses copartageants aussitôt qu'il est poursuivi, sans attendre que l'éviction ait eu lieu. — De cette manière, le tribunal pourra statuer, en même temps, sur la demande formée par un tiers contre l'héritier et sur le recours en garantie de celui-ci contre ses cohéritiers.

Cette dernière voie est évidemment préférable : d'abord, elle tend à diminuer les frais et les lenteurs du procès, puisque, au lieu de deux jugements, rendus à la suite l'un de l'autre, il n'y en aura qu'un seul. En second lieu, elle présente plus de sécurité pour l'héritier qui est menacé d'éviction, en ce que ses cohéritiers ne peuvent pas prétendre que l'éviction a eu lieu par sa faute, qu'il a perdu son droit pour n'avoir pas su se défendre; ce qu'ils seraient tentés de faire s'ils n'avaient pas été appelés dans l'instance ouverte par le tiers qui a triomphé.

De quelle manière l'héritier qui a été évincé est-il indemnisé?

Lorsqu'un héritier a été évincé d'un objet compris dans son lot, l'égalité du partage est rompue, et il semble alors qu'on doive refaire le partage. Mais, comme la rescision du partage serait de nature à causer un grave préjudice aux tiers, en faisant tomber les droits réels, tels que servitudes ou hypothèques, et même les aliénations qui auraient été consenties à leur profit par les copartageants sur les biens compris dans leur lot, la loi borne les droits de l'héritier évincé à une simple indemnité en argent. — Tous les héritiers, même celui qui a été évincé, contribuent à la perte, chacun proportionnellement à sa part héréditaire. S'il y a, parmi eux, des insolvables, leurs parts contributoires sont, dans la même proportion, supportées par les autres.

Quant à l'étendue de cette indemnité, on admet généralement qu'elle doit être calculée d'après la valeur qu'avait la chose dont l'héritier a été évincé au moment de l'éviction, et non point d'après celle qu'elle avait au moment du partage. — De cette manière, on tiendra compte à l'héritier évincé de la plus-value que la chose aurait acquise entre ses mains; comme aussi on mettra à sa charge les moins-values qu'elle aurait subies. (Art. 885.)

Quelle est la garantie due par les cohéritiers, relativement aux créances qui ont été mises, pour la totalité, dans le lot de l'un d'eux?

Ainsi qu'on l'a vu précédemment, les cohéritiers peuvent mettre une créance tout entière dans un lot, afin de compenser l'infériorité de ce lot, et cette attribution de la créance à l'un des héritiers constitue, de la part des autres héritiers, une véritable cession. — Quelle garantie doivent-ils, si l'héritier est évincé de la créance qui lui a été attribuée? Il faut distinguer trois hypothèses :

1° Si la créance qui a été mise, pour le tout, dans son lot n'existait qu'en apparence, si elle était entachée de nullité, ou si elle était éteinte par prescription, ou autrement, ses cohéritiers doivent l'indemniser de cette éviction en leur qualité de cédants.

2° Si la créance existait réellement, si elle était valable, mais que le débiteur fût insolvable au moment du partage, ses cohéritiers doivent également l'indemniser de cette éviction. — Mais alors ce n'est plus en qualité de cédants qu'ils doivent l'indemnité, car les cédants ne répondent que d'une chose, savoir, l'existence de la créance au moment de la cession; ils la doivent en qualité de copartageants, parce que les cessions qu'ils ont faites ont eu lieu en vue du partage à opérer. Ce n'est point par spéculation que l'héritier évincé a acquis leurs parts dans la créance; c'est pour faciliter le partage. Dès lors l'égalité qui doit régner dans les partages exige qu'il reçoive des objets d'une valeur réelle, d'une utilité effective.

3° Enfin, si la créance existait réellement, si elle était valable, et si, de plus, le débiteur était solvable au moment du partage, les copartageants ne doivent aucune garantie; car alors la perte subie par l'héritier provient d'une cause postérieure au partage. (Art. 886.)

Quelle est la durée de l'action en garantie?

En principe, l'action en garantie ne se prescrit que par trente ans, conformément au droit commun. Les trente ans ne courent que du jour de l'éviction. — Toutefois, en matière de rentes, l'action en garantie se prescrit par cinq ans seulement, et la prescription, au lieu de courir du jour de l'éviction, commence au jour du partage.

Pour justifier cette disposition exceptionnelle, on fait observer que la créance qui consiste en une rente a pour objet des arrérages, et non point un capital exigible. Or, comme les arrérages de rentes se prescrivent par cinq ans, il est probable que l'héritier qui a reçu une rente dans son lot se hâtera de les exiger, et que, s'ils ne lui sont pas exactement fournis, il recourra aussitôt contre ses cohéritiers. Si donc il a laissé écouler les cinq ans sans exercer de recours, on doit présumer que les arrérages lui ont été fournis; ce qui implique la solvabilité du débiteur de la rente au moment du partage, et exclut tout recours en garantie pour l'avenir. (Art. 886.)

SECTION V

DE LA RESCISION EN MATIÈRE DE PARTAGE

Quelles sont les causes de rescision en matière de partage?

Le Code ne s'est pas occupé des cas où le partage est absolument nul : il s'est borné à indiquer ceux où il est annulable ou rescindable.—Conformément au droit commun en matière de contrats, le partage est radicalement nul, s'il ne réunit pas les trois conditions suivantes : le consentement des parties, une cause licite, un objet certain. Il est annulable ou rescindable pour trois causes exprimées ici par le Code : la violence, le dol et la lésion de plus du quart.

Les deux premières causes de rescision sont générales, c'est-à-dire qu'elles s'appliquent à tous les contrats. Au contraire, la lésion de plus du quart est une cause de rescision qui est spéciale au partage. — Les autres conventions à titre onéreux, telles que l'échange, la transaction, le louage, la vente, ne sont point, en général, rescindables pour cause de lésion, car les parties qui y figurent se proposent chacune de faire des bénéfices; tandis que les héritiers qui font un partage se proposent uniquement de retirer la part héréditaire qui leur revient. (Art. 887.)

Pourquoi l'erreur n'est-elle pas comprise parmi les causes de rescision du partage?

De même que la violence et le dol, l'erreur constitue, en général, une cause d'annulation des contrats. Cependant, l'article 887 ne la mentionne pas parmi les cas de rescision du partage. La raison en est que l'héritier qui est victime de l'erreur a toujours une autre voie ouverte à son profit pour obtenir la réparation du préjudice qu'elle lui cause, lorsqu'elle lui cause un préjudice d'une certaine gravité.

Ainsi, l'erreur donnera lieu, suivant les cas, à trois sortes de recours : 1° à un partage supplémentaire; 2° à une action en rescision pour lésion de plus du quart; 3° à une action en garantie pour éviction.

Elle donnera lieu à un partage supplémentaire, si une personne étrangère à la succession a été admise au partage, ou bien si l'on a oublié de comprendre dans la masse partageable des objets qui devaient y être compris.

Elle donnera lieu à une action en rescision pour lésion de plus du quart, si l'un des héritiers a reçu dans son lot des biens qui ont été estimés au-dessous de leur valeur réelle, ou bien si l'on a oublié de comprendre l'un des héritiers parmi les copartageants.

Enfin, elle donnera lieu à une action en garantie pour éviction, si l'on a compris dans la masse partageable et attribué à l'un des héritiers des biens qui ne faisaient point partie de la succession, et qui sont ensuite revendiqués par leurs légitimes propriétaires. (Art. 887.)

La lésion est-elle une cause de rescision, lorsque les copartageants se sont distribué les lots à l'amiable?

Oui; quand la lésion est prouvée, elle est une cause de rescision contre tout acte de partage, de quelque façon que le partage se soit opéré.—La loi ne distingue pas s'il a été fait à l'amiable ou en justice; elle ne distingue pas non plus si les copartageants se sont distribué les lots suivant leurs convenances réciproques, ou s'ils s'en sont référés aux chances du tirage au sort. Elle présume, dans tous les cas, qu'ils ont entendu recevoir des lots égaux. D'ailleurs, si un héritier avait, en connaissance de cause, accepté un lot inférieur, l'égalité qui doit régner dans les partages exige qu'il soit protégé contre sa propre imprudence.

Notons cependant que l'action en rescision ne serait plus recevable, si un jugement avait statué, pendant le cours du partage, sur une difficulté rentrant dans la question de lésion. — Ainsi, l'héritier qui prétendrait avoir reçu un objet estimé au delà de sa valeur réelle ne serait pas écouté, si l'estimation faite ayant été précédemment critiquée, elle avait été maintenue par un jugement.

La loi ne fait également aucune distinction entre le partage qui comprend la totalité des biens héréditaires et celui qui n'en comprend qu'une partie. D'où il suit que le partage partiel est soumis, comme le partage total, à l'action en rescision pour cause de lésion.—S'il y a eu successivement plusieurs partages partiels, il faudra réunir dans une seule masse les biens compris dans ces divers partages, et n'admettre la lésion que si l'un des héritiers n'obtient pas les trois quarts de ce qui devrait lui revenir sur l'ensemble des biens. (Art. 888.)

La lésion est-elle une cause de rescision, lorsque le partage a été déguisé sous la forme d'un autre contrat?

Oui; aux termes de l'article 888, l'action en rescision pour cause de lésion, ou pour cause de violence ou de dol, est admise contre tout acte qui a pour objet de faire cesser l'indivision, encore que cet acte soit qualifié de vente, d'échange, de transaction, ou de toute autre manière. — Effectivement, pour déterminer la nature d'un acte, ce n'est pas à la qualification qui lui a été donnée, mais au fond des choses et à la réalité qu'il faut s'arrêter. Autrement, il serait trop facile aux copartageants d'éluder les règles qui sont destinées à maintenir l'égalité du partage.

Au surplus, pour qu'un acte soit rescindable pour cause de lésion de plus du quart, il ne suffit pas qu'il fasse cesser l'indivision, il faut de plus qu'il ait été fait *dans le but de la faire cesser.* — Ainsi, la donation qu'un héritier fait de sa part à son cohéritier fait bien cesser l'indivision, mais on ne peut pas néanmoins l'assimiler à un partage, parce qu'elle est faite dans le but de procurer une libéralité, et non point de faire cesser l'indivision. Une fois le partage accompli, soit qu'il ait eu lieu dans la forme ordinaire, soit qu'il ait été déguisé sous la forme d'un autre contrat, l'action en rescision n'est plus admise à l'égard de toute transaction par laquelle les co-partageants auraient arrangé à l'amiable les difficultés qui se sont élevées entre eux. — Mais il n'en est ainsi qu'autant que ces difficultés sont *réelles* et *sérieuses*, c'est-à-dire qu'autant qu'elles sont de nature à donner lieu à un procès. Dans le cas contraire, la transaction ne serait qu'un partage déguisé, et elle serait, en cette qualité, rescindable pour cause de lésion. Ce sera aux juges à apprécier quel est le véritable caractère de la transaction. Au reste, il n'est pas nécessaire que le procès soit déjà commencé, il suffit qu'il y ait matière à contestation, pour qu'il puisse y intervenir une transaction sérieuse et réelle. (Art. 888.)

Les articles 888 et 889 ne semblent-ils pas contenir des dispositions contradictoires ?

Oui ; les articles 888 et 889 paraissent, au premier abord, contenir des dispositions contradictoires. — Effectivement, l'article 888 déclare que l'action en rescision pour cause de lésion est admise contre tout acte qui a pour objet de faire cesser l'indivision ; d'où il suit qu'elle doit être admise contre toute vente que l'un des héritiers aurait faite à son cohéritier de sa part héréditaire. Or, l'article 889 déclare, au contraire, que l'action en rescision n'est pas admise contre une vente de droits successifs que l'un des héritiers a faite, sans fraude, à son cohéritier, aux risques et périls de l'acquéreur.

Mais la contradiction apparente que ces deux dispositions semblent présenter cesse lorsqu'on les examine de près. — Effectivement, l'article 888 prévoit le cas où l'un des héritiers se borne à vendre sa part individuelle dans l'actif connu et déterminé de la succession, en continuant à rester tenu des dettes héréditaires que la loi a mises à sa charge. Le contrat est alors commutatif, c'est-à-dire que chaque partie doit recevoir un équivalent à peu près exact de ce qu'elle fournit, et il équivaut évidemment à un partage ordinaire. — Au contraire, l'article 889 prévoit le cas où un héritier vend, non plus une quotité de biens à prendre dans la masse partageable, mais l'ensemble de ses droits successifs, en y comprenant sa part dans les créances et dans les dettes connues ou inconnues de la succession. Une pareille vente fera, sans doute, cesser l'indivision et elle équivaudra bien à un partage, mais à un partage aléatoire, et l'on sait que la lésion n'est jamais une cause de rescision dans les contrats aléatoires, parce que ces contrats ont pour objet une chance de gain ou de perte. (Art. 888, 889.)

L'héritier qui éprouve une éviction n'a-t-il pas, dans certains cas, le choix entre deux actions à exercer ?

Oui; l'héritier qui éprouve une éviction a le choix entre deux actions à exercer, lorsque l'éviction qu'il a subie diminue sa part héréditaire de plus d'un quart. — Il peut, dans ce cas, exercer, à sa volonté, soit l'action en garantie, à raison de l'éviction qu'il a subie, soit l'action en rescision du partage, à raison de la lésion de plus du quart que lui a causé l'éviction.

Quant à la question de savoir quelle est celle des deux actions qu'il aura le plus d'intérêt à exercer, cela dépend des circonstances.—L'action en garantie pour cause d'éviction dure trente ans à dater de l'éviction; elle procure à l'héritier évincé une indemnité en argent, calculée suivant la valeur de l'objet dont il a été privé au moment de l'éviction. — Au contraire, l'action en rescision pour cause de lésion ne dure que dix ans, à dater du partage; elle rétablit l'indivision, et elle fait obtenir à l'héritier qui l'a subie une indemnité en nature, calculée suivant la valeur de l'objet dont il a été privé au moment du partage.

On voit par là que l'action en garantie est plus avantageuse à l'héritier, lorsque l'objet dont il a été évincé avait augmenté de valeur au moment de l'éviction, et que l'action en rescision est préférable, au contraire, si cet objet avait diminué de valeur. (Art. 890.)

Peut-on exclure la rescision pour cause de lésion, au moyen d'une clause de non-garantie?

Il faut distinguer :

En principe, toute clause de non-garantie, introduite dans un partage, doit être considérée comme nulle et non-avenue, parce qu'elle est contraire à l'égalité qui doit régner entre les cohéritiers. — Toutefois, lorsque cette clause n'est pas énoncée d'une manière générale, lorsqu'elle est faite spécialement en vue de tels ou tels objets déterminés, qui se trouvent dans la succession sans qu'on soit bien certain qu'ils appartenaient au *de cujus*, et que l'héritier qui a reçu ces objets dans son lot a été indemnisé des chances de perte auxquelles il est exposé, la clause de non-garantie produit son effet, et rend non recevable l'action en rescision.

Quel est l'effet de l'action en rescision?

L'effet de la rescision, en général, est de rétablir les choses dans leur ancien état, comme si la convention rescindée n'avait jamais existé. — En conséquence, l'héritier qui demande la rescision du partage veut obtenir que l'indivision soit rétablie, et qu'il soit procédé à un nouveau partage.

Ce rétablissement de l'indivision présente de graves inconvénients. — En effet, toutes les aliénations faites par les cohéritiers des objets compris dans leur lot, toutes les constitutions d'hypothèques ou de servitudes qu'ils ont consenties sur d'autres objets, sont anéanties par l'effet du rétablissement de l'indivision et de la résolution de leur droit de propriété, et cet anéantissement sera définitif, si les objets qu'ils ont grevés de charges ne retombent point dans leur lot, par l'effet du nouveau partage. De là un grave préjudice pour les tiers qui ont traité avec eux, et pour les héritiers eux-mêmes, contre lesquels ceux-ci ne manqueront pas d'exercer des recours en garantie.

Dans le but de prévenir des effets aussi désastreux, la loi donne aux héritiers le moyen de prévenir la rescision du partage, en fournissant au demandeur, soit en numéraire, soit en nature, le supplément de sa part héréditaire. Ce supplément peut être offert même après le jugement qui a prononcé la rescision du partage. — Mais il faut remarquer que la loi n'autorise les cohéritiers à l'offrir que lorsque la rescision est demandée pour cause de lésion. En effet, si elle est fondée sur le dol ou sur la violence, l'offre d'un supplément ne ferait pas disparaître la cause de la rescision. (Art. 890, 891.)

Les causes de nullité ou de rescision du partage peuvent-elles s'éteindre ?

Comme nous l'avons observé, toute convention peut être, soit radicalement nulle, soit simplement annulable. Lorsque la nullité est seulement relative, il en résulte trois conséquences : 1° que l'action en nullité ne peut être exercée que par la partie qui est fondée à se plaindre; — 2° Qu'elle ne peut être intentée que pendant un délai de dix ans; — 3° Qu'elle peut s'éteindre au moyen d'une ratification expresse ou tacite.

Examinons si ces trois conséquences sont applicables à l'action en nullité ou rescision du partage.

1° *L'action en nullité relative ne peut être exercée que par la partie qui est fondée à se plaindre.* — Il suit de là que l'action en rescision du partage ne peut être exercée que par l'héritier qui a subi la lésion, ou qui n'a consenti au partage que sous l'empire du dol ou de la violence.

2° *L'action en nullité relative ne peut être intentée que pendant un délai de dix ans.* — Comme aucun texte ne vient déroger, en faveur du partage, à la règle générale édictée par l'article 1304, et en vertu de laquelle toute action en nullité relative dure dix ans, dans tous les cas où elle n'est pas limitée à un délai plus court par une disposition spéciale, il faut décider que l'action en nullité ou rescision du partage ne pourra être exercée par l'héritier lésé que pendant un délai de dix ans. — Quand l'action est fondée sur la violence ou sur le dol, ce délai commence au jour où la violence a cessé, ou au jour où le dol a été découvert. Quand elle est fondée sur la lésion, le délai court à compter du jour du partage.

3° *L'action en nullité relative peut s'éteindre par une ratification, soit expresse, soit tacite.* — Sur ce dernier point, l'action en nullité ou rescision du partage présente une dérogation importante au droit commun.

Aux termes de l'article 892, les partages rescindables pour cause de dol ou de violence peuvent être ratifiés. Mais cet article ne parle pas des partages rescindables pour cause de lésion, et l'on en conclut que le vice qui provient de la lésion n'est pas susceptible de ratification. — Effectivement, quand un héritier a été assez imprudent pour accepter un partage dans lequel il était gravement lésé, il est à craindre qu'il ne consente avec la même imprudence à ratifier le partage. Les mêmes motifs qui l'ont empêché de réclamer contre l'insuffisance de son lot lui feraient subir la ratification. Ainsi, la protection que le législateur lui accorde aurait été insuffisante si elle ne s'était pas étendue à tous les actes qui se rattachent au partage. (Art. 892.)

Comment a lieu la ratification d'un partage rescindable pour cause de dol ou de violence ?

La ratification, avons-nous dit, peut avoir lieu expressément ou tacitement.

Elle a lieu *expressément*, lorsqu'elle résulte d'une déclaration faite dans un acte authentique ou sous seing privé.

Elle a lieu *tacitement :* 1° lorsque l'héritier laisse écouler le délai de dix ans que la loi lui accorde sans demander la nullité du partage; 2° lorsqu'après la cessation de la violence ou la découverte du dol, il aliène les objets compris dans son lot. En effet, il manifeste, par là, qu'il veut maintenir le partage et lui donner son exécution. (Art. 892.)

TABLEAU GÉNÉALOGIQUE

POUR LA COMPUTATION DES DEGRÉS DE PARENTÉ

Pour reconnaître le degré de parenté qui existe entre deux personnes en ligne collatérale, il faut compter toutes les générations, en remontant de l'un des parents jusqu'à l'auteur commun qui ne se compte pas, et en redescendant ensuite depuis cet auteur commun jusqu'à l'autre parent.

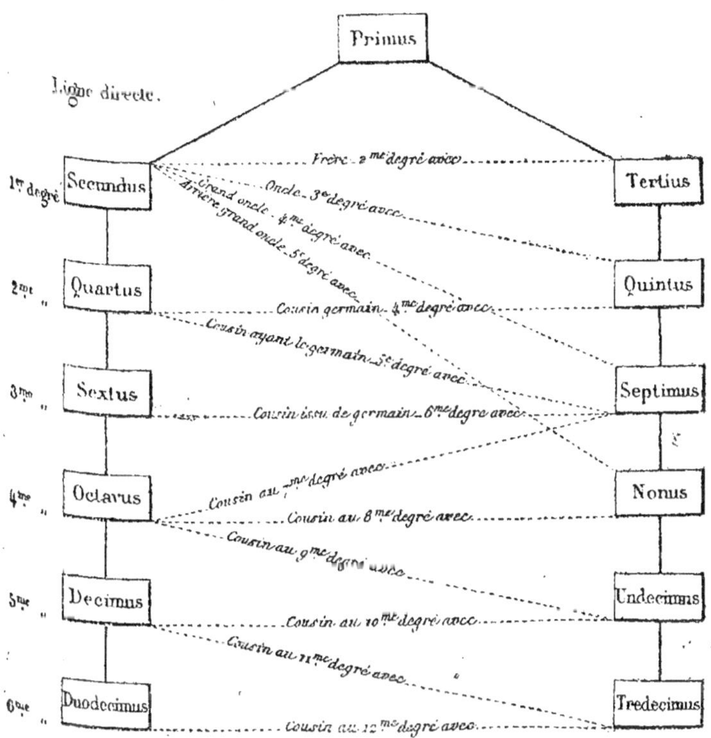

LIVRE III, TITRE II

Des donations entre-vifs et des testaments.

Nous avons examiné, dans le titre *Des successions*, le mode principal des mutations à titre gratuit de la propriété. Nous allons étudier maintenant les mutations de même nature qui s'opèrent au moyen des *donations et des testaments*. — Dans les successions, la loi elle-même se mettait au lieu et place du propriétaire décédé, et disposait de ses biens. Au contraire, dans les donations entre-vifs et dans les testaments, le propriétaire lui-même dispose et agit à sa volonté. La loi se borne à déterminer dans quelle limite et sous quelles formes il a la possibilité de disposer.

Suivant l'ordre du Code, nous diviserons notre titre de la manière suivante :

Chap. I. — Dispositions générales.
Chap. II. — De la capacité de disposer ou de recevoir.
Chap. III. — De la quotité disponible et de la réduction.
Chap. IV. — Des donations entre-vifs.
Chap. V. — Des dispositions testamentaires.
Chap. VI. — Des substitutions.
Chap. VII. — Des partages d'ascendants.
Chap. VIII. — Des donations faites par contrat de mariage.
Chap. IX. — Des donations entre époux.

CHAPITRE PREMIER

DISPOSITIONS GÉNÉRALES

Articles 893 à 900.

Quelle différence y a-t-il entre les actes à titre gratuit et les actes à titre onéreux ?

Les actes à titre gratuit diffèrent des actes à titre onéreux sous plusieurs rapports. Ainsi :

1° Les actes à titre gratuit sont faits par le disposant dans l'intention de procurer un avantage à une personne, sans lui imposer aucune espèce de charge, ou en lui imposant des charges qui ne peuvent être considérées comme l'équivalent de ce qu'il donne. Au contraire, la partie qui contracte à titre onéreux entend recevoir un équivalent de ce qu'elle donne ou de ce qu'elle fait. — La cause des actes à titre gratuit consiste donc dans la volonté de faire une libéralité; et la cause des actes à titre onéreux dans un avantage qu'on veut recevoir.

2° Les actes à titre gratuit doivent, en général, être faits suivant certaines formes déterminées par la loi. — Au contraire, les actes à titre onéreux ne sont assujettis, en général, à aucune forme.

3° On ne peut pas disposer à titre gratuit de tous ses biens, lorsqu'on laisse des héritiers à réserve. — Au contraire, on peut, en général, se dépouiller de tous ses biens par des actes à titre onéreux.

4° Il faut une capacité plus grande pour aliéner des biens à titre gratuit que pour les aliéner à titre onéreux.

De quelles manières peut-on disposer de ses biens à titre gratuit?

Aux termes de l'article 893, on ne peut disposer de ses biens à titre gratuit que de deux manières : par donations entre-vifs ou par testament.

Dans le droit romain et dans notre ancienne législation, il y avait, en outre, une troisième espèce de libéralité, appelée *donation à cause de mort*. Abolie en France par une ordonnance de 1731, elle n'a pas été rétablie par le Code.

La donation à cause de mort était une convention par laquelle une personne disposait d'une chose en faveur d'une autre personne qui acceptait, mais de telle manière que la propriété de la chose donnée ne passait au donataire qu'à la mort du donateur.

Ainsi, la donation à cause de mort participait à la fois de la donation entre-vifs et du testament.

Elle avait cela de commun avec la donation entre-vifs qu'il fallait le concours de la volonté du donateur et du donataire. Elle en différait en ce qu'elle était révocable. — D'autre part, elle avait cela de commun avec le testament qu'elle était révocable, et qu'elle ne produisait son effet que dans le cas de mort du disposant. Elle en différait en ce qu'elle nécessitait le concours de la volonté du donateur et du donataire.

On conçoit très-bien l'utilité des donations à cause de mort chez les Romains : comme les dispositions testamentaires étaient subordonnées à l'acceptation de l'héritier, les donations à cause de mort offraient l'avantage sur les legs de n'être pas subordonnées à l'efficacité du testament. Mais, les mêmes raisons n'existant pas chez nous, les donations à cause de mort faisaient en quelque sorte double emploi. En outre, comme elles n'avaient pas des caractères bien distincts, il était quelquefois assez difficile de les distinguer des donations entre-vifs et des testaments. De là une source interminable de procès, que le Code a voulu prévenir en supprimant ce mode de disposition. (Art. 893.)

Qu'est-ce que la donation entre-vifs?

La donation entre-vifs est un *contrat*, par lequel le donateur se dépouille actuellement et irrévocablement de l'objet donné au profit du donataire qui l'accepte.

La donation, disons-nous, est un contrat et non point un *acte*, ainsi que la définit l'article 894, puisqu'elle suppose le concours de deux volontés : la volonté de donner de la part du donateur et celle de recevoir de la part du donataire. — En disant que la donation est un simple acte, le législateur a eu uniquement en vue l'offre que fait le donateur, mais cette offre ne constitue point à lui seul la donation; il faut y joindre l'acceptation du donataire. Art. 894.)

Quels sont les éléments essentiels de la donation entre-vifs?

Les deux éléments essentiels de la donation entre-vifs sont : l'actualité et l'irrévocabilité. Le donateur se dépouille actuellement de la chose donnée, et il s'en dépouille irrévocablement.

En disant que le donateur se dépouille *actuellement*, on entend par là qu'il transmet au donataire, soit un droit de propriété, soit un droit de créance, dès le moment de la donation. Ainsi, quand la donation a pour objet un corps certain, le donataire en devient immédiatement propriétaire. Quand elle a pour objet un genre, par exemple, une somme d'argent, le donataire en devient immédiatement créancier. — Peu importe, sous ce rapport, que la donation soit pure et simple, ou qu'elle ait été faite à terme ou sous condition. En effet, le terme ne met obstacle ni à la translation de la propriété, ni à la naissance de l'obligation; il ne fait que retarder l'exécution de l'engagement. Quant à la condition, elle suspend, il est vrai, l'existence de la libéralité; mais lorsqu'elle vient à se réaliser, elle rétroagit au moment même de la donation.

D'autre part, en disant que le donateur se dépouille *irrévocablement*, on entend par là qu'il ne peut plus revenir sur la libéralité qu'il a faite, soit par une révocation directe, soit en insérant dans la donation une condition qui dépende de sa volonté, ou même qui dépende tout à la fois de sa volonté et du hasard. C'est ce qu'exprimait l'ancienne maxime : *donner et retenir ne vaut*. — Les seules conditions qui puissent être insérées dans la donation sont les conditions *casuelles*, c'est-à-dire celles qui dépendent uniquement du hasard.

On verra plus loin une grave exception à la règle de l'actualité et de l'irrévocabilité des donations. C'est lorsqu'il s'agit de donations faites par contrat de mariage. (Art. 894.)

Qu'est-ce que le testament?

Aux termes de l'article 895, le testament est un acte que le testateur peut révoquer, et par lequel il dispose, pour le temps où il n'existera plus, de tout ou partie de ses biens.

Les caractères du testament diffèrent essentiellement de ceux de la donation entre-vifs. Ainsi, dans la donation, il y a concours des deux volontés du donateur et du donataire, puis le donateur se dépouille actuellement et irrévocablement. — Au contraire, le testament est exclusivement l'œuvre du testateur, et celui-ci ne se dépouille point actuellement et irrévocablement des choses qu'il donne. Il n'en dispose que pour le temps où il ne sera plus, et il conserve, jusqu'à son décès, le droit de révoquer sa libéralité.

A l'inverse de la donation, le testament est bien un *acte* et non point un *contrat*, puisqu'il se forme par la seule volonté du testateur, sans que le légataire ait à y intervenir. (Art. 895.)

Quel est l'effet des conditions impossibles ou illicites insérées dans un testament ou dans une donation?

Aux termes de l'article 900, les conditions impossibles, ou contraires aux lois ou aux bonnes mœurs, qui seraient insérées dans un testament ou dans une donation, sont réputées non écrites. En conséquence, les testaments ou les donations qui les renferment sont maintenus et considérés comme faits purement et simplement. — Au contraire, dans les contrats à titre onéreux, les conditions de cette nature rendent le contrat entièrement nul.

La raison qui a fait établir cette différence est facile à saisir. La loi maintient les testaments qui renferment des conditions impossibles ou contraires aux lois ou aux bonnes mœurs, parce qu'ils sont exclusivement l'œuvre du testateur, et que les légataires ne doivent pas supporter les conséquences d'une faute à laquelle ils sont restés étrangers.

Elle maintient également les donations entre-vifs qui contiennent de semblables conditions, bien qu'elles soient l'œuvre commune du donateur et du donataire, parce que, selon toute apparence, ce dernier n'a pas pu débattre librement les clauses d'un contrat qui était tout en sa faveur, et qu'il est, par là même, excusable de ne les avoir point fait rejeter.

Au contraire, les parties qui contractent à titre onéreux ont chacune la même liberté de critiquer les clauses du contrat. Elles peuvent également les admettre ou les rejeter, et, par suite, elles doivent en supporter réciproquement la responsabilité. Il est donc juste que la convention qu'elles ont consentie contrairement aux lois et aux bonnes mœurs soit absolument dénuée d'effets.

Observons, en terminant, qu'il n'y a aucune distinction à faire entre les contrats à titre gratuit et ceux à titre onéreux, lorsqu'il ne s'agit pas des conditions insérées dans le contrat, mais de la cause même du contrat. — Ainsi, toute libéralité qui est faite pour une cause illicite est nulle et de nul effet. C'est ce qui a été décidé par plusieurs arrêts de la Cour de cassation, et notamment par un arrêt du 29 janvier 1867, conçu en ces termes : — « Attendu que les dispositions à titre gratuit sont nulles, aussi bien que les dispositions à titre onéreux, quand elles reposent sur une cause illicite, et qu'on doit considérer comme telle celle qui est fondée sur l'opinion exprimée par le testateur qu'il est le père adultérin du gratifié. »

Les articles 896 à 899 se réfèrent aux substitutions. Afin de faire mieux saisir l'ensemble de cette matière, nous renvoyons l'explication de ces articles au chapitre VI du présent titre, intitulé *Des substitutions*. (Art. 900.)

CHAPITRE DEUXIÈME

DE LA CAPACITÉ DE DISPOSER OU DE RECEVOIR PAR DONATION ENTRE-VIFS OU PAR TESTANENT

Articles 901 à 912.

Quel est le principe relativement à la capacité de disposer ou de recevoir à titre gratuit?

En principe, toute personne est capable de disposer ou de recevoir à titre gratuit, par donation entre-vifs ou par testament. La capacité est de droit commun, et l'incapacité n'existe que par exception dans les cas où elle est expressément formulée par la loi.

On distingue deux sortes d'incapacités : l'*incapacité absolue*, qui a lieu lorsqu'on ne peut donner à qui que ce soit, ni recevoir de qui que ce soit; et l'*incapacité relative*, qui a lieu lorsqu'on ne peut donner à certaines personnes, ni recevoir de certaines personnes.

Nous examinerons successivement :

1° Quelles sont les personnes qui sont absolument incapables de disposer;

2° Quelles sont celles qui sont absolument incapables de recevoir;

3° Quelles sont celles qui ne peuvent pas disposer au profit de certaines personnes. (Art. 902.)

Quelles sont les personnes absolument incapables de disposer?

Parmi les personnes qui sont absolument incapables de disposer, il faut sous-distinguer : 1° celles qui ne peuvent disposer, ni par donation, ni par testament; 2° celles qui sont absolument incapables de disposer par donation, mais qui peuvent disposer par testament; 3° celles qui, à l'inverse, sont absolument incapables de disposer par testament, mais qui peuvent disposer par donation.

Les personnes absolument incapables de disposer, soit par donation, soit par testament, sont :

1° Les individus qui ne sont pas sains d'esprit;

2° Ceux qui ont encouru une peine afflictive perpétuelle;

3° Les interdits;

4° Les mineurs âgés de moins de seize ans, sauf le cas où ils font une donation par contrat de mariage.

Les personnes absolument incapables de disposer par donation, mais qui peuvent disposer par testament, sont :

1° Les mineurs âgés de plus de seize ans. — Ils peuvent disposer de la moitié de leurs biens par testament; mais ils ne peuvent pas faire de donations, si ce n'est pour cause de mariage et avec l'assistance de certaines personnes.

2° Les femmes mariées. — Elles peuvent disposer de leurs biens par testament, mais elles ne peuvent pas faire de donations sans l'autorisation du mari ou de la justice. Effectivement, le testament ne porte aucune atteinte à la puissance maritale, puisqu'il ne produit son effet qu'après la dissolution du mariage, tandis que la donation fait naître des droits au profit du donataire au moment même où elle s'accomplit.

3° Les individus qui sont pourvus d'un conseil judiciaire. — Ils peuvent disposer de leurs biens par testament, car la loi ne le leur défend pas, et ils sont capables de faire tous les actes qui ne leur ont pas été expressément défendus. Mais ils ne peuvent pas faire de donations, car la loi leur défend d'aliéner sans l'assistance de leur conseil, et la prohibition d'aliéner implique nécessairement celle de donner.

Les personnes absolument incapables de disposer par testament, mais qui peuvent disposer par donation, sont :

Les mineurs âgés de moins de seize ans. — Ils peuvent, comme nous l'avons dit, disposer de leurs biens par donation, dans le cas de mariage, au profit de leur futur conjoint; tandis qu'ils ne peuvent pas disposer par testament de leur patrimoine, tant qu'ils n'ont pas atteint l'âge de seize ans. — Toutefois, nous devons observer qu'il est assez rare de voir un mineur âgé de moins de seize ans faire une donation par contrat de mariage. En effet, l'homme ne pouvant se marier qu'à dix-huit ans révolus et la femme à quinze ans révolus, il n'y a que la future qui puisse disposer par contrat de mariage avant l'âge de seize ans, et il n'est pas dans nos mœurs de marier les jeunes filles à un âge aussi peu avancé. (Art. 901, 903, 904, 905.)

Quelles sont les personnes absolument incapables de recevoir ?

Ici, il n'y a aucune distinction à faire entre l'incapacité absolue de recevoir par donation et l'incapacité absolue de recevoir par testament:

Les personnes absolument incapables de recevoir par donation ou par testament sont :

1° Celles qui n'étaient pas encore conçues au moment de la donation, ou au moment du décès du testateur;

2° Les individus qui ont été condamnés à une peine afflictive perpétuelle, si ce n'est pour cause d'aliments;

3° Les corporations civiles ou religieuses qui n'ont pas été autorisées par le gouvernement dans la forme voulue par la loi.

D'après le Code, les étrangers étaient également frappés d'une incapacité absolue de recevoir, lorsque les Français subissaient la même incapacité dans leur pays. Mais cette disposition a été abrogée par la loi du 14 juillet 1819. (Art. 906, 910, 912.)

Pourquoi le Code déclare-t-il expressément qu'il faut être sain d'esprit pour faire une donation ou un testament?

Au premier abord, il semble bien que les individus qui sont atteints d'imbécillité, de démence ou de fureur, et ceux qui sont dans le délire de la fièvre ou dans le trouble de l'ivresse, devraient être incapables de faire aucun acte valable, puisqu'ils ne peuvent pas donner un consentement véritable. Dès lors, à quoi bon déclarer expressément, ainsi que le fait le Code, qu'il faut être sain d'esprit pour faire une donation ou un testament.

Pour se rendre compte de cette disposition, il faut la rapprocher de l'article 504, aux termes duquel les actes qui ont été faits par une personne décédée ne peuvent être attaqués pour cause de démence que dans les deux cas suivants : 1° lorsque l'interdiction de la personne décédée a été prononcée, ou au moins provoquée, avant son décès; 2° lorsque l'acte même qui est attaqué porte des traces de folie. — En déclarant ici qu'il faut être sain d'esprit pour pouvoir donner, le Code introduit une exception à la règle de l'article 504, par rapport aux actes à titre gratuit. S'il faut être sain d'esprit pour pouvoir les accomplir valablement, il en résulte que toute libéralité faite par une personne décédée pourra être attaquée par les héritiers, à la seule condition de prouver que le disposant ne jouissait pas de ses facultés mentales au moment où il l'a faite.

En résumé, lorsque les parties existent encore, chacune d'elles est admise à prouver, par tous les moyens en son pouvoir, que son consentement n'a pas été donné, ou qu'il est entaché d'un vice qui rend le contrat annulable. — Lorsque l'une des parties est décédée, il faut distinguer : s'il s'agit d'actes à titre onéreux, les héritiers de la personne décédée ne peuvent les attaquer que si l'interdiction de la personne décédée avait été provoquée, ou si l'acte porte des traces de démence; mais, s'il s'agit d'actes à titre gratuit, ils peuvent les faire annuler en prouvant simplement que le disposant n'était pas sain d'esprit.

Cette distinction entre les actes à titre onéreux et les actes à titre gratuit est rationnelle. — Effectivement, si les actes à titre onéreux pouvaient être attaqués sans trop de difficultés après la mort des parties contractantes, les contrats n'offriraient plus une sécurité suffisante. D'ailleurs, les personnes qui se trouvent privées de leurs facultés mentales sont bien plus exposées à faire des libéralités imprudentes qu'à contracter à titre onéreux. On profitera de leur faiblesse d'esprit pour s'enrichir à leurs dépens, bien plus que pour traiter avec elles.

Les donations et les testaments peuvent-ils être annulés pour cause de captation ou de suggestion?

Tout en restant saine d'esprit, une personne peut se trouver sous l'empire d'une volonté étrangère qui ne lui laisse pas la complète liberté de ses actes, en sorte qu'elle se trouve entraînée à faire des libéralités qu'elle n'aurait probablement pas faites si elle avait joui d'une complète liberté d'esprit. La disposition qu'elle fait alors a une cause vicieuse, la captation ou la suggestion.

Est-elle dans ce cas annulable ? Notre ancienne jurisprudence avait admis l'affirmative, et c'était avec raison. — Mais les auteurs du Code, trop désireux peut-être d'éviter toute matière pouvant donner lieu à procès, ont gardé le silence sur ce point. Ils eurent même la pensée de déclarer formellement que les dispositions à titre gratuit ne pourraient être attaquées pour cause de captation ou de suggestion, ou comme ayant été faites en haine des héritiers; mais ils reculèrent devant les conséquences immorales et injustes d'une pareille déclaration, et l'on convint de laisser aux tribunaux le pouvoir d'apprécier suivant la gravité des faits, et de maintenir ou d'annuler les dispositions.

Cependant, comme les nullités ne se présument point, et qu'il faut un texte formel, inscrit dans la loi, pour les établir, il nous paraît difficile que les juges puissent annuler une disposition comme ayant été faite *ab irato*, ou par captation ou suggestion. Ils devront, dans le cas où des faits de cette nature se rencontreraient, et où ils auraient été suffisants pour porter sérieusement atteinte à la liberté du consentement, prononcer que le disposant n'était pas sain d'esprit. Ils resteront ainsi dans les termes de la loi, et les faits de captation ou de suggestion, au lieu d'être la cause directe et immédiate de l'annulation, serviront à prouver que le défunt n'avait plus le libre exercice de sa volonté, et que ses facultés mentales elles-mêmes avaient été altérées. En un mot, la captation et la suggestion seront invoquées comme des moyens tendant à prouver l'insanité d'esprit, et celle-ci sera véritablement la cause de l'annulation.

Pourquoi les corporations ne peuvent-elles recevoir des libéralités qu'après avoir été autorisées ?

Les corporations, appelées autrefois *gens de mainmorte*, telles que les hospices, les pauvres d'une commune, les établissements d'utilité publique, ne peuvent acquérir aucune libéralité sans avoir obtenu l'autorisation du gouvernement. En créant cette incapacité, la loi a eu pour but de procurer aux familles une protection efficace contre des libéralités excessives.

Anciennement, les personnes morales dont il s'agit ne pouvaient recevoir aucune libéralité. Le Code, comme on le voit, n'a pas reproduit cette incapacité; mais il exige une autorisation préalable.

L'autorisation est accordée par un décret du chef du pouvoir exécutif, le Conseil d'État entendu, et sur l'avis du préfet ou de l'évêque diocésain, suivant la nature de l'établissement.

Toutefois, si la valeur de l'objet donné n'excède pas 300 francs, l'autorisation du préfet est suffisante. — S'il y a charge de services religieux, l'autorisation n'est accordée qu'après l'approbation provisoire de l'évêque diocésain.

A quel moment la capacité de disposer doit-elle exister ?

Il faut distinguer :

S'agit-il d'une donation, le donateur doit être capable de disposer au moment même où il fait la libéralité. Si la donation est faite à une personne éloignée, qui ne peut pas donner immédiatement son acceptation, le donateur doit, en outre, être capable de disposer au moment où le donataire lui notifie son acceptation. — Effectivement, la donation est un contrat qui suppose le concours de deux volontés. Or, ce concours n'existe que lorsque le donateur sait que son offre est acceptée.

S'agit-il d'un testament, le testateur doit avoir la jouissance et l'exercice du droit de tester au moment même de la confection du testament. Mais une fois que le testament a été accompli, il suffit, pour qu'il soit maintenu, que le testateur ait eu la jouissance du droit de tester au moment de sa mort.

A quel moment la capacité de recevoir doit-elle exister?
Il faut également distinguer :

S'agit-il d'une donation, le donataire doit être capable de recevoir au moment où il accepte la libéralité qui lui est offerte.

S'agit-il d'un testament, le légataire doit être capable de recevoir au moment de la mort du testateur, car c'est à ce moment-là que son droit prend naissance. — Toutefois, lorsque le legs est conditionnel, le légataire doit, en outre, être capable de recevoir au moment de l'accomplissement de la condition, parce qu'alors son droit ne devient définitif qu'à ce moment-là.

Quelles sont les personnes qui se trouvent frappées d'une incapacité relative de disposer?

Outre les personnes qui sont absolument incapables de disposer et celles qui sont absolument incapables de recevoir, il existe, comme nous l'avons dit, une troisième catégorie de personnes qui sont seulement frappées d'une incapacité relative. Ces dernières ont, en général, le droit de disposer de leurs biens, mais elles ne peuvent pas le faire au profit de certaines personnes déterminées; et, par cela même, il existe certaines personnes qui sont frappées d'une incapacité relative de recevoir. — Ainsi, l'*incapacité relative* de disposer est corrélative à l'*incapacité relative* de recevoir.

Les personnes qui se trouvent relativement incapables de disposer sont :

1° Le mineur âgé de plus de seize ans. — La loi lui permet de disposer par testament de la moitié de ses biens; mais il ne peut faire aucune disposition en faveur de son tuteur, à moins que celui-ci ne soit un ascendant.

2° Le mineur devenu majeur. — La loi ne lui permet pas de disposer, soit par donation, soit par testament, au profit de son ancien tuteur, tant que le compte définitif de la tutelle n'a pas été rendu et apuré, à moins que celui-ci ne soit un ascendant.

3° Les père et mère naturels. — La loi ne leur permet de disposer au profit de leurs enfants naturels que pour la part qui revient à ces derniers dans leur succession.

4° Les personnes malades. — La loi ne leur permet pas de disposer, soit par donation, soit par testament, au profit des médecins, chirurgiens, pharmaciens et ministres du culte qui les ont soignées ou assistées pendant la maladie dont elles sont mortes. (Art. 907, 908, 909.)

Quelle est la raison qui a fait établir cette dernière incapacité ?

La raison qui a porté le législateur à interdire aux malades de faire des libéralités aux médecins, chirurgiens, pharmaciens et ministres du culte qui les ont soignés ou assistés durant leur dernière maladie, vient de ce qu'on suppose à ces personnes un grand empire sur l'esprit des malades, et qu'on a craint qu'elles ne fussent tentées d'en abuser pour se faire donner des libéralités importantes au profit des parents légitimes.

Au reste, l'incapacité de disposer au profit des médecins et ministres du culte suppose essentiellement : 1° que la personne décédée a fait la libéralité pendant sa dernière maladie; 2° que les médecins, chirurgiens ou pharmaciens auxquels la libéralité a été faite ont *traité* le défunt pendant cette maladie, c'est-à-dire qu'ils lui ont donné des soins avec continuité. — Il en résulte que la libéralité faite par un malade au médecin ou au ministre du culte qui l'ont assisté pendant sa maladie est valable, s'il vient à guérir de cette maladie. C'est avec raison qu'on a critiqué cette disposition en ce qui concerne les libéralités faites par donation entre-vifs. Les donations étant irrévocables, le malade, une fois guéri, ne pourra plus revenir sur la disposition qui lui a été arrachée pendant sa maladie. Il pourra, il est vrai, l'attaquer, conformément au droit commun, pour cause d'erreur, de violence ou de dol; mais ce sera à lui à faire la preuve du vice de consentement dont il se plaint, et cette preuve sera le plus souvent très-difficile à fournir.

L'incapacité dont il s'agit ici ne reçoit-elle pas quelques exceptions ?

Oui; l'incapacité de disposer en faveur des médecins, chirurgiens, pharmaciens et ministres du culte, reçoit certaines exceptions. Ainsi, sont valables :

1° Les libéralités à titre particulier, qui ont un caractère rémunératoire. — Néanmoins, ces libéralités pourraient être annulées, si elles étaient tout à fait hors de proportion avec les services rendus et avec la fortune du disposant; car alors on présumerait qu'elles ont eu pour cause l'influence exercée sur le malade.

2° Les libéralités même universelles, lorsque le malade n'a pas d'héritiers directs, et que le médecin ou le ministre du culte en faveur desquels il a disposé sont ses parents collatéraux au moins au quatrième degré.

3° Les libéralités même universelles, lorsque le malade a des héritiers directs, mais que les médecins, chirurgiens, pharmaciens ou ministres du culte, en faveur desquels il a disposé, sont eux-mêmes ses héritiers directs.

Outre ces trois exceptions, qui sont exprimées par le Code, la jurisprudence et la doctrine en admettent une quatrième, et elles tiennent pour valables les libéralités qui ont été faites par une femme malade au profit de son mari qui lui a donné des soins en qualité de médecin. — Le mari, dit-on, est tenu de secourir sa femme, de lui prêter assistance dans ses besoins; or, l'accomplissement du devoir qui lui est imposé ne doit pas être pour lui une cause d'incapacité. (Art. 909.)

Comment la loi a-t-elle assuré l'observation des règles qui précèdent?

Afin d'assurer l'observation des règles que nous venons d'étudier, la loi a prévu certaines fraudes, qui pourraient être pratiquées par le disposant dans le but de les éluder, et de procurer certains avantages à des personnes au profit desquelles il lui est interdit de disposer. — En conséquence, elle décide que les libéralités faites au profit d'un incapable seront nulles, soit qu'on les déguise sous la forme d'un contrat à titre onéreux, soit qu'on les fasse sous le nom de personnes interposées.

La libéralité est faite *sous la forme d'un contrat à titre onéreux*, lorsque le disposant reconnaît faussement qu'il a reçu le prix d'un objet qu'il a transmis sous forme de vente à la personne qu'il voulait avantager. — La loi prévient cette fraude en annulant la libéralité ainsi déguisée. C'est à l'héritier légitime du disposant à prouver, par toutes sortes de moyens, et notamment par témoins, par lettres et par des présomptions de fait, que l'acte qualifié vente est au fond une donation entre-vifs. Cette preuve faite, il n'a plus qu'à faire annuler la libéralité déguisée.

La libéralité est faite *sous le nom de personnes interposées*, lorsque celui qui la reçoit s'est engagé en secret à la restituer à un incapable, par exemple, à l'enfant naturel ou au médecin du disposant. — La loi prévient cette fraude en annulant la libéralité faite sous cette forme. — Mais l'annulation n'a lieu que si l'héritier légitime prouve l'interposition de personnes, et cette preuve sera le plus souvent bien difficile à fournir.

Pour obvier à cet inconvénient, la loi a établi certaines présomptions, en vertu desquelles les héritiers légitimes peuvent faire annuler les libéralités faites à certaines personnes, comme étant présumées faites à d'autres personnes, sans qu'ils aient besoin de prouver que le bénéficiaire apparent n'est qu'un prête-nom, une sorte de fidéicommissaire, chargé de remettre les biens donnés à un incapable. Et, afin de mieux assurer l'efficacité de cette présomption, elle décide qu'on ne pourra lui opposer aucune preuve contraire.

La présomption d'interposition de personnes existe, lorsque la libéralité est faite : 1° au père ou à la mère de l'incapable; 2° à ses descendants; 3° à son conjoint. — Ainsi, la libéralité faite au père, au fils ou à la femme du médecin, est nulle, parce qu'elle est présumée faite au médecin lui-même. Et, non-seulement les héritiers légitimes du disposant ne sont pas obligés de prouver que la simulation existe, mais leurs adversaires n'ont pas même la possibilité de prouver qu'elle n'existe pas.

Quelque rigoureuse qu'elle paraisse au premier abord, cette dernière mesure est facile à justifier. — Si les incapables avaient été admis à prouver que la libéralité faite à leur conjoint, ou à leurs ascendant ou descendant, n'a pas eu lieu en vue de leur procurer un avantage pour eux-mêmes, ils auraient fait insérer dans l'acte qui contient la libéralité une déclaration conforme, et les dispositions de la loi auraient été ainsi éludées. (Art. 911.)

CHAPITRE TROISIÈME

DE LA PORTION DE BIENS DISPONIBLE ET DE LA RÉDUCTION

Articles 913 à 930.

Suivant l'ordre du Code, nous traiterons dans ce chapitre : — 1° De la portion de biens disponible ; — 2° De la réduction.

SECTION I

DE LA PORTION DE BIENS DISPONIBLE

Qu'est-ce que la portion de biens disponible ?

La portion de biens disponible ou, comme on l'appelle plus communément, *la quotité disponible*, est la portion de biens dont on peut disposer à titre gratuit, lorsqu'on a des descendants ou des ascendants.

En principe, toute personne, ayant la jouissance et l'exercice de ses droits civils, peut disposer de ses biens, soit à titre onéreux, soit à titre gratuit. Mais cette règle reçoit un tempérament en ce qui concerne les actes à titre gratuit. Celui qui a des descendants ou des ascendants n'est point le maître de disposer de la totalité de son patrimoine. La loi intervient pour assurer à ces héritiers une part dans le patrimoine du défunt. La portion de biens dont on peut disposer librement constitue, comme nous l'avons dit, la *quotité disponible*. Par contre, celle qu'on doit laisser aux héritiers en ligne directe constitue la *réserve* ou la *quotité réservée*. Lorsque les libéralités faites par le *de cujus* dépassent la quotité disponible, la réserve se trouve nécessairement entamée, et l'on peut alors demander la réduction de ces libéralités.

Ainsi, la réserve est, suivant l'expression de M. Valette, « une succession *ab intestat*, protégée contre des libéralités excessives. » On appelle *héritiers réservataires*, les héritiers au profit desquels elle a été instituée.

Peut-on justifier ces restrictions à la liberté de disposer ?

Oui ; ces restrictions que la loi impose au pouvoir de disposer peuvent, à notre avis, se justifier par des considérations d'intérêt public et de moralité, qui les ont fait admettre dans la plupart des législations anciennes et des législations modernes, et notamment dans le droit romain et dans notre ancien droit.

On a donné pour motif qu'il fallait une sanction à ce devoir naturel, *officium pietatis*, disaient les Romains, qui lie réciproquement les ascendants et les descendants. Au pouvoir de disposer, qui dérive de la propriété, on oppose encore l'ordre public, qui fixe des limites à ce pouvoir absolu.

A ces considérations, qu'on fait habituellement valoir, on pourrait, ce nous semble, en ajouter d'autres non moins pressantes. On dit que la volonté du père de famille doit être respectée! Mais il faut avant tout respecter la volonté de celui qui a fondé le patrimoine de la famille. Or, sa volonté est que le patrimoine, fécondé par son travail, soit transmis de générations en générations à tous ceux qui porteront son nom, et qui, avec le nom, continueront les traditions qui font l'honneur et la renommée des familles. Donc, la liberté de tester est bonne, comme toutes les libertés, mais elle doit être limitée. Il ne faut pas qu'un père de famille libertin trouve dans la loi le droit de faire passer l'héritage destiné à ses enfants entre les mains d'une concubine, ni même qu'il puisse, pour des causes plus avouables, le détourner entièrement de sa destination première.

Quels sont les héritiers qui ont droit à la réserve?

Aux termes de l'article 913 et 915, il n'y a que les descendants et les ascendants du défunt qui aient droit à la réserve. Les autres héritiers ne recueillent les biens du *de cujus* qu'autant qu'il n'en a pas disposé par testament ou par donation.

Ainsi que nous l'avons observé, la réserve est une partie de la succession *ab intestat*, protégée contre des libéralités excessives. Il en résulte que les héritiers réservataires sont appelés à faire valoir leurs droits dans l'ordre établi pour la dévolution des successions. — Ainsi, les père et mère et les ascendants des degrés supérieurs n'ont pas de réserve, lorsque le défunt a laissé des enfants. Pareillement, les aïeuls et aïeules n'ont pas de réserve, lorsqu'il existe des frères et sœurs du défunt ou des descendants d'eux. (Art. 913, 915.)

Quelle est la réserve des descendants?

La réserve des descendants est plus ou moins étendue suivant qu'ils sont plus ou moins nombreux. — Ainsi, on peut disposer, soit par donation, soit par testament : 1° *de la moitié* de ses biens, lorsqu'on laisse un seul enfant légitime; 2° *d'un tiers* de ses biens, lorsqu'on laisse deux enfants légitimes; 3° *d'un quart* de ses biens, lorsqu'on laisse trois ou un plus grand nombre d'enfants légitimes.

En conséquence, la réserve des descendants est : 1° *de la moitié* des biens du disposant, s'il ne laisse à son décès qu'un enfant légitime ; 2° *des deux tiers*, s'il laisse deux enfants ; 3° *des trois quarts*, s'il en laisse trois ou un plus grand nombre.

Lorsque le défunt n'a laissé que des petits-enfants, arrivant à sa succession par représentation, ceux-ci ne comptent que pour l'enfant aux droits duquel ils se trouvent subrogés. — En conséquence, lorsque le défunt a laissé deux petits-fils issus d'un fils prédécédé, la réserve ne sera que de la moitié des biens du disposant. S'il a laissé quatre petits-fils issus de deux fils prédécédés, elle sera seulement des deux tiers, comme si les deux fils prédécédés vivaient encore.

Les petits-enfants doivent-ils également être comptés par souche et non point par tête, lorsqu'ils succèdent de leur chef, par suite de la renonciation ou de l'indignité de leur père, au lieu de venir par représentation en son lieu et place? — Ce qui a donné lieu à quelques doutes sur ce point, ce sont les expressions de l'article 914, d'après lequel il semble que les petits-enfants ne doivent être comptés par souche que dans le cas où ils viennent à la succession du disposant par représentation. Mais on est généralement d'accord pour décider que ces expressions de notre article ont un sens large, et qu'elles signifient que les petits-enfants doivent être comptés pour l'enfant dont ils sont issus. — Effectivement, s'il en était autrement, le fils qui a trois enfants n'aurait qu'à renoncer à la succession de son père pour porter la réserve de la moitié aux trois quarts. Il pourrait ainsi étendre à volonté les restrictions apportées par la loi à la faculté de disposer. Or, un tel résultat est évidemment inadmissible. (Art. 913, 914.)

Tous les enfants ont-ils droit à la réserve?

L'article 913 n'accorde expressément la réserve qu'aux enfants légitimes. Mais on convient généralement qu'il faut étendre ces dispositions aux enfants légitimés et aux enfants adoptifs. — Effectivement, l'article 333 confère aux enfants légitimés tous les droits d'enfants légitimes, et l'article 350 accorde les mêmes droits aux enfants adoptifs.

La réserve des enfants légitimés peut s'exercer non-seulement sur les biens dont le père a disposé depuis leur conception, mais encore sur ceux dont il s'est dépouillé avant cette époque. En effet, toute donation est faite sous la condition tacite qu'elle sera soumise à la réduction, si le disposant laisse à sa mort des héritiers réservataires. — Il en résulte que les enfants légitimés et adoptifs peuvent également demander la réduction des libéralités qui ont été faites avant la légitimation ou l'adoption; car ces deux faits sont pour eux ce qu'est la conception pour l'enfant légitime.

Les enfants naturels ont-ils droit à la réserve?

Dans les premiers temps de la promulgation du Code, cette question fut vivement débattue. La réserve, disait-on, est un droit exceptionnel, et il ne faut l'attribuer qu'aux personnes auxquelles la loi l'accorde expressément. Or, l'article 913 ne l'accorde qu'aux enfants légitimes : en outre, l'article 756 ne donne des droits aux enfants naturels que sur les biens *laissés* par leurs père et mère décédés, ce qui veut dire qu'ils n'ont aucun droit sur ceux dont le *de cujus* a pu disposer par donation ou testament.

Mais on répond : 1° que la loi confère aux enfants naturels reconnus une fraction des droits qu'ils auraient eus s'ils avaient été légitimes. Et, comme, dans ce cas, ils auraient eu droit à une réserve, il faut leur donner une fraction de cette réserve; — 2° que l'article 761 exige que le père qui veut écarter un enfant naturel de sa succession lui donne au moins la moité de sa part héréditaire, ce qui démontre bien que dans la pensée de la loi le père n'a pas le pouvoir de dépouiller complétement son enfant.

On ajoute que ces expressions de l'article 756 « que les enfants naturels n'ont de droit que sur les biens *laissés* par leurs père et mère décédés, » n'ont pas la portée qu'on leur attribue dans le système opposé; car, si on les prenait à la lettre, il faudrait décider que les enfants naturels n'ont pas le droit de réclamer des aliments à leurs père et mère, ce qui est tout à fait inadmissible.

Les enfants adultérins ou incestueux n'ont évidemment aucun droit à la réserve, puisqu'ils ne peuvent être héritiers de leurs père et mère. Ils n'ont qu'une créance d'aliments contre la succession. (Valette, Duverger.)

L'héritier réservataire qui renonce à la succession conserve-t-il son droit à la réserve?

A cet égard, la doctrine et la jurisprudence ont été longtemps divisées.

D'après la doctrine, la réserve est une portion de la succession *ab intestat*, et par conséquent elle n'appartient qu'aux enfants qui ont conservé la qualité d'héritiers du *de cujus*. Ceux qui ont perdu cette qualité, soit par suite d'une renonciation, soit par suite de leur indignité, n'y ont plus aucun droit. — C'est ce qui résulte de l'ensemble des dispositions du Code sur cette matière, et notamment de l'article 915. Effectivement, cet article déclare que les ascendants ont droit à la réserve dans l'ordre où ils sont appelés à succéder; d'où il suit qu'il faut être appelé à succéder pour avoir droit à la réserve.

Néanmoins, la jurisprudence avait d'abord admis des règles différentes. D'après elle, il suffisait d'avoir la qualité d'enfant pour obtenir la réserve, nonobstant toute renonciation à la succession, et même l'indignité qui aurait été déclarée. Il en résultait que l'enfant qui avait reçu une libéralité du défunt pouvait conserver cette libéralité en renonçant à la succession de son ascendant, lors même qu'elle absorbait, à la fois, la quotité disponible et sa part de réserve. Comme *renonçant*, il gardait la quotité disponible; comme *enfant*, il gardait sa quote-part dans la réserve.

Cette théorie fut d'abord établie par un célèbre arrêt de la cour de cassation, appelé arrêt de *Laroque de Mons*, rendu à la date du 18 février 1818, sur le rapport du conseiller Poriquet. Cet arrêt permettait à l'enfant qui avait renoncé à la succession du défunt, de retenir les libéralités qu'il en avait reçues, jusqu'à concurrence de la quotité disponible et de sa part dans la réserve. Il fut suivi d'un grand nombre d'autres arrêts, rendus dans le même sens, par la Cour de cassation et par plusieurs Cours d'appel. Cette question du *cumul des deux quotités* devint célèbre dans le monde juridique, et donna lieu à d'innombrables controverses.

Enfin, par l'arrêt du 27 novembre 1863, rendu sur les conclusions du procureur général Dupin, la Cour de cassation revint aux vrais principes, en proscrivant le cumul des deux quotités. Cet arrêt établit: 1° que la réserve n'est autre chose que la succession elle-même diminuée de la quotité disponible, et que dès lors les enfants n'y ont droit qu'autant qu'ils ont conservé la qualité d'héritiers; 2° que l'enfant qui a reçu une libéralité du défunt, faite sans dispense de rapport, ne peut la conserver, s'il renonce à la succession, que jusqu'à concurrence de la quotité disponible. — Cette interprétation de l'article 913 se trouve encore confirmée de la manière la plus expresse par l'article 845, aux termes duquel l'héritier qui renonce à la succession peut cependant retenir les libéralités qui lui ont été faites, *jusqu'à concurrence de la quotité disponible*. (Valette, le *Droit* du 6 septembre 1854. — Machelard, *Rev. hist.* 1863, p. 245.)

A qui profite la part de l'héritier réservataire qui renonce à la succession?

Si l'on s'en référait au sens littéral des articles 786 et 913, il faudrait décider que la part de l'héritier réservataire qui renonce à la succession profite exclusivement à ses cohéritiers. — Effectivement, l'article 786 déclare en termes formels « que la part du renonçant accroît à ses cohéritiers; » et l'article 913 semble confirmer cette doctrine, en faisant le calcul de la quotité disponible d'après le nombre d'enfants *laissés par le défunt à son décès;* d'où l'on conclut que le montant de la réserve doit rester tel qu'il avait été fixé à l'origine, lors même qu'un des héritiers vient à renoncer à la succession.

C'est ainsi qu'un arrêt de la Cour de cassation, rendu à la date du 13 août 1866, interprète ces articles. — Cet arrêt décide que la quotité disponible doit être déterminée d'après le nombre d'enfants que le *de cujus* a laissés à son décès, et, qu'une fois fixée sur cette base, elle ne peut pas être modifiée dans la suite par la renonciation d'un héritier. — Ainsi, supposons que le défunt ait laissé une succession s'élevant à 300, et deux héritiers réservataires. La quotité disponible est alors de 100, et elle reste telle lors même que l'un des héritiers vient à renoncer.

Mais la plupart des auteurs décident, avec raison, que les articles précités n'ont pas la portée que leur attribue la jurisprudence. — D'abord, si l'article 913 s'en réfère, pour le calcul de la réserve, au nombre des enfants *laissés* par le défunt, c'est parce qu'il suppose le cas fréquent et toujours présumé de l'acceptation de la succession par les enfants. Mais, si cette supposition vient à être contredite, si l'un des enfants laissés par le défunt renonce à la succession, le renonçant est censé n'avoir jamais été héritier, et, par suite, il est censé n'avoir jamais été réservataire. — Quant à l'article 786, il est relatif à la part héréditaire, et non point à la réserve : il règle les rapports respectifs des héritiers entre eux, et non point ceux des héritiers avec les légataires ou les donataires : il se borne à exprimer qu'il y a accroissement entre les successibles, mais il ne confère aucun droit à ces derniers, à l'encontre des légataires et donataires. D'ailleurs, lorsque tous les héritiers réservataires renoncent à la succession, il est incontestable que le légataire universel profite de ces renonciations et recueille tous les biens héréditaires à l'exclusion des parents plus éloignés, et il est rationnel d'en conclure qu'il doit pouvoir profiter de la renonciation faite par l'un d'eux.

Ce point établi, il s'agit de savoir dans quels cas la renonciation d'un héritier réservataire profitera aux légataires et aux donataires. En fait, la quotité disponible sera quelquefois augmentée par la renonciation d'un héritier réservataire, et, d'autres fois, elle restera la même qu'elle avait été fixée à l'origine. — Elle sera augmentée, et alors la renonciation sera profitable aux légataires et donataires, lorsque le défunt n'avait laissé que trois enfants. Effectivement, si l'un d'eux cesse d'être héritier, la quotité disponible sera d'un tiers, au lieu d'être d'un quart, comme elle l'aurait été si les trois enfants avaient conservé la qualité d'héritier. Il en serait de même si le défunt avait laissé deux enfants : l'un d'eux cessant d'être héritier, la quotité disponible sera de moitié, tandis qu'elle aurait été seulement du tiers si les deux héritiers étaient restés. — Au contraire, la quotité disponible restera la même, nonobstant la renonciation d'un héritier, lorsque le défunt avait laissé plus de trois enfants. Effectivement, dans ce cas, la quotité disponible est toujours d'un quart, soit qu'il y ait seulement trois enfants, soit qu'il y en ait un plus grand nombre. (Valette, le *Droit* du 17 décembre 1845. Demolombe.)

Quelle est la réserve des ascendants?

La réserve des ascendants est plus ou mois étendue, suivant que le disposant laisse des ascendants dans les deux lignes paternelle et maternelle, ou qu'il n'en laisse que dans une seule ligne. — Ainsi, on peut disposer, soit par donation, soit par testament : 1° *de la moitié des biens*, lorsqu'on laisse un ou plusieurs ascendants dans chacune des deux lignes paternelle et maternelle ; 2° *des trois quarts*, lorsqu'on ne laisse d'ascendants que dans une ligne.

En conséquence, la réserve des ascendants est : 1° *de la moitié* des biens du disposant, s'il y a des ascendants dans les deux lignes ; 2° *d'un quart*, s'il n'y a d'ascendants que dans une seule ligne.

Les biens ainsi réservés au profit des ascendants seront par eux recueillis dans l'ordre où la loi les appelle à succéder. Dans chaque ligne, l'ascendant le plus proche exclut les plus éloignés.

Au reste, comme la réserve n'est qu'une portion de la succession, les ascendants n'y ont droit qu'autant qu'ils sont appelés à succéder au *de cujus*.

L'ascendant qui renonce à la succession, ou qui en est écarté comme indigne, ne peut pas y prétendre.

Les ascendants de l'enfant légitimé ont droit à la réserve, comme ceux de l'enfant légitime. A l'inverse, l'adoptant n'a droit à aucune réserve dans la succession de l'adopté ; car il ne succède qu'aux choses par lui données, et seulement lorsqu'elles se retrouvent en nature dans la succession du disposant. Or, elles ne s'y retrouvent point, lorsque celui-ci en a disposé par legs ou par donation. (Art. 915.)

Les père et mère naturels ont-ils droit à la réserve ?

Le Code ne s'est pas formellement expliqué à cet égard ; mais on admet généralement la négative. — Effectivement, un droit aussi exceptionnel que celui de la réserve, qui restreint l'exercice du droit de propriété, doit avoir son principe dans un texte de loi qui l'établisse, soit expressément, soit au moins implicitement. Or, ce texte n'existe pas : l'article 915, qui a trait à la réserve des ascendants, ne s'occupe que des ascendants légitimes ; car il suppose des ascendants dans les lignes paternelle ou maternelle en concours avec des collatéraux. (Marcadé. Demante.)

Si les frères et sœurs du défunt répudient la succession, les ascendants non privilégiés ont-ils droit à la réserve ?

Les ascendants, avons-nous dit, ne peuvent invoquer leur droit à la réserve qu'autant qu'ils sont appelés à succéder. Or, nous savons que les frères et sœurs du défunt succèdent, à défaut des descendants, à l'exclusion des ascendans non privilégiés, c'est-à-dire à l'exclusion des ascendants autres que les père et mère. Mais, s'ils priment les ascendants non privilégiés, ils n'ont pas, comme ceux-ci, une réserve : il en résulte qu'ils sont écartés par un légataire universel, qui n'écarterait pas les ascendants, s'ils étaient eux-mêmes appelés à succéder.

Cela posé, supposons que le défunt laisse un aïeul, un frère et un légataire universel : le frère est appelé par la loi à succéder ; mais, comme il n'a pas de réserve, il est écarté par le légataire. Dans cette hypothèse, l'aïeul peut-il venir à la succession et réclamer sa réserve ? Peut-il la réclamer, par le seul fait que le frère qui l'excluait de la succession est écarté par la présence du légataire ; ou bien n'y a-t-il droit que si le frère renonce à sa qualité d'héritier ?

Sur ce point, nous trouvons trois systèmes :

Suivant le premier, l'aïeul ne peut pas venir à la succession et réclamer sa réserve, lors même que le frère renonce à sa qualité d'héritier. — Effectivement, il n'est point appelé à succéder, puisqu'il existe un frère du défunt. C'est en vain que celui-ci viendrait à renoncer. Sa renonciation est un acte nul, car il n'avait pas à la faire, puisqu'il était écarté de la succession par la présence du légataire. Décider autrement, ce serait laisser les droits du légataire à la merci du frère, qui pourrait alors vendre sa renonciation à l'aïeul. (Aubry et Rau.)

Suivant un second système, l'aïeul peut venir à la succession et réclamer sa réserve, mais seulement dans le cas où le frère renonce à sa qualité d'héritier. — Effectivement, il résulte des articles 785 et 786 que l'héritier qui renonce est censé n'avoir jamais été héritier, et que la succession que la loi l'appelait à recueillir se trouve, de plein droit, dévolue, par l'effet de sa renonciation, aux héritiers du degré subséquent. Or, dans ce cas, l'ascendant vient à la succession, de son chef, en vertu d'un droit qui lui est personnel. Et, comme ses droits héréditaires sont garantis, dans une certaine mesure, par la réserve, il peut réclamer une partie de la succession, nonobstant l'institution du légataire. (Cass., 24 février 1864. Demolombe.)

Suivant un troisième système, qui nous paraît préférable, l'aïeul peut venir à la succession et réclamer sa réserve, soit que le frère renonce, soit même qu'il accepte. — Effectivement, la succession *ab intestat* s'est ouverte à son profit et en sa personne, puisque le frère qui l'aurait exclu, s'il y avait été appelé, s'est trouvé lui-même écarté par le légataire universel. Vainement le frère donnerait-il son acceptation : il ne peut pas accepter, puisqu'il n'est point appelé à succéder. (Valette. Demante.)

A l'appui de ce système, on peut, à notre avis, ajouter une grave considération. — Sans doute, quand il s'agit de régler l'ordre et la dévolution des successions *ab intestat*, la loi place le frère avant l'aïeul : mais il ne s'agit pas ici d'une succession *ab intestat*, et il faut alors suivre la pensée de la loi, qui préfère l'ascendant à un étranger. — Les motifs qui ont dû porter le législateur à s'écarter, dans le cas d'une succession testamentaire, de l'ordre fixé pour les successions *ab intestat* nous paraissent assez rationnels : il est conforme à l'ordre naturel des choses que les successions *ab intestat* soient dévolues aux descendants et aux frères et sœurs, plutôt qu'elles ne remontent aux ascendants. En un mot, les descendants et les frères et sœurs sont préférés aux ascendants. Mais, si le *de cujus* a interverti cet ordre, s'il a détourné la succession de sa destination première, il n'y a plus les mêmes raisons pour écarter l'ascendant. Les égards qui lui sont dus, la sollicitude qu'il mérite n'étaient point des motifs suffisants pour lui donner la préférence sur les frères et sœurs, tant que les biens restaient dans la famille. Mais, dans le cas contraire, lorsque les biens sortent de la famille, et que l'ascendant n'a plus en face de lui qu'un étranger, on conçoit aisément que le législateur lui ait donné la préférence.

Quel est l'effet de la réserve, dans le cas où les ascendants viennent en concours avec des collatéraux ordinaires ?

Aux termes de l'article 915, les ascendants ont seuls droit à la réserve, dans tous les cas où un partage en concurrence avec des collatéraux ne leur donnerait pas la quotité de biens à laquelle elle est fixée.

L'hypothèse à laquelle se réfère notre article est celle-ci : le *de cujus* a laissé une succession de 100, à laquelle la loi appelle son père pour une moitié, et son oncle maternel pour l'autre moitié. S'il existe un légataire universel, le père réclame sa réserve d'un quart : il obtient ainsi 25, et le légataire garde 75. Quant à l'oncle maternel, il est exclu par la présence du légataire. L'ascendant qui est appelé à la succession, en concours avec des collatéraux, a donc seul le profit de la réserve.

Que doivent faire les héritiers réservataires lorsque la libéralité consiste en un droit d'usufruit ou en une rente viagère ?

Lorsque le défunt a donné ou légué un usufruit ou une rente viagère, il sera difficile aux héritiers réservataires de savoir d'une manière certaine si cette libéralité dépasse ou non la quotité disponible, parce que l'usufruit et la rente viagère s'éteignent par la mort du légataire, et que le moment de cette mort est nécessairement incertain.—Dans cette hypothèse, le législateur, voulant éviter des estimations qui ne reposeraient que sur des probabilités, accorde aux héritiers réservataires la faculté d'exécuter purement et simplement la disposition, ou d'abandonner en toute propriété la quotité disponible. Si les héritiers ne sont pas d'accord, chacun d'eux prend le parti qui lui convient. Les uns abandonnent leur part dans la quotité disponible, et se trouvent, par là, déchargés de celles qu'ils devaient fournir dans l'usufruit ou la rente viagère; les autres exécutent la disposition. — Ainsi, on ne réduira jamais la libéralité qui consiste en un usufruit ou en une rente viagère: on la laissera subsister telle quelle, ou bien on la remplacera par un autre droit de pleine propriété sur la quotité disponible.

Toutefois, l'article 1970 apporte une exception à cette règle, lorsque le débat, au lieu de s'engager entre les héritiers réservataires et un légataire, s'est élevé exclusivement entre des légataires. Cela arrivera, par exemple, lorsqu'il y a plusieurs légataires et que l'ensemble des legs dépasse la quotité disponible, il faut alors opérer la réduction au marc le franc entre les divers légataires, et pour cela il est nécessaire de fixer le *quantum* de tous les legs, de celui qui consiste en un droit viager, comme des autres legs. — Il en serait de même dans le cas où le legs d'usufruit ou de rente viagère aurait été précédé d'une donation: pour savoir si la donation doit être réduite, il faudra nécessairement évaluer la valeur du legs. (Art. 917.)

Quelle est la présomption établie par la loi en cette matière?

Afin d'empêcher qu'on ne puisse éluder trop facilement les règles qui se réfèrent à la quotité disponible et à la réserve, la loi présume que certains contrats à titre onéreux, passés entre le *de cujus* et l'un de ses héritiers en ligne directe, renferment une libéralité cachée. Cette présomption résulte de l'article 918, aux termes duquel la valeur en pleine propriété des biens aliénés, soit à charge de rente viagère, soit à fonds perdu, ou avec réserve d'usufruit, à l'un des successibles en ligne directe, sera imputée sur la portion disponible. — Cette imputation et ce rapport ne pourront être demandés par ceux des autres successibles en ligne directe qui auraient consenti à ces aliénations, ni, dans aucun cas, par les successibles en ligne collatérale.

Cet article vise trois sortes de contrats.

1° *L'aliénation à charge de rente viagère.* — Cette aliénation a lieu, quand celui qui aliène stipule de son acquéreur une certaine somme annuelle qui lui sera payée, à titre de prix, tant qu'il vivra. — Ainsi, un père vend un immeuble à son fils, à la condition qu'il lui payera, tant qu'il vivra, une somme annuelle de mille francs.

2° *L'aliénation à fonds perdu.* — Cette aliénation a lieu, quand celui qui aliène stipule de son acquéreur qu'il lui cédera un droit viager, tel que droit d'usage ou d'usufruit, sur une chose qui lui appartient. — L'aliénation à fonds perdu diffère de l'aliénation à charge de rente viagère, de la même manière que le genre diffère de l'espèce. Toute aliénation par laquelle l'aliénateur reçoit un droit viager en compensation du fonds qu'il transmet est *in genere* une aliénation à fonds perdu. Seulement, l'aliénation est spécialement dénommée *aliénation à charge de rente viagère*, lorsque le droit viager que l'aliénateur reçoit consiste en une somme d'argent.

3° *L'aliénation avec réserve d'usufruit.* — Cette aliénation a lieu, quand celui qui aliène un fonds se réserve le droit d'en conserver l'usufruit.

C'est là, comme on le voit, une autre variété de l'aliénation à fonds perdu. — Toutefois, elle en diffère en ce que l'aliénateur se réserve le droit d'usufruit sur le fonds même qu'il a aliéné.

Ces trois sortes d'aliénations conservent le caractère que les parties leur ont assigné, elles sont des aliénations *à titre onéreux*, lorsqu'elles ont eu lieu entre des parents en ligne collatérale, ou entre des personnes étrangères l'une à l'autre. Sans doute il peut arriver, même dans ce cas, qu'elles servent à déguiser des libéralités : mais alors c'est aux héritiers à prouver ce fait. — Au contraire, quand les aliénations de cette nature sont faites entre parents en ligne directe, par exemple, entre un père et son fils, un aïeul et son petit-fils, la loi elle-même présume qu'elles renferment des libéralités déguisées. Seulement, ces libéralités sont présumées faites avec dispense de rapport, et il en résulte qu'elles sont seulement sujettes à réduction, lorsqu'elles dépassent la quotité disponible.

Par suite de cette présomption, les héritiers du défunt n'ont pas besoin de prouver que les conventions dont il s'agit renferment des libéralités cachées. Mais ce n'est pas tout : non-seulement les héritiers n'ont rien à prouver, mais, en outre, la loi déclare que la présomption établie en leur faveur ne pourra pas être combattue par la preuve contraire. Ainsi, l'acquéreur prétendrait vainement que l'aliénation a été réellement à titre onéreux, qu'il a payé les arrérages de la rente viagère, ou procuré la jouissance qu'il s'était obligé à céder, et que, par suite, il a droit au remboursement de la somme payée. — Mais la présomption de la loi cesse, lorsque les autres successibles ont été appelés à intervenir dans la convention et qu'ils ont reconnu qu'elle constituait réellement une aliénation à titre onéreux. Si les successibles en ligne directe ne sont pas tous intervenus dans la convention, celle-ci aura le caractère d'un acte à titre onéreux pour ceux qui y sont intervenus ou qui ont été mis en demeure d'y intervenir, et elle aura le caractère d'un acte à titre gratuit pour ceux qui n'y ont point été appelés.

La disposition que nous venons de rapporter a son origine dans la loi de nivôse an II, qui, voulant établir une parfaite égalité entre les héritiers, prohibait comme de véritables libéralités les aliénations faites à fonds perdu à tout héritier présomptif. En admettant l'idée de cette loi, le Code en a adouci la rigueur, puisqu'il se borne à déclarer que les libéralités ainsi déguisées seront seulement réductibles. (Art. 918.)

Dans quel cas peut-on disposer de tous ses biens?

On peut disposer de tous ses biens, lorsqu'on ne laisse ni descendants ni ascendants.

Dans le cas où l'on a des héritiers réservataires, on peut disposer de la quotité disponible, par donation ou par testament, soit au profit d'étranger, soit au profit d'un de ses héritiers. Dans cette hypothèse, ajoute l'article 919, la libéralité sera sujette à rapport, si elle n'a pas été faite à titre de préciput ou hors part.—La déclaration qu'elle est à ce titre pourra être faite, soit dans l'acte même qui contient la libéralité, soit par un acte postérieur. (Art. 916, 919.)

SECTION II

DE LA RÉDUCTION DES DONATIONS ET LEGS

Qu'est-ce que la réduction?

La réduction est le droit qui appartient aux héritiers réservataires de reprendre les biens qui ont été donnés par le défunt, ou de retenir les biens légués par lui, lorsqu'ils excèdent la quotité disponible.

Le droit de demander la réduction prend naissance au moment de l'ouverture de la succession. Effectivement, c'est à ce moment-là qu'il faut se placer pour savoir si le *de cujus* a laissé à ses héritiers réservataires la portion de succession *ab intestat* qu'il était tenu de leur laisser. (Art. 920.)

Quelles sont les personnes qui peuvent former une demande en réduction ?

La demande en réduction ne peut être formée que par les héritiers réservataires ou par leurs ayants cause, c'est-à-dire par leurs successeurs universels, à titre universel ou à titre particulier.

Au reste, les héritiers peuvent la former, lors même qu'ils ont accepté la succession purement et simplement : il est vrai qu'ils sont alors tenus *ultrà vires* des dettes de la succession, et qu'ils sont responsables de tous les actes faits par le défunt; mais ils n'en conservent pas moins le droit de demander la réduction des libéralités qui dépassent la quotité disponible, parce que celui-ci n'avait pas le droit de les faire à leur préjudice. (Art. 921.)

Quelles sont les personnes qui ne peuvent pas exercer l'action en réduction ?

La loi n'ayant limité la faculté de disposer que dans l'intérêt de certaines personnes, et pour leur assurer une portion de la succession, il en résulte : 1° que le droit de critiquer les libéralités excessives n'appartient qu'aux héritiers réservataires ou à leurs ayants cause, et qu'ils peuvent seuls profiter de la réduction; 2° que les dons excessifs ne sont pas nuls dans leur entier, mais seulement réductibles; 3° enfin, que la réduction n'a pas lieu de droit, mais par l'effet d'une action que les héritiers réservataires sont libres d'intenter ou de ne pas intenter.

En conséquence, ne peuvent pas demander la réduction :

1° *Les donataires et les légataires du défunt.* —Effectivement, à quel titre pourraient-ils critiquer les libéralités antérieures faites par le défunt? Étant eux-mêmes des acquéreurs à titre gratuit, comment pourraient-ils actionner d'autres acquéreurs qui possèdent au même titre?

2° *Les créanciers du défunt.* — Effectivement, leur droit n'existe et ne peut s'exercer que sur les biens *laissés* par le défunt dans son patrimoine. D'ailleurs, leur créance est antérieure ou postérieure à la donation : si elle est antérieure, ils ont une action qui leur est propre, et ils peuvent, en vertu de l'article 1167, la faire annuler, comme faite en fraude de leurs droits. Si elle est postérieure, les biens donnés ne faisaient point partie du patrimoine de leur débiteur quand ils ont contracté avec lui, et dès lors ils n'ont pas pu compter sur ces biens pour se faire payer.

Toutefois, lorsque l'un des héritiers à réserve a accepté purement et simplement la succession, la position des créanciers de la succession n'est plus la même : devenus créanciers personnels de cet héritier, ils peuvent, en vertu de l'article 1165, exercer en son nom, pour sa part héréditaire, l'action en réduction.

Au surplus, la règle que les créanciers du défunt ne peuvent pas demander la réduction en leur nom et de leur chef reçoit un tempérament, en ce qui concerne les legs. — En effet, les legs ne doivent être payés qu'après l'acquittement des dettes du testateur; d'où il suit que les créanciers ont évidemment le droit de demander la réduction des legs, lorsque l'actif de la succession n'est pas suffisant pour les désintéresser. Mais cette réduction n'implique nullement l'existence d'un droit à la réserve; elle vient uniquement de la règle précédemment citée, que les legs ne s'imputent sur les biens que déduction faite des dettes : *non sunt bona, nisi deducto œre alieno.* (Art. 921.)

Comment peut-on juger si la réserve a été entamée, et s'il y a lieu ou non à réduction ?

Pour juger si la réserve a été entamée, et s'il y a lieu ou non à la réduction, il faut déterminer le montant de la quotité disponible, et comparer ensuite à ce montant celui des dispositions à titre gratuit. Mais, comme le *quantum* de la quotité disponible ne peut être connu qu'autant qu'on connaît le *quantum* de la succession tout entière, il est nécessaire de commencer par la formation d'une masse générale, comprenant tous les biens qui composeraient la succession du défunt s'il n'avait fait aucune libéralité.

Pour former cette masse, on prend les biens qui appartenaient au défunt au jour de son décès; on en déduit les dettes qu'on emploie à désintéresser les créanciers; puis, on réunit fictivement à l'excédant de l'actif les libéralités entre-vifs faites par le défunt. La masse de la succession formée, on fait le calcul de la quotité disponible, suivant la qualité et le nombre des héritiers réservataires.

Le Code n'indique-t-il pas une autre marche à suivre pour la formation de la masse ?

Oui; aux termes de l'article 922, on forme la masse en réunissant fictivement les libéralités entre-vifs à l'actif laissé par le défunt, et en déduisant ensuite le passif. Mais cette marche est vicieuse en ce qu'elle procure aux créanciers les avantages de la réduction, lorsque les biens laissés ne suffisent pas pour les désintéresser. Un exemple va le montrer : Soit une succession de 100 d'actif et 150 de dettes, et supposons qu'il y ait eu 50 de donations faites par le défunt. Si, comme l'indique l'article 922, on réunissait tout d'abord l'actif laissé par le défunt et le montant des donations faites par lui, on obtiendrait ainsi un total qui serait suffisant pour désintéresser complétement les créanciers; mais alors ces derniers profiteraient de la réduction opérée sur les donations. Si, au contraire, comme le veut la doctrine, on commençait par déduire les 150 de dettes des 100 d'actif, on ne donnerait aux créanciers qu'un dividende, et les héritiers réservataires profiteraient seuls de la réduction opérée sur les donations. (Art. 922.)

Quels sont les biens dont se compose l'actif laissé par le défunt?

L'actif laissé par le défunt comprend toutes les choses corporelles et incorporelles, mobilières et immobilières, qui lui appartenaient au moment de son décès. — Il faut même y comprendre les créances qu'il avait contre l'héritier réservataire, quoiqu'elles soient éteintes par confusion, parce que cette extinction est elle-même un bénéfice dont l'héritier doit tenir compte.

Comment estime-t-on les libéralités entre-vifs faites par le défunt?

Aux termes de l'article 922, les biens donnés doivent être estimés suivant leur valeur au temps du décès du donateur et d'après leur état au moment de la donation. Il faut conclure de là : 1° que le montant de la réserve et de la quotité disponible se trouve invariablement déterminés au décès du donateur, et que les détériorations ou les augmentations de valeur survenues depuis, même par cas fortuit, ne peuvent ni restreindre la réserve ni l'augmenter; 2° d'autre part, que les biens donnés figurent dans la masse, non pour ce qu'ils valent effectivement, mais pour ce qu'ils vaudraient s'ils étaient restés dans la succession. — Ainsi, on ne tiendra pas compte, pour leur estimation, des augmentations de valeur ou des détériorations qui proviennent du fait du donataire. Supposons, par exemple, que le défunt ait donné une maison de la valeur de 30,000 francs : par suite des constructions faites par le donataire, cette maison au temps du décès vaut 40,000 francs. Malgré cette augmentation de valeur, elle ne comptera dans la masse que pour 30,000 francs : le surplus sera remboursé au donataire. A l'inverse, si la maison se trouvait réduite à 20,000 francs, par suite des détériorations provenant du fait du donataire, elle n'entrerait pas moins dans l'actif pour 30,000 francs. Le donataire serait personnellement tenu de 40,000 francs envers la succession.

Si les améliorations ou les détériorations étaient le résultat d'un cas fortuit ou d'une force majeure, on considérerait, pour l'estimation, l'état des objets, non à l'époque de la donation, mais au temps du décès; car ces changements seraient survenus lors même que l'immeuble n'aurait pas été donné.

Cette règle, que les donations s'estiment d'après leur état au moment de la donation et leur valeur au moment du décès du donateur, s'applique aux meubles, aussi bien qu'aux immeubles, car l'article 922 ne fait aucune distinction. — Nous trouvons là une grave différence entre la réduction et le rapport. Lors de la rédaction de notre article, il avait d'abord été question de faire l'estimation des meubles suivant leur valeur au moment de la donation, d'après l'état estimatif annexé à l'acte, comme cela a lieu pour le rapport. Mais on fit observer qu'il existe une grande différence entre la réduction et le rapport; que la position d'un donataire, qui a dû se croire propriétaire, mérite plus d'égards que celle d'un héritier, qui reçoit un simple avancement d'hoirie; que, d'ailleurs, celui-ci peut, en renonçant à la succession, se dispenser du rapport; tandis que le donataire ne peut se soustraire à la réduction.

Ces considérations décidèrent le législateur à suivre un autre procédé, et à tenir compte de la valeur des meubles au moment du décès, afin de décharger le donataire qui subit la réduction des pertes et des dépréciations survenues par cas fortuit. — Ainsi, le donataire d'un meuble estimé 50,000 francs au moment de la donation ne devra restituer que 30,000, si, par suite de la dépréciation fortuite dont les meubles sont susceptibles, le meuble donné ne se trouve plus valoir que 30,000 francs au moment du décès. Au contraire, l'héritier qui a reçu en avancement d'hoirie un meuble de 50,000 francs devra toujours rapporter 50,000 francs.

En résumé, la valeur des meubles et des immeubles sujets à réduction est estimée d'après leur état au moment de la donation : les améliorations et les dégradations restent au profit ou à la charge du donataire.

Dans quel ordre l'action en réduction doit-elle être exercée ?

La réduction ne frappe pas toutes les libéralités du défunt, mais seulement celles qui ont été prises sur la réserve. En conséquence, elle s'exerce sur les libéralités, par ordre de date, en commençant par les plus récentes.

Les libéralités faites par le défunt consistent, soit en legs, soit en donations entre-vifs, soit tout à la fois en donations entre-vifs et en legs.

Lorsqu'elles consistent en legs, elles sont toutes réduites proportionnellement, parce qu'elles ont la même date.

Lorsqu'elles consistent en donations entre-vifs, on commence par réduire les dernières qui ont été faites, en remontant en arrière jusqu'à ce que la réserve se retrouve intégralement.

Lorsqu'elles consistent en même temps en legs et en donations entre-vifs, on réduit d'abord tous les legs : s'ils ne suffisent pas pour combler le déficit de la réserve, on réduit alors les donations entre-vifs, en commençant par les dernières. (Art. 923, 925, 926.)

Que faut-il décider si l'action en réduction exercée contre les derniers donataires est inefficace, à raison de leur insolvabilité ?

A cet égard, les auteurs ne sont pas d'accord.

Suivant les uns, l'insolvabilité sera supportée par les donataires antérieurs, sauf leur recours contre le donataire postérieur, s'il devient solvable. — Suivant d'autres, l'insolvabilité sera supportée tout à la fois par les donataires antérieurs et par les héritiers réservataires. Les biens qui ont été dissipés par le donataire insolvable seront censés avoir été dissipés par le donateur lui-même, et les choses seront remises dans le même état que si la donation n'avait jamais existé. Ce système est équitable ; mais il ne peut se soutenir en présence des termes précis de l'article 922, qui exprime formellement que les biens donnés doivent être appréciés suivant leur état au moment de la donation.

Aussi la plupart des auteurs admettent, avec raison, que l'insolvabilité d'un donataire sujet à réduction doit être exclusivement supportée par les héritiers réservataires. Effectivement, les donataires antérieurs n'ont reçu qu'une fraction de la quotité disponible, et, par suite, les libéralités qui leur ont été faites ne sont sujettes à aucune condition résolutoire. Au contraire, le donataire insolvable a reçu une portion de la réserve, et, à ce titre, il est débiteur des héritiers réservataires, il doit leur restituer la portion de réserve qu'il a indûment reçue. Mais alors il est clair que l'insolvabilité d'un débiteur ne peut nuire qu'à ses créanciers. (Valette.)

Le défunt peut-il obliger ses héritiers à suivre un ordre différent pour exercer la réduction ?

Il faut distinguer :

Lorsque la réduction porte sur les donations qui ont été faites, le défunt ne peut pas obliger ses héritiers à suivre un ordre différent que celui qui est indiqué par la loi, et à réduire les donations antérieures avant les donations postérieures ; car ce serait révoquer indirectement les premières, contrairement à la règle *donner et retenir ne vaut.*

Mais il en est différemment lorsque la réduction, au lieu de porter sur les donations, s'exerce sur les legs. Dans ce cas, si le testateur a déclaré expressément qu'il entend que tel legs soit acquitté de préférence aux autres, cette préférence aura lieu ; et le legs qui en sera l'objet ne sera réduit qu'autant que la valeur des autres ne remplirait pas la réserve légale. — Effectivement l'égalité établie par la loi entre tous les légataires dans la réduction qu'ils subissent n'est fondée que sur la volonté présumée du testateur : par conséquent, sa volonté expresse d'accorder une préférence doit prévaloir sur cette supposition.

Au reste, si le défunt avait fait plusieurs testaments, l'ancienneté du titre ne serait pas une cause de préférence pour certains légataires ; car toutes les dispositions, bien que contenues dans des actes différents, sont toujours réputées avoir la même date, celle de l'ouverture du droit. — La réduction se fera donc proportionnellement sur toutes, sans distinction entre les legs universels et les legs particuliers, à moins que le défunt n'ait déclaré sa préférence. Les légataires universels ou à titre universel feront subir aux legs particuliers qu'ils sont chargés d'acquitter une réduction proportionnelle à celle qu'ils doivent subir eux-mêmes. (Art. 926, 927.)

Comment s'effectue la réduction ?

En principe, la réduction s'effectue en nature, comme le rapport. Par exception, elle s'effectue en équivalents :

1° Lorsque les objets compris dans la donation sont des choses fongibles.

2° Lorsque le donataire réduit est lui-même héritier réservataire, et qu'il se trouve dans la succession d'autres biens de même nature.

3° Lorsque l'immeuble donné par préciput à l'héritier donataire n'est pas commodément partageable, et que la portion disponible excède la portion non disponible.

4° Lorsque les biens donnés ont été aliénés par le donataire. (Art. 866, 924.)

Quel est l'effet de la réduction ?

Il faut distinguer :

Lorsque la réduction porte sur les legs, elle a pour effet de les rendre caducs, s'ils ont été pris en totalité sur la réserve, ou de les diminuer, s'ils n'entament celle-ci que partiellement.

Lorsque la réduction porte sur les donations, il faut observer plusieurs distinctions.

1° Si la donation avait eu pour objet un genre, comme par exemple, une somme d'argent, l'effet de réduction est de constituer le donataire débiteur d'une valeur égale à celle des biens donnés.

2° Si la donation avait eu pour objet un corps certain mobilier, comme, par exemple, un tableau de prix, il faut examiner si ce corps certain est resté entre les mains du donataire, ou s'il a été aliéné par lui. — Dans le premier cas, l'effet de la réduction est de faire rentrer l'objet donné dans la masse héréditaire. — Dans le second cas, l'effet de la réduction est de constituer le donataire débiteur d'une somme égale à celle de l'objet aliéné.

3° Si la donation avait eu pour objet un immeuble, il faut également examiner si cet immeuble est resté entre les mains du donataire, ou s'il a été aliéné par lui. — Dans le premier cas, l'effet de la réduction est de faire rentrer l'immeuble donné dans la masse héréditaire, franc et quitte de dettes ou hypothèques créées par le donataire. Dans le second cas, l'effet de la réduction est, comme précédemment, de constituer le donataire débiteur d'une valeur égale à celle de l'immeuble aliéné.

Au surplus, si le donataire qui a aliéné l'immeuble était insolvable, les héritiers pourraient revendiquer cet immeuble entre les mains des tiers détenteurs. — Effectivement, le donataire n'a pu disposer que sous la condition résolutoire à laquelle il était lui-même assujetti, et c'est ici le cas d'appliquer la règle *resoluto jure dantis, resolvitur jus accipientis.* (Art. 929.)

Dans quel ordre exercera-t-on la réduction contre les tiers acquéreurs?

Lorsque le donataire a fait plusieurs aliénations partielles du bien donné au profit de divers acquéreurs, l'action en réduction ou en revendication pourra être exercée par les héritiers contre les tiers acquéreurs, dans le même ordre et de la même manière que contre les donataires eux-mêmes. — Ainsi, on exercera l'action suivant l'ordre des aliénations, en commençant par les plus récentes.

Cette disposition est une nouvelle application de la règle *resoluto jure dantis, resolvitur jus accipientis.* En leur qualité d'ayant cause du donataire, les tiers acquéreurs ne peuvent pas être couverts par la prescription, ou du moins la prescription ne commencera à courir en leur faveur qu'à partir du jour du décès du donateur; car, avant cette époque, les héritiers réservataires n'avaient point d'action contre eux.

A raison de la bonne foi où peuvent se trouver les tiers acquéreurs, le Code décide qu'on ne peut faire rescinder les aliénations qu'après avoir discuté préalablement les biens du donataire. On en conclut que les tiers acquéreurs pourront eux-mêmes échapper à la revendication intentée contre eux en fournissant aux héritiers une somme égale à la valeur des biens qu'ils ont acquis. Effectivement, si le donataire qui a aliéné les biens donnés peut se libérer des poursuites en payant la valeur des biens, il est rationnel d'accorder la même faculté aux tiers acquéreurs qui sont ses ayants cause. (Art. 930.)

A partir de quel moment le donataire doit-il les fruits de la portion réduite?

La réduction doit, en général, remettre la succession au même état que si le don excessif n'avait pas eu lieu. — En conséquence, le donataire sujet à réduction doit restituer les fruits de la portion réduite à partir du jour du décès.

Toutefois, l'article 928 met pour condition que les héritiers demanderont la réduction dans l'année du décès du donataire. S'ils laissent passer ce délai sans réclamer, le donataire ne sera tenu de restituer les fruits qu'à partir du jour de la demande, car il a pu alors les consommer de bonne foi, dans la croyance que la libéralité qui lui a été faite ne dépassait pas la quotité disponible. (Art. 928.)

Quelle est la durée de l'action en réduction?

Le Code ne l'a pas fixée. En conséquence, on doit admettre, conformément au droit commun, qu'elle est de trente années, qui commenceront à courir au décès du *de cujus*.

Toutefois, les tiers détenteurs des immeubles donnés peuvent les acquérir, suivant les règles de la prescription acquisitive, par dix, vingt ou trente ans de possession; car ils ne sont pas, comme les donataires, personnellement obligés à les restituer, lorsqu'ils dépassent la quotité disponible. — Seulement, la prescription ne commencera à courir en leur faveur qu'à partir du décès du donateur, et non point à partir du jour où ils ont acquis les biens; car, ainsi que nous l'avons déjà observé, les héritiers ne peuvent pas agir contre eux pour interrompre leur prescription, tant que la succession du donateur n'a pas été ouverte.

Quelle différence y a-t-il entre le rapport et la réduction?

Le rapport et la réduction présentent les différences suivantes :

1° Le rapport a pour but d'établir l'égalité entre tous les héritiers, en général ; il suffit donc d'avoir la qualité d'héritier pour le demander. — La réduction a pour but d'assurer à certains héritiers une portion de la succession qui leur est dévolue par la loi ; il faut donc non-seulement être héritier, mais encore être héritier *réservataire* pour pouvoir la demander.

2° Un donataire peut être dispensé du rapport. — On ne peut pas, au contraire, être dispensé de la réduction, parce qu'elle est, jusqu'à un certain point, d'ordre public.

3° Le rapport des meubles est fait suivant leur valeur au moment de la donation. — La réduction des meubles a lieu, au contraire, suivant leur valeur au moment de l'ouverture de la succession ; ce qui décharge le donataire des risques à courir dans l'intervalle.

4° Le rapport ne peut jamais être opposé aux tiers détenteurs. — La réduction, au contraire, peut les atteindre lorsque le donataire est insolvable.

CHAPITRE QUATRIÈME

DES DONATIONS ENTRE-VIFS
Articles 931 à 966.

Ce chapitre est divisé par le Code en deux sections, qui traitent:
1° de la forme des donations entre-vifs; 2° des exceptions à la
règle de l'irrévocabilité des donations entre-vifs.

SECTION I
DE LA FORME DES DONATIONS

Quelle est la forme des donations entre-vifs ?

On entend ici par *forme* de la donation non-seulement la forme
extérieure dont elle doit être revêtue, mais encore les conditions
qui sont essentielles à son existence.

Aux termes de l'article 894, les donations sont soumises à trois
conditions essentielles : *le dépouillement actuel, l'irrévocabilité,
l'offre du donateur et l'acceptation du donataire.* — A ces trois conditions, il faut ajouter l'*observation de certaines formes*, sans lesquelles les règles qui précèdent pourraient être éludées. Ces formes ont été empruntées pour la plupart à l'ordonnance de 1731.
Voyons en quoi elles consistent.

Aux termes de l'article 931, la donation doit être faite devant
notaire, dans la forme ordinaire des contrats, et il doit en rester
minute sous peine de nullité. — Ainsi, l'acte authentique est nécessaire non pas seulement pour la preuve, mais même pour
l'existence de la libéralité. Comme la donation est un acte d'une
extrême gravité, la loi a voulu l'entourer de toutes les formes
qui seraient de nature à assurer la liberté du disposant et à l'empêcher de se dépouiller imprudemment. (Art. 931.)

Quelles sont les formes des actes authentiques ?

Aux termes de la loi du 25 ventôse an XI, les actes authentiques doivent être reçus par deux notaires, ou par un notaire assisté de deux témoins. Ils peuvent être rédigés en brevet ou en
minute : — ils sont en *brevet*, quand le notaire délivre aux parties l'original lui-même ; ils sont *en minute*, quand il garde l'original et qu'il ne délivre aux parties qu'une copie. Afin d'assurer
la conservation de l'acte de donation, la loi exige qu'il soit rédigé
en minute.

Comment a lieu l'acceptation du donataire ?

La donation étant un contrat, elle n'est parfaite que par le concours de deux volontés : il faut l'offre du donateur et l'acceptation du donataire. En outre, comme la donation est un acte solennel, il faut que l'acceptation soit expresse et qu'elle ait lieu par un acte authentique.

Mais, si le concours des volontés est nécessaire, il n'est pas également indispensable que leur manifestation soit simultanée. Ainsi, l'acceptation peut avoir lieu de deux manières : 1° dans l'acte même de la donation, si le donataire est présent ; 2° par un acte séparé, si le donataire est absent au moment de la donation.—Seulement, il faut que l'acte qui renferme l'acceptation soit authentique et rédigé en minute, et que l'acceptation soit notifiée au donateur. La donation n'est parfaite qu'à partir de cette notification.

Au reste, l'acceptation peut être faite par mandataire. Mais il faut alors que le mandataire soit muni d'une procuration spéciale et authentique. Une expédition de cette procuration restera annexée à la minute de la donation ou de l'acceptation, lorsque celle-ci a eu lieu par acte séparé. (Art. 932, 933.)

Quelles sont les personnes qui ont besoin d'une autorisation pour accepter une donation ?

Les personnes qui ont besoin d'une autorisation pour accepter une donation qui leur est offerte, sont :

1° Les femmes mariées, qui ne peuvent accepter une donation sans le consentement de leur mari ou l'autorisation de justice.

2° Les mineurs non émancipés et les interdits, qui ne peuvent accepter une donation sans le consentement de leur tuteur dûment autorisé.

3° Les mineurs émancipés, qui ne peuvent accepter une donation qu'avec l'assistance de leur curateur. — Néanmoins, dans la crainte que la négligence ou la mauvaise volonté du tuteur ou curateur ne privât le mineur de l'avantage d'une donation, la loi a permis aux ascendants d'accepter pour lui, lors même qu'ils ne remplissent pas les fonctions de tuteurs ou de curateurs.

4° Les sourds-muets ne sachant pas écrire, qui ne peuvent accepter une donation qu'avec l'assistance d'un curateur *ad hoc*, nommé par le conseil de famille.

5° Les administrateurs des communes, des hospices et des établissemens d'utilité publique, qui ne peuvent également accepter les donations faites à ces établissemens qu'après y avoir été dûment autorisés. (Art. 934, 935, 936, 937.)

L'acceptation émanée d'un incapable est-elle nulle ou simplement annulable?

Avant de répondre à cette question il importe d'en montrer l'intérêt. Si l'acceptation émanée d'un incapable était nulle, la nullité de la donation pourrait être invoquée par toute personne, même par le donateur et ses héritiers; si elle était simplement annulable, le donataire seul ou ses représentants auraient pouvoir de l'attaquer.

Cela posé, il faut, à notre avis, décider que l'acceptation émanée d'un incapable non autorisé ou assisté, rend la donation simplement annulable; car, suivant le droit commun, l'incapacité des mineurs et des interdits n'a été introduite que dans leur intérêt. D'ailleurs, l'article 938 n'exige une acceptation régulière que pour la perfection, et non point pour l'existence de la donation. (Valette, Marcadé.)

Les donations mobilières ne sont-elles pas assujetties, en outre, à une formalité particulière?

Oui; aux termes de l'article 948, les donations mobilières ne sont valables qu'autant qu'un état estimatif, signé du donateur et du donataire, a été annexé à la minute de la donation.

Cette estimation assure l'irrévocabilité des donations, en empêchant le donateur de substituer aux objets donnés d'autres objets de moindre valeur; d'un autre côté, elle sert à déterminer le montant du rapport que le donataire devra faire à la succession, ou de la réduction qu'il devra subir.

Notons cependant que si les objets donnés étaient livrés aussitôt au donataire, la donation serait valable en l'absence de tout état estimatif, car on la considérerait alors comme une donation manuelle. (Art. 948.)

N'y a-t-il pas certaines donations qui sont dispensées de toute formalité?

Oui; par exception, certaines donations sont dispensées de toute formalité. Telles sont :

1° Les libéralités qui consistent dans l'abandon d'un droit; par exemple, lorsqu'un créancier fait remise de la dette à son débiteur.

2° Les libéralités faites au profit d'un tiers dans un contrat à titre onéreux; par exemple, lorsque le vendeur stipule que l'acheteur donnera une certaine somme à un tiers.

3° Les dons manuels. — L'article 868 prévoit, en effet, le cas où des choses mobilières ont été donnés sans état estimatif, et il regarde la donation comme parfaitement valable.

Ainsi, les libéralités dont il s'agit ont été dispensées de toutes les formes qui sont exigées, en principe, pour les donations. La raison en est qu'il aurait été trop facile aux parties d'éluder les règles tracées par la loi. Dès lors il valait mieux tolérer ce qu'on ne pouvait pas empêcher d'une manière efficace. Quoi qu'il en soit, les libéralités ainsi faites dérogent au droit commun en matière de donations, et on leur donne le nom de donations *indirectes*, afin de les distinguer des donations ordinaires.

La jurisprudence regarde comme valables les libéralités qui ont été déguisées sous la forme d'un contrat à titre onéreux. Mais cette théorie est repoussée, avec raison, par la plupart des auteurs. — Effectivement, le principe est que les donations doivent être faites dans la forme solennelle, et il ne faut admettre d'exceptions à cette règle que celles qui ont été expressément formulées par le législateur. — D'ailleurs, toutes les formes que la loi exige, à peine de nullité, pour les donations, l'authenticité, la rédaction de l'acte en minute, la mention de l'acceptation, l'état estimatif, deviendraient illusoires, s'il suffisait, pour s'en affranchir, de déguiser la libéralité qu'on a en vue sous l'apparence d'un contrat à titre onéreux.

Quels sont les effets de la donation?

Il faut distinguer :

La donation a-t-elle pour objet *un corps certain mobilier*, la propriété en est transférée au donataire dès l'instant même du contrat, sans qu'il y ait besoin d'aucune tradition. — Dès ce moment, le donataire est personnellement obligé à en faire la délivrance.

La donation a-t-elle pour objet *un genre mobilier*, par exemple, telle quantité de vin ou de blé, le donateur est obligé envers le donataire dès le moment du contrat; mais la propriété des objets donnés ne sera transférée que par la tradition qui les déterminera d'une manière précise.

La donation a-t-elle pour objet *un meuble incorporel*, comme une créance sur un tiers, le donateur est également obligé envers le donataire dès le moment même du contrat; mais ce dernier n'acquiert définitivement un droit vis-à-vis du tiers débiteur qu'après qu'il lui a signifié la cession faite en sa faveur, ou qu'il a obtenu son acceptation.

Enfin, la donation a-t-elle pour objet *une chose immobilière*, la propriété en est transférée par le donateur au donataire par le seul effet du contrat; mais le transfert de propriété n'existe, à l'égard des tiers, que lorsque la donation a été transcrite au bureau des hypothèques. — Effectivement, tant que la transcription n'a pas été accomplie, les tiers peuvent croire que l'immeuble donné est resté au pouvoir du donateur, et, par suite, les droits réels que ce dernier aurait consentis, à leur profit, sur cet immeuble subsistent, comme si l'aliénation n'avait pas eu lieu. Seulement, le donataire aurait alors un recours à exercer contre le donateur; car si la donation n'existe pas vis-à-vis des tiers, par suite du défaut de transcription, elle existe cependant pour les parties et le donateur est personnellement obligé à la respecter.

Nous devons observer ici qu'en principe la donation ne contient aucune obligation de garantie de la part du donateur. Mais, par exception, il doit la garantie :

1° Lorsqu'elle a été formellement promise : cette promesse est alors une des conditions du contrat;

2° Lorsque l'éviction provient du fait du donateur; par exemple, lorsqu'il a constitué des hypothèques ou des servitudes sur l'immeuble donné, avant que la donation ait été transcrite. C'est là le cas qui a été prévu plus haut;

3° Lorsque la donation a été faite sous la condition que le donataire exécuterait certaines charges. — Si celui-ci éprouve une éviction après avoir exécuté les charges qui lui étaient imposées, il peut exiger que le donateur lui restitue la valeur de ces charges;

4° Lorsque la donation a été faite en vue d'une constitution de dot. (Art. 938, 939.)

En quoi consiste la transcription ?

La transcription consiste dans la copie textuelle de l'acte de donation sur un registre spécial, tenu par le conservateur des hypothèques. — Elle a pour but d'avertir les tiers des mutations de propriété immobilière, et de les empêcher ainsi d'accepter des droits réels des mains d'un détenteur qui aurait cessé d'être propriétaire.

L'origine de la transcription remonte au temps de Justinien.

À cette époque, toute donation qui dépassait la valeur de 500 solides n'était valable, même entre le donateur et le donataire, qu'autant qu'elle avait été rendue publique par l'*insinuation*, c'est-à-dire par sa transcription sur un registre spécial. — En 1539, cette formalité fut introduite par *François I*er dans notre ancien droit; mais elle n'était nécessaire à la validité de la donation que par rapport aux tiers. — Sous la loi de brumaire an VIII, l'insinuation fut remplacée par la transcription, que le Code a maintenue. Maintenant, la propriété n'est transférée à l'égard des tiers qu'autant que la transcription de l'acte qui la transfère a été faite.

Quelle différence y a-t-il entre l'insinuation et la transcription?

1° L'insinuation se faisait au greffe; la transcription se fait au bureau des hypothèques.

2° L'insinuation était exigée pour les donations mobilières et immobilières; la transcription n'est exigée que pour les donations immobilières.

3° Le défaut d'insinuation pouvait être opposé même par les héritiers du donateur; le défaut de transcription ne peut être opposé par eux.

Au reste, l'insinuation n'avait pas, dans notre ancienne législation, les mêmes effets qu'en droit romain.—Chez les Romains, elle était une forme intrinsèque, requise pour la perfection de la donation; tandis que, dans notre droit coutumier, c'était une formalité extrinsèque, en l'absence de laquelle les effets de la donation, d'ailleurs parfaite, se trouvaient concentrés entre le donateur et le donataire. Sous ce rapport, elle présentait une grande analogie avec la transcription.

Quelles sont les personnes qui doivent faire opérer la transcription?

La formalité de la transcription doit être accomplie par les personnes qui y ont intérêt, c'est-à-dire par le donataire, ou par ses héritiers et ayants cause.

Lorsque la donation est faite à une personne dont la loi confie les intérêts à d'autres, les mandataires légaux sont obligés, sous leur responsabilité, de faire la transcription. — Ainsi, lorsque la donation a été faite à une femme mariée, à un mineur, à un interdit, ou à des établissements publics, la transcription doit s'opérer à la requête des maris, tuteurs, ou administrateurs.

Si la transcription n'a pas été faite, le donataire ses héritiers ou ayants cause, sont obligés de supporter les droits que des tiers auraient acquis, postérieurement à la donation, sur l'immeuble donné, sauf, s'ils sont incapables, leur recours contre ceux qui devaient faire transcrire.

En principe, le défaut de transcription peut être opposé par tous ceux qui y ont intérêt, notamment par les tiers auxquels le donateur aurait consenti des droits réels sur l'immeuble donné, postérieurement à la donation. — Toutefois, il y a, par exception, certaines personnes qui ne peuvent pas opposer le défaut de transcription, bien qu'elles y aient intérêt.

Ces personnes sont :

1° Les maris, tuteurs ou administrateurs, qui étaient obligés de faire transcrire la donation, et qui, ne l'ayant pas fait, ont reçu des droits réels sur l'immeuble donné à leur femme, à leur pupille, ou à l'établissement dont ils avaient la gestion.

2° Les ayants cause des maris, tuteurs et administrateurs; car ils succèdent à leurs obligations, comme à leurs droits.

3° Le donateur, car la donation est parfaite entre lui et le donataire indépendamment de toute transcription. (Art. 940, 941, 942.)

Les héritiers du donateur peuvent-ils opposer le défaut de transcription ?

A cet égard, les auteurs sont partagés :

Suivant les uns, ils peuvent l'opposer. — En effet, le Code y autorise toutes les personnes qui y ont intérêt, en exceptant seulement celles qui devaient faire transcrire, leurs ayants cause et le donateur.

Suivant les autres, ils ne peuvent pas l'opposer. — En effet, par cela seul qu'ils sont les continuateurs juridiques du donateur, ils se trouvent frappés de la même exception que lui. Cette exception n'avait pas besoin d'être formulée à leur égard, parce qu'elle résulte des principes généraux.

Les créanciers chirographaires du donateur peuvent-ils opposer le défaut de transcription ?

Oui. En effet, aux termes de l'article 941, toutes les personnes qui y ont intérêt peuvent, sauf quelques exceptions, l'opposer. Or, les créanciers chirographaires y ont intérêt, et ne se trouvent pas compris parmi les personnes exceptées.

Quelles sont les conséquences de la règle : donner et retenir ne vaut ?

La règle *donner et retenir ne vaut* exprime les deux caractères des donations, l'actualité et l'irrévocabilité. Toutes les donations qui n'ont pas ces deux caractères sont nulles.

Telles sont :

1° Les donations qui ne comprennent que des biens à venir. — Celles qui comprennent des biens présents et des biens à venir sont nulles quant aux biens à venir, mais valables quant aux biens présents.

2° Les donations faites sous des conditions dépendantes du donateur. — Telle serait celle par laquelle le disposant aurait donné les biens qu'il laissera à son décès. En effet, comme il peut en disposer pendant toute sa vie, le donataire n'acquiert pas sur eux un droit actuel et irrévocable.

3° Les donations faites sous la condition d'acquitter d'autres dettes ou charges que celles qui existent à l'époque de la donation, ou qui sont exprimées dans l'acte de donation ou dans l'état estimatif. — En effet, si le donataire pouvait être contraint de payer les dettes futures du donateur, ou seulement des dettes non désignées dans l'acte, la donation pourrait être indirectement révoquée.

4° Les donations dans lesquels le donateur s'est réservé de reprendre, soit certains effets, soit une somme fixe sur les biens donnés. — Mais la nullité n'atteint ces donations que jusqu'à concurrence des effets ou de la somme réservée. En conséquence, si le donateur a réservé à son profit, ou au profit d'un tiers, l'usufruit des biens donnés, la donation est valable pour la nue propriété.

Aux termes de l'article 947, ces cas de nullité ne s'appliquent pas aux donations faites par contrat de mariage, ou pendant le mariage, par un époux à l'autre. Ces sortes de donations sont, en effet, comme on le verra plus loin, soumises à des règles particulières. (Art. 943, 944, 945, 946, 947, 949.)

Lorsque le donateur s'est réservé l'usufruit de la chose donnée, quel sera, à l'expiration de l'usufruit, le droit du donataire ?

Lorsque la donation d'effets mobiliers aura été faite avec réserve d'usufruit, le donataire sera tenu, à l'expiration de l'usufruit, de prendre les effets donnés qui se trouveront en nature, dans l'état où ils seront; et il aura action contre le donateur ou ses héritiers, pour raison des objets non existants, jusqu'à concurrence de la valeur qui leur aura été donnée dans l'état estimatif.

En conséquence, si le donateur qui s'est réservé l'usufruit pendant un certain temps ne représente pas les objets donnés lors de l'expiration de l'usufruit, il est censé en avoir disposé, et alors il doit fournir au donataire une indemnité calculée d'après la valeur des objets au moment de la donation. — Mais, s'il représente les objets donnés, le donataire ne peut pas se plaindre de la détérioration, parce qu'elle est une suite de la jouissance, et par conséquent une charge naturelle de la donation. (Art. 950.)

Qu'entend-on par droit de retour conventionnel?

On entend, par droit de retour conventionnel, la stipulation faite par le donateur que les objets donnés lui feront retour, au cas où il survivrait, soit au donataire seul, soit au donataire et à sa postérité.

Ce droit ne peut être stipulé qu'au profit du donateur exclusivement, et non point au profit d'un tiers. Dans ce dernier cas, il y aurait une substitution prohibée par la loi.

Le droit de retour fait tomber toutes les aliénations et tous les droits réels consentis par le donataire. — Néanmoins, par exception, les hypothèques établies sur les biens donnés sont maintenues, lorsque la donation a été faite par contrat de mariage, et que le mari ne peut rembourser à sa femme la dot ou les autres avantages stipulés en sa faveur. (Art. 952, 952.)

SECTION II

DES EXCEPTIONS A LA RÈGLE DE L'IRRÉVOCABILITÉ DES DONATIONS

Dans quels cas les donations entre-vifs sont-elles révocables?

Les donations entre-vifs sont, par exception, révocables dans trois cas, savoir :

1° Pour inexécution des conditions ou charges imposées au donataire.

2° Pour ingratitude du donataire.

3° Pour survenance d'enfant au donateur. (Art. 953.)

Dans quel cas la révocation a-t-elle lieu pour cause d'inexécution des conditions imposées au donataire?

C'est lorsque la donation ayant été faite avec clause que le donataire accomplira certaines charges, par exemple, qu'il servira une rente viagère à un tiers, il se refuse injustement à l'exécution de ces charges.

Ces mots *inexécution des conditions*, qui sont employés par le Code, signifient plutôt inexécution des charges; car la condition est un fait futur et incertain, qui ne dépend pas de la seule volonté du débiteur.

Le donateur peut-il contraindre le donataire à exécuter les charges de la donation?

A cet égard, il y a deux systèmes :

Quelques auteurs admettent l'affirmative. — Effectivement, disent-ils, la donation est un contrat qui oblige réciproquement les parties, l'une envers l'autre, et qui fait naître une action au profit de chacune d'elles pour qu'elle puisse contraindre l'autre à exécuter son engagement. — Ainsi, le donataire peut contraindre le donateur à faire la remise des choses données; et, de son côté, le donateur peut contraindre le donataire à accomplir les charges auxquelles il a consenti à s'astreindre. (Marcadé.)

Mais cette opinion est généralement repoussée, et c'est avec raison. — D'abord, elle est contraire au principe exprimé par l'article 954, qui se borne à accorder au donateur le droit de demander la révocation de la donation, en cas d'inexécution des charges, et qui ne lui donne aucun autre recours. — En second lieu, il faut observer qu'un contrat n'oblige pas nécessairement les deux parties l'une envers l'autre. Le contrat existe dès qu'il y a accord des deux volontés, lors même qu'une seule est obligée. Dans la donation, il n'y a, en général, qu'une seule partie qui soit obligée, c'est le donateur : le donataire n'intervient au contrat que pour y donner son acceptation. S'il arrive quelquefois qu'il ait a exécuter certaines charges, ces charges sont une condition *sine qua non* de la donation; mais elles ne constituent pas des obligations proprement dites, qu'il puisse être contraint d'exécuter. Autrement, la donation, faite avec charges, ne différerait guère d'un contrat synallagmatique à titre onéreux. (Valette.)

Comment a lieu la révocation pour cause d'inexécution des charges?

La révocation pour cause d'inexécution des charges n'a jamais lieu de plein droit, et elle doit être prononcée par un jugement.—

Effectivement, il peut arriver que le donataire ait été dans l'impossibilité d'exécuter, soit en totalité, soit en partie, les charges qui lui ont été imposées; ou bien, qu'il y ait désaccord entre les parties sur l'étendue des charges à accomplir.

La demande en révocation peut être formée, soit par le donateur, soit par ses héritiers. Elle peut même être proposée par les créanciers du donateur, agissant en son nom et comme subrogés à ses droits, conformément à l'article 1166. — Les juges peuvent accorder au donataire des délais de grâce pour s'exécuter. Toutefois, si la donation avait été faite avec clause portant révocation de plein droit en cas d'inexécution des charges, ces délais ne pourraient lui être accordés. (Art. 956.)

Quels sont les effets de la révocation pour cause d'inexécution des conditions?

Cette révocation fait rentrer les biens donnés dans les mains du donateur, libres de toutes charges et hypothèques consenties par le donataire. La donation est considérée comme n'ayant jamais été faite, et le donateur peut poursuivre les tiers détenteurs des biens donnés, aussi bien que le donataire lui-même. — Toutefois, lorsqu'il s'agit de meubles, ces derniers peuvent opposer la maxime : « *En fait de meubles, possession vaut titre.* »

Comme on le voit, le législateur a fait ici application de la maxime *resoluto jure dantis, resolvitur jus accipientis.* Il anéantit les droits conférés à des tiers par le donataire, parce que le droit du donataire est lui-même anéanti. — Au surplus, il importe d'observer que les tiers, dont les droits sont ainsi résolus, se sont exposés, par leur propre fait, à cette résolution. Ils ont dû connaître les charges de la donation; et, si ces charges n'avaient pas encore été exécutées par le donataire au moment où ils ont contracté avec lui, ils ont dû savoir que les droits qui leur étaient conférés se trouvaient subordonnés à des clauses résolutoires. On verra tout à l'heure qu'il en est différemment, lorsque la révocation a eu lieu pour cause d'ingratitude. Comme l'ingratitude du donataire est un fait anormal et exceptionnel, qui ne pouvait pas être prévu par les tiers qui ont traité avec lui, le législateur maintient, dans ce cas, les droits qui leur ont été conférés.

Le Code n'a fixé aucun délai pour exercer l'action en révocation pour inexécution des charges. — Il faut en conclure qu'elle peut, suivant le droit commun, être exercée pendant trente ans, à partir du jour fixé pour l'exécution des charges. — Mais, bien entendu, les tiers détenteurs des immeubles donnés sont à l'abri des poursuites, lorsqu'ils les possèdent depuis un temps suffisant pour la prescription. (Art. 954.)

Dans quels cas la révocation a-t-elle lieu pour cause d'ingratitude ?

La révocation pour cause d'ingratitude a lieu dans les trois cas suivants : Lorsque le donataire a attenté à la vie du donateur; — Lorsqu'il s'est rendu coupable envers lui de sévices, délits ou injures graves; — Lorsqu'il lui refuse des aliments.

Comme on le voit, l'indignité est plus facilement encourue en matière de donations qu'en matière de successions. Cela s'explique : en matière de successions, elle a pour effet de renverser l'ordre légal de la dévolution des biens; en matière de donations, elle a, au contraire, pour effet de rétablir cet ordre. (Art. 955.)

Comment a lieu la révocation pour cause d'ingratitude ?

De même que la révocation pour inexécution des charges, la révocation pour cause d'ingratitude n'a jamais lieu de plein droit : elle doit toujours être demandée à la justice.

Mais, comme nous l'avons déjà observé, elle ne produit pas, à l'égard des tiers, les mêmes effets que la révocation pour inexécution des charges. Les droits réels qui leur ont été conférés par le donataire, tels que servitudes, usufruit, hypothèques, et même les aliénations qui auraient été consenties à leur profit, sont maintenus, nonobstant la révocation du droit du constituant. — Effectivement, il importe, avant tout, de conserver la sécurité due aux contrats et de garantir de toute perte les parties qui n'ont aucune faute à se reprocher. On peut ajouter aussi que la révocation pour cause d'ingratitude a un caractère de pénalité, et que les peines ne doivent atteindre que le coupable. — Toutefois, afin de ne pas laisser au donataire poursuivi pour ingratitude la faculté de rendre illusoire l'action qui est intentée contre lui, en se hâtant de grever les biens donnés de droits réels ou en les aliénant, le Code décide que, si le donateur a fait inscrire sa demande en révocation au bureau des hypothèques, tous les droits réels, concédés postérieurement à l'inscription par le donataire, seront anéantis par l'effet de la révocation.

Dans le cas où le donateur ne pourrait recouvrer les biens donnés, à cause des aliénations qui en auraient été faites par le donataire, antérieurement à l'inscription, il pourra s'en faire restituer la valeur, et même les fruits qui ont été perçus depuis la demande. (Art. 956, 958.)

Pendant combien de temps l'action en révocation pour cause d'ingratitude peut-elle être exercée?

L'action en révocation pour cause d'ingratitude ne peut être exercée que pendant une année à compter du jour du délit imputé par le donateur au donataire, ou du jour où le délit aura pu être connu par le donateur.—En effet, elle touche à un fait personnel au donateur, et celui-ci est réputé l'avoir pardonné, dès qu'il n'intente pas l'action dans un très-court délai.

L'action peut être exercée, soit par le donateur lui-même, soit par ses héritiers, s'il est mort dans l'année du délit d'ingratitude.

Sa demande ne peut être formée que contre le donataire lui-même, et non point contre ses héritiers; car il s'agit d'une action pénale, et les actions de cette nature ne peuvent être formées qu'à l'encontre du délinquant.

Mais, une fois cette demande formée contre le donataire, peut-on la continuer contre ses héritiers, si celui-ci est venu à mourir pendant l'instance? C'est là une question débattue.—Quelques auteurs admettent l'affirmative; mais le plus grand nombre décident que le caractère de pénalité de l'action empêche absolument qu'elle puisse survivre au donataire et être continuée contre ses héritiers. (Art. 957).

N'y a-t-il pas certaines donations qui ne sont pas révocables pour cause d'ingratitude?

Oui. Ce sont les donations faites par un tiers en faveur du mariage.—En effet, ces donations n'ont pas été faites en vue du donataire seul, mais aussi en faveur des enfants à naître du mariage, qui ne doivent pas souffrir de sa faute. A l'inverse, les donations faites par un époux à l'autre demeurent révocables pour cause d'ingratitude, parce que leur révocation ne nuit pas aux enfants, à qui il est indifférent de retrouver les biens donnés dans la succession de leur père ou dans celle de leur mère. (Art. 959).

Dans quels cas la révocation a-t-elle lieu pour cause de survenance d'enfant au donateur?

La révocation pour cause de survenance d'enfant a lieu lorsque le donateur n'avait au moment de la donation, ni enfants, ni descendants légitimes vivants, et qu'il lui est survenu depuis un enfant légitime, même posthume, ou qu'il a fait légitimer un enfant naturel né depuis la donation.

La loi présume que celui qui, n'ayant pas d'enfant, a fait une donation n'a consenti à se dépouiller de ses biens que dans la pensée qu'il n'aurait jamais d'enfants.

En principe, toutes les donations, à quelque titre qu'elles aient été faites, et encore qu'elles soient mutuelles ou rémunératoires, sont révocables, pour cause de survenance d'enfant au donateur. — Toutefois, il faut, comme on le verra plus loin, admettre une exception pour les donations qui ont été faites en faveur du mariage, soit par les conjoints l'un à l'autre, soit par les ascendants des conjoints. Les donations ainsi faites ne sont pas révocables pour survenance d'enfant au donateur; car on peut très-bien supposer qu'il aurait consenti à les faire, lors même qu'il aurait eu des enfants au moment de la donation.

Au surplus, la survenance d'enfant au donateur ne révoque même pas les donations ordinaires, dans tous les cas où elle ne serait pas de nature à modifier les intentions du donateur. (Art. 960).

Dans quels cas la survenance d'enfant est-elle sans effet révocatoire ?

La survenance d'enfant au donateur ne produit pas la révocation de la donation.

1° En cas de survenance d'un enfant légitime, lorsque le donateur avait déjà un ou plusieurs enfants légitimes au moment de la donation.

2° En cas de légitimation d'un enfant naturel, lorsque l'enfant légitimé était déjà né au moment de la donation. — Toutefois, il faut observer que la révocation aurait lieu, si l'enfant légitimé était seulement conçu, et non point né, au moment de la donation.

Pareillement, la survenance d'un enfant légitime produit un effet révocatoire, lors même que le donateur avait un enfant naturel reconnu au moment de la donation.

En ce qui concerne la survenance d'un enfant adoptif, il faut décider qu'elle ne rend pas la donation révocable. — Effectivement, le Code n'attribue d'effet révocatoire à la survenance d'enfants que lorsqu'il s'agit d'enfants légitimes ou légitimés. C'est avec raison, car il serait contraire à la règle de l'irrévocabilité des donations que le donateur pût les faire révoquer à sa volonté, en adoptant un étranger. (Art. 961.)

Comment a lieu la révocation pour cause de survenance d'enfant?

La révocation pour cause de survenance d'enfant a lieu de plein droit, et elle s'opère au moyen d'une simple mise en demeure, sans que le donateur soit obligé de la faire prononcer en justice. Elle produit son effet, lors même que le donataire ne serait entré en possession des biens donnés que depuis la survenance d'enfant et qu'il y serait entré au su du donateur. Pour que les biens donnés redeviennent sa propriété, il faut une nouvelle donation.

La révocation pour cause de survenance d'enfant au donateur anéantit toutes les charges et hypothèques qui auraient été consenties par le donataire sur les biens donnés. La donation est considérée comme n'ayant jamais existé, et le donataire est tenu de restituer non-seulement les objets qui en font partie, mais encore les fruits ou intérêts perçus depuis la notification de la naissance de l'enfant. (Art. 962, 963, 964.)

Pendant combien de temps l'action en révocation pour survenance d'enfant peut-elle être exercée?

L'action en révocation pour survenance d'enfant peut être exercée pendant trente ans, à compter du jour de la naissance du dernier enfant. — A l'expiration de ces trente ans, le donataire ou ses héritiers se trouvent libérés de l'action en révocation. Ils peuvent ainsi conserver les biens donnés, mais ce sera toujours au titre de la donation, car la prescription qui s'est accomplie en leur faveur est une prescription *libératoire*, et non point une prescription *acquisitive*. Elle les libère de l'action en révocation; mais elle ne leur fait pas acquérir les biens par l'effet d'une possession continuée pendant trente ans.

En conséquence, les biens donnés, et puis prescrits, resteront soumis au rapport et à la réduction, comme étant acquis au donataire par donation, et non point par prescription. C'est ce qui paraît résulter de l'article 966, aux termes duquel la prescription sert *à faire valoir la donation révoquée par la survenance d'enfants*.

Cette dérogation au droit commun n'est pas la seule que nous trouvions ici.

Suivant les principes généraux de la prescription, les tiers qui ont une possession fondée sur la bonne foi et un juste titre peuvent prescrire par dix ans, à compter du jour où ils sont entrés en possession. — L'article 966 décide néanmoins que les tiers qui ont reçu les biens donnés des mains du donataire ne prescriront que par trente ans, à compter du jour de la naissance du dernier enfant.

Peut-on insérer dans les donations une clause de non-révocation pour survenance d'enfant?

Non; aux termes de l'article 965, toute clause ou convention par laquelle le donateur aurait renoncé à la révocation de la donation pour survenance d'enfant sera regardée comme nulle, et ne pourra produire aucun effet. — Le Code suppose que le donateur n'aurait pas consenti à cette renonciation, s'il avait connu la tendresse paternelle. D'ailleurs, si une pareille clause avait été permise, elle n'aurait pas tardé à devenir de style, elle aurait ainsi rendu illusoires les dispositions qui ont pour but de protéger le donateur contre les entraînements d'une générosité irréfléchie.

CHAPITRE CINQUIÈME

DES DISPOSITIONS TESTAMENTAIRES

Articles 967 à 1047.

Ce chapitre est divisé par le Code en huit sections, qui traitent : 1° Des règles générales sur la forme des testaments. — 2° Des règles particulières sur la forme de certains testaments. — Des institutions d'héritiers, et des legs en général. — 4° Du legs universel. — 5° Du legs à titre universel. — 6° Des legs particuliers. — 7° Des exécuteurs testamentaires. — 8° De la révocation des testaments et de leur caducité.

SECTION I

DES RÈGLES GÉNÉRALES SUR LA FORME DES TESTAMENTS

Combien y a-t-il d'espèces de testaments?

Il y a deux espèces de testaments : les testaments *ordinaires*, qui sont régis par les règles du droit commun; et les testaments *privilégiés*, qui sont régis par des règles exceptionnelles, et qu'on emploié seulement dans certaines circonstances, telles que les voyages sur mer et les expéditions militaires.

Ces deux espèces de testaments sont, d'ailleurs, assujettis à des règles communes.

Quelles sont les règles communes à tous les testaments?

Les règles communes à tous les testaments sont les suivantes:

1° Toute personne capable peut faire son testament.

2° On peut indifféremment désigner sous la dénomination d'héritier, sous celle de légataire, ou sous toute autre dénomination, la personne appelée à recueillir les biens.

3° Tout testament doit être rédigé par écrit. — L'écrit est nécessaire non-seulement pour la preuve, mais même pour l'existence du testament.

4° Le testament ne peut contenir les volontés de plusieurs personnes à la fois : chacun doit tester séparément.

5° Le testament est un acte solennel, et doit, pour être valable, remplir toutes les conditions exigées par la loi. (Art. 967, 968.)

N'y a-t-il pas trois formes de testaments ordinaires?

Oui; la loi reconnaît trois formes de testaments ordinaires, savoir :

1° Le testament olographe;

2° Le testament public;

3° Le testament mystique. (Art. 969.)

Qu'est-ce que le testament olographe?

Le testament olographe est celui qui est écrit en entier, daté et signé de la main du testateur.

Le testament doit être écrit en entier de la main du testateur. — Il peut, d'ailleurs, être écrit sur n'importe quelle matière, sur du papier, sur du parchemin ; il peut même être charbonné sur un mur, s'il est établi que le testateur n'a pu le faire autrement.

Il doit être daté, c'est-à-dire qu'il doit mentionner le jour, le mois et l'an. — La date servira à établir que le testateur était capable au moment de la confection du testament. De plus, dans l'hypothèse de plusieurs testaments, elle déterminera celui qui est le dernier, et qui doit en conséquence recevoir son exécution.

Il doit enfin être signé de la main du testateur. — La signature sera mise à la fin du testament, et placée de telle sorte qu'elle en approuve nécessairement toutes les clauses. (Art. 970.)

Quelle est la force probante du testament olographe ?

Le testament olographe, étant un acte sous seing privé, ne fait foi qu'entre les parties. — En conséquence, si les héritiers légitimes en contestent l'écriture ou la signature, c'est au légataire à établir qu'elles sont bien celles du testateur.

Le testament olographe fait, d'ailleurs, foi de sa date, et c'est à ceux qui le contestent à prouver, par tous les moyens à leur disposition, qu'elle est indiquée d'une manière inexacte.

Qu'est-ce que le testament public ?

Le testament public est celui qui est fait par acte authentique, c'est-dire par-devant notaire.

Il doit : — 1° Être reçu par deux notaires en présence de deux témoins, ou par un notaire en présence de quatre témoins. — 2° Être dicté par le testateur. — 3° Être écrit par l'un des notaires. — 4° Être lu au testateur en présence des témoins. — 5° Mentionner expressément que toutes les formalités ci-dessus ont été accomplies. — 6° Être signé par le testateur, par les notaires et par les témoins.

Il doit être écrit par le notaire, sous la dictée du testateur. — S'il est dicté en langue étrangère, le notaire doit le rédiger en français, en mettant en marge la traduction étrangère.

Il doit être signé par le testateur. — Si ce dernier ne sait ou ne peut pas signer, il sera fait mention expresse de ses déclarations et de la cause qui l'a empêché de signer.

Il doit être signé par les notaires et par les témoins. — Cependant, dans les campagnes, il suffira qu'un des deux témoins signe, si le testament est reçu par deux notaires ; et que deux des quatre témoins signent, s'il est reçu par un seul notaire. (Art. 971, 972, 973, 974.)

Quelles sont les personnes qui ne peuvent servir de témoins dans un testament authentique ?

En principe, tout Français mâle et majeur, ayant la jouissance et l'exercice de ses droits civils, peut servir de témoin dans un acte authentique. — Par exception, on exclut dans les testaments authentiques les légataires, leurs parents ou alliés jusqu'au quatrième degré inclusivement, et les clercs des notaires qui reçoivent le testament. (Art. 975, 980.)

Quelle est la force probante du testament authentique ?

Le testament authentique a une force probante absolue. En

conséquence, si les héritiers légitimes en contestent la sincérité, c'est à eux à faire la preuve de leurs allégations, et ils ne peuvent la faire que par la voie de l'inscription de faux. — C'est donc celle des formes des testaments ordinaires qui assure de la manière la plus efficace l'exécution des dernières volontés du testateur.

Qu'est-ce que le testament mystique ?

Le testament mystique tient tout à la fois du testament olographe en ce que ses dispositions sont secrètes, et du testament authentique en ce qu'il a une force probante absolue.

Il doit : — 1° Être écrit par le testateur ou par un tiers ; — 2° Être signé par le testateur ; — 3° Être présenté à un notaire assisté de ses témoins, soit clos et scellé, soit ouvert, auquel cas il sera clos et scellé en leur présence ; — 4° Être affirmé par le testateur, qui déclare l'avoir écrit, ou fait écrire, et l'avoir signé.

Le notaire dresse ensuite sur le papier qui contient le testament un procès-verbal, appelé *acte de suscription*, et le signe, ainsi que le testateur et les témoins. Si le testateur ne signe pas l'acte de suscription, il sera fait mention qu'il n'a pas pu signer. — S'il n'avait pas signé les dispositions secrètes contenues dans le testament, un septième témoin devrait être appelé, et mention serait faite de la cause pour laquelle ce témoin a été appelé.

Toutes ces formalités doivent être accomplies sans interruption par le notaire, afin qu'un tiers intéressé n'ait pas le temps de substituer un autre acte à la place du véritable testament. (Art. 976, 977.)

N'y a-t-il pas certaines personnes qui ne peuvent pas faire un testament olographe ou mystique ?

Oui ; les personnes qui ne savent ou ne peuvent pas lire sont privées de la faculté de tester en la forme olographe, et même en la forme mystique ; car elles ne peuvent pas s'assurer de la fidélité de celui qu'elles ont chargé d'écrire leur testament. — Les personnes qui ne savent ni lire ni écrire doivent donc recourir au testament authentique, dans lequel elles trouveront la garantie des témoins et de l'officier ministériel.

Les muets qui ne peuvent pas tester en la forme publique à cause de la dictée, peuvent, au contraire, s'ils savent écrire, tester en forme olographe ou mystique, à la condition que le testament soit en entier écrit, daté, ou signé de leur main. — S'ils veulent tester en la forme mystique, ils présenteront leur testament au notaire et aux témoins, en écrivant, en leur présence, que le papier qu'ils présentent est bien leur testament; après quoi, le notaire écrira l'acte de suscription, en faisant mention de cette déclaration.

Une question débattue est celle de savoir si le testament qu'on a voulu faire dans la forme mystique, et qui n'est pas valable sous cette forme, à cause de l'inobservation des règles prescrites, peut valoir comme testament olographe, lorsqu'il est écrit en entier, daté et signé de la main du testateur.

A cet égard, les auteurs ne sont pas d'accord.

Suivant les uns, le testament mystique est un acte indivisible; ou il vaut comme testament mystique, ou il n'a absolument aucune valeur.

Suivant les autres, au contraire, il vaut comme testament olographe, puisqu'il en a toutes les qualités.—La pensée dominante du testateur a été de tester; qu'il l'ait fait sous une forme ou sous une autre, c'est là une simple question de préférence, et l'on doit, avant tout, suivre sa volonté en ce qu'elle a d'essentiel. (Art. 978, 979.)

Les personnes qui ne peuvent être témoins dans un testament authentique peuvent-elles l'être dans un testament mystique ?

Il faut distinguer :

Les clercs des notaires qui reçoivent le testament ne peuvent être témoins dans aucune de ces deux formes.—Mais les légataires, ainsi que leurs parents ou alliés au quatrième degré, ne sont pas exclus des testaments mystiques; car le notaire, ne connaissant pas le contenu des testaments faits dans cette forme et les noms des témoins qui y ont été inscrits, se trouverait, par là, dans l'impossibilité absolue de s'assurer de leur validité.

SECTION II

DES RÈGLES PARTICULIÈRES SUR LA FORME DE CERTAINS TESTAMENTS

Quels sont les testaments privilégiés ?

Il y a quatre sortes de testaments privilégiés, savoir :

1° Les testaments militaires.

2° Les testaments faits en temps de peste.

3° Les testaments maritimes.

4° Les testaments faits par un Français à l'étranger.

Quelles sont les personnes qui peuvent faire un testament militaire ?

Les personnes qui peuvent faire un testament militaire sont les militaires ou employés des armées, lorsqu'ils sont en campagne sur un territoire étranger, ou lorsqu'ils se trouvent assiégés dans une place forte, en France, et qu'ils sont privés de toute communication avec le dehors.

Le testament militaire est une sorte de testament public, reçu par le chef de bataillon ou par un commissaire des guerres, en présence de deux témoins, et dispensé de la plupart des formalités des autres testaments. — Pour être valable, il suffit qu'il soit signé par le testateur, par l'officier qui le reçoit et par les témoins. Si le testateur ne sait ou ne peut pas signer, la mention de cette circonstance équivaut à sa signature.

Le testament militaire cesse d'être valable six mois après la rentrée en France du testateur. (Art. 981, 982, 983, 984.)

Quelles sont les formes des testaments faits en temps de peste?

Le testament fait en temps de peste est une sorte de testament public, reçu en présence de deux témoins, par le juge de paix, le maire ou les adjoints d'une commune, qui, par suite de peste ou autre maladie contagieuse, se trouve privée de toute communication.

Ce testament suit les formes du testament militaire; il cesse également d'être valable six mois après que les communications ont été rétablies, ou que le testateur a passé dans un lieu à l'abri de la maladie.

Toutes les personnes, même non malades, qui se trouvent dans les lieux infectés peuvent faire ce testament. (Art. 985, 986, 987.)

Quelles sont les formes du testament maritime ?

Le testament maritime est une sorte de testament public, reçu, sur les bâtiments de l'État, par le commandant, assisté de l'officier d'administration et de deux témoins; et sur les bâtimens de commerce, par l'écrivain du navire, assisté du capitaine et de deux témoins.

Dans tous les cas, il sera fait un double original du testament.

Si le bâtiment aborde dans un port étranger, dans lequel se

trouve un consul de France, l'un des originaux de ce testament sera remis, clos ou cacheté, entre les mains de ce consul, qui le fera parvenir au ministre de la marine ; et celui-ci en fera faire le dépôt au greffe de la justice de paix du lieu du domicile du testateur.

Au retour du bâtiment en France, les deux originaux, ou celui des deux qui resterait, seront remis, également clos ou cachetés, au préposé de l'inscription maritime. Ce préposé les fera passer sans délai au ministre de la marine, qui en ordonnera le dépôt comme précédemment.

Il sera fait mention sur le rôle du bâtiment, à la marge du nom du testateur, de la remise qui aura été faite des originaux du testament.

Le testament maritime peut être fait non-seulement par les hommes d'équipage, mais encore par tous les passagers qui se trouvent à bord d'un bâtiment en cours de voyage. — Toutefois, le testament ne serait point réputé fait en mer, quoiqu'il l'ait été dans le cours du voyage, si, au temps où il a été fait, le navire avait abordé une terre, soit française, soit étrangère, où il y aurait un officier public français. Dans ce cas, il ne sera valable que s'il a été fait suivant les formes prescrites en France, ou suivant celles qui sont usitées dans le pays où il aura été fait.

Le testament maritime doit être signé par le testateur et par ceux qui le reçoivent. Si le testateur déclare qu'il ne sait ou ne peut signer, il sera fait mention de sa déclaration, ainsi que de la cause qui l'empêche de signer. — Dans les cas où la présence de deux témoins est requise, le testament sera signé au moins par l'un d'eux, et il sera fait mention de la cause pour laquelle l'autre n'aura pas signé.

Le testament maritime cesse d'être valable trois mois après que le testateur est descendu à terre, et dans un lieu où il a pu le refaire dans les formes ordinaires.

Le testament maritime ne peut contenir aucune disposition au profit des officiers du vaisseau, s'ils ne sont pas parents du testateur. (Art. 988, 989, 990, 991, 992, 993, 994, 995, 996, 997, 998.)

Quelles sont les formes du testament fait par un Français à l'étranger ?

Les Français à l'étranger peuvent faire un testament, soit en la forme olographe, soit dans la forme usitée dans le pays où ils se trouvent. Mais leur testament n'est exécutoire en France qu'après avoir été enregistré. (Art. 999, 1000, 1001.)

SECTION III
DES INSTITUTIONS D'HÉRITIERS, ET DES LEGS EN GÉNÉRAL

Combien y a-t-il d'espèces de legs ?

Il y a trois espèces de legs, savoir : le legs universel, le legs à titre universel et le legs à titre particulier.

Dans le droit romain, le testament n'était valable qu'autant qu'il y avait institution d'un héritier, représentant la personne du défunt et ayant la saisine de ses biens. — Contrairement à cette règle, le Code décide que le testament est valable, soit que l'on ait appelé *héritier*, soit que l'on ait appelé *légataire*, celui en faveur duquel on dispose. A proprement parler, la loi seule fait chez nous des héritiers ; le testateur n'institue que des légataires. Quant à la question de savoir si ces derniers représentent la personne du défunt, ou s'ils ne sont que de simples successeurs aux biens, c'est ce que nous examinerons plus loin. (Art. 1002.)

A quel moment le legs est-il acquis, exigible et transmissible ?

On dit que le legs est *acquis*, lorsque le légataire y a un droit irrévocable ; qu'il est *exigible*, lorsqu'il peut en réclamer la délivrance : qu'il est, enfin, *transmissible*, lorsqu'il peut le transmettre à ses propres héritiers.

Cela posé, nous ferons une distinction :

S'agit-il d'un legs pur et simple, le legs est en même temps acquis, exigible et transmissible au décès du testateur.

S'agit-il d'un legs à terme, le legs est acquis et transmissible au décès du testateur ; mais il n'est exigible qu'à l'époque du terme.

S'agit-il enfin d'un legs conditionnel, le legs n'est acquis, exigible et transmissible qu'à l'avénement de la condition. — Si le légataire meurt avant qu'elle soit accomplie, ses héritiers n'ont rien à réclamer ; ils n'auraient même aucun droit, si elle venait plus tard à s'accomplir, car, en matière de legs, la condition n'a pas d'effet rétroactif.

La représentation du testament suffit-elle pour faire obtenir aux légataires la délivrance de leur legs ?

Il faut distinguer :

Si le testament a été fait en la forme authentique, il est exécutoire par lui-même, et sa représentation suffit pour faire obtenir aux légataires la délivrance de leurs legs.

S'il a été fait en la forme olographe, il ne devient exécutoire qu'après avoir été présenté par les légataires au président du Tribunal de première instance du lieu de l'ouverture de la succession. — Celui-ci l'ouvre, s'il est cacheté ; et dresse procès-verbal de la présentation, de l'ouverture, et de l'état du testament. Puis il en ordonne le dépôt entre les mains d'un notaire qu'il désigne.

Si le testament est mystique, il ne devient exécutoire qu'après l'observation des mêmes formalités. — En outre, afin d'augmenter sa solennité, la loi veut que le notaire et les témoins qui ont signé l'acte de suscription soient appelés pour assister à l'ouverture de l'acte, s'ils se trouvent sur les lieux. Toutefois leur présence n'est pas indispensable.

Cette procédure terminée, les légataires peuvent agir en délivrance de leurs legs. — Nous verrons plus loin au moyen de quelles actions ils l'obtiennent. (Art. 1007.)

SECTION IV
DU LEGS UNIVERSEL

Qu'est-ce que le legs universel ?

Le legs universel est celui par lequel un testateur appelle un légataire à recueillir, au moins éventuellement, la totalité de ses biens.

Les mots *au moins éventuellement* signifient que le légataire universel, tout en étant appelé à recueillir l'universalité des biens laissés par le testateur, peut, en fait, n'en recueillir qu'une partie ; qu'il peut même, en fait, n'en recueillir aucune portion, soit parce qu'il existe d'autres légataires à titre particulier, soit à cause des dettes dont la succession est grevée. — Mais ce n'est pas au résultat, c'est à la vocation qu'il faut s'arrêter pour déterminer le caractère du legs. Il est universel, par cela seul que la vocation comprend la totalité de la succession ; par cela seul qu'elle comprend une masse indéterminée. Quelques exemples feront comprendre notre pensée.

Ayant une succession de 100, et me trouvant sans héritiers réservataires, j'institue *Primus* en qualité de légataire universel, puis *Secundus* et *Tertius* comme légataires particuliers, pour chacun 50. — Si *Secundus* et *Tertius* acceptent tous les deux, *Primus* ne recevra rien. Mais si, au contraire, l'un des deux vient à faire défaut, il recueillera la part de celui-ci. Si, enfin, tous les deux font défaut, il recevra la succession tout entière.

En léguant tous mes biens existant à ma mort, je fais un legs universel; car je lègue une masse indéterminée. — En léguant tous mes biens existant au moment de la confection de mon testament, je fais, au contraire, un legs particulier; car je lègue une masse déterminée qui ne changera pas, quand même avant ma mort j'aurais augmenté mon patrimoine. (Art. 1003.)

Le legs de la nue propriété de tous les biens est-il un legs universel?

Oui; le legs de la nue propriété de tous les biens que le testateur laissera après sa mort est un legs universel.—Effectivement, il confère au légataire une vocation à l'ensemble de tous les biens, puisque l'usufruit doit s'éteindre un jour.

Le legs qui comprend l'usufruit de tous mes biens est, au contraire, à titre particulier, parce qu'il a pour objet un droit essentiellement temporaire.

Les légataires universels ont-ils la saisine?

Oui; les légataires universels peuvent avoir la saisine, mais c'est à une double condition.—Il faut : 1° Qu'il n'existe pas d'héritiers réservataires au moment du décès du testateur; 2° Que le testament soit fait en la forme authentique.

S'il existait des héritiers réservataires, ils auraient eux-mêmes la saisine, et les légataires universels devraient s'adresser à eux pour en obtenir la délivrance des biens compris dans le testament. — En cas de refus de la part de ces derniers, ils s'adresseront au Tribunal pour en obtenir un jugement qui condamne les héritiers à faire la délivrance.

S'il n'y avait pas d'héritiers réservataires, mais si le testament était olographe ou mystique, les légataires devraient, pour lui faire donner un caractère authentique et exécutoire, présenter une requête au président du Tribunal, qui y apposera une ordonnance d'envoi en possession. (Art. 1004, 1006, 1008.)

A partir de quel moment les légataires universels acquièrent-ils les revenus de leurs legs?

Il faut distinguer :

S'il n'existe pas des héritiers réservataires, les légataires universels ont la saisine, et dès lors ils acquièrent les revenus à partir de la mort du testateur.

S'il existe, au contraire, des héritiers réservataires, les légataires universels ne peuvent acquérir les revenus de leurs legs à partir de la mort du testateur, qu'à la condition de faire leur demande en délivrance de legs dans l'année de son décès. — S'ils laissent écouler une année sans former leur demande, ils n'acquièrent les revenus de leurs legs qu'à compter du jour de la délivrance amiable, ou de la demande en délivrance qu'ils ont formée devant le Tribunal. (Art. 1005.)

Les légataires universels représentent-ils la personne du défunt, comme les héritiers légitimes ?

A cet égard, nous trouvons plusieurs systèmes.

D'abord, suivant l'opinion la plus généralement adoptée, si les légataires universels ou à titre universel sont tenus au payement des dettes de la personne à laquelle il succèdent, ils ne sauraient en être tenus de la même façon que les héritiers du défunt. Ils ne représentent pas, en effet, le défunt, et ils ne sont pas les continuateurs juridiques de sa personne : simples successeurs aux biens du *de cujus*, ils doivent payer les dettes tant qu'ils détiennent une fraction quelconque de l'actif, parce que *non sunt bona, nisi deducto œre alieno;* mais là s'arrête leur obligation : ils ne sont tenus qu'*intra vires successionis*, et leur patrimoine propre échappe aux poursuites des créanciers héréditaires. — Nous savons, au contraire, que l'héritier, lorsqu'il accepte purement et simplement, est tenu *ultra vires* des dettes et charges de la succession.

Tel était le système de notre ancien droit, bien différent de la théorie romaine. Les coutumes ne reconnaissaient pas à l'homme le pouvoir de faire un héritier *heredes gignantur, non scribuntur,* disaient-elles expressivement; *solus Deus heredem facere potest, non homo.* — Le titre d'héritier était attaché au sang; en retour il impliquait une obligation sans limites. Tout autre successeur n'était qu'un légataire universel, et l'action dirigée contre lui était bornée à son émolument.

Il en était tout autrement à Rome. Le *de cujus* pouvait créer un héritier, comme la loi. Qu'il fût testamentaire ou *ab intestat*, le successeur prenait également la place du défunt. Dans l'un et l'autre cas, il était tenu indéfiniment.

Quelques jurisconsultes soutiennent que le Code s'est rallié au système du droit romain, et leur opinion a été adoptée par un arrêt de la Cour de cassation du 13 août 1851. — Cet arrêt pose comme principe qu'il n'y a pas à distinguer, sous le rapport des dettes, entre les héritiers légitimes, qui sont institués par la loi, et les successeurs à titre universel, qui sont institués par la volonté de l'homme; que ceux-ci ont les mêmes droits que les premiers et sont soumis aux mêmes charges. — Il se fonde sur les articles 1009 et 1012, qui portent en effet que les légataires universels et à titre universel sont tenus *personnellement* des dettes. Mais n'est-ce pas exagérer outre mesure la portée de cette expression? Le sens n'est-il pas naturellement limité par le mot *hypothécairement*, qui y fait antithèse? Ne disait-on pas de même, dans notre ancien droit, que les créanciers avaient une action personnelle contre les légataires, quoiqu'on ne considérât ceux-ci que comme de simples successeurs aux biens?

Une opinion intermédiaire fait une distinction : si le légataire universel vient en concours avec un héritier réservataire, il ne représente pas le défunt, et il n'est tenu des dettes que jusqu'à concurrence de son émolument, parce qu'alors le défunt est représenté par son héritier.—Mais si, au contraire, le légataire universel est appelé à recueillir seul toute la succession, il représente le défunt, et il est tenu des charges *ultrà vires*, parce qu'il est saisi. Le payement des dettes serait donc une conséquence de la saisine. Effectivement, dans notre ancien droit, la saisine avait pour effet de constituer le successeur qui l'obtenait continuateur juridique de la personne du défunt, et le Code n'a pas aboli cette règle. (Colmet de Santerre.)

Mais on répond avec raison que la saisine n'emporte pas nécessairement l'idée de la représentation du défunt et de l'obligation aux dettes : ce qui le prouve, c'est que les exécuteurs testamentaires, qui ont la saisine du mobilier, ne deviennent pas pour cela des continuateurs juridiques du défunt. Si l'héritier est tenu des dettes, c'est parce qu'il succède *in universum jus*, et non parce qu'il est saisi. L'obligation aux dettes et la saisine sont deux résultats concomitants, mais l'un n'est pas l'effet de l'autre : *cum hoc, sed non propter hoc.*

Ainsi donc, à la différence de l'héritier pur et simple, le simple successeur aux biens ne saurait être tenu *ultrà vires successionis* du payement des dettes, et cela alors même qu'il est appelé à recueillir seul toute la succession et qu'il a la saisine. (Marcadé.)

Dans quelle proportion les légataires universels contribuent-ils au payement des dettes?

Avant de répondre à cette question, il importe d'établir un double principe : 1° le payement des dettes s'impute sur la succession tout entière; 2° le payement des legs ne s'impute que sur la quotité disponible.

En conséquence, si les légataires universels viennent seuls à la succession, ils doivent payer toutes les dettes et tous les legs, jusqu'à l'épuisement de l'actif héréditaire. S'ils viennent en concours avec des héritiers réservataires, ils doivent payer également tous les legs, mais ils ne contribuent aux dettes que dans la proportion des biens qu'ils recueillent. — Les mêmes règles devront être observées, s'il y a plusieurs légataires universels institués en même temps : seulement, la quotité d'actif et de passif qui doit leur revenir sera répartie entre eux par égales portions, au lieu d'être attribuée à un seul légataire.

Aux termes de l'article 1009, le légataire universel qui vient en concours avec un héritier réservataire, est tenu d'acquitter tous les legs. — Cela ne veut pas dire que le légataire universel sera tenu d'acquitter chaque legs particulier *en totalité;* car nous savons, au contraire, que lorsque les libéralités dépassent la quotité disponible, on réduit proportionnellement les legs particuliers, comme les legs universels. Il faut donc entendre ces expressions en ce sens que le légataire universel qui vient en concours avec des héritiers réservataires est *seul* chargé de l'acquittement des legs particuliers, quelque nombreux et importants qu'ils soient, à l'exclusion des héritiers réservataires. Cette disposition est, d'ailleurs, parfaitement rationnelle : les héritiers réservataires qui se trouvent en présence d'un légataire universel ne reçoivent que la part de succession *ab intestat* que la loi leur réserve, et cette part ne peut être diminuée par les dispositions testamentaires du *de cujus.*

Lorsqu'un légataire universel en concours avec des héritiers réservataires a reçu dans son lot un immeuble hypothéqué par le défunt, et qu'il a payé la totalité de la dette hypothécaire, il peut exercer un recours contre les héritiers réservataires, pour se faire indemniser par eux de ce qu'il a payé au delà de sa part dans les dettes. (Art. 1009.)

Quelles sont les actions qui appartiennent aux légataires universels?

Les légataires universels peuvent exercer :

1° Une action en partage, lorsqu'ils concourent avec des héritiers réservataires.

2° Une action en revendication, lorsqu'ils ont à reprendre les objets légués aux mains des tiers détenteurs.

3° Une action personnelle, lorsqu'ils ont à poursuivre des débiteurs héréditaires.

SECTION V

DU LEGS A TITRE UNIVERSEL

Qu'est-ce que le legs à titre universel?

Aux termes de l'article 1010, le legs à titre universel est celui par lequel le testateur laisse une quote-part des biens dont la loi lui permet de disposer, telle qu'une moitié, un tiers, — ou tous ses meubles, — ou tous ses immeubles, — ou enfin une quotité fixe de tous ses meubles ou de tous ses immeubles.

Tout autre legs ne forme qu'une disposition à titre particulier. Ainsi, lorsque je lègue, non pas tous mes immeubles ou la moitié, le tiers de mes immeubles, mais tous les immeubles que je possède dans telle colonie ou dans tel département, ce legs est à titre particulier ; car il ne comprend ni la totalité de mes biens, ni la totalité de mes immeubles, ni même une quotité de mes immeubles. Il comprend plusieurs immeubles déterminés. — Un legs peut donc être réputé à titre particulier, bien qu'il n'ait pas pour objet un corps certain.

A la différence du legs universel, le legs à titre universel n'exclut pas les héritiers légitimes et les successeurs irréguliers : il ne fait que diminuer leurs droits. Les légataires à titre universel peuvent donc se trouver en concours, soit avec des héritiers réservataires, soit avec des légataires universels, soit avec des héritiers légitimes et des successeurs irréguliers, — ils concourent avec des légataires universels et avec des légataires à titre particulier, lorsque le testateur, après avoir légué universellement la quotité disponible, impose à celui qui recueille ce legs l'obligation d'en remettre une quotité à un ou plusieurs légataires. (Art. 1010.)

Les légataires à titre universel peuvent-ils obtenir la saisine, comme les légataires universels?

Non ; les légataires à titre universel n'obtiennent jamais la saisine : lors même que les dispositions faites à leur profit doivent absorber toute la succession, ils sont toujours tenus de demander la délivrance. — S'ils prenaient, de leur chef, possession des biens qui leur ont été légués, les ayants droit pourraient les contraindre à restituer, et même les poursuivre en dommages-intérêts.

Lorsqu'il existe des héritiers réservataires, les légataires à titre universel doivent former contre eux leur demande en délivrance. — S'il y avait en même temps un héritier réservataire et un légataire universel, il faudra distinguer : si le légataire universel a obtenu la délivrance de son legs, le légataire à titre universel doit agir contre lui ; dans le cas contraire, il peut valablement s'adresser à l'héritier réservataire.

S'il n'existe ni héritiers réservataires, ni légataires universels, le légataire à titre universel doit agir contre les héritiers les plus proches, puisqu'ils ont la saisine ; si ces héritiers renoncent, il pourra faire nommer un curateur à la succession vacante et former contre lui sa demande.

Enfin, à défaut d'héritier à réserve, de légataire universel et d'héritiers légitimes, le légataire à titre universel formera sa demande en délivrance contre les successeurs irréguliers, pourvu toutefois que ceux-ci aient eux-mêmes obtenu l'envoi en possession. Autrement, le légataire à titre universel agirait, comme nous venons de le dire, contre le curateur nommé à la succession. (Art. 1011.)

A partir de quel moment les légataires à titre universel acquièrent-ils les revenus de leurs legs?

Le Code ne s'est pas expliqué à cet égard : deux opinions sont en présence.

Suivant la première, les légataires à titre universel doivent être assimilés aux légataires universels, en ce qui concerne les fruits et revenus de leurs legs ; et, par conséquent, ils peuvent les acquérir à partir de la mort du testateur, s'ils ont fait leur demande en délivrance dans l'année. — En effet, de même que les légataires universels, ils ont droit à un ensemble de biens, à une fraction d'hérédité. Or, l'hérédité s'accroissant de tous les fruits produits par elle, conformément à la règle *fructus augent hereditatem*, chaque fraction de l'hérédité doit s'accroître en même temps et dans la même proportion que l'hérédité elle-même. (Demante.)

Suivant la seconde opinion, les légataires à titre universel doivent, au contraire, être assimilés aux légataires à titre particulier, en ce qui concerne l'acquisition des fruits et revenus de leurs legs ; et, par conséquent, ils ne peuvent les acquérir qu'à partir de leur demande en délivrance. — En effet, les héritiers ou légataires universels qui ont été investis de la succession par la saisine sont des possesseurs de bonne foi jusqu'à la demande en délivrance ; et, comme tels, ils acquièrent les fruits qu'ils perçoivent. On a, il est vrai, admis la règle, *fructus augent hereditatem* en faveur des légataires universels, mais ce n'est que par exception. C'est ce que prouve l'article 138, qui ne fait aucune distinction entre l'hérédité et les objets particuliers, relativement à l'acquisition des fruits. (Marcadé, Valette.)

Dans quelle proportion les légataires à titre universel doivent-ils contribuer au payement des dettes ?

Les légataires à titre universel doivent, comme les légataires universels, contribuer au payement des dettes dans la proportion de l'actif héréditaire qu'ils recueillent, et ils ne peuvent pas également être poursuivis au delà de leur émolument, car ils ne représentent pas le défunt. — Lorsque le legs à titre universel aura pour objet tous les meubles ou tous les immeubles, il faudra évaluer la valeur des choses léguées par rapport au reste des biens héréditaires.

Quant aux legs particuliers, les légataires à titre universel les supportent proportionnellement à la part qu'ils recueillent, s'ils viennent en concurrence avec des légataires universels ou de simples héritiers légitimes; mais ils les supportent, au contraire, en totalité, s'ils concourent avec des héritiers réservataires. — Que s'il se trouvait en même temps des héritiers réservataires, des légataires universels et des légataires à titre universel, les premiers prélèveraient toute leur part, parce que l'acquittement des legs particuliers doit être imputé sur la quotité disponible. (Art. 1012, 1013.)

Quelles sont les actions qui appartiennent aux légataires à titre universel?

Les légataires à titre universel peuvent, comme les légataires universels, exercer, suivant les cas, une action en partage, une action en revendication et une action personnelle.

SECTION VI

DES LEGS PARTICULIERS

Qu'est-ce que le legs particulier ?

Le legs particulier est celui qui n'est ni universel ni à titre universel ; en d'autres termes, c'est celui qui ne comprend pas l'ensemble de la succession ou une fraction de l'ensemble, mais seulement des objets déterminés.

Peu importe, d'ailleurs, l'importance des objets légués par rapport au reste de la succession. Ainsi, en léguant individuellement chacun des biens qu'on possède, on fait un legs particulier.

La nature des legs peut varier à l'infini : ainsi, on peut léguer tous les objets qui sont dans le commerce, même des faits, pourvu qu'ils soient possibles, licites et qu'ils puissent être utiles au légataire. On peut léguer des choses futures, par exemple, une récolte à venir, et même des choses déterminées seulement quant à leur espèce, par exemple, un cheval.

Les légataires particuliers n'ont jamais la saisine des objets qui leur ont été légués : ils doivent, comme les légataires à titre universel, et suivant le même ordre que ces derniers, en demander la délivrance.

A partir de quel moment les légataires à titre particulier acquièrent-ils les revenus de leurs legs ?

En principe, les légataires particuliers n'acquièrent les revenus de leur legs qu'à compter du jour où ils ont formé leur demande en délivrance. — Toutefois, par exception, les fruits et revenus courent au profit du légataire dès le jour du décès :

1° Lorsque le testateur l'a expressément ordonné. — Dans ce cas, il y a deux legs bien distincts : le legs de la chose, et le legs des fruits.

2° Lorsqu'il s'agit d'une rente viagère, ou d'une pension léguée à titre d'aliments. — Comme un semblable legs a pour but de pourvoir à la subsistance du légataire, on suppose que l'intention du testateur est que le légataire profite de ce secours dès l'instant du décès. Au surplus, quel que soit l'objet du legs, le légataire ne peut pas être dispensé par le testateur de demander la délivrance. (Art. 1014, 1015.)

Qui doit supporter les frais de la demande en délivrance ?

Les frais de la délivrance, et même ceux de la demande, doivent être supportés par les héritiers, car en acceptant la succession ils ont contracté l'obligation de délivrer les legs.

Toutefois, lorsqu'il existe des héritiers réservataires, ces frais ne peuvent être prélevés que sur la quotité disponible; car, si on les imputait sur la réserve celle-ci se trouverait diminuée, contrairement à la loi.

Quant aux droits d'enregistrement dus pour mutation, ils sont supportés par le légataire qui fait enregistrer le testament, à moins qu'il n'en ait été ordonné autrement par le testateur. — Chaque legs pourra être enregistré séparément au profit de celui qui a fait l'enregistrement. (Art. 1016.)

Les légataires à titre particulier ont-ils à contribuer aux dettes et charges de la succession ?

En principe, les légataires particuliers n'ont pas à contribuer aux dettes et charges de la succession; car ils ne reçoivent pas une universalité, un ensemble d'actif et de passif, mais des biens déterminés. — Toutefois, s'ils n'ont pas à contribuer directement, et dans la proportion de leurs legs, aux dettes et charges qui grèvent la succession, ils peuvent néanmoins en souffrir; car ils ne reçoivent le montant de leurs legs qu'après l'acquittement intégral de toutes les dettes ; en sorte qu'ils courent le danger de ne rien recevoir si le passif de la succession en absorbe l'actif : *Non sunt bona nisi deducto ære alieno.*

Ajoutons que les légataires particuliers qui ont reçu un immeuble hypothéqué au payement d'une dette de la succession peuvent être actionnés par le créancier hypothécaire; mais ils ont alors un recours contre les successeurs universels. (Art. 1024.)

Quelles sont les actions qui appartiennent aux légataires particuliers ?

Les légataires particuliers peuvent exercer :

1° Une action en revendication, lorsque leur legs a pour objet une chose individuellement déterminée.

2° Une action personnelle, lorsque leur legs a pour objet un genre ; par exemple, telle quantité de blé, de vin, etc.

3° Une action hypothécaire sur tous les immeubles de la succession. (Art. 1017.)

Quels sont les avantages de cette action hypothécaire ?

L'action hypothécaire confère aux légataires :

1° Un droit de préférence, c'est-à-dire le droit de faire vendre les immeubles hypothéqués et d'être payés sur le prix avant tous les créanciers chirographaires des successeurs universels.

2° Un droit de suite, c'est-à-dire le droit de faire vendre les immeubles hypothéqués, quand même ils auraient été aliénés par les successeurs universels et se trouveraient aux mains de tiers acquéreurs.

3° Un droit d'agir pour la totalité de leurs legs, jusqu'à concurrence de la valeur de l'immeuble hypothéqué, contre l'héritier ou successeur universel dans le lot duquel il est tombé ; sauf le recours de cet héritier contre ses cohéritiers, pour se faire rembourser par eux l'excédant qu'il a payé.

Toutefois, nous ferons observer que l'hypothèque des légataires n'a pas tous les effets qui s'attachent ordinairement aux hypothèques. En effet, nonobstant leur hypothèque, les légataires ne sont payés qu'après les créanciers chirographaires de la succession.

Quelle est l'étendue d'un legs particulier ?

Aux termes de l'article 1018, la chose léguée doit être délivrée au légataire avec tous les accessoires qui y ont été ajoutés par le testateur avant sa mort, ou qui proviennent de cas fortuit. Quant aux améliorations survenues depuis la mort du testateur et par le fait de l'héritier, le légataire doit lui en tenir compte. Mais aussi il peut réclamer contre lui une indemnité pour les détériorations provenant de son fait.

Par application de ce principe, le Code décide que le légataire profite des embellissements ou des constructions nouvelles faits par le testateur sur le fonds légué. Il décide également que le legs d'une enceinte comprend l'enclos dont le testateur l'a augmentée.

Mais il déclare, au contraire, que les acquisitions nouvelles, fussent-elles contiguës, ne sont pas comprises dans le legs, lorsqu'elles ne font pas partie intégrante du fonds légué, et c'est avec raison, parce qu'alors, au lieu d'en former un accessoire, elles constituent un objet tout différent. (Art. 1818-1819.)

Le legs d'un domaine comprend-il les immeubles dont le testateur l'a augmenté après son testament ?

A cet égard, les auteurs sont partagés :

Les uns soutiennent la négative, en se fondant sur l'article 1019, aux termes duquel les acquisitions nouvelles ne sont pas comprises dans le legs d'un immeuble.

Les autres soutiennent l'affirmative, et, c'est avec raison. — Effectivement, il faut considérer le testament comme un projet qui ne se réalise qu'au moment du décès: le testateur est censé faire son testament tous les jours ; on présume qu'il a eu la pensée de léguer la chose dans l'état où elle se trouve au moment de son décès; car, s'il en avait été autrement, il aurait révoqué le testament. En conséquence, il faut décider que le légataire doit profiter de toutes les améliorations et de tous les agrandissements de son legs lorsqu'ils se confondent avec l'objet légué, de manière à former une unité collective. Or, tel est ici le cas, et, par conséquent, le légataire profitera de tous les immeubles acquis par le testateur lorsqu'ils peuvent être considérés comme des extensions du domaine légué.

La même solution doit être appliquée par rapport aux constructions qui auraient été élevées par le testateur, postérieurement au testament, sur un terrain légué. Il est vrai que l'article 1019 ne comprend les constructions élevées sur un fonds dans le legs de ce fonds qu'autant qu'elles sont nouvelles, c'est-à-dire qu'elles sont des agrandissements d'une construction qui existait déjà. Mais on est généralement d'accord pour décider qu'il ne faut pas entendre ces expressions dans un sens restrictif : elles signifient que le legs d'un fonds ne comprend les constructions qui y ont été élevées qu'autant que ces constructions peuvent être considérées comme un embellissement ou comme un agrandissement du fonds légué, et, dans ce sens, les bâtiments qui auraient été élevés là où il n'y en avait jamais eu feront partie des fonds légués, toutes les fois qu'ils ont moins d'importance que le fonds lui-même, et qu'ils peuvent ainsi en être considérés comme des accessoires. (Valette.)

Lorsque la chose léguée est grevée d'hypothèque ou d'usufruit, l'héritier est-il obligé de la dégager ?

Non. Il n'y est pas tenu, à moins d'une disposition formelle du testateur. En effet, le légataire prend la chose léguée telle qu'elle se trouve au moment de la mort du testateur.

Seulement, comme ce légataire n'est pas obligé de payer les dettes de la succession, il aura un recours contre les successeurs universels, si, pour empêcher la saisie et la vente de l'immeuble hypothéqué, il a remboursé la dette hypothécaire. (Art. 1020.)

Le legs de la chose d'autrui est-il valable?

Non ; aux termes de l'article 1021, lorsque le testateur a légué la chose d'autrui le legs est nul, soit qu'il ait connu, soit qu'il ait ignoré qu'elle appartenait à autrui.

Par cette disposition, le législateur a voulu prévenir les difficultés auxquelles auraient pu donner lieu des doutes sur cette question.

Néanmoins quelques auteurs décident que le legs de la chose d'autrui serait valable dans le cas où le testateur aurait pris soin de s'exprimer de manière à ne laisser aucun doute sur ses intentions; comme par exemple, s'il avait dit : *Je lègue à Secundus la maison A que je sais appartenir à Primus.* D'après cette doctrine, l'héritier devrait acheter la maison, et, en cas de refus du propriétaire, en payer l'estimation au légataire.

Le legs fait par le débiteur à son créancier est-il censé fait en compensation de sa créance?

Non. Le créancier, en recevant la libéralité qui lui a été faite, conserve son droit de créance contre la succession du testateur, à moins que ce dernier n'ait déclaré expressément qu'il entendait éteindre sa dette. Dans ce cas, le legs ne sera pas sans avantage pour le créancier : il lui assurera, comme légataire, une hypothèque légale sur tous les immeubles de la succession. (Art. 1023.)

Lorsque le legs est d'une chose indéterminée, l'héritier n'est pas obligé de la donner de la meilleure qualité, et il ne peut pas l'offrir de la plus mauvaise. (Art. 1022, 1023.)

SECTION VII

DES EXÉCUTEURS TESTAMENTAIRES

Qu'appelle-t-on exécuteur testamentaire ?

On appelle exécuteur testamentaire une personne qui a reçu mandat du testateur de veiller à l'accomplissement de ses dernières volontés.

Le testateur peut nommer un ou plusieurs exécuteurs testamentaires, et il peut les choisir parmi les héritiers légitimes, parmi les légataires, et même parmi les témoins : mais, dans ce dernier cas, on fera bien, pour prévenir toute difficulté, d'appeler un témoin de plus.

En principe, toute personne peut remplir les fonctions d'exécuteur testamentaire. — Toutefois, il faut excepter les personnes qui n'ont pas la capacité de s'obliger, telles que les mineurs et les interdits. — Il en est de même pour les femmes mariées, à moins qu'elles n'y aient été autorisées par leur mari, ou, si elles sont séparées de biens, par la justice. (Art. 1025, 1028, 1029, 1030.)

Les exécuteurs testamentaires n'ont-ils pas quelquefois la saisine du mobilier ?

Oui ; le testateur peut leur accorder la saisine des meubles de la succession, en totalité ou en partie, afin d'empêcher qu'ils ne soient détournés par les héritiers. Mais cette saisine consiste seulement à leur procurer la détention des meubles, et elle ne peut durer plus d'une année.

Au surplus, il ne faut pas confondre la saisine des exécuteurs testamentaires avec celle des héritiers légitimes, et il existe entre ces deux saisines des différences considérables.

La saisine des exécuteurs testamentaires vient de la volonté du testateur ; elle ne s'applique qu'au mobilier ; elle ne confère que la détention ; elle ne peut, enfin, durer plus d'une année. — Au contraire, la saisine des héritiers vient de la loi ; elle s'applique à tous les biens de la succession ; elle confère la possession de l'hérédité ; elle dure, enfin, tant que la qualité d'héritier subsiste.

Comment finit la saisine des exécuteurs testamentaires ?

La saisine des exécuteurs testamentaires finit :

1° Par l'expiration du temps pour lequel elle avait été établie, lequel ne peut jamais dépasser un an et un jour ;

2° Par l'offre que ferait un héritier de remettre aux exécuteurs testamentaires une somme suffisante pour le payement des legs mobiliers, ou par la justification qu'il ferait du payement de ces legs ;

3° Par la complète exécution du testament ;

4° Par la mort de l'exécuteur testamentaire, car ses pouvoirs ne passent pas à ses héritiers. (Art. 1027, 1032.)

Quelles sont les obligations des exécuteurs testamentaires ?

Les obligations des exécuteurs testamentaires sont plus ou moins étendues, suivant que le testateur leur a donné ou non la saisine du mobilier.

Lorsque le testateur leur a donné la saisine du mobilier, les exécuteurs testamentaires doivent :

1° Faire apposer les scellés, s'il y a des héritiers mineurs ou interdits.

2° Faire dresser un inventaire des biens de la succession, en présence de l'héritier présomptif, ou lui dûment appelé. Toutefois, ils peuvent en être dispensés par le testateur.

3° Provoquer la vente du mobilier, si la succession ne contient pas des biens suffisants pour acquitter les legs.

4° Veiller à l'exécution du testament, et intervenir aux procès dans lesquels on en contesterait la validité.

5° Enfin, rendre compte de leur gestion aux héritiers.

Lorsque le testateur ne leur a pas donné la saisine, ils doivent se borner à requérir l'apposition des scellés et la confection de l'inventaire, ainsi qu'à surveiller l'exécution du testament. Ils ne peuvent ni détenir le mobilier, ni en provoquer la vente.

Les héritiers seuls ont, dans tous les cas, qualité pour payer les dettes et les legs. (Art. 1031.)

Quel est le caractère de l'exécution testamentaire ?

L'exécution testamentaire constitue un véritable mandat. — De là les conséquences suivantes :

1° Les fonctions des exécuteurs testamentaires sont toutes personnelles et ne passent point à leurs héritiers.

2° Elles ne sont pas nécessairement gratuites. Il est même d'usage que le testateur laisse à l'exécuteur un legs modique, pour l'engager à accepter, et pour le récompenser de ses soins. Le don fait à l'exécuteur testamentaire est ordinairement appelé *diamant*.

3° Les exécuteurs testamentaires sont libres d'accepter ou de refuser les fonctions qui leur sont offertes. Mais, une fois qu'ils les ont acceptées, ils ne peuvent les résigner avant que tous les legs mobiliers n'aient été payés, et que le testament n'ait été entièrement exécuté.

4° Enfin, ils ont un recours contre les héritiers pour se faire rembourser tous les frais qu'ils ont avancés pour l'exécution du testament. (Art. 1032, 1034.)

Lorsqu'il y a plusieurs exécuteurs testamentaires, sont-ils solidairement responsables ?

Il faut distinguer :

Si le testateur avait divisé leurs fonctions, et si chacun d'eux a eu soin de se renfermer dans celles qui lui étaient attribuées, ils ne sont pas solidairement responsables.

Au contraire, lorsque le testateur n'avait pas divisé leurs fonctions, ils sont solidairement responsables du compte du mobilier qui leur a été confié. Chacun d'eux est tenu de le restituer, ou de prouver qu'il est resté entre les mains des autres exécuteurs testamentaires ou qu'il a été employé à l'acquittement des charges de la succession. (Art. 1033.)

SECTION VIII

DE LA RÉVOCATION DES TESTAMENTS ET DE LEUR CADUCITÉ

De quelle manière un testament peut-il être inefficace?

Un testament peut être inefficace de trois manières : pour cause de nullité, pour cause de révocation et pour cause de caducité.

Le testament est *nul*, lorsque les conditions relatives à la capacité du disposant ou à la forme de l'acte n'ont pas été remplies.

Il est *révoqué*, lorsqu'étant valable à son origine, il a cessé de l'être par suite d'un changement de volonté de la part du disposant.

Il est *caduc*, lorsque, sans cesser d'être valable, il manque de produire son effet par la faute ou par le fait du légataire.

Nous avons déjà examiné quelles sont les conditions relatives à la capacité du disposant ou à la forme de l'acte dont l'absence peut entraîner la nullité du testament. Nous n'avons donc à nous occuper ici que de la révocation et de la caducité.

Comment a lieu la révocation d'un testament?

La révocation d'un testament a lieu expressément ou tacitement. — Elle est *expresse*, lorsqu'elle résulte de certains actes; elle est *tacite*, lorsqu'elle résulte de certains faits.

On peut révoquer expressément un testament :

1° Par un testament postérieur, renfermant des dispositions contraires au premier. — Il faut, bien entendu, que le second testament soit valable, mais peu importe qu'il soit caduc.

2° Par un acte notarié, portant simplement déclaration du changement de volonté du testateur, sans renfermer de nouvelles dispositions.

Sur ce point, nous trouvons plusieurs questions débattues.

Une première question est celle de savoir si la révocation peut avoir lieu par un acte sous seing-privé, écrit, daté et signé par le testateur, ayant, en un mot, toutes les conditions de forme des testaments olographes, mais ne renfermant aucune disposition de dernière volonté.

Suivant un premier système, l'acte dont il s'agit n'étant ni un acte notarié, puisqu'il est sous seing-privé, ni un testament, puisqu'il ne renferme pas de dispositions de dernière volonté, n'a aucun effet révocatoire. (Marcadé.)

Suivant les autres, au contraire, il a un effet révocatoire ; car si un acte simplement écrit, daté et signé par le testateur, comme le testament olographe, suffit pour enlever une succession aux héritiers légitimes, il est rationnel qu'un acte de même façon puisse la leur restituer, en annulant les dispositions qui les écartent. Annuler ces dispositions, n'est-ce pas faire implicitement de nouvelles dispositions? Et alors que manque-t-il à cet acte sous seing-privé, pour avoir le même effet révocatoire, qu'un testament olographe? (Valette.)

La seconde question est celle de savoir si un nouveau testament, qui n'aurait pas toutes les conditions requises pour la validité des testaments, mais qui serait régulier en tant qu'acte notarié, pourrait révoquer le premier testament.

Suivant un premier système, il faudrait admettre l'affirmative, et décider que la révocation du premier testament aura lieu. Effectivement, le nouveau testament dont il s'agit aurait produit, s'il avait été régulier, deux conséquences parfaitement distinctes l'une de l'autre, et qui peuvent très-bien exister séparément : il aurait donné lieu, d'une part, à la révocation du premier testament, et, d'autre part, à une nouvelle dévolution de l'hérédité testamentaire. En conséquence, si l'acte est nul comme testament, il en résulte que les dispositions qu'il renfermait en faveur d'un nouveau légataire demeurent sans effet; mais si, en étant nul en tant que testament, il a toutes les conditions requises pour la validité d'un acte notarié ordinaire, il faut décider qu'il entraîne la révocation du premier testament. C'est ce qui résulte, par analogie, de l'article 1307, aux termes duquel un testament caduc suffit pour révoquer un testament antérieur. (Marcadé.)

Suivant un second système, il faut admettre, au contraire, que le testament qui ne peut valoir comme tel, à cause de l'absence d'une des conditions requises pour la validité des testaments, est incapable de produire aucun effet, lors même qu'il aurait toutes les conditions exigées pour les actes notariés ordinaires. — Effectivement, les deux conséquences qu'il aurait été appelé à produire s'il avait été régulier, tiennent l'une à l'autre et ne peuvent point exister l'une sans l'autre. En d'autres termes, si l'acte dont il s'agit est incapable de produire des effets en ce qui concerne les dispositions testamentaires prises en faveur d'un nouveau légataire, il est frappé de la même inefficacité en ce qui concerne les dispositions révocatoires qu'il renfermait à l'encontre d'un légataire antérieur; car ces dispositions révocatoires n'ont été prises par le testateur qu'en vue d'assurer la dévolution des biens au nouveau légataire. Le testateur a préféré le nouveau légataire à l'ancien; mais il les a préférés tous les deux à ses héritiers légitimes, puisque toutes les dispositions qu'il a successivement prises ont été faites en vue de les écarter. (Valette.)

Sur les deux points controversés que nous venons d'indiquer, l'opinion de M. Valette nous paraît préférable. — Voyons maintenant quels sont les faits qui peuvent révoquer tacitement le testament. (Art. 1035, 1036, 1037.)

Quels sont les faits qui peuvent révoquer tacitement le testament ?

Les faits qui peuvent révoquer tacitement le testament sont :

1° Les clauses d'un second testament qui se trouvent incompatibles avec celles du premier. — Par exemple, si la chose qui a d'abord été léguée à Primus est ensuite léguée à Secundus, par un testament postérieur.

2° L'aliénation, totale ou partielle, que le testateur fait de la chose léguée; encore qu'il se soit réservé la faculté de rachat, ou même que l'aliénation ait été déclarée nulle.

Ainsi, la seule volonté d'aliéner suffit, quoique, en fait, elle n'ait pas été exécutée, pour emporter révocation.—C'est probablement pour éviter les procès que le Code a rejeté ici la doctrine du droit romain et de l'ancien droit qui permettait au légataire de prouver que le testateur en aliénant n'avait pas eu l'intention de révoquer la libéralité qu'il avait faite. (Art. 1038.)

Quand est-ce qu'une disposition testamentaire est caduque ?

Une disposition testamentaire est caduque, lorsqu'il ne se présente personne pour la recueillir. Quand un testament institue plusieurs légataires, il peut être caduc vis-à-vis de quelques-uns d'entre eux; mais alors les dispositions qui concernent les autres n'en reçoivent pas moins leur plein et entier effet.

Les causes de caducité des legs sont :

1° Le décès du légataire arrivé avant celui du testateur.

2° Le décès du légataire arrivé avant l'accomplissement de la condition, lorsque le legs est conditionnel.

3° La défaillance de la condition à laquelle le legs était subordonné.

4° La perte de la chose léguée arrivée, soit pendant la vie du testateur, soit même après sa mort, mais sans la faute ni le fait des héritiers.

5° La répudiation du légataire, ou son incapacité de recueillir la disposition. (Art. 1039, 1040, 1042, 1043.)

Pourquoi le décès du légataire arrivé avant l'expiration du terme, n'est-il pas une cause de caducité?

Le décès du légataire arrivé avant l'expiration du terme n'est pas une cause de caducité, parce que le terme n'empêche pas le légataire d'avoir, dès l'ouverture de la succession, un droit acquis et transmissible à ses héritiers. Le terme, en un mot, ne retarde pas, comme la condition, l'ouverture du droit du légataire; il ne retarde que l'exigibilité du legs. (Art. 1041.)

Quels sont les effets de la caducité?

Il faut distinguer :

1° Le légataire était-il seul appelé à recueillir le legs, la caducité profite à l'héritier.

2° Le légataire avait-il un substitué vulgaire, appelé à recueillir le legs au cas où il ne le recueillerait pas, la caducité profite à ce dernier.

3° Enfin, le légataire avait-il un colégataire, appelé par le même testament à recueillir l'objet légué en concurrence avec lui, la caducité profite à ce colégataire, conformément aux règles du droit d'accroissement.

Qu'est-ce que le droit d'accroissement?

Lorsqu'une chose a été léguée en même temps à plusieurs légataires, chacun d'eux se trouvant en présence de droits égaux, ne peut en recueillir qu'une partie; bien qu'il ait été appelé à la recueillir en totalité. Mais si l'un des colégataires vient à faire défaut, l'autre colégataire, ne se trouvant plus en conflit avec un droit égal, recueille alors la totalité de son legs. — Le droit d'accroissement est donc la vocation qu'ont les colégataires de recueillir la totalité de l'objet légué, en cas de défaillance des autres parts.

Au reste, le droit d'accroissement existe, soit entre les légataires universels, soit entre les légataires à titre universel, soit entre les légataires particuliers, qui sont conjoints. Il existe également entre les héritiers légitimes appelés à recueillir la totalité d'une succession.

N'y a-t-il pas trois espèces de légataires conjoints ?

Oui; il y a des légataires conjoints *Re et verbis*, des légataires conjoints *Re tantum*, et des légataires conjoints *Verbis tantum.*

Les légataires conjoints *re et verbis*, sont ceux à qui une même chose a été léguée par les mêmes dispositions; comme par exemple, lorsque l'on dit : « *Je lègue ma maison A à Primus et à Secundus.* »

Les légataires conjoints *re tantum*, sont ceux à qui une même chose a été léguée par des dispositions différentes; comme par exemple, lorsque l'on dit : « *Je lègue ma maison A à Primus,* » et plus loin : « *Je lègue ma maison A à Secundus.* »

Les légataires conjoints *verbis tantum*, sont ceux à qui une même chose a été léguée par une seule disposition, mais avec attribution de parties distinctes de cette chose; comme par exemple, lorsque l'on dit : « *Je lègue ma maison A à Primus et à Secundus, chacun pour moitié.* »

Le droit d'accroissement existe-t-il entre ces divers légataires conjoints ?

Il faut distinguer :

Il existe, comme il existait à Rome, pour les légataires conjoints *re et verbis*. — L'un d'eux vient-il à faire défaut, les autres recueillent sa part. Ils la recueillent parce qu'ils sont appelés à profiter de la chose tout entière s'ils ne rencontrent aucun droit égal au leur, si, en un mot, aucun obstacle de fait ne les en empêche. (Art. 1045.)

Il n'existe pas, de même qu'il n'existait pas à Rome, pour les légataires conjoints *verbis tantum*, puisque chacun d'eux n'est appelé à recueillir qu'une partie de la chose léguée.

Il existait à Rome pour les légataires conjoints *re tantum;* et c'était avec raison, puisqu'ils sont, comme les légataires *re et verbis*, appelés à recueillir la chose tout entière. Mais le Code n'a pas entièrement suivi la règle romaine à leur égard. Dans certains cas, il leur concède le droit d'accroissement; et dans d'autres cas il le leur refuse. (Art. 1044, 1045.)

Dans quels cas le Code admet-il le droit d'accroissement pour les légataires re tantum?

Il ne l'admet que dans le cas où la chose léguée ne peut pas être diminuée sans détérioration.—Dans le cas contraire, lorsque la chose est susceptible de division, il présume que chaque légataire conjoint n'a été appelé à en recueillir qu'une partie, et il décide en conséquence qu'il n'y a pas lieu au droit d'accroissement.

Cette décision a été justement critiquée, non-seulement parce qu'elle est contraire au principe que les légataires conjoints *re tantum* ont une vocation à la totalité, mais encore parce qu'elle donne lieu dans la pratique à de nombreuses contestations sur le point de savoir si la chose qui a été léguée est ou non susceptible de division.

Cette théorie s'applique-t-elle aux légataires universels ou à titre universel?

Non; quoique le Code ne se soit pas formellement prononcé à cet égard, on admet généralement qu'elle ne s'applique qu'aux légataires à titre particulier. En effet, la distinction établie par l'article 1046, relativement à la possibilité de la division de la chose léguée, ne peut évidemment s'appliquer qu'à des objets déterminés, et non point à un ensemble de biens qui est toujours susceptible de division.

Relativement aux légataires universels, il faut donc revenir à la théorie du droit romain et de notre ancien droit, et décider que le droit d'accroissement existe pour les légataires conjoints *re tantum*, comme pour les légataires conjoints *re et verbis*.

Au reste, bien que le Code ne se soit pas expliqué à cet égard, on admet généralement que le légataire conjoint qui recueille une part vacante est tenu d'acquitter les charges qui la grèvent. Effectivement, il en était ainsi dans notre ancienne jurisprudence, et le silence du Code prouve qu'on n'a pas voulu innover.

N'y a-t-il pas encore d'autres causes qui empêchent les dispositions testamentaires d'accomplir leurs effets?

Oui; aux termes de l'article 1046, l'inexécution des conditions et l'ingratitude envers le disposant, qui sont des causes de révocation des donations, autorisent également à demander la révocation des dispositions testamentaires.

Si la demande en révocation est fondée sur une injure grave

faite à la mémoire du testateur, elle doit être intentée par les héritiers dans l'année, à compter du jour du décès. (Art. 1046, 1047.)

CHAPITRE SIXIÈME

DES DISPOSITIONS PERMISES EN FAVEUR DES PETITS-ENFANTS DU DONATEUR OU TESTATEUR, OU DES ENFANTS DE SES FRÈRES ET SŒURS

Articles 896 à 899 et 1048 à 1074.

Pour la clarté de nos démonstrations, nous diviserons ce chapitre en deux sections.

Dans la première, nous donnerons le commentaire des articles 896 à 899, relatifs aux substitutions défendues, que le Code a maladroitement intercalés dans le chapitre 1er de ce titre, et qui sont ici à leur véritable place.

Dans la seconde, nous traiterons, en suivant l'ordre du Code, des substitutions permises.

SECTION I

DES SUBSTITUTIONS DÉFENDUES

Qu'entend-on par substitution ?

On entend par substitution l'institution fidéicommissaire par laquelle un donataire ou un légataire reçoivent des biens, à la condition de les conserver jusqu'à leur décès et de les remettre à un tiers désigné par le disposant.

A Rome, il y avait trois espèces de substitutions : la substitution *vulgaire*, la substitution *pupillaire*, et la substitution *quasi-pupillaire*. La plus générale de ces substitutions, la substitution *vulgaire*, était une institution supplémentaire d'héritier, destinée à n'avoir d'effets qu'à défaut de la principale.

Les substitutions pupillaire et quasi-pupillaire n'existent plus aujourd'hui. Quant à la substitution vulgaire, elle a été maintenue par le Code, qui autorise à instituer une personne pour recueillir les biens que le donataire ou le légataire ne recueilleraient pas. Seulement, elle n'est plus connue sous le nom de substitution, qui sert maintenant à désigner une institution fidéicommissaire. (Art. 898.)

La substitution ne renferme-t-elle pas trois personnes?

Oui. Toute substitution renferme *un disposant*, qui donne les biens; *un grevé*, qui les reçoit avec charge de les conserver jusqu'à son décès et de les remettre; et *un appelé*, qui doit définitivement les recueillir.

Comment avaient lieu les substitutions dans notre ancien droit?

Dans notre ancien droit, les substitutions avaient lieu de deux manières : elles étaient simples ou graduelles.

Elles étaient simples, lorsqu'il n'y avait qu'une seule restitution à faire; elles étaient graduelles, lorsqu'il y avait plusieurs restitutions successives à faire, par exemple, lorsque le donataire était chargé de remettre à son fils, et que celui-ci était lui-même chargé de remettre au fils aîné qu'il aurait, lequel était également chargé de remettre à son premier-né, et ainsi de suite, jusqu'au nombre de générations fixé par le donateur.

Jusqu'à quel degré les substitutions successives étaient-elles permises?

A l'origine, elles étaient permises jusqu'au dixième degré. — En 1789, on les réduisit à deux degrés, l'institution non comprise. Par exemple, un père pouvait donner les biens à son fils, à charge de les remettre à son petit-fils, lequel devait lui-même les remettre à l'arrière-petit-fils; mais ce dernier les recueillait définitivement. — En 1792, elles furent prohibées d'une manière absolue. Le Code a maintenu cette prohibition, sauf les exceptions que nous verrons plus loin. (Art. 896, 897.)

Qu'entend-on par majorats?

On entend par majorats, des biens transmissibles de mâle en mâle et d'aîné en aîné, au moyen de substitutions.

Les majorats furent établis par un décret de 1806. On les divisait en majorats de *propre mouvement*, et en majorats *sur demande:* les premiers étaient constitués par l'empereur sur les domaines conquis; les seconds étaient constitués sur les biens mêmes de ceux qui en avaient sollicité l'établissement.

Les substitutions n'ont-elles pas été également rétablies par une loi postérieure au Code?

Oui; après avoir été d'abord abolies d'une manière générale par le Code, les substitutions furent ensuite rétablies par la loi de 1826, qui les autorisa à deux degrés; mais en décidant qu'elles ne pourraient avoir lieu qu'au profit des enfants du grevé, tandis que, dans notre ancien droit, elles pouvaient avoir lieu au profit de personnes étrangères.

En 1849, une loi abolit, une seconde fois, les substitutions, sauf les exceptions admises par le Code. Elle confirma, en même temps, l'abolition des majorats, qui avait été décidée par une loi de 1835. Depuis cette époque, la prohibition du Code sur les substitutions et sur les majorats est restée en vigueur.

Pourquoi les substitutions ont-elles été prohibées ?

En prohibant les substitutions, le législateur a voulu empêcher que chaque famille pût avoir un ordre légal de succession à elle particulier, contraire à l'égalité, et faisant obstacle à la libre circulation des biens.

Mais il importe de remarquer que la prohibition relative aux substitutions n'est pas applicable à la donation par laquelle le donataire s'est engagé à conserver les biens donnés pendant un certain temps et à les remettre ensuite à la personne désignée par le donateur. L'obligation de conserver les biens donnés pendant un certain temps n'a rien de contraire à la loi ; tandis que celle de les conserver jusqu'à sa mort constitue une substitution.

Quelles différences y a-t-il entre la situation du grevé et celle d'un usufruitier ?

En abolissant les substitutions, le Code a maintenu expressément, par l'article 899, les constitutions d'usufruit. — C'est qu'en effet il existe de graves différences entre la situation du grevé et celle de l'usufruitier. Ainsi :

1° Le grevé est propriétaire des biens donnés, sous la condition résolutoire de les remettre aux appelés, s'ils ne font pas défaut. — L'usufruitier n'a que la jouissance des biens.

2° Le grevé, en sa qualité de propriétaire, doit faire les grosses réparations. — L'usufruitier n'y est pas tenu.

3° Le grevé n'est pas obligé à fournir caution. — L'usufruitier y est obligé.

Quelle sanction la loi attache-t-elle à la prohibition des substitutions ?

En principe, toute condition illicite insérée dans une donation ou dans un testament n'annule pas la disposition. Mais, afin d'attacher une sanction plus énergique à la prohibition des substitutions, le Code, dérogeant à ce principe, frappe de nullité les donations ou les testaments qui en sont affectés.

SECTION II

DES SUBSTITUTIONS PERMISES

Quelles sont les substitutions qui ont été permises, par exception ?

Les substitutions qui ont été permises, par exception, sont :

1° Les substitutions faites par les père et mère en faveur de leurs petits-enfants, nés ou à naître de l'enfant à qui ils font la donation.

2° Les substitutions faites par les frères et sœurs en faveur de leurs neveux et nièces, nés ou à naître du frère ou de la sœur à qui ils font la donation.

Mais, pour que ces substitutions soient valables, il y a deux conditions ; il faut :

1° Qu'elles soient faites en faveur de tous les enfants nés ou à naître du grevé, sans distinction d'âge ni de sexe.

2° Qu'elles soient faites au premier degré seulement, c'est-à-dire qu'elles ne soient faites qu'en faveur des enfants du grevé, à l'exclusion de ses petits-enfants.

Toutefois, les petits-enfants du grevé pourraient venir par représentation de leurs père et mère décédés aux biens frappés de substitution, s'il existait d'autres appelés. (Art. 1048, 1049, 1050, 1051.)

Peut-on grever de substitution une libéralité qui avait d'abord été faite sans aucune charge ?

Oui ; aux termes de l'article 1052, si l'enfant, le frère ou la sœur, auxquels des biens auraient été donnés sans charge de restitution, acceptent une nouvelle libéralité faite sous la condition que les biens précédemment donnés demeureront grevés de cette charge, il ne leur est plus permis de diviser les deux dispositions.

En principe, la donation devient irrévocable aussitôt qu'elle a été acceptée par le donataire, et le disposant ne peut pas imposer, après coup, l'obligation de restituer. — Toutefois, la loi lui permet d'établir, comme condition d'une nouvelle libéralité, une substitution des biens précédemment donnés : alors, si le donataire accepte, les deux dispositions se trouvent réunies d'une manière inséparable. (Art. 1052.)

A qui appartiennent les biens qui ont été donnés sous charge de restitution?

Les biens qui ont été donnés sous charge de restitution appartiennent au grevé sous condition résolutoire, en ce sens qu'il en a actuellement la propriété, mais qu'il ne l'a pas d'une façon définitive; et ils appartiennent, en même temps, aux appelés sous condition suspensive, en ce sens qu'ils n'en sont pas actuellement propriétaires, mais qu'ils le deviendront lors de l'avénement de la condition.

Cette condition, qui fera rescinder les droits du grevé, et qui, à l'inverse, donnera naissance à ceux des appelés, s'accomplit, en général, par le décès du grevé et la survivance des appelés. Alors, comme l'avénement de la condition produit un effet rétroactif, ceux-ci seront réputés avoir été propriétaires des biens grevés de substitution dès le moment de la donation, et ils tiendront leurs droits du disposant et non point du grevé. Il en résulte : 1° qu'ils peuvent répudier la succession du grevé et jouir cependant du bénéfice de la substitution; 2° que le donateur ne peut pas, par une convention postérieure, faire remise au grevé de l'obligation de restituer ; 3° qu'ils peuvent faire des actes conservatoires, et même disposer de leur droit ou en faire l'abandon avant qu'il soit ouvert.

Les appelés peuvent-ils critiquer les actes faits par le grevé?

Il faut distinguer, suivant qu'il s'agit des actes d'administration faits par le grevé, ou des aliénations qu'il aurait consenties de meubles ou d'immeubles dépendant des biens donnés.

1° En ce qui concerne les actes d'administration faits par le grevé, il est certain que les appelés ne peuvent pas les critiquer. — Effectivement, le grevé était, de son vivant, administrateur légal des biens de la succession, et il a pu valablement faire, en cette qualité, tous les actes d'administration.

2° En ce qui concerne les aliénations de meubles faites par le grevé, elles sont également inattaquables, si elles ont eu lieu aux enchères publiques, suivant les formes prescrites; ou, si les tiers qui les ont acquis amicalement étaient de bonne foi, car alors ils peuvent invoquer la maxime : *en fait de meubles la possession vaut titre.*

3° Enfin, en ce qui concerne les aliénations d'immeubles faites par le grevé, ainsi que les constitutions d'hypothèques et autres droits réels qu'il aurait consentis, il faut les considérer, en principe, comme résolubles; car le grevé, n'étant propriétaire des biens donnés que sous une condition résolutoire, il n'a pu concéder des droits définitifs sur ces biens. — Toutefois, cette règle n'est applicable que lorsque les appelés répudient ou acceptent bénéficiairement la succession du grevé. Effectivement, s'ils l'acceptent purement et simplement, ils deviennent personnellement responsables de toutes les obligations de leur auteur, et, par suite, ils ne sont pas admis à critiquer les actes qu'il a fait.

Les tiers peuvent-ils prescrire les immeubles grevés de substitution?

Oui; les tiers peuvent prescrire contre les appelés les immeubles grevés de substitution, pourvu que ces derniers soient majeurs; car, en principe, la prescription court contre tous les majeurs. On objecterait vainement que les appelés n'étaient propriétaires que sous condition suspensive; car l'existence de cette condition ne les empêchait pas de faire des actes conservatoires. Mais il n'en serait pas de même, s'il s'agissait pour les tiers, non d'acquérir, mais de se libérer par prescription d'une dette faisant partie des biens de substitution, parce qu'on ne peut pas prescrire contre un créancier dont la créance est conditionnelle.

Comment s'ouvrent les droits des appelés?

Ils s'ouvrent :

1° Par la mort du grevé;

2° Par la déchéance qui serait prononcée contre lui, pour avoir omis de faire nommer un tuteur à la substitution;

3° Par l'abandon anticipé qu'il aurait fait de sa jouissance, ou plutôt de la propriété résoluble qu'il avait sur les biens.

Toutefois, nous ferons observer que l'attribution des biens de substitution, résultant de l'abandon anticipé ou de la déchéance du grevé, n'a lieu d'une manière définitive et irrévocable pour les appelés, qu'autant qu'il n'en survient pas d'autres dans l'avenir. — Autrement, le grevé perdrait bien ses droits définitivement; mais les appelés ne les acquerraient pas de même, et ils devraient procéder à un nouveau partage. (Art. 1053, 1057.)

Quelles sont les mesures que la loi a prescrites dans l'intérêt des appelés et des tiers?

Dans l'intérêt des appelés, la loi a prescrit :

1° La nomination d'un tuteur;

2° La confection d'un inventaire;

3° La vente du mobilier;

4° L'emploi des capitaux.

Dans l'intérêt des tiers, elle prescrit la publicité de la substitution.—Cette mesure a pour but de les avertir que les droits réels qui leur seraient consentis par le grevé sur les biens compris dans la substitution sont résolubles.

Comment le tuteur à la substitution est-il nommé ?

Le tuteur à la substitution est nommé, soit par le disposant, soit par un conseil de famille, que le grevé est tenu de convoquer à cet effet dans le délai d'un mois, sous peine de déchéance.—Les règles à suivre pour cette nomination, ainsi que pour ce qui concerne les dispenses ou les excuses de la tutelle, sont les mêmes que pour les tuteurs ordinaires.

Au reste, la nomination d'un tuteur n'est pas nécessaire, lorsque le disposant est encore vivant.

Le tuteur est chargé de veiller à ce que le grevé accomplisse toutes les obligations dont il est tenu. (Art. 1055, 1056, 1057.)

Comment l'inventaire est-il dressé ?

L'inventaire est dressé à la requête du grevé, dans les trois mois de la mort du testateur; et, à son défaut, dans le mois qui suivra l'expiration de ce délai, à la diligence du tuteur nommé à la substitution. — Si le grevé et le tuteur ont également négligé de faire dresser cet inventaire, les appelés, et, s'ils sont mineurs, leur tuteur, leurs parents et le procureur de la République pourront demander à ce qu'il y soit procédé.

Au reste, l'inventaire n'a lieu que lorsque la substitution est faite par testament, et qu'elle comprend, soit l'universalité, soit une quote-part de la succession. — Si elle était faite en la forme d'un legs particulier, les biens substitués se trouveraient suffisamment désignés; si elle était faite en la forme d'une donation, l'état estimatif qui y est annexé, lorsqu'elle comprend des meubles, rendrait l'inventaire inutile. (Art. 1058, 1059, 1060, 1061.)

Comment a lieu la vente des meubles ?

La loi impose au grevé l'obligation de faire vendre les meubles et effets compris dans la donation; ce qui doit s'entendre principalement des choses dont la valeur peut augmenter ou diminuer, telles que les meubles meublants, le linge, les bijoux. — Mais ces expressions ne s'appliquent point aux objets qui ne sont pas susceptibles de détérioration ou de perte, tels que les créances; ni à ceux qui servent à l'exploitation des immeubles compris dans la substitution..

La vente doit être faite aux enchères : elle a lieu à la requête du grevé.—Le tuteur doit être présent, ou du moins on doit l'appeler à la vente; car il est responsable. (Art. 1062, 1063, 1064.)

Quel est l'emploi que le grevé doit faire des capitaux ?

Le grevé doit faire emploi des deniers compris dans la substitution, ou de ceux qui proviennent de la vente des meubles, dans le délai de six mois, à partir de la clôture de l'inventaire. — Il doit également faire emploi des deniers provenant du remboursement des créances et des rentes, mais dans les trois mois à compter du jour du remboursement.

L'emploi de tous les deniers doit être fait conformément aux prescriptions du disposant. S'il n'a rien prescrit à cet égard, il sera fait en achat d'immeubles ou en placements avec privilége sur des immeubles. — Il aura toujours lieu en présence et à la diligence du tuteur nommé pour l'exécution. (Art. 1065, 1066, 1067, 1068.)

Comment la substitution est-elle rendue publique?

1° Pour les immeubles, la substitution est rendue publique par la transcription au bureau des hypothèques des actes de libéralité contenant substitution.

2° Pour les sommes placées avec privilége sur des immeubles, elle est rendue publique par l'inscription prise sur ces immeubles, au bureau des hypothèques, de leur situation.

Dans le cas où la donation faite avec charge de substitution n'aurait pas été transcrite au bureau des hypothèques, le défaut de transcription pourrait être opposé par les tiers qui ont traité avec le grevé dans l'ignorance de la substitution. — Ainsi, il pourrait être opposée, soit par les créanciers du grevé, soit par les tiers qui ont reçu des droits réels sur les immeubles compris dans la substitution.

Au contraire, le défaut de transcription ne peut être opposé par les donataires et légataires du disposant, parce qu'il n'y a aucune raison de leur donner la préférence sur les donataires et légataires du grevé.—Il ne peut pas non plus être opposée par les héritiers légitimes du disposant, parce qu'ils représentent celui-ci, et que la transcription n'était pas nécessaire à son égard.

Les appelés qui ont à souffrir du défaut de transcription ont un recours contre le grevé et contre le tuteur à la substitution. Mais ils ne peuvent pas être restitués contre ce défaut, quand bien même ils sont mineurs et interdits, et que le grevé et le tuteur se trouvent insolvables. — Cette disposition a pour but de maintenir la sécurité des contrats, qui aurait été atteinte si des acquéreurs à titre onéreux pouvaient être facilement dépossédés. (Art. 1069, 1070, 1071, 1072, 1073, 1074.)

CHAPITRE SEPTIÈME

DES PARTAGES FAITS PAR PÈRE, MÈRE, OU AUTRES ASCENDANTS ENTRE LEURS DESCENDANTS

Articles 1075 à 1080.

Dans quel but la loi a-t-elle accordé aux ascendants la faculté de faire le partage de leurs biens?

En autorisant les père et mère ou autres ascendants à faire eux-mêmes le partage de leurs biens entre leurs enfants, la loi a voulu prévenir les contestations qui pourraient s'élever au sujet du partage de leur succession.

Ils peuvent, à leur choix, employer la forme des donations entre-vifs ou celle des testaments, en observant toutes les règles prescrites pour la validité de ces sortes d'actes.

Ainsi, lorsque le partage a lieu sous la forme d'une donation, il doit : 1° être fait par acte authentique ; 2° être actuel et irrévocable.

Au contraire, lorsqu'il a lieu sous la forme d'un testament, il peut être fait par acte sous seing-privé, en la forme olographe, il n'a pas besoin d'être accepté par les enfants, et il n'est ni actuel ni irrévocable. (Art. 1075, 1076.)

Les enfants, qui ont accepté le partage, sont-ils tenus de toutes les dettes de leur auteur ?

Il faut distinguer :

Le partage a-t-il été fait en la forme d'un testament, ils sont tenus au payement de toutes les dettes. Ils y sont même tenus *ultra vires*, à moins qu'ils n'aient accepté sous bénéfice d'inventaire.—En effet, le testament n'a fait que déterminer leurs parts, et ils succèdent de la même manière qu'ils succéderaient *ab intestat*.

Le partage a-t-il été fait en la forme d'une donation, ils sont également tenus de payer les dettes, et tenus *ultra vires* s'ils n'ont pas accepté sous bénéfice d'inventaire; car ils reçoivent, comme dans le cas précédent, parce qu'ils sont héritiers. — Toutefois, si la donation était faite à titre particulier, les créanciers ne pourraient leur réclamer les dettes; mais alors ils feraient annuler le partage comme fait en fraude de leurs droits.

N'y a-t-il pas lieu, quelquefois, à un partage supplémentaire, après le décès des ascendants?

Oui; ainsi, il y a lieu à un partage supplémentaire :

1° Lorsque le partage ne comprenait que les biens présents, et que le patrimoine du disposant s'est augmenté depuis qu'il a été fait; c'est ce qui arrive lorsqu'il a eu lieu en la forme d'une donation.

2° Lorsque, depuis le partage, certains enfants sont décédés, sans laisser de descendants qui puissent recueillir leur part par représentation. (Art. 1077, 1078.)

Quelles sont les causes de nullité des partages faits par les ascendants?

Les partages faits par des ascendants ne sont pas des libéralités : ils ont uniquement pour but de régler l'exercice du droit de succession conféré par la loi, et, par suite, ils sont soumis aux conditions essentielles qui ont pour objet de maintenir l'égalité entre les copartageants. — En conséquence, il faut ranger parmi les causes de nullité des partages faits par les ascendants :

1° La composition défectueuse des lots. — Le disposant réglant lui-même les droits de succession *ab intestat* de ses enfants, doit, autant que possible, se conformer aux règles établies pour les partages, et donner à chacun de ses enfants la même quantité de meubles et d'immeubles.

2° L'omission de l'un des enfants ou descendants qui devraient être compris dans le partage.

3° La lésion éprouvée par l'un des héritiers, lorsqu'elle se monte à plus du quart de ce qu'il aurait reçu si l'ascendant était mort *intestat*.

4° Les avantages faits à l'un des enfants au delà de ce qui est permis par la loi, c'est-à-dire au delà de sa part de réserve plus toute la quotité disponible. — Dans ce cas, les autres enfants peuvent attaquer ce partage, comme contenant une violation des règles relatives à la réserve, même lorsqu'ils n'ont pas individuellement éprouvé une lésion supérieure au quart de leur portion *ab intestat*. (Art. 1078, 1079.)

A quelle condition les enfants peuvent-ils attaquer le partage fait par leurs ascendants ?

Les enfants ne peuvent attaquer le partage fait par les ascendants qu'à la condition de faire l'avance des frais de l'estimation. Ces frais, ainsi que ceux auxquels la contestation pourrait donner lieu, resteront définitivement à leur charge si la demande est repoussée. Dans le cas contraire, ils pourront être compensés entre les parties, car le Code de procédure admet cette compensation entre frères et sœurs. (Art. 1080.)

CHAPITRE HUITIÈME

DES DONATIONS FAITES PAR CONTRAT DE MARIAGE AUX ÉPOUX ET AUX ENFANTS A NAÎTRE DU MARIAGE

Articles 1081 à 1090.

Quelles différences y a-t-il entre les donations faites par contrat de mariage et les donations ordinaires ?

Afin de favoriser le mariage, le législateur a introduit pour les donations qui tendent à le faciliter des règles spéciales, qui font l'objet de ce chapitre. — Ainsi, les donations faites par contrat de mariage diffèrent des donations ordinaires sous les rapports suivants :

1° Elles ne sont point soumises à la formalité de l'acceptation expresse ;

2° Elles peuvent être faites sous des conditions potestatives de la part du donateur ;

3° Elles peuvent comprendre des biens à venir ;

4° Elles peuvent être faites au profit de personnes qui ne sont pas encore conçues ;

5° Elles ne sont point révocables pour cause d'ingratitude.

D'autre part, les donations faites par contrat de mariage restent assujetties aux règles suivantes, qui sont communes à toutes les donations.

1° Elles sont révocables pour cause d'inexécution des conditions, ou de survenance d'enfant au donateur;

2° Elles sont soumises à la réduction et au rapport;

3° Elles doivent être faites par des personnes capables de disposer, à des personnes capables de recevoir. (Art. 1081, 1082, 1086, 1087, 1090.)

Combien y a-t-il d'espèces de donations faites par contrat de mariage?

Il y a quatre espèces de dotations faites par contrat de mariage, savoir :

1° Les donations de biens présents;

2° Les donations de biens à venir;

3° Les donations cumulatives de biens présents et à venir;

4° Les donations faites sous des conditions dépendantes de la volonté du donateur.

Ces quatre espèces de donation suivent les règles ci-après.

Qu'est-ce que la donation de biens présents?

Cette donation est celle qui se rapproche le plus des donations ordinaires. — Toutefois, elle en diffère sous trois rapports :

1° Parce qu'elle est dispensée de la formalité de l'acceptation expresse;

2° Parce qu'elle n'est pas révocable pour cause d'ingratitude;

3° Parce qu'elle est faite sous la condition tacite que le mariage aura lieu. (Art. 1081, 1087, 1088.)

Qu'est-ce que la donation de biens à venir?

La donation de biens à venir est celle par laquelle le donateur s'oblige à transmettre au donataire tout ou partie des biens qu'il laissera à son décès, en se dépouillant du droit d'en disposer pour l'avenir à titre gratuit, en faveur d'autres personnes.

La donation de biens à venir est aussi appelée *institution contractuelle*. Institution, parce qu'elle se rapproche du testament, en conférant au donataire un droit sur la succession ; contractuelle, parce qu'elle se rapproche du contrat, par le concours de volontés qu'elle suppose chez les deux parties. — Toutefois, elle présente avec le testament une différence considérable, c'est qu'elle ne peut pas être révoquée par un simple changement de volonté. D'où cette conséquence qu'il ne suffit pas d'être capable de tester pour pouvoir faire cette donation.

Quels sont les effets de la donation de biens à venir?

La donation de biens à venir a pour effet d'enlever au donateur la faculté de disposer à titre gratuit de ses biens. En conséquence, il reste propriétaire des biens donnés, et il peut en disposer à titre onéreux et les grever de charges; mais, d'un autre coté, le donataire est à l'abri de toutes donations et legs postérieurs qui lui seraient préjudiciables. Sa situation est semblable à celle d'un héritier réservataire. (Art. 1082, 1083.)

La donation de biens à venir n'est-elle pas présumée faite aux enfants et descendants à naître du mariage?

Oui. Il y a ici une grave dérogation au droit commun, qui ne permet pas de faire des donations au profit de personnes non encore conçues. Mais cette dérogation est justifiée par une considération dont il fallait tenir compte. Effectivement, la donation de biens à venir n'a d'effet qu'à la mort du donateur; d'où il suit que le prédécès du donataire la rendrait nécessairement caduque, si une autre personne n'était appelée à recueillir à son défaut. Si donc le donateur survit à l'époux donataire, ce dernier n'aura jamais été investi de la chose donnée, et les enfants issus du mariage en faveur duquel la donation a été faite viendront, non en vertu du droit de leur auteur, droit qui est devenu caduc par son prédécès, mais en vertu d'un droit qui leur est propre, en vertu d'une substitution vulgaire sous-entendue à leur profit.

Ainsi, la présomption légale suivant laquelle toute donation de biens à venir est présumée faite aux enfants à naître du mariage était nécessaire pour assurer l'efficacité de la disposition. Au surplus, la dérogation au droit commun qu'elle fait naître est moins grave qu'elle ne paraît l'être au premier abord. Effectivement, si le donateur dispose au profit de personnes incertaines, il ne dispose que pour l'avenir, car les enfants qui doivent profiter de la disposition seront déjà nés au moment où elle produira son effet à leur égard. Puis, il convient d'observer que la donation est faite principalement aux époux et qu'elle ne s'adresse qu'accessoirement aux enfants à naître du mariage, lesquels ne sont appelés à en profiter que par substitution à leurs père et mère.

Cette substitution n'a pas besoin d'être formulée dans le contrat. Elle est présumée faite, toutes les fois qu'elle n'est pas expressément contredite par une déclaration contraire. C'est, d'ailleurs, une substitution vulgaire, et non point une substitution fidéi-commissaire, et les époux qui reçoivent les biens donnés ne sont pas obligés de les conserver dans leur patrimoine, afin de les transmettre après leur mort à leurs enfants. (Art. 1082.)

Qu'est-ce que la donation cumulative de biens présents et de biens à venir?

La donation cumulative de biens présents et de biens à venir est une espèce de donation de biens à venir, par laquelle le dona-teur donne au donataire, soit tous les biens qu'il laissera à son décès, et dont il peut, comme précédemment, disposer à titre onéreux, soit certains biens déterminés, qu'il ne peut grever d'au-cun droit, et qu'on appelle *biens présents*. — Au moment du décès du donateur, le donataire choisira : s'il opte pour les biens à venir, il devra respecter tous les droits réels consentis à titre onéreux par le donateur; s'il opte pour les biens présents, il pourra, au contraire, faire rescinder tous les droits réels dont ces biens au-raient été grevés.

Cette donation a sur la précédente l'avantage d'assurer irrévo-cablement au donataire certains biens déterminés, dont le dona-teur s'interdit de disposer, à quelque titre que ce soit. (Art. 1084.)

Quel est le parti que le donataire adoptera de préférence?

Si les biens donnés ont été conservés, il optera pour la dona-tion de biens à venir; ce qui lui permettra de recueillir toute la quotité disponible.—Si, au contraire, ils ont été dissipés, il optera pour la donation de biens présents; ce qui lui permettra de faire rescinder tous les droits réels consentis sur ces biens, et le dispen-sera de payer aucune dette de la succession, à l'exception de celles, existant au moment de la donation, qu'il se serait expressémen t obligé à payer, et dont l'état se trouverait annexé à l'acte de do-nation.

Cet état estimatif est nécessaire, lorsque les biens constitués en biens présents comprennent des meubles. S'ils comprennent des immeubles, on les reconnaît par la désignation qui en est faite dans l'acte de donation. — A défaut d'état estimatif pour des meubles, le donataire sera obligé d'accepter ou de répudier la donation pour le tout.

De même que la précédente, la donation cumulative de biens présents et de biens à venir est présumée faite aux enfants à naître du mariage. D'un autre côté, elle fait retour au donateur, lorsqu'il survit aux époux et aux enfants. (Art. 1084, 1085, 1089.)

Qu'est-ce que la donation faite sous des conditions potestatives de la part du donateur ?

La donation faite sous des conditions potestatives de la part du donateur est celle par laquelle le donateur se dépouille actuellement et irrévocablement des biens donnés ; mais en se réservant le droit de reprendre un objet, ou en obligeant le donataire à payer ses dettes futures, s'il accepte la donation.

Cette donation contient une grave dérogation au principe des donations ordinaires, *donner et retenir ne vaut*. Mais la faveur du mariage l'a fait admettre. Elle a cela de commun avec la donation de biens à venir et la donation cumulative de biens présents et à venir, qu'elle ne saisit pas actuellement et irrévocablement le donataire ; qu'elle admet la substitution vulgaire au profit des enfants à naître ; et qu'elle devient caduque par le prédécès du donataire et de sa postérité.

Lorsque le donateur s'est réservé le droit de disposer d'un effet compris dans la donation de ses droits présents, ou d'une somme fixe à prendre sur ces mêmes biens, l'effet ou la somme, s'il meurt sans en avoir disposé, seront censés compris dans la donation et appartiendront au donataire ou à ses héritiers. — Il y a ici une dérogation au principe contenu dans l'article 946, suivant lequel la donation d'un objet dont le donateur se réserve la faculté de disposer est sans effet. Mais une pareille donation est valable, lorsqu'elle est faite en faveur du mariage : à la mort du donateur, l'objet donné sous condition résolutoire appartiendra donc au donataire, et, en cas de décès de celui-ci, à ses enfants. — La disposition ne restera sans effet que si le donateur a survécu au donataire et à sa postérité. (Art. 1086, 1808.)

Les donations faites par contrat de mariage sont-elles réductibles ?

Oui ; les donations faites par contrat de mariage sont réductibles, lorsque le donateur a excédé la portion disponible.

Lorsqu'il y a eu successivement plusieurs donations faites par le disposant, la réduction a lieu en commençant par les donations les plus récentes, et non point au marc le franc, comme en matière de legs. — Il est vrai que les donations de biens à venir présentent une certaine analogie avec les legs, puisqu'elles ont pour objet des biens que le déposant laissera après sa mort; mais elles se rapprochent davantages des donations. (Art. 1090.)

CHAPITRE NEUVIÈME

DES DISPOSITIONS ENTRE ÉPOUX, SOIT PAR CONTRAT DE MARIAGE, SOIT PENDANT LE MARIAGE

Articles 1091 à 1100.

Les donations par contrat de mariage peuvent-elles être faites par les époux, l'un à l'autre ?

Oui; les époux peuvent se faire des donations, soit avant le mariage et par leur contrat, soit pendant le mariage.

Les donations faites par contrats de mariage par un époux à l'autre époux diffèrent, sous certains rapports, des donations faites également par contrat de mariage, mais par un tiers à l'un des époux. A cet égard, il faut établir les distinctions suivantes :

Entre les donations de biens présents faites par des tiers et les donations de biens présents faites par les époux l'un à l'autre, il n'y a aucune différence. Dans les deux cas, on suit les mêmes règles et les mêmes formes.

Pour les trois autres espèces de donations, il y a deux différences :

1° Les donations faites par les époux ne sont pas, comme celles faites par des tiers, présumées faites en faveur des enfants à naître du mariage. — Il eût été, en effet, inutile de substituer ici les enfants au donataire pour le cas où il serait décédé avant le donateur, parce que ceux-ci retrouveront les biens donnés dans le patrimoine de l'un ou de l'autre.

2° Les donations faites par les époux ne sont pas, comme celles faites par des tiers, révocables pour cause de survenance d'enfant. — En effet, la donation ne nuit pas ici aux enfants du donateur, puisqu'ils sont en même temps les enfants du donataire.

Les donations qui ont lieu par contrat de mariage peuvent être faites par un époux mineur à son conjoint, pourvu qu'il soit assisté des personnes dont le consentement est requis pour le mariage. (Art. 1091, 1092, 1093, 1095.)

Les époux peuvent-ils se faire des donations pendant le mariage ?

Oui ; ces donations, qui étaient prohibées à Rome et dans un grand nombre de coutumes, ont été autorisées par le Code. Mais elles présentent une grave différence avec les donations ordinaires, en ce qu'elles sont essentiellement révocables ; et, de plus, elles diffèrent également des donations faites par les époux l'un à l'autre, mais par contrat de mariage. — Ainsi :

1° Les donations faites par contrat de mariage sont irrévocables. — Celles faites pendant le mariage sont, au contraire, essentiellement révocables. Cette irrévocabilité s'explique : les époux peuvent être entraînés par la crainte, par l'amour excessif, par l'ascendant qu'ils exercent l'un sur l'autre, à consentir facilement des libéralités. La facilité de les révoquer remédie à cet inconvénient.

2° Les donations par contrat de mariage peuvent être faites réciproquement par les deux époux l'un à l'autre, par un seul et même acte. — Celles faites pendant le mariage, lorsqu'elles sont mutuelles et réciproques, doivent être faites par acte séparé, afin de pouvoir être révoquées plus facilement.

3° Les donations faites par contrat de mariage sont dispensées de l'acceptation expresse. — Celles faites pendant le mariage n'en sont pas dispensées.

Au surplus, les donations faites par les époux l'un à l'autre pendant le mariage sont soumises à la réduction, lorsqu'elles excèdent la quotité disponible. — Quand un époux a fait successivement plusieurs donations à son conjoint, on fait la réduction en commençant par les donations les plus récentes, et non point au marc le franc, comme en matière de legs. Il est vrai que les donations faites pendant le mariage sont révocables, comme les legs, par un simple changement de volonté du disposant ; mais elles n'en sont pas moins de véritables donations, puisqu'elles ne peuvent se former que par le concours des deux volontés. C'est ainsi, d'ailleurs que le Code les considère. (Art. 1096, 1097.)

Quelle est la quotité disponible entre époux ?

Il faut distinguer :

1° L'époux donateur ne laisse-t-il aucun héritier réservataire, il peut donner toute sa fortune à son conjoint.

2° L'époux donateur laisse-t-il seulement des ascendants, il peut donner à son conjoint toute la quotité disponible ordinaire, plus l'usufruit de toute la réserve de l'ascendant. — Cette disposition a été justement critiquée : la réserve des ascendants réduite à une nue propriété sera d'autant plus illusoire qu'ils sont ordinairement plus âgés que l'époux donataire.

3° L'époux donateur laisse-t-il des descendants issus de son mariage avec le donataire, il ne peut donner à son conjoint que le quart de ses biens en propriété, plus un autre quart en usufruit; ou la moitié de ses biens en usufruit.

4° L'époux donateur laisse-t-il des descendants issus d'un précédent mariage, il ne peut donner à son second époux plus de biens que n'en pourrait recueillir l'enfant légitime le moins prenant; sans que, dans aucun cas, la donation puisse excéder le quart de ses biens. (Art. 1094, 1098.)

Comment calcule-t-on la part d'enfant le moins prenant?

On la calcule de la manière suivante :

Supposons que le donataire ait laissé trois enfants, et que l'un d'eux ait reçu, outre sa part de réserve, toute la quotité disponible. On déduit cette quotité disponible, et on divise la réserve en quatre portions égales. L'époux donataire et les trois enfants reçoivent chacun une de ces quatre portions. Celui d'entre ces derniers qui a déjà reçu la quotité disponible touche son quart comme les autres. De cette manière, l'époux donataire se trouve placé au même rang que les enfants réduits à leur part de réserve.

Qui peut demander la réduction des donations entre époux?

La réduction des donations entre époux ne peut être demandée que par les ascendants ou par les descendants qui sont issus d'un précédent mariage. Encore faut-il qu'ils aient conservé la qualité d'héritiers, puisque la réserve n'appartient qu'aux héritiers.

Au reste, la quotité disponible entre époux n'est fixée, comme la quotité disponible ordinaire, qu'au moment du décès de l'époux donateur. — Elle est d'ailleurs la même, soit que les libéralités aient été faites avant le mariage et par le contrat, qui a déterminé les règles de l'association pécuniaire des époux, soit qu'elles aient été faites pendant le mariage. — Il n'y a pas à considérer non plus si ces libéralités ont été faites en la forme d'une donation entre vifs ou en la forme d'un testament.

Au surplus, lorsqu'un époux, ayant contracté successivement

plusieurs mariages, a fait des donations à différents conjoints, on calcule la quotité disponible sur l'ensemble des donations qu'il a ainsi faites, et non point sur le montant de chaque libéralité. — Telle était la règle dans notre ancienne jurisprudence, et le Code ne l'a point abrogée.

Le Code n'a-t-il pas prévu le cas où les époux tenteraient de se faire des libéralités excédant la quotité disponible ?

Oui; l'article 1099 déclare que les libéralités entre époux sont réductibles, lorsqu'elles dépassent la quotité disponible. Il ajoute qu'elles sont même frappées de nullité, lorsque l'époux les a déguisées sous la forme de contrats à titre onéreux ou par interposition de personnes.

On conçoit que la loi se soit montrée plus sévère à l'égard de ces dernières, parce que le détour dont a usé le donateur prouve que ce n'est pas par ignorance qu'il a enfreint les prescriptions de la loi.

La donation est présumée faite par interposition de personnes, lorsqu'elle a lieu en faveur d'un enfant du donataire issu d'un précédent mariage, ou de toute autre personne dont le donataire était héritier présomptif au moment de la donation. Cette présomption ne peut pas être combattue par la preuve contraire. (Art. 1099, 1100.)

LIVRE III, TITRE III

Des contrats ou des obligations conventionnelles en général.

Après avoir déterminé, dans les deux titres précédents, les manières d'acquérir à titre gratuit, le Code passe aux moyens d'acquérir à titre onéreux, et il s'arrête d'abord à l'effet des contrats.

Les contrats ont des règles qui leur sont communes : ce sont ces règles que nous étudierons ici. — Seulement, un certain nombre d'entre elles s'appliquent à d'autres obligations qu'à celles qui naissent des contrats; car, ainsi qu'on le verra plus loin, les obligations ne naissent pas seulement des contrats.

Notre titre comprend les six chapitres suivants :

Chap.   I. — Dispositions préliminaires.
Chap.   II. — Conditions essentielles des conventions.
Chap.   III. — Effets des obligations.
Chap.   IV. — Diverses espèces d'obligations.
Chap.   V. — Extinction des obligations.
Chap.   VI. — Preuve des obligations.

CHAPITRE PREMIER

DISPOSITIONS PRÉLIMINAIRES

Articles 1101 à 1107.

Qu'est-ce que l'obligation ?

L'obligation est un lien de droit par lequel une personne est astreinte envers une autre à donner, à faire ou à ne pas faire quelque chose. — L'obligation est un lien de droit, en ce sens que la personne au profit de laquelle elle existe peut contraindre le débiteur à exécuter son engagement.

Considéré par rapport aux personnes entre lesquelles existe ce lien de droit, le mot *obligation* s'entend ordinairement de la nécessité où se trouve une personne de faire ou de fournir quelque chose, au profit d'une autre personne. — Néanmoins, dans la pratique, on emploie quelquefois le mot *obligation* dans un sens actif, pour exprimer le droit qu'a une personne d'exiger quelque chose d'une autre personne. Il est alors synonyme du mot *créance*. — Quelquefois aussi le mot *obligation* est employé pour exprimer l'*écrit* qui constate l'engagement d'une personne envers une autre. (Art. 1101.)

Quelle différence y a-t-il entre l'obligation de donner et celle de faire ?

L'obligation de donner diffère, sous plusieurs rapports, de l'obligation de faire, et notamment sous les rapports suivants :

1° L'obligation de donner peut, en général, être acquittée par un tiers aussi bien que par le débiteur lui-même. Effectivement, lorsqu'on a promis au créancier de lui fournir un objet, il importe peu à celui-ci que l'objet lui soit fourni par telle personne plutôt que par telle autre. — Au contraire, l'obligation de faire ne peut, assez souvent, être accomplie que par la personne même qui s'est obligée à l'accomplir. Effectivement, lorsqu'on a promis au créancier l'exécution d'un fait, il importe à celui-ci que le fait soit exécuté par la personne même qui s'y est engagée. Ainsi, lorsqu'un artiste s'est engagé à exécuter une œuvre d'art, il est évident que le créancier a intérêt à ce que l'œuvre d'art promise soit exécutée par l'artiste avec lequel il a traité.

2° L'erreur sur la personne du débiteur n'est pas une cause de nullité, lorsqu'il s'agit d'une obligation de donner, puisque le créancier se propose uniquement d'acquérir tel objet, quelle que soit la personne qui le fournisse. — Au contraire, l'erreur sur la personne du débiteur peut être une cause de nullité, lorsqu'il s'agit d'une obligation de faire, si le créancier n'a traité qu'en vue de la personne qui devait exécuter le fait promis. Dans ce cas, le contrat a été consenti *intuitu personœ*.

3° Enfin, quand le débiteur est tenu de fournir quelque chose, le créancier peut obtenir la chose qui lui a été promise, nonobstant la mauvaise volonté du débiteur, en accomplissant une saisie. — Au contraire, quand le débiteur est tenu d'une obligation de faire, le créancier ne peut pas le contraindre à exécuter le fait promis : il peut seulement réclamer des dommages-intérêts à raison de l'inexécution de l'obligation, ou faire accomplir l'obligation par un tiers aux frais du débiteur.

Comment se forment les obligations ?

Les obligations naissent ordinairement des contrats; mais elles peuvent aussi se former par l'effet des quasi-contrats, des délits, des quasi-délits et de la loi. Les obligations formées par contrat s'appellent conventionnelles, parce que le contrat est *in genere* une convention.

Nous nous occuperons, dans ce titre, des règles générales qui s'appliquent aux obligations conventionnelles. Celles qui ont pour objet les obligations formées sans convention seront exposées dans le titre suivant.

Quels rapports y a-t-il entre la convention, le contrat, l'obligation et l'action?

Il y a une étroite relation entre la convention, le contrat, l'obligation et l'action. — Toutefois, ces diverses expressions ne sont pas synonymes, bien que dans l'usage on confonde assez souvent les trois premières.

Le mot *convention* est générique; il exprime le consentement, l'accord de deux ou plusieurs personnes sur le même objet : *duorum pluriumve in idem consensus.* Lorsque le consentement donné par les parties n'a pas eu lieu en vue d'obliger personnellement l'une d'elles envers l'autre, il y a une convention proprement dite. Ainsi, lorsque deux voisins s'entendent pour constituer une servitude, un usufruit ou une hypothèque sur le fonds de l'un d'eux, l'entente qui s'est établie entre eux constitue une véritable convention, parce qu'elle fait naître des droits sur une chose, et qu'elle n'oblige pas une personne envers une autre. — Au contraire, lorsque la convention formée entre plusieurs personnes a été faite en vue d'obliger l'une d'elles envers l'autre, *animo contrahendæ obligationis,* elle prend spécialement le nom de *contrat.* La personne obligée se nomme *débiteur,* et l'autre personne *créancier.* — On voit que la convention est le genre et le contrat l'espèce.

En d'autres termes, il ne peut pas y avoir de contrat sans convention; mais la convention ne forme pas toujours un contrat. Elle n'en forme pas toutes les fois qu'elle n'oblige pas l'une des parties envers l'autre.

L'*obligation* est donc, comme on le voit, l'effet direct et immédiat du contrat. S'il existe un lien de droit entre deux personnes, si l'une d'elles est obligée envers l'autre, c'est le plus souvent à raison du contrat formé entre elles. Et, comme le contrat est une espèce de convention, on peut dire que l'obligation naît ordinairement des contrats ou des conventions.

L'*action* est le recours que la loi accorde au créancier pour contraindre le débiteur à exécuter son engagement. Toute obligation doit être munie d'une action, sans quoi le débiteur ne serait pas véritablement obligé envers le créancier. — A la vérité, il existe certaines obligations pour l'exécution desquelles la loi n'accorde pas d'action, tout en leur attribuant certains effets : mais c'est improprement qu'on leur donne le nom d'*obligations naturelles*, par opposition aux *obligations civiles*, lesquelles sont sanctionnées par une action.

En résumé, la relation qui existe entre la convention et le contrat est celle du genre à l'espèce. — Celle qui existe entre la convention et le contrat d'une part, et l'obligation d'autre part est celle de la cause à l'effet. — Enfin, celle qui existe entre l'obligation et l'action est encore celle de la cause à l'effet, car on ne peut pas exercer une action personnelle sans obligation préalable.

Quelle différence y a-t-il entre un contrat et un acte ?

Il ne faut pas confondre le *contrat* avec l'*acte*. Le mot acte signifie, tantôt un fait, tantôt un écrit destiné à servir de preuve. —Dans le premier cas, il diffère du contrat en ce qu'il ne suppose pas le concours de deux volontés. Ainsi, le testament est un acte, parce qu'il est exclusivement l'œuvre du testateur ; et la donation est un contrat, parce qu'il y faut la volonté du donateur et celle du donataire. — Dans le second cas, l'acte diffère également du contrat, parce qu'il n'est dressé que pour servir de preuve à la convention ; tandis que le contrat peut subsister, quoiqu'il n'ait pas été dressé d'acte pour le prouver : on peut recourir à la preuve testimoniale, au serment prêté ou à l'aveu.

Il faut aussi distinguer les contrats de la *pollicitation*. En effet, pour former un contrat, il faut le concours de plusieurs personnes, l'une qui promet et l'autre qui accepte la promesse. — Au contraire, les pollicitations ne sont que de simples offres non encore acceptées ; elles ne produisent aucune obligation : *pollicitatio est solius offerentis promissum*. Elles ne sont pas admises par le Code.

Qu'entend-on par quasi-contrats, délits et quasi-délits ?

Les obligations, avons-nous dit, dérivent : 1° des contrats ; 2° des quasi-contrats ; 3° des délits ; 4° des quasi-délits ; 5° de la loi.

On appelle *quasi-contrats* certains faits licites à la suite desquels une personne peut se trouver obligée envers une autre. Ainsi, lorsqu'un tiers a payé une dette pressante ou a fait faire certaines réparations urgentes, il peut réclamer le montant de ses déboursés jusqu'à concurrence de l'avantage qu'ils ont procuré à la personne dans les affaires de laquelle il s'est immiscé. — Ce nom de *quasi-contrat* exprime qu'une personne est obligée envers une autre, comme elle le serait s'il y avait eu un consentement réciproque de donné.

On appelle *délit* un fait illicite et dommageable, commis avec intention de nuire. — Tout délit oblige celui qui en est l'auteur envers celui qui en a souffert.

On appelle *quasi-délit* un fait illicite et dommageable, commis sans intention de nuire. Ainsi, celui qui, étant à la chasse, tue par maladresse un animal domestique est obligé à indemniser le maître de l'animal du préjudice qu'il lui a causé. — Le nom de *quasi-délit* exprime qu'une personne est obligée envers une autre à raison d'un fait dommageable commis sans intention de nuire, comme elle le serait si le fait dommageable avait été commis avec intention de nuire.

Ainsi, les obligations se forment, soit par le fait des deux parties, comme dans les contrats, où elles agissent chacune, en donnant leur consentement; soit par le fait d'une seule des deux parties, comme dans les quasi-contrats, délits et quasi-délits. — Ajoutons qu'elles se forment encore, dans certains cas, sans qu'il y ait eu aucun fait de la part des deux parties. Elles dérivent alors de la loi : elles naissent par la vertu d'une disposition édictée par le législateur. Telles sont les obligations qui résultent de la mitoyenneté et du partage.

Comment se divisent les contrats?

Les contrats sont :

1° *Synallagmatiques* ou *unilatéraux*. — Ils sont synallagmatiques, lorsque les contractants s'obligent réciproquement les uns envers les autres. — Ils sont unilatéraux, lorsqu'une personne s'oblige envers une autre, sans que cette dernière se soit elle-même engagée.

Certains contrats sont à la fois synallagmatiques et unilatéraux. On les appelle *synallagmatiques imparfaits*. Ce sont ceux où, dans le principe, il n'y a qu'une obligation; mais où le créancier peut se trouver plus tard obligé lui-même. Tel est, par exemple, le mandat : au moment du contrat, le mandataire seul est obligé ; mais s'il fait des dépenses pour l'exécution de son mandat, le mandant est tenu de les lui rembourser.

2° *Commutatifs* ou *aléatoires*. — Ils sont commutatifs, lorsque chacune des parties reçoit un équivalent actuel et certain, en compensation de ce qu'elle fournit. —Ils sont aléatoires, lorsque l'équivalent consiste, pour chacune des parties, dans une chance de gain ou de perte.

3° A *titre onéreux* ou à *titre gratuit*. — Ils sont à titre onéreux, lorsque chacune des deux parties y trouve un avantage réciproque.—Ils sont à titre gratuit, lorsqu'ils ne présentent d'avantages que pour une des deux parties seulement.

Outre ces divisions, qui sont données par le Code, les contrats sont encore :

4° *Nommés* ou *innommés*, suivant qu'ils portent un nom spécial, ou qu'ils n'en portent pas.

5° *Consensuels*, *reels* et *solennels*, suivant qu'ils se forment par le seul consentement, par la tradition, ou qu'ils exigent l'emploi de formes spéciales et rigoureuses. — La plupart des contrats sont consensuels. (Art. 1102, 1103, 1104, 1105, 1106, 1107.)

CHAPITRE DEUXIÈME

DES CONDITIONS ESSENTIELLES POUR LA VALIDITÉ DES CONVENTIONS

Articles 1108 à 1133.

Aux termes de l'article 1108, il y a quatre conditions essentielles à la validité d'un contrat, savoir : 1° Le consentement des parties ; 2° Leur capacité ; 3° Un objet certain formant la matière de l'engagement ; 4° Une cause licite dans l'obligation.

Parmi ces quatre conditions, trois sont nécessaires à l'existence même du contrat, et leur absence le rend absolument nul. — Au contraire, la capacité de contracter rend seulement le contrat annulable. La nullité ne peut être opposée que par l'incapable, et elle doit l'être dans un certain délai.

Suivant les divisions du Code, nous traiterons dans ce chapitre : — 1° Du consentement ; — 2° De la capacité des parties contractantes ; — 3° De l'objet et de la matière des contrats ; — 4° De la cause.

SECTION I

DU CONSENTEMENT

Qu'est-ce que le consentement?

Le consentement est l'adhésion donnée par une personne à ce qu'une autre personne veut et lui propose de vouloir.

Le consentement requis pour la validité des conventions doit être l'objet d'une détermination libre et réfléchie. — En conséquence trois causes peuvent le vicier, savoir :

1° L'erreur ;

2° La violence ;

3° Le dol.

Ces trois faits ne détruisent pas toujours le consentement, mais ils le rendent imparfait.—Lorsque le consentement est entièrement détruit, le contrat est nul; lorsqu'il est seulement vicié, le contrat n'est qu'annulable. (Art. 1109, 1117.)

Qu'est-ce que l'erreur ?

L'erreur est le fait de croire à une chose qui n'est pas conforme à la vérité. — Tantôt elle rend le contrat radicalement nul ; tantôt elle le rend simplement annulable ; tantôt, enfin, elle n'affecte pas du tout sa validité.

I. *L'erreur rend le contrat radicalement nul dans les deux cas suivants :*

1° Lorsqu'elle porte sur la nature de la convention ;

2° Lorsqu'elle porte sur son objet.

Ainsi, lorsque celui qui reçoit une chose la reçoit comme chose donnée, tandis qu'elle lui est livrée comme chose vendue ou prêtée, l'erreur empêche la formation du contrat; elle l'empêche, parce qu'elle exclut le concours de volontés. — Pareillement, lorsque celui qui achète croit qu'on lui vend la maison A, et que celui qui vend entend vendre la maison B, l'erreur empêche encore la formation du contrat, parce qu'elle exclut également le concours de volontés. — Au surplus, l'article 1110 n'est pas relatif à ces deux causes d'erreur. Effectivement, cet article suppose qu'il y a eu consentement, concours de volontés : or, dans les deux cas indiqués ici, ce concours n'a pas lieu, les parties ne se sont pas entendues. Le contrat est radicalement nul, il n'existe qu'en apparence et la loi s'occupe ici des contrats qui existent, dans lesquels on trouve le consentement des parties, et qui sont seulement annulables à cause de l'imperfection du consentement donné.

II. *L'erreur rend le contrat annulable dans deux cas :*

1° Lorsqu'elle porte sur la substance de la chose qui fait l'objet de la convention ;

2° Lorsqu'elle porte sur la personne, dans le cas où on a contracté en vue de la personne, par exemple, lorsqu'on a fait une donation.

En droit, on entend par *substance* d'une chose la qualité principale que les parties ont eu en vue en contractant; en d'autres termes, le rapport principal sous lequel la chose a été envisagée par elles. — Or, une chose peut dans un contrat être envisagée principalement sous divers rapports : par exemple, sous le rapport de sa matière, de la réputation de celui qui l'a confectionnée, de sa forme, de son origine, de son ancienneté. Ainsi, lorsqu'on achète une montre, qu'on croit en or et qui est en vermeil, il y a erreur sur la substance; car la chose vendue a été achetée principalement sous le rapport de sa matière. Pareillement, lorsqu'on achète une médaille, qu'on croit antique et qui est moderne, il y a erreur sur la substance ; car la chose vendue a été achetée principalement sous le rapport de son origine.

III. *Au contraire, l'erreur n'affecte pas la validité du contrat dans les trois cas suivants :*

1° Lorsqu'elle porte sur des qualités purement accessoires de l'objet du contrat : par exemple, lorsqu'on achète une maison, qu'on croit solide et qui ne l'est pas;

2° Lorsqu'elle porte sur le motif de la convention : par exemple, lorsqu'on a acheté une maison, croyant à tort que la sienne a péri;

3° Lorsqu'elle porte sur la personne, quand on n'a pas contracté en vue de la personne : par exemple, lorsqu'on achète des fournitures en se trompant de fournisseur. (Art. 1110.)

Les tribunaux n'ont-ils pas, relativement à tous ces cas, un certain pouvoir d'appréciation ?

Oui ; les tribunaux apprécieront, suivant les circonstances, quand l'erreur a porté sur des qualités substantielles, ou accessoires ; ou, quand le contrat a été fait en vue de la personne, ou sans considération de la personne. — Mais ils n'ont pas à distinguer si l'erreur a été grossière, ou si elle est excusable ; si elle est dommageable ou non pour l'autre partie. En principe, le contrat infecté d'une erreur doit être annulé ; sauf à la partie qui l'attaque à fournir des dommages-intérêts, lorsque l'erreur provient de sa faute.

Qu'est-ce que la violence ?

La violence est la crainte actuelle d'un mal considérable, de nature à faire impression sur une personne raisonnable.

Elle est une cause de nullité du contrat, soit qu'elle vienne de la partie adverse ou d'un tiers ; soit qu'elle ait été exercée sur la partie, ou sur son conjoint, ses ascendants, ou ses descendants. En effet, elle est une cause de nullité parce qu'elle détruit la liberté du contractant. Or, elle la détruit tout aussi bien par des menaces qui concernent des personnes qui lui sont chères, que par des menaces qui le concerneraient lui-même.

La violence consiste plutôt dans la crainte qui a été inspirée, et qui a détruit la liberté, que dans le mal lui-même.—Il en résulte que les juges doivent tenir compte des circonstances pour apprécier si elle a été de nature à vicier le consentement. Ils doivent, notamment, avoir égard à l'âge, au sexe et à la condition des personnes qui ont été violentées. (Art. 1111, 1112, 1113.)

Quand est-ce que la violence n'est pas une cause de nullité du contrat ?

La violence n'est pas une cause de nullité du contrat :

1° Lorsqu'elle n'a pas été assez grave pour impressionner la personne qui a contracté, de manière à lui enlever sa liberté ;

2° Lorsqu'elle n'a pas eu lieu en vue de décider la partie qui l'a soufferte à contracter ;

3° Lorsqu'elle a pour cause la simple crainte révérentielle qu'inspirent les ascendants, sans qu'elle ait été accompagnée de menaces.

Au reste, la nullité qui résulte de la violence soufferte par l'un des contractants ne peut plus être invoquée, lorsque, depuis qu'elle a cessé, le contrat a été approuvé par la partie lésée, soit expressément, soit tacitement, soit en laissant passer le temps de la restitution fixé par la loi. (Art. 1114, 1115.)

La violence exclut-elle absolument le consentement ?

Non ; la personne qui se décide à contracter sous l'empire de la violence préfère contracter plutôt que de subir la violence, et, par conséquent, *veut* contracter. Mais son consentement n'est pas libre, et c'est pourquoi le contrat est annulable. — Il serait absolument nul si la violence excluait, non la liberté du consentement, mais le consentement lui-même.

Qu'est-ce que le dol?

Le dol consiste dans les manœuvres frauduleuses employées pour tromper une des parties contractantes.

Pour que le dol soit une cause de nullité des contrats, il faut :

1° Qu'il ait décidé la partie qui l'a souffert à contracter;

2° Qu'il ait été pratiqué par l'autre partie.

Au reste, il ne serait pas une cause de nullité, si la partie qui l'a souffert n'avait pas, en fait, été induite en erreur. (Art. 1116.)

Pourquoi le dol est-il une cause de nullité distincte de l'erreur?

Ainsi qu'on l'a vu, l'erreur n'est une cause de nullité du contrat qu'autant qu'elle porte sur les qualités substantielles de la chose qui fait l'objet du contrat; elle lui laisse toute sa validité, lorsqu'elle porte seulement sur des qualités accessoires. — Mais, s'il en est ainsi d'une erreur commune, il n'en saurait être de même, lorsque l'erreur a été le résultat des manœuvres pratiquées par la partie adverse. — En conséquence, l'erreur qui provient du dol produit l'annulation du contrat, lors même qu'elle ne porte que sur des qualités accessoires. Sans doute, dans ce cas, le consentement subsiste, mais il est juste que la partie trompée soit indemnisée par l'auteur des manœuvres. Et, lorsque l'auteur des manœuvres est la partie même envers laquelle l'engagement a été contracté, l'indemnité doit naturellement consister dans l'anéantissement de l'obligation. C'est en ce sens que le dol est une cause de nullité des conventions.

D'après cela, on comprend que le dol pratiqué par un tiers ne peut annuler le contrat, et qu'il soumet seulement ce tiers à des dommages-intérêts.

Au surplus, le dol, par quelque personne qu'il soit pratiqué, n'annule pas non plus le contrat, lorsqu'il n'en est pas la cause, mais qu'il s'y trouve incidemment. C'est encore le cas de réclamer des dommages-intérêts contre l'auteur du dol. — Dans tous les cas, comme la bonne foi se présume toujours, c'est à celui qui se plaint d'un dol à le prouver. (Demante.)

En résumé, le dol n'est pas une cause de nullité de contrat :

1° Lorsque n'ayant été pratiqué que dans le cours d'une négociation, il n'est pas certain, comme l'exige l'article 1116, qu'il ait déterminé l'une des parties à contracter ;

2° Lorsqu'il ne consiste que dans ces vanteries exagérées que les marchands font ordinairement de leurs marchandises, parce que les acheteurs ont dû connaître la valeur de ces louanges intéressées ;

3° Enfin, comme nous l'avons dit, lorsqu'il n'émane pas de la partie adverse.

N'y a-t-il pas encore une quatrième cause d'annulation des contrats ?

Oui ; outre les trois vices du consentement dont nous venons de parler, l'erreur, la violence et le dol, il est un troisième vice, qui peut, dans certains cas, détruire le consentement, quelque libre qu'on le suppose, c'est la lésion.

On entend par *lésion* le préjudice qu'éprouve l'une des parties dans un contrat à titre onéreux.

Toutefois, la lésion n'est pas, comme l'erreur, la violence ou le dol, une cause générale de nullité des contrats, relativement aux majeurs. — Elle ne les vicie à leur égard que dans deux cas :

1° Celui où le vendeur d'un immeuble a été lésé de plus des sept douzièmes de sa valeur ;

2° Celui où l'un des héritiers a été lésé de plus du quart.

A l'égard des mineurs, la lésion est, au contraire, une cause générale de nullité. (Art. 1118.)

L'action en rescision pour cause d'erreur, de violence ou de dol est-elle opposable aux tiers ?

Avant de répondre à cette question, nous ferons d'abord observer que l'action en rescision ou nullité du contrat dont il s'agit ici constitue une nullité relative, et non point une nullité absolue, et, par suite, que cette action ne peut être intentée que par la partie qui a souffert de l'erreur, de la violence ou du dol, ou par ses héritiers, et qu'elle ne peut être exercée que pendant dix ans. C'est ce qui résulte expressément de l'article 1117.

Cela posé, il n'est pas douteux que l'action dont il s'agit ne soit opposable aux tiers : autrement, il serait trop facile à la partie contre laquelle l'action pourrait être dirigée d'en éviter les suites, en aliénant ou en grevant de droits réels les biens sujets à restitution. — En résumé, le vice du consentement reconnu produit l'effet d'une condition résolutoire accomplie : il permet à la partie qui a subi l'erreur, la violence ou le dol, de reprendre les biens livrés, francs et quittes de toutes les charges consenties par l'acquéreur et de les revendiquer contre les tiers acquéreurs.

Pour que la nullité puisse être opposée à un tiers acquéreur, il faut intenter l'action contre la personne avec laquelle on a contracté primitivement ; puis assigner le tiers acquéreur en déclaration de jugement. (Art. 1117.)

Peut-on promettre pour autrui ?

Non ; on ne peut pas, en général, promettre pour autrui, si ce n'est dans les cas où l'on agit comme mandataire ou gérant d'affaires. — En d'autres termes, les contrats qu'on fait soi-même ne peuvent obliger que soi-même, à moins qu'on n'agisse comme mandataire ou gérant d'affaires d'un autre.

C'est là le sens qu'il faut donner à l'article 1119. Mais cet article était inutile, car le principe qu'il énonce est tout à fait évident.

Mais si l'on ne peut pas promettre pour autrui, on peut très-bien s'engager à faire faire quelque chose par un tiers, et par suite se porter fort pour autrui. — En effet, se porter fort, c'est s'engager soi-même à déterminer un tiers à contracter ; c'est, par conséquent, promettre un fait qui est personnel au promettant.

Ainsi, lorsque je vous promets de faire reconstruire votre maison par Primus, je suis tenu moi-même envers vous d'une obligation de faire, laquelle consiste à déterminer Primus à reconstruire votre maison. (Art. 1119, 1120.)

Peut-on stipuler au profit d'un tiers ?

On ne peut, en général, stipuler pour autrui qu'en agissant comme mandataire. Toutefois, la stipulation faite au profit d'un tiers serait valable, si elle n'était qu'une des clauses accessoires d'une stipulation faite pour soi : comme, par exemple, lorsqu'un donateur impose au donataire l'obligation de servir une rente viagère à un de ses serviteurs. — Tel serait encore le cas où l'on obligerait la partie avec laquelle on contracte à reconstruire la maison d'un tiers, en stipulant des dommages-intérêts pour soi-même en cas d'inexécution. (Art. 1121.)

Les héritiers et ayants cause des contractants sont-ils tenus à l'exécution des contrats ?

Oui ; les contrats obligent les héritiers ou ayants cause de ceux qui les ont consentis; à moins que le contraire ne soit exprimé, ou ne résulte de la nature même de la convention.

On appelle *ayants cause* ceux qui nous succèdent dans nos droits à un titre quelconque. — Ainsi notre héritier est notre ayant cause : celui à qui nous avons vendu ou donné un fonds l'est pareillement, relativement à ce fonds. (Art. 1122.)

SECTION II

DE LA CAPACITÉ DES PARTIES CONTRACTANTES

Toute personne peut-elle contracter ?

Oui; en principe, toute personne peut contracter, à l'exception de celles que la loi en déclare incapables. — En d'autres termes, la capacité de contracter est le droit commun; les incapacités sont des exceptions, et elles doivent être formellement exprimées.

Les personnes que la loi déclare incapables de contracter sont :

1° Les mineurs non émancipés. — Toutefois, lorsqu'ils sont âgés de plus de 16 ans, ils peuvent valablement disposer de la moitié de leurs biens par testament.

2° Les mineurs émancipés. — Toutefois, ils ont la faculté de faire certains actes d'administration.

3° Les interdits. — Leur incapacité est même plus grande que celle des mineurs, en ce sens que leurs actes peuvent être attaqués indépendamment de toute lésion.

4° Les personnes pourvues d'un conseil judiciaire.

5° Les femmes mariées.

Outre ces incapacités générales, la loi établit des incapacités particulières à certains contrats. — Telle est celle du tuteur, relativement à l'acquisition des biens du mineur; celle des enfants naturels, quant à la faculté de recevoir au delà de certaines limites; celle des médecins et chirurgiens qui ont traité un malade durant sa dernière maladie. (Art. 1123, 1124.)

Les actes faits par les incapables sont-ils frappés d'une nullité absolue ?

Non. Bien que la capacité des parties ait été rangée parmi les conditions essentielles à la validité des conventions, il n'en est pas moins vrai que le défaut de capacité n'entraîne pas la nullité radicale, l'inexistence du contrat. — Dans le système de la loi, lorsqu'une des deux parties est incapable, on ne peut pas dire qu'il y ait défaut absolu de consentement de sa part, mais seulement vice de consentement. En conséquence, le contrat existe et il est seulement annulable, c'est-à-dire qu'il ne peut être attaqué que dans les délais et sous les conditions fixées par la loi, et seulement par les incapables. — Les personnes qui ont traité avec ces derniers ne peuvent donc se prévaloir de leur incapacité, et elles se trouvent ainsi à leur discrétion. Mais elles doivent s'imputer à elles-mêmes d'avoir imprudemment traité avec un incapable. (Art. 1125.)

SECTION III
DE L'OBJET ET DE LA MATIÈRE DES CONTRATS

Qu'est-ce que l'objet du contrat ?

L'objet du contrat est la chose qu'une partie s'oblige à donner, ou le fait qu'elle s'oblige à exécuter, ou à ne pas exécuter. (Art. 1126.)

Ainsi que nous le savons, l'objet est un des éléments nécessaires à l'existence du contrat. (Art. 1126.)

Quelles sont les choses qui peuvent être l'objet d'un contrat ?

Le simple usage ou la simple possession d'une chose peuvent, tout aussi bien que la propriété elle-même, être l'objet d'un contrat. — Ainsi, dans le commodat, l'une des parties concède à l'autre le droit de se servir gratuitement de la chose, et l'usage de cette chose fait seul l'objet du contrat.

Les choses futures même peuvent être l'objet d'un contrat. — Toutefois, le Code prohibe comme immorale toute convention portant sur une succession qui n'est pas encore ouverte, même avec le consentement de celui de la succession duquel il s'agit. Nous avons déjà observé que ce n'est pas seulement la raison d'immoralité qui fait prohiber de pareilles conventions; mais qu'on a voulu empêcher les héritiers de disposer par avance, dans un moment d'entraînement, des biens qu'ils pourraient avoir dans l'avenir. (Art. 1127, 1128, 1130.)

Quelles sont les choses qui ne peuvent pas faire l'objet d'un contrat ?

Les choses qui ne peuvent pas faire l'objet d'un contrat sont celles qui ne sont pas dans le commerce. Telles sont :

1° Les choses du domaine public, telles que les routes, les fleuves et les fontaines, les rivières navigables.

2° Les substances vénéneuses.

3° Les choses dont l'État s'est réservé la fabrication ou la vente; comme le tabac, les cartes à jouer, les poudres.

La convention qui porte sur les choses futures est-elle un contrat commutatif ou aléatoire?

Cela dépend.

Si elle porte sur les choses futures, pour le cas seulement où elles existeraient, le contrat est commutatif. Le prix promis en compensation est à peu près l'équivalent de ces choses. — Si elle porte sur la chance d'avoir ou de ne pas avoir des choses futures, par exemple, si l'on vend une récolte future, quelle qu'elle puisse être, et lors même qu'elle serait absolument nulle, le contrat est aléatoire. Alors le prix promis par l'acheteur doit être inférieur au prix d'une récolte ordinaire, à cause des chances auxquelles il s'expose.

Quelles sont les qualités que doit avoir l'objet d'un contrat?

L'objet d'un contrat doit être possible, licite et utile.

1° *Il doit être possible.* — Cela veut dire que la chose qui fait l'objet du contrat doit être une chose qui soit dans le commerce, ou un fait qui soit possible en lui-même. Si le fait était possible en lui-même, quoiqu'il fût impossible à accomplir par celui qui s'est obligé, le débiteur aurait à s'imputer de s'être engagé légèrement.

2° *Il doit être licite :* ce qui exclut les conventions contraires à l'ordre public et aux bonnes mœurs.

3° *Enfin, il doit être utile.* — Pour que l'objet d'un contrat soit utile, il faut qu'il soit suffisamment déterminé pour que le créancier ait un intérêt appréciable à le recevoir.

Un objet peut être déterminé plus ou moins. Ainsi il peut être déterminé quant à l'individu, quant à l'espèce, quant au genre, et enfin, quant à la quotité. — L'objet du contrat sera utile, et, par suite, le contrat lui-même le sera, s'il est déterminé quant à l'espèce et quant à la quotité ; et, à plus forte raison, s'il est déterminé quant à l'individu. — Au contraire, l'objet d'un contrat n'est pas utile, et, par suite, le contrat lui-même n'est pas valable, s'il n'est déterminé que relativement au genre, parce qu'alors le créancier n'a pas un intérêt suffisamment appréciable pour demander l'exécution du contrat.

Ainsi, lorsqu'on vend un animal, sans indiquer de quelle espèce il est, l'obligation est nulle ; elle est, au contraire, valable, lorsqu'on vend un cheval : le juge peut alors obliger le débiteur à fournir un cheval de moyenne valeur. — Pareillement, l'obligation est nulle lorsqu'on vend du vin, sans en indiquer la quotité : elle est valable, au contraire, lorsqu'on vend une quotité de vin, par exemple, 100 litres de vin, ou encore tout le vin que pourra consommer l'acheteur en un mois. Pour suppléer au défaut d'indication de la qualité du vin, le juge condamnera le débiteur à en fournir de moyenne qualité. (Art. 1129.)

Qu'appelle-t-on corps certain et objet certain ?

On appelle *corps certain* l'objet déterminé, quant à l'individu. Par exemple, on vend un corps certain quand on vend tel cheval nommément désigné. — Un genre lui-même devient un corps certain, lorsqu'au lieu de le désigner d'une manière générale, on en désigne une portion individuellement déterminée. Par exemple, lorsqu'on vend tout le vin qu'on a dans sa cave, ou tous les fruits qui se trouvent dans un grenier.

On appelle *objet certain* l'objet déterminé seulement quant à l'espèce et quant à la quotité : comme un cheval, telle quantité de blé, de vin, etc.

SECTION IV

DE LA CAUSE

Qu'est-ce que la cause de l'obligation ?

La cause de l'obligation est *ce pourquoi l'on s'oblige;* en d'autres termes, c'est le but immédiat qu'on se propose d'atteindre en s'obligeant.

En quoi la cause diffère-t-elle de l'objet et du motif du contrat ?

L'objet du contrat, c'est la chose qu'une partie s'oblige à donner, à faire, ou à ne pas faire; la cause du contrat, c'est la raison immédiate qui détermine la partie à s'obliger; le motif du contrat, ce sont les considérations qui font prendre la détermination de s'obliger. — En d'autres termes, la chose promise, voilà l'objet; l'avantage en vue duquel on s'est décidé à promettre, voilà la cause; les considérations d'utilité qui font rechercher cet avantage, voilà les motifs du contrat.

Ainsi, l'obligation d'un vendeur a pour objet la chose vendue; elle a pour cause l'engagement de l'acheteur d'en payer le prix; elle a pour motif l'intention du vendeur de faire emploi du prix de telle ou telle façon.

L'erreur sur la cause fait obstacle à la validité du contrat; mais l'erreur sur le motif ne le vicie pas.

L'obligation sans cause, ou sur fausse cause, est-elle valable ?

Non ; l'obligation qui a eu lieu sans cause, ou qui a eu lieu en raison d'une cause qu'on croyait exister et qui n'existe pas est nulle. — Au reste, l'obligation sans cause se confond avec l'obligation sur fausse cause ; car il n'y a pas, à proprement parler, d'obligation sans cause. Une personne raisonnable ne s'oblige pas sans but ; mais il peut arriver que ce but ne soit pas réalisable et c'est alors que l'obligation est sur fausse cause, ou sans cause réalisable.

Pareillement, l'obligation qui repose sur une cause illicite est, comme l'obligation formée sans cause ou sur fausse cause, radicalement nulle.—L'obligation repose sur une cause illicite, toutes les fois qu'on s'oblige pour atteindre un but contraire aux bonnes mœurs, à l'ordre public et aux lois.

Dans les obligations synallagmatiques, le même contrat peut contenir une cause licite et une cause illicite : alors la partie qui a contracté sur cause licite peut seule demander l'exécution de l'obligation. (Art. 1131, 1133.)

La cause de l'obligation doit-elle être formellement exprimée dans l'acte ?

Non ; ainsi, on peut valablement souscrire un billet non *causé*, ainsi conçu : *Je vous payerai* 100, *à telle époque.* Dans les contrats synallagmatiques, la cause se trouve forcément exprimée, puisque l'obligation de chacune des parties sert de cause à l'autre. (Art. 1132.)

CHAPITRE TROISIÈME

DE L'EFFET DES OBLIGATIONS
Articles 1134 à 1167.

Suivant l'ordre du Code, nous diviserons ce chapitre en six sections, savoir : — 1° Dispositions générales. — 2° De l'obligation de donner. — 3° De l'obligation de faire ou de ne pas faire. — 4° Des dommages-intérêts résultant de l'inexécution de l'obligation. — 5° De l'interprétation des conventions. — 6° De l'effet des conventions à l'égard des tiers.

SECTION I
DISPOSITIONS GÉNÉRALES

Quels sont les effets des obligations?

Aux termes de l'article 1134, les conventions légalement formées tiennent lieu de loi à ceux qui les ont faites.—Ces expressions veulent dire que les conventions librement consenties ont pour les parties la même force obligatoire que les lois ont pour *tous*, et qu'elles doivent être aussi religieusement observées par elles. Toutefois, il faut toujours recourir au pouvoir judiciaire pour les faire exécuter, à moins que l'acte qui en fait preuve ne soit authentique.—En résumé, tout engagement régulièrement contracté donne naissance à une action, au moyen de laquelle le créancier peut contraindre le débiteur à s'exécuter.

Du principe que les conventions tiennent lieu de loi entre les parties, il résulte que la seule volonté de l'une d'elles ne peut pas, en général, les détruire. — Mais, à l'inverse, elles peuvent, très-bien être anéanties, soit par le consentement mutuel des contractants, soit pour des causes énoncées par la loi, comme l'erreur, la violence ou le dol. (Art. 1134.)

La révocation des conventions produit-elle son effet à l'égard des tiers?

Il faut distinguer.

1° *Lorsque la révocation a eu lieu par le consentement des deux parties*, elle ne peut nuire au tiers : *res inter alios acta, aliis neque nocet, neque prodest*.—Ainsi, dans le cas de révocation d'une vente par consentement mutuel des deux parties, tous les droits dont l'acheteur aurait pu grever la chose vendue sont maintenus.

2° *Lorsque la révocation a eu lieu pour les causes énoncées par la loi*, elle produit, au contraire, l'anéantissement de tous les droits réels que l'acquéreur aurait pu consentir sur la chose vendue au profit des tiers.—S'il n'en était pas ainsi, l'acquéreur de mauvaise foi, qui a usé de dol ou de violence pour obtenir la propriété de la chose vendue, aurait rendu illusoire l'action en rescision dirigée contre lui, en se rendant insolvable et en faisant passer aux mains des tiers les biens sujets à restitution.

Les parties peuvent-elles annuler toute espèce de contrats par le consentement mutuel?

Non; par exception au principe que les parties peuvent annuler par leur consentement mutuel les conventions qu'elles ont formées, il existe certains contrats qui, une fois existants, ne peuvent plus être annulés par la volonté des parties.—Tel est le mariage, soit qu'on le considère au point de vue de l'union des personnes, soit qu'on le considère au point de vue de l'association pécuniaire des époux, qui est la conséquence de leur union. C'est qu'en effet la société tout entière est intéressée à ce que l'état des époux soit fixé d'une manière irrévocable.

A l'inverse, il existe d'autres contrats qui peuvent être révoqués non-seulement par le consentement mutuel des contractants, mais même par la volonté d'une seule des parties.—Tels sont les contrats de dépôt et de mandat.

Comment les conventions doivent-elles être exécutées?

Les conventions doivent être exécutées de bonne foi. Ainsi elles obligent non-seulement à ce qui y est exprimé, mais encore à toutes les suites que l'équité, l'usage, ou la loi, donnent à la convention d'après sa nature. (Art. 1135.)

SECTION II

DE L'OBLIGATION DE DONNER

En quoi consiste l'obligation de donner?

Aux termes de l'article 1136, l'obligation de donner emporte celle de livrer la chose et de la conserver jusqu'à la livraison, à peine de dommages-intérêts envers le créancier.

La loi prend ici le mot *donner* pour exprimer la translation de propriété. — Ainsi, l'obligation de donner consiste à transférer, soit la pleine propriété, soit un démembrement de propriété d'une chose.

L'obligation de donner entraîne à sa suite d'autres obligations, ainsi :

1° Elle oblige le débiteur à *livrer* la chose, c'est-à-dire à la mettre à la disposition du créancier; à lui en procurer la possession.

2° Elle l'oblige à conserver la chose donnée jusqu'à ce qu'il l'ait livrée, et le soumet à tous les soins d'un bon père de famille.

3° Elle emporte transfert de propriété au profit du créancier : elle le rend propriétaire de la chose donnée, dès le moment du contrat, et par le seul effet du consentement qui y a été exprimé par les deux parties.

4° Elle met les risques à la charge du créancier. (Art. 1136, 1137, 1138.)

Quels sont les soins que le débiteur doit apporter à la conservation de la chose due ?

En principe, le débiteur qui est tenu de l'obligation de donner est responsable des détériorations ou de la perte survenue par sa faute.

Nos anciens auteurs, notamment Pothier, distinguaient à cet égard trois espèces de fautes : la faute *lourde*, celle que ne commet pas le débiteur dans la gestion de ses propres affaires; la faute *légère*, celle que ne commet pas un administrateur diligent et habile; la faute *très-légère*, celle que ne commet pas un administrateur très-diligent et très-habile.

Le contrat était-il dans l'intérêt exclusif du créancier, le débiteur n'était responsable que de sa faute lourde; — était-il dans l'intérêt réciproque des deux parties, le débiteur était responsable de sa faute légère; — n'était-il que dans l'intérêt du débiteur, il était responsable de sa faute très-légère.

Cette théorie a été, du moins en principe, abrogée par l'article 1137, qui oblige le débiteur à donner à la chose due les soins d'un bon père de famille; c'est-à-dire qui le rend responsable de sa faute légère dans tous les cas, soit que le contrat ait été fait dans l'intérêt exclusif de l'une des deux parties, soit qu'il ait été fait pour leur utilité commune. — Néanmoins, cette abrogation n'est pas absolue, et le second alinéa du même article fait pressentir, relativement à certains contrats, des exceptions qui seront indiquées plus loin. Il n'en est pas moins vrai qu'en principe il n'y a plus aujourd'hui qu'une faute, la faute légère; il n'y a plus qu'un terme de comparaison pour les soins que le débiteur doit à la chose, les soins d'un bon père de famille. — Ce sera au juge à apprécier s'ils lui ont été donnés.

Comment la propriété est-elle transférée entre les parties contractantes?

Aux termes de l'article 1138, l'obligation de livrer la chose est parfaite par le seul consentement des parties contractantes; elle rend le créancier propriétaire, et met la chose à ses risques dès l'instant où elle a dû être livrée, encore que la tradition n'ait pas été faite.

Ce texte demande quelques explications.

Dans notre ancien droit, le consentement des parties ne suffisait pas à transférer la propriété : il fallait la tradition. Mais cette tradition pouvait avoir lieu fictivement. Le vendeur n'avait qu'à déclarer dans le contrat qu'il se *dessaisissait* de la chose vendue et qu'il en *saisissait* l'acheteur.

L'article 1138 ne supprime pas directement la nécessité de cette tradition feinte, mais il supprime la nécessité de la clause de *dessaisine* et de *saisine;* en d'autres termes, il suppose la tradition faite par le seul effet de la convention. —Ainsi, le législateur ne dit pas que la tradition n'est plus nécessaire; mais il décide que l'obligation de livrer, qui naît de la convention, tient lieu de tradition. Au fond, cela revient à dire que la convention suffit pour transférer la propriété, sans qu'il soit besoin d'aucune tradition réelle ni supposée. (Valette.)

La propriété est-elle toujours transférée par le seul effet du consentement?

Nous avons dit qu'en principe la propriété était transférée par le seul effet du consentement des parties. — Toutefois, cette règle souffre quelques exceptions. Ainsi, la propriété n'est pas transférée dès le moment où la convention de donner a eu lieu :

1° Lorsque celle-ci n'a pas pour objet un corps certain, mais une chose déterminée seulement quant à son espèce. Dans ce cas, la personne à qui on a promis de donner est seulement créancière de la chose promise au moment de la convention; elle n'en deviendra propriétaire que lorsqu'elle aura été individualisée par la tradition. — Ainsi, lorsqu'on achète 100 hectolitres de vin, on n'en devient propriétaire que lorsqu'ils sont livrés, et qu'ils sont déterminés distinctement et individuellement au moyen de la tradition.

2° Lorsque la convention a pour objet une chose appartenant à autrui.

3° Lorsque les parties ont renvoyé à une époque postérieure la mutation de propriété.

4° Enfin, lorsque la convention de donner est faite sous condition suspensive.

La propriété est-elle transférée, à l'égard des tiers, par le seul effet du consentement?

Il faut tout d'abord distinguer s'il s'agit de meubles ou d'immeubles.

Relativement aux immeubles, l'article 1140 dit que les effets de l'obligation de donner, en ce qui concerne les tiers, sont réglés au titre de la Vente et au titre des Hypothèques.

Or, ces titres ne font pas mention de la translation de propriété à l'égard des tiers; ils ne décident pas si la propriété des immeubles est transférée ou non vis-à-vis d'eux, par le seul effet du consentement.—Cette question ne s'est trouvée résolue que trois ans après la promulgation du Code civil, par l'article 834 du Code de procédure, qui décide que la propriété est transférée à l'acheteur dès le moment de la vente, même à l'égard des tiers.

Antérieurement au Code civil, une loi de brumaire an VIII avait, au contraire, décidé qu'un acte emportant aliénation d'immeubles ne serait opposable au tiers que s'il avait été transcrit au bureau des hypothèques dans l'arrondissement duquel l'immeuble vendu était situé, et que, tant que cette transcription n'aurait pas été accomplie, le vendeur conserverait vis-à-vis d'eux sa qualité de propriétaire, et pourrait en conséquence aliéner au profit d'une autre personne l'immeuble qu'il avait déjà vendu à un premier acheteur.

La nécessité de la transcription présentait un avantage considérable, celui de faire connaître aux tiers la transmission de la propriété, et de les empêcher de confondre les détenteurs d'immeubles avec le véritable propriétaire. On s'explique difficilement les motifs qui l'ont fait rejeter du Code de procédure. Quoi qu'il en soit, une loi postérieure au Code, la loi de 1855, revenant à la législation de brumaire, a rendu de nouveau la transcription obligatoire.

Actuellement, le consentement des parties ne suffit donc pas à transférer la propriété, à l'égard des tiers. — Il faut, de plus, la transcription; et cette transcription est nécessaire, non-seulement pour le transfert de la propriété, mais encore pour la constitution de tous les droits réels immobiliers, tels qu'usufruit, usage, habitation. (Art. 1140.)

La propriété des meubles est-elle transférée, à l'égard des tiers, par le seul effet du consentement?

En droit, la translation de propriété des meubles s'opère par le seul effet du consentement; mais elle n'est irrévocable, en fait, que lorsque la tradition a été faite, à cause de la règle *en fait de meubles, la possession vaut titre.* — Ainsi, supposant qu'un meuble ait été successivement vendu, par la même personne, à deux acheteurs l'un après l'autre, l'article 1141 donne la préférence à celui des deux qui a reçu de bonne foi la possession réelle, encore que son titre soit postérieur en date. (Art. 1141.)

Quels sont les effets de la convention de donner, relativement aux risques ?

L'obligation de donner, qui naît de la convention, met, avons-nous dit, les risques à la charge du créancier. — Cela signifie que si la chose vendue périt après le contrat, par cas fortuit, le vendeur est libéré de son obligation de livrer, tandis que l'acheteur est toujours tenu de payer le prix.

Cette règle est à la fois rationnel et équitable. Elle est *rationnelle*, car il est juste que celui qui doit fournir une chose individuellement déterminée soit libérée de son obligation par la perte fortuite de cette chose. — Elle est *équitable*, car si la chose promise avait augmenté de valeur, dans l'intervalle qui s'est écoulé entre le moment de la convention et celui de la tradition, le montant du prix que doit fournir l'acheteur n'en resterait pas moins le même. Il est donc juste qu'il ne subisse également aucune modification, si la chose promise vient à diminuer de valeur, et même si elle vient à périr.

Par exception, les risques ne sont-ils pas quelquefois à la charge du débiteur ?

Oui ; les risques sont, par exception, à la charge du débiteur :

1° Lorsqu'il s'en est chargé par une clause expresse ;

2° Lorsque la perte est arrivée par sa faute, ou après qu'il avait été mis en demeure de livrer.

Comment le débiteur est-il constitué en demeure ?

Il peut être constitué en demeure par une sommation ou par un autre acte équivalent, tel qu'une assignation, une citation en conciliation ; ou même par la seule échéance du terme, lorsque la convention porte que cette seule échéance suffira à produire la mise en demeure. (Art. 1138, 1139.)

SECTION III
DE L'OBLIGATION DE FAIRE OU DE NE PAS FAIRE

De quelle manière le créancier peut-il contraindre le débiteur à exécuter son obligation ?

Il faut distinguer :

1° *Lorsqu'il s'agit de l'obligation de donner, soit un corps certain, soit une somme d'argent,* le créancier peut toujours contraindre le débiteur par les voies légales à livrer la chose promise, à exécuter, en un mot, l'obligation telle qu'elle a été contractée. — Ainsi, lorsque le débiteur est tenu de livrer un objet individuellement déterminé et qu'il n'exécute pas son engagement, le créancier peut recourir à la force publique pour s'en faire mettre en possession.

2° *Au contraire, lorsqu'il s'agit de l'obligation de faire ou de ne pas faire, ou même de celle de fournir des choses* IN GENERE *autres qu'une somme d'argent*, le créancier ne peut pas contraindre d'une manière directe le débiteur à exécuter son obligation. — De là, le principe général que toute obligation de faire ou de ne pas faire se résout en dommages-intérêts. (Art. 1142.)

Quelle est l'étendue de cette règle ?

La règle que toute obligation de faire ou de ne pas faire se résout en dommages-intérêts reçoit deux modifications importantes:

D'abord, *lorsqu'il s'agit d'une obligation de faire*, le créancier peut se faire autoriser par justice à faire ou à faire faire par un autre, aux dépens du débiteur, ce que celui-ci a manqué d'exécuter. Le tout, sans préjudice de plus amples dommages-intérêts, s'il y a lieu. — Ainsi, lorsque le débiteur s'est engagé à construire un édifice, le créancier peut, s'il n'exécute pas son obligation, faire construire l'édifice par un tiers, à ses dépens; sauf à exiger, en outre, des dommages-intérêts de la part du débiteur, s'il a éprouvé quelque préjudice par suite de son inaction.

Lorsqu'il s'agit d'une obligation de ne pas faire, le créancier peut également obtenir de la justice la destruction de ce qui a été fait en contravention de l'engagement; il peut même se faire autoriser à le détruire lui-même, aux dépens du débiteur, sans préjudice de plus amples dommages-intérêts, s'il y a lieu.

Dans les deux cas qui précèdent, il est toujours loisible au créancier de s'en tenir à une condamnation pécuniaire. D'ailleurs, il arrivera assez souvent qu'il sera forcé de s'en contenter. — Effectivement, si l'obligation de faire a été contractée en vue de la personne du débiteur, comme si, par exemple, il s'agit de l'exécution d'une œuvre d'art, le créancier ne pourrait pas user de la faculté qui lui est conféré par la loi de faire faire la chose promise par un tiers. Et, comme, d'autre part, le respect dû à la liberté de l'homme ne permet pas d'exercer une violence physique sur la personne du débiteur, pour le contraindre à exécuter ce qu'il a promis, il est évident que le créancier devra, dans ce cas, se borner à exiger des dommages-intérêts.

Lorsque le débiteur est tenu de donner ou de faire quelque chose, il ne contrevient réellement à son obligation que lorsqu'il a été mis en demeure, et c'est seulement à partir de la mise en demeure qu'il doit, en général, les dommages-intérêts. — Au contraire, lorsqu'il est tenu de ne pas faire, la contravention existe dès l'instant où il a fait ce qui lui était défendu; dès lors, il est évident qu'il doit les dommages-intérêts, par ce seul fait, et sans qu'il y ait besoin d'une sommation. (Art. 1143, 1144, 1145.)

SECTION IV

DES DOMMAGES-INTÉRÊTS RÉSULTANT DE L'INEXÉCUTION DE L'OBLIGATION

Qu'entend-on par dommages-intérêts ?

On entend, par dommages-intérêts, l'équivalent de la perte que l'on éprouve, ou du gain que l'on manque de réaliser.

Comme les conventions tiennent lieu de loi à ceux qui les ont faites, il est clair que celui qui manque à les exécuter doit subir une peine, qui consistera à indemniser celui envers qui il s'était engagé. — En conséquence, le débiteur peut être condamné à des dommages-intérêts :

1° Lorsqu'il a manqué d'exécuter son obligation, ou qu'il ne l'a exécutée qu'en partie ou tardivement ;

2° Lorsque cette inexécution provient de sa négligence ou de son fait, et qu'elle a été préjudiciable au créancier (Art. 1146, 1147, 1148, 1149.)

De quelle manière le montant des dommages-intérêts est-il déterminé ?

Le montant des dommages-intérêts est déterminé de plusieurs manières.—Ainsi, il est déterminé, tantôt par les juges, tantôt par les parties elles-mêmes au moyen d'une clause pénale, tantôt par la loi, lorsqu'il s'agit de dettes d'argent.

Voyons d'abord le cas où il est déterminé par les juges.

Pour apprécier quel est le montant des dommages-intérêts à fournir par le débiteur, les juges doivent examiner si l'inexécution provient de sa faute, ou si elle provient de son dol.

Lorsque l'inexécution provient de la faute du débiteur, celui-ci est seulement tenu des dommages-intérêts que les parties ont prévus, ou qu'elles ont pu raisonnablement prévoir au moment du contrat. — *Lorsque l'inexécution provient de son dol*, il peut, au contraire, être tenu à fournir des dommages-intérêts plus élevés que ceux qui pouvaient être raisonnablement prévus au moment du contrat. Ainsi, un constructeur a bâti une maison qui s'est écroulée par vice de construction, après que le propriétaire y avait fait des dépenses voluptuaires. Les dommages-intérêts réclamés par lui ne comprendront pas ces dépenses, si le constructeur a été simplement coupable de négligence ou d'inhabileté : ils les comprendront, au contraire, si le constructeur a agi de mauvaise foi, s'il a employé sciemment des matériaux d'une qualité inférieure à celle qu'il devait employer, afin de réaliser un gain illicite.

La raison de la distinction qui précède est celle-ci :

Au moment du contrat, le débiteur est présumé s'obliger à indemniser le créancier de tout le préjudice qu'il pourra lui causer en n'exécutant pas la convention. Or, cette obligation tacite ne va pas au delà du préjudice, qui, suivant toute prévision, résulterait de l'inexécution des engagements pris. — Mais, lorsque l'inexécution provient du dol du débiteur, celui-ci, qu'il l'ait voulu ou non, est obligé à la réparation de tout le tort que le dol causera. Il doit donc même les dommages-intérêts imprévus.

Au reste, dans tous les cas, même dans celui où l'inexécution provient du dol du débiteur, les dommages-intérêts ne comprennent que les préjudices qui sont la suite directe et immédiate du défaut d'exécution. — Autrement, on ne saurait plus où s'arrêter, et à propos d'une maison mal bâtie, on pourrait demander des dommages-intérêts illimités.

Il convient d'ajouter que si l'inexécution provient d'un cas fortuit ou d'une force majeure, elle n'est point imputable au débiteur, et, par conséquent, celui-ci ne doit point, en principe, être soumis aux dommages-intérêts. — Toutefois, il ne faut pas en conclure que celui qui promet une obligation au-dessus de ses forces soit, par là même, affranchi de son obligation. Effectivement, dans ce cas, le débiteur s'est rendu coupable de faute ou de dol en s'engageant à une obligation qu'il ne pouvait pas accomplir. (Art. 1148, 1150, 1151.)

Comment le montant des dommages-intérêts est-il déterminé par les parties ?

Le montant des dommages-intérêts est déterminé par les parties au moyen des clauses pénales.

On appelle *clauses pénales* les clauses par lesquelles les parties fixent elles-mêmes d'avance le montant des dommages-intérêts que devra payer le débiteur en cas d'inexécution de son obligation.

Les dommages-intérêts fixés par les parties ne peuvent être augmentés ni diminués par les juges, à moins qu'ils n'aient été stipulés pour le cas d'inexécution totale et que le débiteur n'ait manqué qu'en partie à ses engagements. (Art. 1152.)

Comment le montant des dommages-intérêts est-il déterminé par la loi, en matière d'argent ?

Le montant des dommages-intérêts, en matière de sommes d'argent, a été déterminé par la loi de 1807, qui a fixé à 5 pour 100 en matière civile, et à 6 pour 100 en matière commerciale, le taux légal de l'intérêt.

Suivant le droit commun, le montant des dommages-intérêts, quand il n'a pas été fixé par les parties, est déterminé par les juges à un chiffre plus ou moins élevé, selon les circonstances. — Mais, en matière de dettes d'argent, la loi le fixe, comme on le voit, d'une manière invariable, quel que soit le dommage éprouvé par suite de l'inexécution de l'obligation. Le débiteur doit l'intérêt légal, même lorsque le défaut de payement à l'échéance n'a causé aucun préjudice au créancier ; et, à l'inverse, il n'est jamais tenu à payer des dommages-intérêts plus élevés que le taux de l'intérêt légal, quel que soit le préjudice, souvent fort considérable, que le créancier a éprouvé par suite de l'inexécution de son engagement.—L'intérêt légal est dû à partir de la mise en demeure du débiteur, jusqu'au jour où il effectue le payement.

Les intérêts qui sont dus par le débiteur, à titre de dommages-intérêts, pour le retard qu'il a mis à effectuer son payement, prennent le nom d'intérêts *moratoires*. — On appelle *compensatoires* ceux qui ne peuvent être exigés qu'en vertu d'une stipulation expresse. (Art. 1153.)

Comment fait-on courir les intérêts moratoires ?

Aux termes de l'article 1153, les intérêts moratoires ne commencent à courir par la mise en demeure du débiteur, qu'à partir de la demande en justice, sauf les cas exceptionnels où la loi elle-même les fait courir de plein droit.

A la demande en justice on convient généralement qu'il faut assimiler le commandement et la citation en conciliation, pourvu

que celle-ci soit suivie dans le mois de la demande en justice.
— Ces actes prouvent, en effet, aussi énergiquement que la demande en justice elle-même, le droit du créancier et son intention de se faire rembourser son capital.

Quant à la simple sommation, elle ne fait courir les intérêts que dans des cas exceptionnels.

Qu'appelle-t-on anatocisme ?

On appelle anatocisme, les intérêts des intérêts. — Lorsqu'une somme est prêtée sous la condition que l'intérêt échu chaque mois ou chaque semaine se capitalisera, s'adjoindra au capital, pour devenir, comme lui, productif d'intérêts, la dette s'accroît vite dans des proportions considérables. Aussi le Code n'a-t-il pas voulu permettre d'une manière absolue la convention ayant pour objet de rendre les intérêts productifs d'intérêts.

A quelles conditions le Code a-t-il permis la convention d'anatocisme ?

En principe, le Code n'autorise la convention d'anatocisme qu'aux deux conditions suivantes ; il faut :

1° Que les intérêts qu'il s'agit de capitaliser soient échus, qu'ils soient dus au moment où la convention est formée ;

2° Qu'ils soient dus au moins pour une année entière.

Toutefois, certains revenus sont, par exception, productifs d'intérêts, bien qu'ils ne soient point dus pour une année entière. Ce sont :

1° Les loyers des maisons, les fermages des biens ruraux, les arrérages des rentes perpétuelles ou viagères. — Ainsi, le propriétaire qui loue sa maison à raison de 1,000 fr. par semestre, peut stipuler que le locataire conservera, à titre de prêt, et moyennant intérêts, les sommes dues chaque semestre, au lieu de les payer.

2° Les fruits dus par un possesseur de mauvaise foi.

3° Les intérêts qu'un tiers paye pour le débiteur.

Dans les deux derniers cas, les fruits et intérêts constituent, au fond, de véritables capitaux. C'est ce qui explique l'exception dont ils sont l'objet. (Art. 1154, 1155.)

SECTION V

DE L'INTERPRÉTATION DES CONVENTIONS

Comment faut-il interpréter les conventions?

Comme l'explique très-bien M. Demante, dans son beau Traité du Code civil, l'obligation conventionnelle n'étant que le produit de la volonté commune des contractants, c'est nécessairement d'après cette volonté qu'il faut en régler les effets. — La volonté doit naturellement se manifester par les termes dont les parties se sont servies pour l'exprimer. S'ils sont clairs, il faut s'y arrêter, et ne pas supposer témérairement que les parties ont voulu autre chose que ce qu'elles ont dit. Mais si les termes sont obscurs ou ambigus, c'est alors qu'il y a lieu à interprétation. — A cet égard, la loi a tracé diverses règles, toutes dictées par la droite raison, et puisées en grande partie dans le droit romain, qu'on appelle à juste titre la *raison écrite*.

Quelles sont les règles relatives à l'interprétation des conventions?

Les règles relatives à l'interprétation des conventions sont les suivantes :

1° On doit, dans les conventions, rechercher quelle a été la commune intention des parties contractantes, plutôt que de s'arrêter au sens littéral des termes. — Ainsi que l'observe M. Demante, l'intention se découvre d'abord par les termes du contrat. Toutefois, comme les mots sont souvent détournés de leur acception propre, qu'ils peuvent offrir ambiguïté, il faut les entendre dans le sens de l'intention présumée des parties, s'ils n'y répugnent pas ouvertement.

2° Lorsqu'une clause est susceptible de deux sens, on doit plutôt l'entendre dans celui avec lequel elle peut avoir quelque effet, que dans le sens avec lequel elle n'en pourrait produire aucun. — Effectivement, on ne peut guère admettre que les parties aient voulu faire une convention qui soit dénuée de tout effet.

3° Les termes susceptibles de deux sens doivent être pris dans le sens qui convient le plus à la matière du contrat.—Ainsi, lorsqu'un propriétaire loue sa maison pour neuf années moyennant 1,000 francs, on doit supposer qu'il a entendu la louer pour une somme annuelle de 1,000 francs, et non point pour cette somme une fois payée ; car il est de la nature du contrat de louage que le prix consiste dans une somme annuelle.

4° Ce qui est ambigu s'interprète par ce qui est d'usage dans le pays où le contrat est passé.

5° On doit suppléer dans le contrat les clauses qui y sont d'usage, quoiqu'elles n'y soient point exprimées.

6° Toutes les clauses des conventions s'interprètent les unes par les autres, en donnant à chacune le sens qui résulte de l'acte entier. (Art. 1156, 1157, 1158, 1159, 1160, 1161.)

Dans le doute comment faut-il interpréter la convention?

Il faut l'interpréter contre le créancier. Mais cette règle doit être limitée au cas où le doute porte sur l'existence d'une convention. — Lorsque, au contraire, la convention est certaine, lorsque l'engagement du débiteur est établi, et qu'il n'y a de doute que sur sa libération, le doute s'interprète en faveur du créancier; c'est au débiteur à prouver sa libération. (Art. 1162.)

Comment faut-il interpréter une convention, lorsqu'elle est conçue en termes généraux?

Quelque généraux que soient les termes employés, la convention ne comprend que les choses sur lesquelles il paraît que les parties se sont proposé de contracter. — Ainsi, supposons qu'un légataire transige sur l'exécution d'un testament et qu'il renonce à tous ses droits, moyennant une somme qui lui est payée par l'héritier. Cette transaction, quelque généraux qu'en soient les termes, n'aura aucun effet pour l'exécution d'un nouveau legs qui lui aurait été fait par un nouveau testament, découvert depuis la transaction.

Lorsque, dans un contrat, on a exprimé un cas pour l'exécution de l'obligation, on n'est pas censé, par là, avoir voulu restreindre l'étendue que l'engagement reçoit de droit aux cas non exprimés. En d'autres termes, en s'expliquant spécialement sur un point, les parties n'ont pas entendu exclure les autres cas. — Ainsi, en énonçant que le vendeur sera garant des servitudes non apparentes qui pourraient grever le fonds vendu, les parties n'ont pas entendu restreindre à ce seul cas la garantie du vendeur, qui existe indépendamment de toute convention.

Nous observerons, en terminant cette section, que les articles qui la composent contiennent plutôt des conseils adressés aux juges que des règles impératives. Le principe fondamental, qui

résume tous les autres et auquel ils devront s'attacher, c'est qu'il faut rechercher l'intention commune des parties contractantes. A cet effet, les juges pourront choisir entre les diverses règles tracées par la loi; à leur défaut, ils jugeront d'après l'équité et les lumières naturelles. (Art. 1163, 1164.)

SECTION VI

DE L'EFFET DES CONVENTIONS A L'ÉGARD DES TIERS

Les conventions ont-elles quelque effet à l'égard des tiers?
Non; les conventions, ne tirant leur force obligatoire que du consentement des parties, ne doivent produire d'effet qu'entre elles ou leurs représentants. Elles ne doivent donc pas nuire aux tiers, c'est-à-dire les obliger. — Par la même raison, elles ne doivent pas leur profiter, c'est-à-dire faire naître des droits à leur profit.

Toutefois, la seconde règle n'est pas aussi absolue que la première, et il peut arriver exceptionnellement qu'une convention profite aux tiers. — C'est ce qui a lieu, notamment, dans le cas prévu par l'article 1121, aux termes duquel on peut stipuler au profit d'un tiers, lorsque telle est la condition d'une stipulation que l'on fait pour soi-même ou d'une donation que l'on fait à un autre, et aussi dans les substitutions et donations de biens à venir, où les enfants non encore conçus sont appelés à profiter de la convention. (Art. 1165.)

Les conventions faites par un débiteur sont-elles susceptibles de produire quelque effet à l'égard de ses créanciers?
Oui; les conventions faites par un débiteur sont susceptibles de produire des effets à l'égard de ses créanciers.—Effectivement, celui qui s'oblige engage tacitement tous ses biens présents et à venir pour garantir le payement de sa dette, et il en résulte que ses créanciers sont nécessairement intéressés dans les droits qu'il acquiert et dans les engagements qu'il contracte.

Ainsi, les créanciers ne sont pas considérés comme des tiers, par rapport aux conventions faites par leur débiteur : ils sont, au contraire, intéressés à tous les actes qui peuvent augmenter ou diminuer son patrimoine.—C'est pourquoi la loi leur accorde deux actions : l'une, qui leur est conférée par l'article 1166, et en vertu de laquelle ils peuvent exercer les droits et actions qui compètent à leur débiteur; l'autre, qui leur est conférée par l'article 1167, en vertu de laquelle ils peuvent attaquer, en leur nom personnel, les actes frauduleux qui ont été faits par le débiteur, postérieurement à leur créance.

En quoi consiste l'action conférée aux créanciers par l'article 1166 ?

Aux termes de l'article 1166, les créanciers peuvent exercer tous les droits et actions de leur débiteur, à l'exception de ceux qui sont exclusivement attachés à la personne.

En droit romain, les créanciers ne pouvaient exercer les droits et actions de leur débiteur qu'autant que celui-ci avait diminué son patrimoine : ils ne jouissaient pas de cette faculté, lorsqu'il avait seulement manqué d'acquérir.

Le Code n'a pas admis cette distinction : les créanciers dont la créance est exigible peuvent, en général, exercer tous les droits pécuniaires qui tendent à augmenter ou à conserver le patrimoine de leur débiteur. Ainsi, ils peuvent poursuivre ses propres débiteurs, prendre en son nom une inscription hypothécaire, interrompre une prescription, former opposition ou appel des jugements prononcés contre lui, exiger le rapport et la réduction. — Mais ils ne sont autorisés à agir qu'autant que le débiteur néglige ou refuse de le faire lui-même, et que leur créance est devenue exigible. En outre, ils ne peuvent agir que jusqu'à concurrence du montant de leur créance. (Art. 1166.)

Les créanciers peuvent-ils agir sans subrogation judiciaire, ni autorisation préalable ?

A cet égard, les auteurs ne sont pas d'accord : mais on admet généralement l'affirmative, et c'est avec raison. — Effectivement, si le créancier qui veut agir au nom de son débiteur devait préalablement se faire subroger par la justice, il faudrait, pour être conséquent, lui attribuer à l'exclusion des autres créanciers qui se seraient fait connaître par la suite, tout le bénéfice de son action : or, une telle conséquence, qui aboutirait à accorder implicitement un privilége au créancier poursuivant, répugne à l'esprit et au texte de la loi. Il faut donc en conclure que le créancier qui poursuit au nom de son débiteur agit comme mandataire de celui-ci, comme légalement subrogé à ses droits.

Toutefois, bien que légalement subrogé, le créancier doit mettre en cause son propre débiteur ; car celui-ci peut avoir intérêt à contester l'opportunité de l'action, par exemple, si elle s'est éteinte par compensation, si le payement en a été fait, ou si elle est attachée exclusivement à la personne.

Quels sont les droits que les créanciers ne peuvent exercer au nom et du chef de leur débiteur ?

En principe, les créanciers peuvent exercer tous les droits et actions de leur débiteur, par suite de cette idée que celui-ci, en s'obligeant, a entendu affecter tous ses biens présents et à venir à la garantie de leur créance. — Toutefois, la loi excepte les droits qui sont exclusivement attachés à la personne du débiteur; ce qui comprend :

1° Ceux qui sont déclarés incessibles et insaisissables, comme les droits d'usage et d'habitation ;

2° Ceux qui, par leur nature, doivent dépendre entièrement du libre exercice de la volonté, comme le droit de poursuivre l'interdiction d'un parent, de former une demande en séparation de corps, ou en réclamation d'état.

A notre avis, il faudrait également refuser aux créanciers l'exercice des actions en dommages-intérêts résultant de délits *contre la personne;* car ces actions ont en vue la réparation d'un mal moral, plutôt qu'un intérêt pécuniaire. Ainsi, les créanciers ne pourraient pas se porter partie civile, au nom et du chef de leur débiteur, à raison de la diffamation ou des offenses dont il aurait été victime. — Mais il en serait différemment, si le délit avait été commis *contre les biens;* par exemple, s'il s'agissait d'un vol ou d'un incendie.

En quoi consiste l'action conférée aux créanciers par l'article 1167 ?

Aux termes de l'article 1167, les créanciers peuvent aussi, en leur nom personnel, attaquer les actes faits par leur débiteur en fraude de leurs droits.

Cette action a son origine dans le droit romain, où elle était connue sous le nom d'*action Paulienne.* — Elle diffère de l'action conférée aux créanciers par l'article 1166, en ce qu'ils n'agissent pas ici, comme dans cette action, au nom et du chef de leur débiteur, comme son mandataire en quelque sorte; mais en leur propre nom, et en exerçant un droit qui leur appartient personnellement.

En disant que les créanciers peuvent attaquer tous les actes frauduleux faits par le débiteur, le Code emploie ici le mot *acte* dans le sens le plus étendu. — Ainsi, il comprend tous les moyens par lesquels un débiteur diminue son patrimoine au préjudice de ses créanciers : par exemple, en faisant des ventes à vil prix, des transactions frauduleuses, des donations qui l'appauvrissent, ou même en se privant de bénéfices qu'il pouvait faire légitimement.

A quelles conditions les créanciers peuvent-ils exercer l'action Paulienne ?

Les créanciers ne peuvent exercer l'action Paulienne, pour demander la révocation d'un acte fait par leur débiteur, qu'à trois conditions. Il faut :

1° Que cet acte leur ait causé un préjudice, c'est-à-dire qu'il ait rendu le débiteur insolvable, ou qu'il ait augmenté son insolvabilité ;

2° Qu'il ait été fait en fraude de leurs droits, c'est-à-dire que le débiteur ait su qu'en l'accomplissant il se rendait insolvable, ou qu'il augmentait son insolvabilité ;

3° Que le tiers avec lequel le débiteur a contracté ait participé à la fraude, c'est-à-dire qu'il ait su que l'acte qu'il faisait avec le débiteur était préjudiciable à ses créanciers. — En d'autres termes, il faut que le tiers qui a contracté avec le débiteur soit de mauvaise foi.

Au surplus, cette dernière condition n'est pas nécessaire, lorsque l'acte qu'il s'agit d'attaquer est un acte à titre gratuit. Dans ce cas, les créanciers peuvent intenter l'action Paulienne, même contre les donataires de bonne foi. — Effectivement, la révocation de la donation ne leur fait pas subir une véritable perte, elle les prive seulement d'un gain ; tandis que le maintien de la donation causerait aux créanciers du donateur un véritable préjudice, en rendant leur débiteur insolvable.

Observons que l'action n'est accordée aux créanciers que jusqu'à concurrence de ce dont le donataire de bonne foi s'est enrichi : *quatenùs locupletior factus est.* D'où cette conséquence qu'ils ne pourraient agir contre lui, s'il avait dissipé le montant de la donation.

Une autre question débattue est celle de savoir si les créanciers sont tenus de prouver l'intention frauduleuse du débiteur, lorsque l'acte de libéralité consiste dans l'abandon d'un droit, et non point dans une donation proprement dite. — La raison de douter vient de ce que la personne qui abdique un droit existant en sa faveur, par exemple, en faisant remise d'une dette, ou en renonçant à un usufruit ou à une succession, semble dissimuler la libéralité, et se trouve, par cela seul, suspecté de fraude; ce qui, d'après quelques auteurs, dispenserait les créanciers de fournir d'autres preuves de l'intention frauduleuse, et leur permettrait de faire révoquer l'acte, en établissant la preuve d'un simple préjudice. C'est ce que décident les articles 622, 788 et 1053, qui n'exigent pas d'autre preuve pour les libéralités indirectes dont il s'agit que celle du préjudice souffert par le créancier.

Cette doctrine est généralement repoussée, et la plupart des auteurs décident qu'il faut toujours exiger, de quelque manière que la libéralité ait lieu, la réunion de l'intention de frauder et du préjudice. — Il en était ainsi dans le droit romain et dans notre jurisprudence, et rien n'indique que le Code ait adopté des règles différentes. Si les articles précités n'exigent point la condition d'intention frauduleuse, c'est qu'à l'époque où ils furent adoptés, les législateurs n'étaient pas encore fixés sur le point de savoir s'ils exigeraient la fraude, ou s'ils se contenteraient du simple préjudice. Mais leur indécision a cessé lorsqu'ils ont rédigé l'article 1167 ; et ce qui le prouve, c'est que dans tous les articles qui suivent ils ont employé le mot *fraude*. (Valette, Marcadé.)

Dans quel délai les créanciers doivent-ils intenter l'action Paulienne?

La loi n'a pas fixé de délais pour l'exercice de l'action Paulienne. — On en conclut que cette action est recevable pendant trente ans, à partir du jour où l'acte frauduleux a été accompli, lorsqu'elle est dirigée contre le débiteur ou ses ayants cause immédiats; mais qu'elle peut se trouver indirectement éteinte par la prescription de dix et vingt ans, lorsque l'immeuble aliéné par le débiteur a passé entre les mains d'un tiers détenteur qui a juste titre et bonne foi.

Quels sont les créanciers qui peuvent exercer l'action Paulienne ?

L'action Paulienne ne peut être exercée que par ceux des créanciers dont la créance existait déjà au moment où l'acte sujet à révocation a été accompli. — Effectivement, les créanciers antérieurs à l'acte frauduleux peuvent seuls se plaindre de ce que le débiteur a diminué leur gage. Quant aux créanciers qui ont contracté postérieurement avec lui, ils ne peuvent alléguer ni le préjudice, ni la fraude : ils ne peuvent alléguer le préjudice, puisqu'ils ont consenti à traiter avec le débiteur, lorsque celui-ci avait déjà diminué son patrimoine ; et ils ne peuvent pas alléguer davantage que la libéralité ait été faite en fraude de leurs droits, puisqu'au moment où elle a été accomplie ils n'avaient encore aucun droit.

Ainsi, les créanciers antérieurs à l'acte sujet à révocation ont seuls le droit d'intenter l'action Paulienne. — Ils pourront diriger cette action :

1° Contre les tiers qui ont acquis à titre gratuit des biens qui faisaient partie du patrimoine de leur débiteur ;

2° Contre les acquéreurs à titre onéreux, mais seulement lorsqu'ils ont été complices de la fraude du débiteur ;

3° Contre les héritiers ou successeurs universels des acquéreurs ;

4° Contre leurs sous-acquéreurs, c'est-à-dire contre ceux aux mains desquels les acquéreurs ont ensuite fait passer les biens frauduleusement aliénés. — Seulement, on observe à l'égard de ces sous-acquéreurs la même distinction que l'on observe à l'égard des acquéreurs, et l'action n'est donnée contre eux, s'ils ont acquis à titre onéreux, qu'autant qu'ils se sont rendus coupables de la fraude. (Marcadé.)

Quels sont les effets de l'action Paulienne ?

L'action Paulienne a pour effet de faire révoquer l'acte argué de fraude, et, par suite, de faire considérer les biens sortis du patrimoine comme n'en étant jamais sortis.

Les biens ainsi recouvrés serviront au payement des créanciers antérieurs ; et, comme ce n'est qu'à leur profit que la révocation a eu lieu, l'excédant du prix de ces biens, s'il y en a, fera retour aux tiers détenteurs, et ne profitera pas aux créanciers postérieurs à l'acte frauduleux. — En effet, les biens aliénés n'ont pas été frauduleusement aliénés à l'égard de ces derniers ; ils n'ont pas pu servir de gage à leurs créances, puisqu'ils étaient déjà sortis du patrimoine du débiteur au moment où ils traitaient avec lui.

L'exercice de l'action Paulienne n'est-il pas modifié dans certains cas ?

Oui ; en proclamant le principe de l'action révocatoire, l'article 1167 énonce, dans sa disposition finale, que certaines modifications y sont portées aux titres des *Successions* et du *Contrat de mariage*. — Effectivement, l'article 882 interdit aux créanciers d'attaquer un partage consommé, fait en dehors de leur présence, lorsqu'ils ont négligé d'y former opposition.

Pareillement, les créanciers ne peuvent pas attaquer la renonciation que ferait leur débiteur à une action en révocation de donation pour cause d'ingratitude. — Mais c'est à tort que notre article renvoie au titre du *Contrat de mariage*. Ce titre ne renferme aucune dérogation au droit commun. (Art. 1167.)

CHAPITRE QUATRIÈME

DES DIVERSES ESPÈCES D'OBLIGATIONS

Articles 1168 à 1233.

Les obligations sont susceptibles de plusieurs modalités, qui font l'objet de ce chapitre. — Suivant l'ordre du Code, nous traitons : 1° Des obligations conditionnelles; 2° Des obligations à terme; 3° Des obligations alternatives; 4° Des obligations solidaires; 5° Des obligations divisibles et indivisibles; 6° Des obligations avec clause pénale.

SECTION I

DES OBLIGATIONS CONDITIONNELLES

La loi détermine dans cette action les diverses espèces de conditions et leur nature. Elle distingue : 1° la condition en général; 2° la condition suspensive; 3° la condition résolutoire.

§ I. — *De la condition en général.*

Quand est-ce que l'obligation est pure et simple, conditionnelle, ou à terme?

L'obligation est *pure et simple*, lorsqu'elle prend naissance et devient exigible au moment même du contrat.

Elle est *conditionnelle*, lorsque son existence dépend d'un événement futur et incertain; c'est-à-dire lorsqu'elle est subordonnée à un événement qui arrivera peut-être, mais qui peut-être n'arrivera pas.

Elle est à *terme*, lorsqu'elle prend naissance au moment même du contrat, mais que son exigibilité est retardée jusqu'à un événement futur, mais certain; c'est-à-dire jusqu'à une époque qu'on connaît ou qu'on ne connaît pas encore au moment du contrat, mais qui doit certainement arriver.

L'article 1181 donne une autre définition de l'obligation conditionnelle. Il la fait dépendre, soit d'un événement futur et incertain, soit d'un événement *actuellement arrivé, mais encore inconnu des parties*. — La seconde partie de cette définition ne s'accorde pas avec la première. En effet, un événement incertain est un événement qui arrivera peut-être, ou qui peut-être n'arrivera pas. Un événement qui est arrivé n'est donc pas, quoique inconnu des parties, un événement incertain. Dès lors, on ne peut pas dire que l'obligation qui dépend d'un événement déjà arrivé, mais encore inconnu des parties, soit conditionnelle. Cette obligation existe dès le moment de la convention, et son exécution est seule retardée par l'ignorance de l'événement. (Art. 1168, 1185.)

Quelles sont les diverses espèces de conditions ?

Les conditions sont :

1° *Suspensives* ou *résolutoires*. — La condition suspensive est celle qui suspend l'existence même de l'obligation. — La condition résolutoire est celle qui produit l'anéantissement d'une obligation déjà née.

2° *Positives* ou *négatives*. — La condition est positive, lorsqu'elle consiste en un événement qui doit arriver. — Elle est négative lorsqu'elle consiste en un événement qui ne doit pas arriver.

3° *Casuelles*, *potestatives* et *mixtes*. — La condition est casuelle, lorsqu'elle ne dépend ni du créancier, ni du débiteur. — Elle est potestative, lorsqu'elle dépend d'un événement qu'il est au pouvoir de l'une ou de l'autre des parties de faire arriver ou d'empêcher; par exemple, lorsqu'on dit : *je vous donnerai 100, si vous allez à Paris*. — Elle est mixte lorsqu'elle dépend tout à la fois de la volonté d'une des parties et de la volonté d'un tiers, par exemple, lorsqu'on dit : *je vous donnerai 100 si vous allez à Paris avec votre frère*.

4° *Possibles* ou *impossibles*. — La condition est possible, lorsque l'événement peut arriver. — Elle est impossible, lorsqu'il ne peut pas arriver. Dans ce dernier cas, l'obligation n'est valable qu'autant que les parties l'ont subordonnée à l'inaccomplissement de la condition; elle devient alors pure et simple.

5° *Licites* ou *illicites*. — La condition est licite, lorsqu'elle est permise par les lois et les bonnes mœurs. Toute condition illicite est nulle, et rend nul le contrat dans lequel elle est insérée. Elle le rend nul, même lorsque la condition est de ne pas faire une chose illicite, parce qu'il y a immoralité à s'abstenir d'une action condamnable pour en obtenir un avantage. — Toutefois nous devons observer que l'article 900 déroge à cette disposition en matière de libéralités. En effet, cet article dispose que les conditions impossibles, illicites ou contraires aux bonnes mœurs insérées dans une donation ou dans un testament, sont réputées non écrites, et que la libéralité continue d'exister, comme si elle avait été faite purement et simplement. (Art. 1168, 1169, 1170, 1171, 1172, 1173.)

Ne faut-il pas distinguer deux sortes de conditions potestatives?

Oui; il faut distinguer celles qui dépendent d'un événement qu'il est au pouvoir de l'une des parties de faire arriver ou d'empêcher, et celles qui dépendent uniquement de la volonté du débiteur. — Les premières seules peuvent être valablement insérées dans un contrat. Ainsi, *quand on promet* 100 *francs à une personne, si elle va à Paris*, la condition potestative est valable, parce qu'elle dépend de la volonté du créancier, et non point de la volonté du débiteur, et aussi parce qu'elle n'est pas purement potestative de la part de ce dernier, puisqu'elle dépend de l'exécution d'un fait dont l'accomplissement peut rencontrer des difficultés. — Au contraire, quand le débiteur promet de donner 1000 francs s'il le veut, le contrat est nul, parce qu'il n'y a aucun lien de droit entre le créancier et le débiteur, celui-ci étant libre d'exécuter ou non, à sa volonté, la promesse faite.

Toutefois, la disposition qui annule l'obligation contractée sous une condition potestative de la part du débiteur n'est rigoureusement vraie que dans les contrats unilatéraux.—Une pareille condition peut être valablement stipulée, si le contrat est synallagmatique; car il existe nécessairement une cause. C'est ainsi que dans la vente faite à l'essai ou avec réméré, l'une des parties est obligée purement et simplement, et l'autre sous une condition facultative. (Art. 1174.)

Comment faut-il interpréter les conditions?

A cet égard, le Code a tracé quelques règles :

D'abord, aux termes de l'article 1175, les conditions doivent être accomplies de la manière dont les parties ont vraisemblablement voulu qu'elles le fussent. — Ainsi, les juges ont à rechercher leur intention, plutôt qu'à s'attacher aux termes mêmes du contrat.

Quand une obligation est contractée sous la condition *positive* qu'un événement arrivera dans un temps *fixe*, cette condition est défaillie lorsque le temps est expiré sans que l'événement soit arrivé, ou lorsque l'événement est arrivé avant l'époque fixée. — S'il n'y a pas de temps fixé, la condition *positive* n'est défaillie que lorsqu'il est devenu certain que l'événement n'arrivera pas.

Pareillement, quand une obligation est contractée sous la condition *négative* qu'un événement n'arrivera pas dans un *temps fixe*, cette condition est accomplie lorsque le temps est expiré sans que l'événement soit arrivé. — S'il n'y a pas de temps fixé, la condition *négative* n'est accomplie que lorsqu'il est devenu certain que l'événement n'arrivera pas. (Art. 1175, 1176, 1177.)

Que doit-on décider, lorsque le débiteur, obligé sous condition, a lui-même empêché l'accomplissement de la condition?

Lorsque le débiteur, obligé sous condition, a lui-même empêché l'accomplissement de la condition, celle-ci est réputée accomplie, et le contrat existe. — Effectivement, la bonne foi doit régner entre les parties, et celui qui est obligé sous une condition y porterait atteinte en empêchant l'accomplissement de cette condition.

Au surplus, la règle édictée ici reçoit exception, lorsque, dans l'intention des parties, le débiteur est resté maître de faire ou de ne pas faire. — Ainsi, lorsque le débiteur s'est engagé dans les termes suivants : *Je m'engage à donner 1000 francs si je vais à Paris,* on ne peut exiger de lui cette somme, s'il n'entreprend pas ce voyage.

Ces règles générales exposées, nous allons étudier maintenant les effets de la condition suspensive, et ceux de la condition résolutoire. (Art. 1178.)

§ II. — *De la condition suspensive.*

Quel droit l'obligation contractée sous une condition suspensive confère-t-elle au créancier?

La condition suspensive suspend, avons-nous dit, l'existence même de l'obligation. — Avant qu'elle ne soit accomplie, le créancier n'a donc pas un droit de créance. A proprement parler, il n'est même pas un créancier ; d'où il suit que si le débiteur payait avant cette époque, il pourrait répéter son payement comme indû.

Toutefois, dès l'instant du contrat, et avant même que la condition ne soit accomplie, il se forme un certain lien entre les parties. — Ce lien n'est pas encore celui de l'obligation ; mais il est suffisant, d'un côté, pour permettre au créancier de faire des actes conservatoires, et, d'un autre côté, pour interdire au débiteur de faire obstacle à l'accomplissement de la condition. (Art. 1180, 1181.)

La condition suspensive a-t-elle un effet rétroactif ?

Oui ; lorsque la condition suspensive est accomplie, non-seulement l'obligation prend naissance, mais, de plus, elle est considérée comme ayant existé dès le moment du contrat. — En conséquence, tous les droits réels dont la chose due aurait été grevée par le débiteur, dans l'intervalle qui s'est écoulé entre le contrat et l'avénement de la condition, s'évanouissent. Le débiteur, étant réputé dessaisi de tout droit de propriété sur la chose qui fait l'objet du contrat, dès le moment où il a eu lieu, n'a pas pu la grever de droits réels, tels que servitudes, hypothèques, droits d'usage et d'usufruit ; il doit, par conséquent, livrer la chose promise dans l'état où elle se trouvait au moment du contrat.

Toutefois, suivant une opinion généralement admise, l'effet rétroactif de la condition n'existe pas d'une manière absolue, et on ne l'a imaginé que dans le but d'empêcher que le vendeur ne constitue des charges sur la chose vendue, dans l'intervalle du contrat à l'avénement de la condition. — Il en résulte que celui-ci peut conserver les fruits qu'il a perçus dans cet intervalle. (Art. 1179.)

A la charge de qui sont les risques de la chose due sous condition suspensive ?

Il faut distinguer si la chose a péri en totalité par cas fortuit, ou si elle a seulement subi des détériorations partielles.

Lorsque la chose due a péri en totalité par cas fortuit, dans l'intervalle du contrat à l'avénement de la condition, la perte est pour le débiteur. — Effectivement, l'obligation n'ayant pas encore pris naissance au moment où la perte est arrivée, les risques n'ont pu passer sur la tête du créancier éventuel, puisque celui-ci n'avait pas actuellement la qualité de créancier. — En second lieu, lorsque la condition ne se réalise que lorsque l'obligation a déjà cessé d'exister par suite de la perte de la chose due, il est bien évident qu'elle n'est plus susceptible de produire aucun effet. Quel effet pourrait-on reconnaître à une condition, lorsque l'obligation qu'elle est destinée à modifier a cessé d'exister; et comment la condition elle-même pourrait-elle exister, sans l'obligation à laquelle elle est jointe? Sans doute, elle a un effet rétroactif : mais sa rétroactivité consiste à fixer définitivement une obligation qui est en suspens, et non point à faire revivre une obligation qui s'est éteinte définitivement, et qui n'a laissé subsister aucun lien, quelque faible qu'il soit, entre les parties.

Lorsque la chose due a seulement subi des détériorations partielles, survenues par cas fortuit, les risques sont encore à la charge du débiteur. Le créancier a le choix, ou de résoudre l'obligation, ou d'exiger une diminution de prix. — Cette solution a été critiquée avec raison. En effet, le débiteur n'étant pas autorisé à réclamer une augmentation de prix lorsque la chose due s'est améliorée, il eût été préférable de ne pas autoriser le créancier à réclamer une diminution lorsqu'elle s'est détériorée. Puis, l'accomplissement de la condition devrait produire ici son effet rétroactif, puisque l'objet de l'obligation existe toujours, quoique diminué. (Art. 1182.)

Que peut exiger le créancier lorsque la chose a péri, en totalité ou en partie, par la faute du débiteur?

Lorsque la chose due a péri, en totalité ou en partie, par la faute du débiteur, le créancier peut, suivant le droit commun, exiger la résolution du contrat, ou bien demander à ce qu'il soit exécuté, s'il est possible. — De plus, il a, dans ces deux cas, le droit de se faire payer des dommages-intérêts.

Pour déterminer le montant de ces dommages-intérêts, il faudra estimer la chose due, et cette estimation aura lieu suivant la valeur qu'aurait eue cette chose au moment de l'avénement de la condition, si la perte ne fût pas arrivée; car c'est ce moment-là que les parties ont eu en vue. (Art. 1182.)

§ III. — *De la condition résolutoire.*

Quel est l'effet de la condition résolutoire?

Ainsi que nous l'avons dit, la condition résolutoire est celle qui, lorsqu'elle se réalise, produit l'anéantissement de l'obligation, et rétablit les choses dans l'état où elles seraient si celle-ci n'avait jamais existé.

Ainsi, l'obligation contractée sous une condition résolutoire existe dès le moment du contrat : la propriété de la chose promise est, dès ce moment, transférée à l'acquéreur, et la partie qui s'est obligée est tenue de la livrer immédiatement ; mais, si la condition vient à se réaliser, la propriété de la chose qui fait l'objet du contrat revient au vendeur, qui peut exiger qu'elle lui soit restituée dans l'état où elle se trouvait au moment où il en a fait la livraison ; et, d'autre part, celui-ci est tenu de restituer à l'acheteur le prix qu'il en avait reçu.

On voit par là que la condition résolutoire accomplie produit, comme la condition suspensive, un effet rétroactif. Elle remet également les choses dans l'état où elles étaient au moment du contrat. — Seulement, l'effet qu'elle produit est en raison inverse de celui de la condition suspensive : elle anéantit l'obligation, tandis que celle-ci lui donne naissance.

Au surplus, il ne saurait exister une obligation sous condition résolutoire qui ne soit en même temps formée sous condition suspensive, et réciproquement. — Ainsi, lorsqu'on a vendu une maison sous une condition résolutoire, la maison est transférée immédiatement à l'acheteur, sauf à revenir au vendeur si la condition s'accomplit. Le vendeur en est donc créancier sous condition suspensive, en même temps que l'acheteur en est propriétaire sous condition résolutoire. — En conséquence, si la chose qui est livrée sous condition résolutoire vient à périr ou à se détériorer par cas fortuit, la perte sera pour le débiteur, pour celui qui a reçu la chose et qui doit la restituer si la condition s'accomplit, de même qu'elle est à sa charge lorsque l'obligation est formée sous condition suspensive. (Art. 1183.)

La condition résolutoire n'est-elle pas sous-entendue dans certains contrats ?

Oui ; aux termes de l'article 1184, les contrats synallagmatiques renferment toujours une condition résolutoire tacite. Chacune des parties est présumée avoir subordonné l'exécution de son engagement à l'exécution de l'engagement de la partie adverse. — Toutefois, comme il ne peut dépendre de l'un des contractants d'anéantir le contrat en se dispensant de l'exécuter, le législateur a laissé à la partie qui se plaint de l'inexécution la faculté d'exiger, à son choix, que la convention soit exécutée, ou qu'elle soit résiliée avec dommages-intérêts à son profit.

La résolution du contrat ne peut avoir lieu de plein droit et elle doit être prononcée en justice.—Effectivement, il peut arriver que le débiteur ne soit pas en faute, et qu'il ait été dans l'impossibilité d'exécuter son engagement; et, dans ce cas, les juges pourront maintenir le contrat.

Au surplus, les parties peuvent convenir expressément que le contrat sera résilié de plein droit, s'il n'a pas été exécuté à une époque déterminée. — Mais cette clause, qu'on connaît sous le nom de *pacte commissoire*, ne produit pas tous les effets qu'elle semble destinée à produire. Elle entraîne bien une résolution de plein droit en cas d'inexécution; mais cette résolution n'a lieu qu'après une sommation faite par le créancier au débiteur d'avoir à exécuter le contrat. (Art. 1184, 1656.)

SECTION II
DES OBLIGATIONS A TERME

Qu'est-ce qu'une obligation à terme?

Une obligation à terme est celle qui naît dès l'instant du contrat, mais dont l'exécution est renvoyée à une autre époque.

On appelle *terme*, l'intervalle qui s'écoule entre le contrat et le moment fixé pour son exécution. (Art. 1185.)

Dans l'intérêt de qui le terme est-il stipulé?

Le terme peut être stipulé, soit au profit du débiteur, soit au profit du créancier, soit même quelquefois au profit de l'un et de l'autre. Ainsi, il est au profit du débiteur dans le commodat; au profit du créancier dans le dépôt; au profit de l'un et de l'autre dans le prêt à intérêt.—Lorsque la convention ne s'explique pas à cet égard, il est présumé stipulé en faveur du débiteur. (Art. 1187.)

Le payement fait avant l'échéance du terme est-il valable?

Il faut distinguer :

Le payement fait avant l'échéance du terme est valable, lorsqu'il a été fait sciemment, en connaissance du terme. Le débiteur y a alors renoncé volontairement. C'est à cette hypothèse que se réfère l'article 1186.

Le payement fait avant l'échéance du terme peut, au contraire, être répété lorsqu'il a été effectué dans l'ignorance du terme. En effet, on ne peut pas dire alors que le débiteur y ait volontairement renoncé. — Cette distinction n'a pas été faite par le Code, mais elle est généralement admise. (Valette, Marcadé.)

Comment le débiteur perd-il le bénéfice du terme ?

Le débiteur perd le bénéfice du terme, et sa dette devient aussitôt exigible :

1° Lorsqu'il tombe en faillite.

2° Lorsqu'il tombe en déconfiture. — La déconfiture est l'état d'un non-commerçant dont l'insolvabilité est prouvée.

3° Lorsque, par son fait, il diminue les sûretés qu'il avait dans le contrat données à son créancier ; par exemple, en détruisant la maison sur laquelle il lui avait constitué une hypothèque.

4° Lorsque, sans son fait, les sûretés qu'il avait données à son créancier périssent, en tout ou en partie, et qu'il ne fournit pas à leur place des sûretés nouvelles. (Art. 1188, 2131.)

Quelles sont les diverses espèces de terme ?

Le terme est :

1° *Certain* ou *incertain*, suivant qu'il doit arriver à une époque déterminée ou inderminée. Il est certain, lorsque je dis : *Je vous payerai le 1er janvier prochain*. Il est incertain, quand je dis : *Je vous payerai à la mort de Primus*. — Au reste, dans les deux cas l'événement doit nécessairement arriver ; c'est ce qui distingue le terme incertain de la condition.

2° *Exprès* ou *tacite*, suivant qu'il a été stipulé dans le contrat, ou qu'il résulte seulement des circonstances : comme, par exemple, lorsque me trouvant à *Paris*, je promets de payer à *Alexandrie*.

3° De *droit* ou de *grâce*, selon qu'il résulte de la convention des parties ou d'un jugement. Comme on le verra plus loin, les juges peuvent, en effet, accorder des délais de grâce au débiteur.

SECTION III

DES OBLIGATIONS ALTERNATIVES

Qu'est-ce qu'une obligation alternative ?

Une obligation *alternative* est celle qui comprend deux ou plusieurs objets qui sont également dus, mais dont un seul doit être définitivement payé. — Telle est l'obligation de livrer, soit le fonds A, soit le fonds B. En livrant l'un des deux fonds, le débiteur est libéré de l'obligation de livrer l'autre. (Art. 1189.)

A qui appartient le choix dans les obligations alternatives ?

Le choix appartient au débiteur, s'il n'a pas été expressément accordé au créancier.

Il peut être exercé par lui, non-seulement jusqu'à ce qu'il ait offert l'une des choses dues, mais encore jusqu'à ce que son offre ait été acceptée par le créancier ; et réciproquement, le créancier, lorsqu'il s'est réservé le choix, reste maître de réclamer celle des choses qui lui convient, tant que le débiteur n'a pas adhéré à sa demande.

Au reste, ni le débiteur, ni le créancier, ne peuvent offrir ou réclamer partie d'une chose et partie d'une autre. (Art. 1190, 1191.)

L'obligation est-elle nulle, lorsque l'une des deux choses dues est hors de commerce ou illicite ?

Non ; comme les deux choses qui sont l'objet de l'obligation sont aussi bien dues l'une que l'autre, comme elles sont dues l'une à défaut de l'autre, l'obligation devient alors pure et simple, et le débiteur doit livrer celle qui reste.

Ainsi, lorsqu'on promet de donner 50,000 francs, ou telle maison qui au moment du contrat appartient à autrui, l'obligation devient pure et simple, et consiste uniquement à fournir la somme de 50,000 francs ; car on ne peut pas donner une chose qui appartient à autrui. — Il en serait ainsi, lors même que le débiteur aurait acquis la maison depuis la convention ; car une obligation qui était nulle au moment où elle a été formée ne peut pas revivre par des événements postérieurs. (Art. 1192.)

Quel est l'effet de la perte des choses dues alternativement ?

Il faut, avant tout, distinguer si le choix appartient au débiteur ou s'il appartient au créancier.

1° *Lorsque le choix appartient au débiteur*, trois hypothèses peuvent se présenter : ou une seule des deux choses a péri, et alors il doit celle qui reste ; — ou bien les deux choses ont péri, mais l'une a péri par sa faute, et alors il doit le prix de celle qui a péri la dernière ; — ou bien, enfin, les deux choses ont péri sans sa faute, et alors il est libéré.

2° *Lorsque le choix appartient au créancier*, quatre hypothèses peuvent se présenter : ou une seule des deux choses a péri, et elle a péri sans la faute du débiteur, alors celui-ci doit celle qui reste ; — ou bien une seule des deux choses a péri, mais elle a péri par sa faute, alors il doit celle qui reste ou le prix de l'autre ; — ou bien les deux choses ont péri, mais l'une au moins a péri par sa faute, alors il doit le prix de l'une ou le prix de l'autre ; — ou bien, enfin, les deux choses ont péri sans sa faute, alors il est libéré.

Les mêmes principes s'appliquent au cas où il y a plus de deux choses comprises dans l'obligation alternative. (Art. 1193, 1194, 1195, 1196.)

Lorsque les choses dues alternativement sont des corps certains, le créancier en devient-il propriétaire dès l'instant du contrat ?

Avant de répondre à cette question, il importe d'en montrer l'intérêt. On sait qu'en vertu des principes qui ont prévalu dans notre législation, tout créancier d'un corps certain en devient propriétaire dès l'instant du contrat, lors même que l'objet dû ne lui a pas encore été livré. Mais, d'autre part, lorsque l'objet du contrat consiste en une chose qui n'est pas individuellement déterminée, le créancier n'en devient propriétaire qu'au moment de la tradition. — Il s'agit maintenant de savoir si le créancier devient propriétaire des choses dues alternativement dès l'instant du contrat, et avant même que le choix ait décidé celle qui lui sera donnée, lorsqu'elles sont des corps certains, ou s'il n'a alors sur elles qu'un simple droit de créance, qui se convertira en un droit de propriété lorsque le choix aura déterminé celle des deux choses qui doit lui être fournie. — Dans le premier cas, le créancier ayant eu la propriété des choses dues alternativement dès l'instant du contrat, il en résulte que le débiteur n'a pas pu les grever valablement de droits réels dans l'intervalle du contrat à la tradition. Dans le second cas, au contraire, le débiteur a pu valablement constituer des charges sur les choses dues, puisqu'il n'a pas cessé d'en avoir la propriété.

Certains auteurs admettent que le créancier n'a, au moment du contrat, qu'un simple droit de créance, et que ce n'est qu'au moment où la chose qu'il doit définitivement recevoir aura été déterminée qu'il en deviendra propriétaire. — Effectivement, le seul effet du consentement des parties ne transfère la propriété qu'autant qu'il porte sur des choses parfaitement déterminées : or, ce n'est pas ici le cas, puisqu'on ne sait pas encore quelle est celle des deux choses qui sera donnée.

Suivant le plus grand nombre des auteurs, au contraire, le créancier devient, dès l'instant du contrat, propriétaire des choses dues, sous la condition suspensive qu'il les recevra en payement. Comme en réalité il n'en reçoit qu'une seule, on le considérera comme étant propriétaire de cette chose dès l'instant du contrat, et comme n'ayant jamais été propriétaire de l'autre. En conséquence, les droits réels consentis par le débiteur sur la première seront anéantis; mais ceux qu'il aurait consentis sur la seconde seront maintenus.

Quelle différence y a-t-il entre l'obligation alternative et l'obligation facultative ?

Il y a entre ces deux espèces d'obligations les différences suivantes :

1° Dans l'obligation *facultative*, le débiteur ne doit qu'une seule chose; seulement, il a la faculté de se libérer de son obligation en donnant une autre chose à la place. Cette autre chose n'est pas *in obligatione*, mais bien *in facultate solutionis*. — Au contraire, dans l'obligation *alternative*, le débiteur doit réellement deux choses, puisque l'une peut être demandée à défaut de l'autre; seulement, il est libéré par le payement de l'une.

2° Dans l'obligation *facultative*, le débiteur est libéré par la perte de la chose qu'il doit. — Au contraire, dans l'obligation *alternative*, il n'est libéré que par la perte des deux choses, parce qu'il les doit toutes les deux; l'une à défaut de l'autre.

3° Dans l'obligation *facultative*, on connaît dès le principe le caractère mobilier ou immobilier de l'obligation. Une seule chose étant due, on n'a qu'à voir si elle est mobilière ou immobilière. — Au contraire, dans l'obligation *alternative*, lorsque l'une des deux choses dues est mobilière et l'autre immobilière, on ne connaît pas *à priori* si l'obligation est mobilière et immobilière. On ne le saura qu'au moment où le choix aura été fait.

4° Dans l'obligation *facultative*, lorsque la chose due est hors de commerce ou illicite, la convention est nulle. — Au contraire, dans l'obligation *alternative*, lorsque l'une des choses dues est hors de commerce ou illicite, l'obligation devient pure et simple.

Il faut aussi distinguer les obligations alternatives des obligations conjonctives.—Les obligations sont *conjonctives*, lorsqu'elles ont pour objet plusieurs choses réunies par une conjonction. Tel est, par exemple, le cas où une personne vend sa maison et son champ. Dans ce cas, le créancier a le droit d'exiger les deux choses, mais le débiteur peut diviser le payement. —Dans les obligations *alternatives*, au contraire, le créancier ne peut exiger que l'une des deux choses dues : par exemple, ou la maison ou le champ qui lui ont été vendus; mais non point l'un et l'autre.

SECTION IV

DES OBLIGATIONS SOLIDAIRES

Conformément à l'ordre suivi par le Code, nous étudierons, dans deux paragraphes différents, la solidarité entre créanciers et la solidarité entre débiteurs.

§ I. — *De la solidarité entre créanciers.*

Qu'est-ce qu'une obligation solidaire ?

Une obligation est solidaire, lorsque la totalité de la dette peut être réclamée par plusieurs créanciers, ou être exigée de plusieurs débiteurs. — Ainsi, la solidarité entre créanciers est le droit accordé à chacun d'eux d'exiger le payement total de la créance ; et la solidarité entre débiteurs est l'obligation imposée à chacun d'eux de payer seul la totalité de la dette, si ce payement lui est demandé.

Qu'est-ce que la solidarité entre créanciers ?

La solidarité entre créanciers est le lien qui unit plusieurs créanciers, et qui permet à chacun d'eux d'exiger du débiteur le payement intégral de la chose due. — Ainsi, il y a solidarité entre créanciers, lorsque trois personnes se réunissent pour me prêter 30,000 en stipulant que chacune d'elles pourra recevoir le payement de la créance commune, et que le payement fait à l'une d'elles me libérera envers les autres.

Pour qu'il y ait solidarité entre les créanciers, la loi exige trois conditions. — Il faut :

1° Qu'il y ait plusieurs créanciers, et que chacun d'eux ait le droit d'exiger le payement total de la créance, de manière que le payement fait à l'un d'eux libère le débiteur envers les autres.

2° Qu'il y ait un seul objet dû. — Si chacun d'eux avait le droit d'exiger une chose différente, il y aurait autant de créances distinctes, et par conséquent la solidarité n'existerait pas.

3° Que la dette soit à la charge d'un même débiteur. — Autrement, il y aurait autant de dettes distinctes que de débiteurs. (Art. 1197.)

La solidarité entre créanciers est-elle de droit commun ?

Non ; la solidarité entre créanciers n'est pas de droit commun : elle n'a lieu, au contraire, que par exception. — Selon le droit

commun, les droits et les obligations se divisent entre les contractants, créanciers et débiteurs. S'il y a trois créanciers, chacun
d'eux peut prétendre au tiers de la créance ; s'il y a trois débiteurs, chacun d'eux est tenu du tiers de la dette ; s'il y a trois
créanciers et trois débiteurs, la part qui est à la charge de chaque
débiteur se subdivise en autant de dettes qu'il y a de créanciers.
Les contractants sont alors des créanciers ou des débiteurs *conjoints.*

La solidarité ne peut donc exister qu'en vertu d'une clause expresse, insérée dans le contrat, ou d'une disposition spéciale de la
loi. Elle suppose entre les créanciers et les débiteurs une sorte
de mandat tacite, qui leur permet de se représenter les uns les
autres. — En conséquence, ce n'est qu'en s'associant, en se donnant expressément mandat de se représenter les uns les autres,
que les créanciers établissent entre eux le lien de la solidarité,
qui permet à chacun d'eux de recevoir le payement intégral de la
créance et de faire tous les actes nécessaires à sa conservation

Quels sont les effets de la solidarité entre créanciers?

Du principe que les créanciers sont mandataires les uns des
autres, il résulte :

1° Que chacun d'eux peut recevoir le payement intégral de la
créance ; sauf à en partager le bénéfice avec ses cocréanciers, suivant les arrangements qui ont été pris par eux.

2° Que le débiteur peut payer, à son gré, celui des créanciers
qu'il lui plaît de choisir ; sauf le cas où il a déjà été poursuivi
par l'un d'eux. Alors, il doit payer celui qui le poursuit.

3° Que les poursuites de chaque créancier interrompent la
prescription, font courir les intérêts, et mettent le débiteur en
demeure par rapport à tous.

Aucun des créanciers ne peut, d'ailleurs, faire des actes qui
puissent nuire aux autres. (Art. 1198, 1199.)

§ II. — *De la solidarité entre débiteurs.*

Qu'est-ce que la solidarité entre débiteurs?

La solidarité entre débiteurs est le lien qui unit plusieurs débiteurs, de manière que chacun d'eux puisse être poursuivi pour
la totalité, et que le payement fait par un seul libère tous les
autres.

Le but de la solidarité des débiteurs est d'assurer les droits du créancier, en donnant à celui-ci la faculté de contraindre chacun d'eux au payement total de la dette. Mais le but étant rempli lorsque le créancier est payé, il en résulte que le payement fait par l'un libère tous les débiteurs solidaires. — Ainsi, il y a solidarité de la part des débiteurs, lorsque trois personnes s'étant associées pour emprunter 30,000 francs, le créancier a stipulé expressément qu'il pourrait exiger le payement intégral de cette somme de l'un d'eux.

Pour qu'il y ait solidarité de la part des débiteurs, la loi exige trois conditions. — Il faut :

1° Que les débiteurs solidaires s'obligent tous à la prestation d'une même chose. — S'ils s'obligeaient à des choses différentes, ils seraient tenus séparément.

2° Qu'ils s'obligent de manière à ce que chacun d'eux puisse être poursuivi pour le tout. — Il faut que l'on puisse dire qu'ils ont entendu se constituer mandataires les uns des autres. C'est là ce qui distingue le plus les obligations solidaires des obligations indivisibles : dans ces dernières, chacun, à la vérité, est tenu pour le tout; mais cela vient de la force des choses, de ce que la chose due ne peut ou ne doit pas être fournie par parties.

Au reste, si l'obligation solidaire est une par rapport à la chose qui en fait l'objet, elle se compose d'autant de liens qu'il y a de personnes obligées. Les débiteurs solidaires doivent nécessairement la même chose, mais ils peuvent la devoir différemment : les uns à terme, d'autres sous condition, d'autres purement et simplement. (Art. 1200, 1201.)

La solidarité entre débiteurs est-elle de droit commun?

Non; la solidarité entre débiteurs, de même que la solidarité entre créanciers, n'est pas de droit commun. Elle ne peut, au contraire, exister qu'en vertu d'une stipulation expresse ou d'une disposition spéciale de la loi; car nul n'est présumé s'engager pour autrui. — Lorsque plusieurs débiteurs promettent une seule et même chose, chacun d'eux n'est donc censé promettre que sa part virile. Les débiteurs sont *conjoints*, et non point *solidaires*. Ils doivent la même chose, au même créancier; mais ils ne sont tenus d'en fournir chacun qu'une partie. Ce n'est qu'en s'associant pour emprunter, en se donnant réciproquement mandat de se représenter les uns les autres pour faire le payement intégral de la dette, que les débiteurs établissent entre eux le lien de la solidarité. Toutefois, ce lien unit quelquefois de plein droit, en vertu d'une disposition législative, et indépendamment de tout accord entre les débiteurs; il s'établit alors entre eux une solidarité *légale*. (Art. 1202.)

Quelles sont les diverses espèces de solidarité entre débiteurs?

La solidarité entre débiteurs est conventionnelle ou légale, suivant qu'elle résulte d'une stipulation expresse insérée dans le contrat, ou d'une disposition spéciale de la loi. — La solidarité *légale* existe, par exemple, entre la femme tutrice et son mari cotuteur, entre les personnes qui ont constitué un mandataire pour une affaire commune, entre les locataires d'une maison pour le cas d'incendie, entre les individus condamnés pour un même délit, à raison des condamnations pécuniaires qu'ils ont encourues.

Sous un autre rapport, on distingue encore la solidarité parfaite de la solidarité imparfaite. (Art. 1202.)

Quand est-ce que la solidarité est parfaite?

La solidarité est parfaite, lorsque les actes de poursuites, ayant pour but d'interrompre la prescription, ou de faire courir les intérêts, produisent leurs effets à l'égard de tous les débiteurs solidaires, lors même qu'ils ne sont dirigés que contre l'un d'entre eux.

La solidarité parfaite suppose que les débiteurs se sont donné mandat, expressément ou tacitement, pour se représenter les uns les autres. — Elle existe dans tous les cas de solidarité conventionnelle, et dans les cas de solidarité légale lorsque les débiteurs sont unis par un intérêt commun : par exemple, entre la femme tutrice et son nouvel époux, entre les exécuteurs testamentaires, entre plusieurs emprunteurs de la même chose. (Art. 1206, 1207.)

Quand est-ce que la solidarité est imparfaite?

La solidarité est imparfaite, lorsque les actes de poursuites, ayant pour but d'interrompre la prescription ou de faire courir les intérêts, ne produisent d'effets qu'à l'égard du débiteur contre lequel ils sont dirigés.

La solidarité imparfaite suppose que les débiteurs ne se sont pas donné mandat pour se représenter les uns les autres, et qu'ils n'ont pas un intérêt commun. — Elle n'existe par conséquent que dans certains cas de solidarité légale : par exemple, entre les locataires d'une maison, entre les individus condamnés pour un même crime ou pour un même délit.

On voit par là que plusieurs personnes peuvent être contraintes de payer la totalité de la dette, sans être cependant tenues d'une solidarité parfaite. Mais cela n'arrive, comme on le voit, que très-rarement; car l'idée d'association ou de mandat, qui lie entre eux les débiteurs solidaires, fait que tout acte de poursuite dirigé contre l'un d'eux rejaillit contre les autres. — Au surplus, les débiteurs solidaires, étant réputés avoir contracté la dette dans leur propre intérêt, ne peuvent pas opposer, comme les cautions, les bénéfices de discussion et de division.

Observons encore que les poursuites dirigées contre l'un des débiteurs solidaires n'éteignent pas la dette, et qu'elles n'empêchent pas le créancier d'agir ensuite contre les autres débiteurs. — On sait qu'il en était différemment à Rome, avant Justinien. Une fois que le créancier avait poursuivi l'un des débiteurs solidaires, son action était épuisée, et il avait perdu le droit de poursuivre les autres. Afin de ne laisser subsister aucun doute à cet égard, le Code décide expressément que le créancier peut poursuivre successivement chacun des débiteurs. (Art. 1203, 1204.)

La perte de la chose due libère-t-elle les débiteurs solidaires?

Il faut distinguer :

1° La chose a-t-elle péri sans qu'il y ait eu faute de leur part et sans qu'aucun d'eux ait été mis en demeure, ils sont libérés; puisque, suivant le droit commun, les risques sont à la charge du créancier.

2° La chose a-t-elle péri par la faute ou pendant la mise en demeure de l'un d'eux, les autres demeurent tenus d'en fournir la valeur.—Mais on ne peut pas leur réclamer des dommages-intérêts à raison de cette perte; parce qu'ils ne se représentent les uns les autres que pour conserver, et non pour aggraver l'obligation : *Ad perpetuandam, non ad augendam obligationem.*

Notons, cependant, que si des dommages-intérêts avaient été fixés par une clause pénale, tous les débiteurs solidaires en seraient tenus, bien que la chose n'ait péri que par la faute de l'un d'eux. — En effet, ils auraient alors adhéré à deux obligations distinctes: l'une principale et l'autre accessoire. Ils seraient tenus de la seconde, comme de la première, par suite de leur consentement, et non par le fait d'un codébiteur. (Art. 1205.)

Quelles sont les exceptions que le débiteur solidaire poursuivi peut opposer au créancier ?

Chacun des débiteurs solidaires, étant tenu de la totalité de la dette, doit pouvoir opposer tout ce qui tend à l'éteindre ou à l'anéantir, tout ce qui tend, en un mot, à repousser l'action du créancier.

La loi comprend ici, sous le nom d'*exceptions*, tous les moyens de défense et de libération qui peuvent être opposés au créancier par un débiteur solidaire, et elle distingue trois classes d'exceptions :

1° Celles qui résultent de la nature de l'obligation ;

2° Celles qui sont personnelles à l'un des débiteurs ;

3° Celles qui sont communes à tous les débiteurs indistinctement.

1° *Les exceptions qui résultent de la nature de l'obligation.* — Ce sont celles qui sont fondées sur l'inexistence ou sur la nullité de l'obligation, à raison du défaut de consentement, de cause licite ou d'objet certain. — Ces exceptions ne diffèrent des exceptions communes que par leur origine. Elles tiennent à la nature de l'obligation, au vice originaire qui la rend inefficace ; tandis que les exceptions communes résultent d'un fait postérieur au contrat, et tiennent à l'extinction de l'obligation. Mais les unes et les autres ont le même effet, et elles peuvent être invoquées par tous les débiteurs.

2° *Les exceptions personnelles à l'un des débiteurs.* — Ce sont celles qui se réfèrent à l'engagement particulier du débiteur. Telles sont l'incapacité, la violence ou le dol souffert par un des débiteurs, et encore le terme ou la condition qui ont été exclusivement stipulés à son profit.

Ces exceptions ne peuvent être invoquées pour le tout que par celui des codébiteurs en la personne duquel elles sont nées. — Toutefois, les autres codébiteurs peuvent les invoquer, jusqu'à concurrence de la part que celui-ci devait supporter dans la dette commune, lorsqu'ils ont dû ignorer, au moment du contrat, le fait en vertu duquel leur codébiteur peut opposer l'exception. Ainsi, ils ne pourraient pas réclamer la réduction de la dette commune jusqu'à concurrence de la part que leur codébiteur avait à sa charge, lorsque celui-ci oppose une exception personnelle tirée de sa minorité, parce qu'ils n'ont pas dû ignorer qu'il était mineur au moment où ils ont consenti à s'associer avec lui pour contracter. Mais ils pourraient, au contraire, réclamer une réduction de la dette commune, lorsque le codébiteur invoque une exception tirée de la violence ou du dol dont il a souffert, parce qu'ils sont excusables d'avoir ignoré la violence ou le dol qui ont été pratiqués à son égard.

3° *Enfin, les exceptions communes sont celles que tous les débiteurs solidaires peuvent invoquer à raison de l'extinction de la dette.*—Mais les causes d'extinction de la dette commune sont de deux sortes. Les unes l'éteignent entièrement et par rapport à tous les débiteurs : tels sont le payement, la prescription, la perte de la chose due survenue par cas fortuit. Les autres ne l'éteignent pas absolument, et ne paralysent l'action du créancier que par rapport à certains débiteurs. (Art. 1208.)

Quelles sont les exceptions communes, qui n'éteignent la dette que dans certains cas et par rapport à certains débiteurs ?

Les exceptions communes, qui n'éteignent la dette que dans certains cas et par rapport à certains débiteurs, sont :

1° La confusion;

2° La compensation;

3° La remise de la dette faite par le créancier;

4° La remise de la solidarité également faite par le créancier à son débiteur.

1° *La confusion.* — La confusion a lieu par la réunion en la même personne des qualités de créancier et de débiteur. — Elle n'est pas, à proprement parler, un mode d'extinction de l'obligation; elle ne l'anéantit pas d'une façon absolue et radicale, mais elle empêche que la créance ne produise ses effets.

Lorsque l'un des débiteurs solidaires devient héritier du créancier, la confusion ne libère les autres débiteurs que pour la part qui devait être supportée dans la dette commune par le débiteur qui a succédé au créancier. — Ainsi, lorsqu'il y a trois débiteurs solidaires, également intéressés à la dette, si l'un d'eux succède au créancier, il pourra agir contre les autres débiteurs solidaires, mais seulement jusqu'à concurrence des deux tiers de la dette commune.

2° *La compensation*. — La compensation a lieu lorsqu'un des débiteurs est en même temps créancier de son créancier. — En principe, lorsque deux créances sont d'égale valeur, elles s'éteignent réciproquement.

La compensation éteint la dette solidaire, lorsque la poursuite du créancier s'adresse, en premier lieu, à celui des débiteurs en qui elle s'est opérée.

Elle ne l'éteint pas, au contraire, lorsque le créancier a poursuivi, tout d'abord, un débiteur en qui elle ne s'est pas opérée. Celui-ci ne peut pas, en effet, opposer la compensation du chef de son codébiteur, parce que la loi prohibe une semblable immixtion.

3° *La remise de la dette*. — La remise de la dette faite par le créancier à l'un des débiteurs solidaires est présumée faite à tous les débiteurs, et elle éteint complétement la dette, toutes les fois que le créancier n'a pas réservé expressément ses droits contre les autres débiteurs.

Si, en faisant remise de la dette à l'un des débiteurs, il a réservé expressément ses droits contre les autres débiteurs, ceux-ci ne sont pas libérés, et la dette n'est pas entièrement éteinte. — Mais alors le créancier ne peut agir contre les débiteurs non-libérés que déduction faite de la part qui devait être supportée dans la dette commune par le débiteur qu'il a libéré.

Cette part sera une part *réelle*, si le créancier connaissait dans quelle proportion celui des débiteurs à qui il a consenti la remise devait supporter la dette. Ce sera, au contraire, une part *virile*, s'il ne connaissait pas la portion de passif mise à sa charge par le contrat.

4° *La remise de la solidarité*. — La remise de la solidarité, qu'il ne faut pas confondre avec la remise de la dette, produit des effets différents, suivant qu'elle est faite par le créancier à tous les débiteurs solidaires en même temps, ou qu'elle est faite au profit de l'un d'eux seulement.

Lorsqu'elle est faite à tous les débiteurs solidaires en même temps, elle laisse subsister la dette; mais elle lui enlève le caractère qu'elle avait à l'origine, et elle la convertit en autant de dettes partielles et distinctes qu'il y a de débiteurs. — Lorsqu'elle est faite seulement à l'un des débiteurs solidaires, elle n'éteint, au contraire, la solidarité que par rapport à ce débiteur. Celui-ci n'est alors tenu que de la part qu'il devait supporter dans la dette commune, soit de sa part réelle, soit de sa part virile, selon que le créancier connaissait ou non dans quelle proportion il était engagé.—Quant aux autres débiteurs solidaires, ils restent toujours dans le lien de la solidarité, et ils continuent à être obligés pour toute la dette; mais ce n'est, toutefois, que déduction faite de la part du débiteur qui a été déchargé de la solidarité.

A la différence de la remise de la dette, la remise de la solidarité, faite par le créancier à l'un des débiteurs, est présumée faite à ce débiteur seulement. — Pour qu'elle produise des effets à l'égard de tous les débiteurs, il faut que le créancier ait manifesté expressément sa volonté; car les renonciations ne se présument point. (Art. 1209, 1210, 1285.)

Comment a lieu la remise de la solidarité?

La remise de la solidarité a lieu, soit expressément, soit tacitement.

Elle a lieu *tacitement* dans les deux cas suivants :

1° Lorsque le créancier reçoit divisément la part d'un des débiteurs dans la dette commune, et que la quittance porte qu'elle est donnée pour sa part. — Le créancier reconnaît alors que le débiteur ne devait qu'une part, et il consent, par là, à le tenir quitte du surplus.

2° Lorsque le créancier poursuivant un des débiteurs *pour sa part*, celui-ci déclare acquiescer à sa demande.

Dans toute autre hypothèse, la remise de la solidarité doit être expresse.—Ainsi, lorsque le créancier reçoit divisément les intérêts de la dette solidaire, il ne perd la solidarité que pour les intérêts échus. Mais il la conserve pour les intérêts à échoir, ainsi que pour le capital, à moins que ce payement divisé n'ait continué pendant dix ans consécutifs. (Art. 1211, 1212.)

Le débiteur qui a payé la dette entière n'a-t-il pas un recours contre ses codébiteurs?

Oui; le débiteur solidaire qui a payé la dette entière peut exercer un recours contre ses codébiteurs pour se faire indemniser par eux de ce qu'il a payé au delà de la part qu'il devait supporter dans la dette commune.

Si l'un des codébiteurs est insolvable, la perte qu'occasionne son insolvabilité se répartit sur tous les autres débiteurs solvables, en y comprenant celui qui a fait le payement, et même ceux des débiteurs qui auraient été déchargés de la solidarité par le créancier.

Si la dette avait été contractée dans l'intérêt d'un seul des débiteurs, celui-ci serait tenu de toute la dette vis-à-vis de ses codébiteurs, lesquels ne seraient considérés, par rapport à lui, que comme des cautions.

Le débiteur solidaire qui a payé la dette entière peut recourir contre ses codébiteurs au moyen de deux actions : par l'action du mandat, et par l'action en subrogation aux droits du créancier qu'il a désintéressé. —Cette dernière action présente souvent des avantages ; car l'ancienne créance peut être garantie par une hypothèque, par un privilége ou par un cautionnement. Mais la loi ne permet au débiteur qui a payé la dette d'agir contre ses codébiteurs que pour la part que chacun d'eux doit supporter dans la dette commune. On a voulu, sans doute, éviter un circuit d'actions. (Art. 1213, 1214, 1215, 1216.)

SECTION V

DES OBLIGATIONS DIVISIBLES ET INDIVISIBLES

Conformément à l'ordre du Code, nous examinerons d'abord le caractère des obligations divisibles et indivisibles ; puis, nous étudierons les effets de ces sortes d'obligations.

§ I. — *Des obligations divisibles et indivisibles.*

Pourquoi divise-t-on les obligations en obligations divisibles et indivisibles ?

En principe, toute obligation est essentiellement indivisible entre les parties contractantes, en ce sens que le débiteur est toujours tenu d'acquitter intégralement son obligation, et qu'il doit fournir la chose promise en totalité et non point par fractions ; et que, de son côté, le créancier peut toujours réclamer au débiteur le montant intégral de sa créance. — Mais cette règle n'est applicable qu'entre le créancier et le débiteur qui ont personnellement contracté, et l'on applique un principe tout différent aux héritiers des parties contractantes. D'après ce principe, *les créances et les dettes se divisent entre les héritiers du créancier et ceux du débiteur.*

Ainsi, si, d'un côté, les obligations sont indivisibles par rapport aux parties contractantes ; elles sont, au contraire, divisibles par rapport à leurs héritiers. — Toutefois, cette dernière règle reçoit une exception dans deux cas :

1° Lorsque la chose qui fait l'objet de l'obligation n'est pas susceptible d'être fournie par fractions. 2° Lorsque la chose qui fait l'objet de l'obligation est susceptible d'être fournie par fractions ; mais que les contractants ont décidé qu'elle serait fournie en totalité par l'un des héritiers du débiteur, dans le cas où celui-ci viendrait à décéder en laissant plusieurs héritiers. — Dans les deux cas que nous venons d'exprimer, les obligations sont indivisibles ; dans tous les autres cas, elles restent soumises au principe de la division des dettes entre les héritiers.

Malheureusement, cette exposition aussi simple que rationnelle n'a pas été suffisamment comprise. Les auteurs du Code, suivant les errements d'une scolastique raffinée, ont adopté des distinctions inutiles et compliquées. — Ainsi, ils ont établi trois classes d'indivisibilité, savoir :

1° L'indivisibilité *contractu* ou *naturâ*, appelée avec plus de raison, par Pothier, indivisibilité absolue. — Elle existe, lorsque l'obligation a pour objet une chose qui n'est, sous quelque point de vue qu'on la considère, susceptible d'aucune division par fractions. — Telles sont, par exemple, les servitudes de vue ou de passage : il n'y a pas de milieu entre voir et ne pas voir, passer et ne pas passer.

2° L'indivisibilité dans l'obligation, *individuum obligatione*. — Elle existe, lorsque l'obligation a pour objet une chose qui n'est pas susceptible d'être acquittée par fractions, par suite du rapport sous lequel elle a été considérée par les parties ; mais qui aurait pu être fournie par parties séparées, si on l'avait considéré autrement : telle est, par exemple, une maison à construire. — Si le débiteur s'est engagé à construire une maison complète, entièrement achevée, ses héritiers ne pourront pas fournir chacun une fraction de la maison. Mais on aurait pu convenir que le débiteur ne ferait que certaines parties de la construction ; celle-ci aurait alors compris plusieurs parties séparées, faisant l'objet de diverses obligations.

3° L'indivisibilité dans l'exécution, *individuum solutione*. — Elle existe, lorsque l'obligation a pour objet une chose qui est divisible en elle-même ; mais qui ne peut pas cependant, à raison de l'intention expresse ou présumée des contractants, être acquittée par parties. — Tel est le cas où le créancier stipule qu'il pourra réclamer le remboursement intégral de la somme qu'il a prêtée à l'un des héritiers du débiteur.

Au fond, les deux premières classes d'indivisibilité se confondent, et la seule distinction pratique à établir est celle qui consiste à distinguer des obligations qui ne peuvent pas être acquittées par parties, et d'autres qui peuvent l'être, mais qui doivent néanmoins être fournies intégralement, à cause de la stipulation faite par le créancier.—Assurément, l'indivisibilité *naturâ* tient uniquement à la force des choses, et l'indivisibilité *obligatione* est produite, au contraire, par la volonté des contractants, en ce sens qu'ils ont envisagé la chose sous un rapport qui s'oppose à la division ; mais, après avoir fixé ce rapport, ils ne peuvent plus, sans dénaturer l'objet de l'obligation, convenir que le débiteur pourra se libérer partiellement. — Au contraire, lorsque l'obligation est seulement indivisible *solutione*, les choses ou les faits restent divisibles : le débiteur ne dénaturerait pas l'objet de l'obligation en faisant un payement partiel ; seulement, il porterait atteinte aux droits du créancier.

Voyons maintenant quel est l'intérêt pratique qui ressort de la distinction que nous avons établie entre l'indivisibilité *solutione*, et celle qui vient d'une autre cause. (Art. 1217, 1218, 1219, 1220, 1221.)

Quel est l'intérêt pratique de cette distinction ?

L'indivisibilité *solutione* diffère des autres espèces d'indivisibilité en ce qu'elle s'applique uniquement aux héritiers du débiteur ; tandis que l'indivisibilité qui tient à la nature de la chose due s'applique en même temps aux héritiers du débiteur et aux héritiers du créancier.

D'abord, en ce qui concerne l'indivisibilité *solutione*, il est clair que, lorsqu'un créancier stipule que le remboursement de la somme prêtée lui sera fourni intégralement par l'un des héritiers du débiteur, si celui-ci vient à mourir, cette clause n'a d'effet que pour cette hypothèse.—Si donc c'est le créancier lui-même, et non point le débiteur, qui vient à décéder, les héritiers du créancier suivront le principe de la division des créances entre héritiers et réclameront chacun la fraction qui leur revient.

Au contraire, lorsque l'indivisibilité provient de l'impossibilité de fournir la chose due par fractions, il en résulte : 1° que si le débiteur vient à décéder, le créancier pourra réclamer la totalité de la chose due, à l'un quelconque de ses héritiers, sauf à celui-ci à exercer le recours en garantie contre ses cohéritiers; 2° que si le créancier lui-même décède, l'un de ses héritiers pourra réclamer, soit au débiteur, soit à un héritier du débiteur, la chose due tout entière. — Effectivement, comme cette chose n'est pas susceptible d'être fournie partiellement, il est bien évident qu'elle pourra toujours être réclamée intégralement.

Quelle différence y a-t-il entre l'obligation indivisible et l'obligation solidaire?

Les principales différences entre l'obligation indivisible et l'obligation solidaire sont les suivantes :

1° L'indivisibilité provient de la nature de la chose due, ou de la stipulation qui tend à en rendre la division impraticable; chacun des héritiers du débiteur est donc nécessairement tenu de la fournir en totalité. — Au contraire, la solidarité tient à l'idée d'un mandat ou d'une association formée entre les débiteurs qui ont contracté, et cette idée n'empêche pas que l'obligation ne se divise entre les héritiers des parties contractantes.

2° En cas de solidarité, lorsque l'obligation primitive vient à se convertir en dommages-intérêts, par suite de l'inexécution, la solidarité existe pour la deuxième obligation, comme pour la première. — Au contraire, en cas d'indivisibilité, les dommages-intérêts se divisent entre les héritiers du débiteur et entre les héritiers du créancier, chacun pour leur part.

3° En cas de solidarité, lorsque l'objet dû est un corps certain et que cet objet vient à périr par la faute d'un des débiteurs, les autres continuent à être tenus solidairement pour le prix de la chose. — Au contraire, dans l'obligation indivisible, tous les autres débiteurs sont libérés.

§ II. — *Des effets de l'obligation divisible.*

Quels sont les cas d'indivisibilité solutione tantum énumérés par l'article 1221?

Aux termes de cet article, la dette, quoique facilement divisible par elle-même, ne se divisera pas entre les héritiers du débiteur dans les cinq cas suivants :

1° Lorsqu'elle est hypothécaire. — L'héritier détenteur de l'immeuble hypothéqué peut être contraint de l'acquitter tout entière.

2° Lorsqu'elle consiste en un corps certain qui est tombé en entier dans le lot d'un héritier.

3° Lorsqu'elle est alternative de choses, au choix du créancier, dont l'une est indivisible.

4° Lorsque l'un des héritiers est chargé par le titre de la paye intégralement.

5° Enfin, lorsqu'il résulte de la nature de l'engagement, ou de la fin des contractants, que leur intention a été que la dette ne pût être partiellement acquittée.

Au surplus, ces cinq cas ne rentrent pas tous dans l'hypothèse d'une indivisibilité *solutione tantum*.

Le premier, celui où la dette est indivisible parce qu'elle est hypothécaire, ne constitue pas une véritable exception à la règle que les dettes se divisent de plein droit entre les héritiers. — Si un héritier peut être poursuivi pour le tout, ce n'est pas comme héritier, c'est comme détenteur d'un immeuble hypothéqué. En d'autres termes, ce n'est pas la dette, c'est l'hypothèque qui est indivisible.

Le troisième cas, celui où la dette est alternative de choses, au choix du créancier, dont l'une est indivisible, n'est pas davantage un cas d'indivisibilité *solutione tantum*. — C'est une dette divisible, si, parmi les choses qui lui sont dues, le créancier choisit celle qui peut être divisée; c'est une dette indivisible *naturâ aut obligatione*, s'il choisit celle qui n'est pas susceptible de l'être.

En conséquence, ces deux cas étant rejetés, l'article 1221 ne contient plus que trois exceptions à la règle que les dettes se divisent de plein droit entre les héritiers.

§ III. — *Des effets de l'obligation indivisible.*

Quels sont les effets de l'indivisibilité naturâ aut obligatione ?

Les effets de ces deux espèces d'indivisibilité consistent à empêcher le fractionnement de la dette, non-seulement entre les héritiers du débiteur, mais encore entre les héritiers du créancier.

De là, il résulte :

1° Que chacun des héritiers du créancier peut agir pour le tout contre le débiteur, recevoir le payement intégral de la dette, et en donner quittance, tant au nom de ses cohéritiers qu'en son propre nom;

2° Que les poursuites, faites par un des héritiers du créancier, interrompent la prescription pour la totalité de la dette, et par rapport à tous les héritiers du débiteur ;

3° Que la suspension de la prescription à l'égard d'un des créanciers profite aux autres créanciers.

Ainsi, lorsque l'obligation est indivisible *naturâ aut obligatione*, chacun des héritiers du créancier a le droit de demander la totalité de la chose : par exemple, si le débiteur s'est obligé à construire une maison, chacun des héritiers du créancier peut le poursuivre pour le tout. — Toutefois, bien que chaque héritier du créancier ait le droit d'exiger que l'obligation indivisible soit exécutée pour le tout, il n'est pas, pour cela, réputé seul créancier de la chose; il n'a qu'une part dans la créance. D'où il suit :

1° Que si l'obligation devient divisible, par exemple, si elle se convertit en dommages-intérêts, à raison de son inexécution, chaque héritier n'aura droit de recevoir que sa part;

2° Que si l'un des héritiers fait remise au débiteur de la part qui lui revient dans la dette indivisible, ou en reçoit le prix, les autres héritiers auront toujours le droit d'exiger que la chose due soit livrée en totalité. — Seulement, ils devront tenir compte au débiteur de la *valeur* de la portion qui lui a été remise. Ainsi, la dette consiste-t-elle en une maison valant 30,000, si l'un des trois héritiers du créancier a fait remise de sa part au débiteur, les autres pourront exiger la maison tout entière, mais ils devront rembourser 10,000 au débiteur. (Art. 1222, 1223, 1224.)

Quel recours peut exercer l'héritier du débiteur, qui est poursuivi pour le tout, en raison de l'indivisibilité de la dette?

L'héritier du débiteur que l'on poursuit pour le tout, en raison de l'indivisibilité de la dette, peut exercer une action en garantie pour se faire indemniser par ses cohéritiers de ce qu'il a payé au delà de sa part dans la dette indivisible. — En conséquence, il peut, dès qu'il est actionné, demander un délai pour mettre en cause ses codébiteurs, afin que le jugement qui le condamnera à acquitter la dette prononce que ses cohéritiers devront contribuer avec lui à l'exécution. — Si la dette était de nature à ne pouvoir être acquittée que par l'héritier qui est assigné, celui-ci conserve néanmoins la faculté de mettre en cause ses cohéritiers pour faire prononcer, par un seul et même jugement, sur la demande formée contre lui, et sur celle qu'il forme lui-même en garantie contre ses cohéritiers.

A défaut d'exécution de l'obligation indivisible par les héritiers du débiteur, le créancier peut les faire condamner à des dommages-intérêts. — Mais ces dommages-intérêts ne seront mis à leur charge que dans la proportion de leur part héréditaire, parce qu'ils consistent en argent et qu'ils peuvent être facilement divisés. (Art. 1225.)

La distinction entre les obligations divisibles et indivisibles peut-elle exister par rapport aux contractants?

En général, la distinction entre les obligations divisibles et indivisibles n'existe, comme nous l'avons déjà observé, que par rapport aux héritiers des contractants. Entre les contractants eux-mêmes, toute obligation, qu'elle soit ou non susceptible d'être acquittée en partie, est nécessairement indivisible; car il n'est jamais permis au débiteur d'acquitter sa dette par parties. — Cependant, il existe un cas où il y a lieu d'examiner si la chose due est susceptible d'être acquittée ou non partiellement, même par rapport aux contractants. C'est celui où plusieurs débiteurs ont contracté conjointement une dette, qui, par sa nature, est indivisible. Chacun des débiteurs peut alors être poursuivi pour le tout, bien qu'il n'y ait entre eux aucun lien de solidarité. (Art. 1232.)

SECTION VI

DES OBLIGATIONS AVEC CLAUSE PÉNALE

Qu'entend-on par clauses pénales?

On entend par clauses pénales l'estimation faite par les parties elles-mêmes des dommages-intérêts qui devront être payés si le débiteur n'exécute pas son obligation, ou s'il apporte du retard dans son exécution.

En stipulant une clause pénale, on peut donc se proposer deux choses : 1° de fixer le montant des dommages-intérêts qui seront dus au créancier en cas d'inexécution de l'obligation, ou de retard apporté dans l'exécution; — 2° de contraindre le débiteur à exécuter son obligation par la crainte d'encourir une peine.

De ce que la clause pénale a pour but de fixer le montant des dommages-intérêts, il en résulte que les juges ne peuvent pas les augmenter ou les diminuer, à moins que la clause n'ait été stipulée que pour le cas d'inexécution complète de l'obligation et que celle-ci ait été exécutée en partie.

D'autre part, de ce que la clause pénale est une peine qui a pour but de sanctionner l'obligation, il en résulte :

1° Que le créancier ne peut pas exiger, en même temps, l'exécution de l'obligation principale et la clause pénale, à moins que celle-ci n'ait été stipulée pour le cas de simple retard. —Lorsque la clause pénale a été encourue, l'obligation principale n'en subsiste pas moins; car la stipulation d'une peine, loin d'anéantir l'obligation principale, a pour but, au contraire, d'en garantir l'exécution. Mais le créancier a seulement le choix de demander l'exécution de l'une ou de l'autre.

2° Que la nullité de l'obligation principale entraîne celle de la clause pénale. — Effectivement, la clause pénale, étant une obligation accessoire qui se rattache à l'obligation principale, il est évident qu'elle ne peut être obligatoire lorsque celle-ci est entachée de violence, de dol ou d'erreur, ou lorsqu'elle est illicite ou immorale.

3° Que la clause pénale ne peut être encourue que lorsque le débiteur a été mis en demeure. — La mise en demeure s'opère, soit par une sommation, soit par tout autre acte équivalent. Lorsque l'obligation consiste à ne pas faire, la mise en demeure résulte suffisamment de la contravention. (Art. 1226, 1227, 1228, 1229, 1230, 1231.)

Lorsqu'il y a plusieurs débiteurs, si l'un d'eux contrevient à l'obligation principale, la peine est-elle encourue par les autres?

Il faut distinguer si l'obligation est divisible, ou si elle est indivisible.

Lorsque l'obligation primitive, contractée sous une clause pénale, est indivisible, et qu'il y a plusieurs débiteurs, si l'un d'eux contrevient à l'obligation principale, le créancier peut réclamer le payement de la clause pénale, soit en totalité contre celui des héritiers du débiteur qui s'est mis en état de contravention, soit pour leur part et portion contre les autres héritiers du débiteur.

Si l'obligation était divisible, le créancier ne pourrait, au contraire, réclamer le payement de la clause pénable qu'à celui-là seul qui y a contrevenu, et seulement pour la part qu'il devait supporter dans l'obligation. (Art. 1232, 1233.)

CHAPITRE CINQUIEME

DE L'EXTINCTION DES OBLIGATIONS
Articles 1234 à 1314.

Aux termes de l'article 1234, les obligations s'éteignent : — Par le payement, — par la novation, — par la remise volontaire, — par la compensation, — par la confusion, — par la perte de la chose due, — par la nullité ou rescision, — par l'effet de la condition résolutoire accomplie, — et, enfin, par la prescription.

Conformément à l'ordre du Code, nous diviserons ce chapitre en sept sections, dans lesquelles nous examinerons séparément chacun de ces modes d'extinction ; en exceptant toutefois l'effet de la condition résolutoire, qui a été expliqué au chapitre précédent, et la prescription, qui fait l'objet d'un titre particulier qu'on trouvera à la fin du Code.

SECTION I
DU PAYEMENT

Le Code comprend sous cette rubrique, non-seulement le payement proprement dit, mais encore le payement avec subrogation, l'imputation des payements, les offres, qui, lorsqu'elles sont valables et suivies de consignation, tiennent lieu de payement, et même la cession de biens, qui ne se rattache au payement que d'une manière fort indirecte.

§ I. — *Du payement en général.*

Qu'est-ce que le payement ?

Dans un sens général, le mot *payement* comprend toutes les manières d'éteindre une obligation. — Dans un sens plus restreint, ce mot exprime l'acquittement de l'obligation de donner ou de faire : *præstatio ejus quod in obligatione est.*

Le payement, comme on le voit, suppose une dette qu'il a pour objet d'éteindre.

De là deux conséquences :

1° S'il n'y a pas de dette, il n'y a pas, à proprement parler, de payement, et l'on peut répéter ce qui a été donné ;

2° La prestation, faite à titre de payement, doit faire présumer qu'il existait une dette.

Toutefois, la répétition n'est pas admise à l'égard des obligations naturelles qui ont été volontairement acquittées. (Art. 1235.)

Qu'est-ce qu'une obligation naturelle ?

Une obligation naturelle est une obligation que le débiteur n'est pas contraint d'acquitter, mais qu'il peut valablement acquitter, s'il lui convient de le faire. En d'autres termes, ce sont des obligations qui ne sont pas munies d'actions, et que le droit civil ne reconnaît que si le débiteur lui-même veut bien les reconnaître. — Parmi les cas d'obligations naturelles, on peut citer : Celui de l'interdit qui a contracté dans un intervalle lucide, du débiteur qui a prescrit sa dette, de l'héritier à qui les légataires opposent un testament irrégulier. L'interdit, le débiteur, l'héritier, ne peuvent être contraints à s'exécuter; mais, s'ils y consentent, le payement qu'ils font est parfaitement valable et ne donne lieu à aucune répétition de leur part.

Par qui le payement peut-il être fait ?

Le payement peut être fait :

1° Par le débiteur lui-même. — La dette est alors éteinte avec tous ses accessoires.

2° Par un tiers intéressé à payer, tel qu'une caution, un débiteur solidaire. — La dette n'est alors éteinte que par rapport au créancier. Effectivement, le tiers qui a payé la dette à laquelle il était intéressé est alors subrogé de plein droit, et il a deux actions pour exercer son recours contre le débiteur : une action de gestion d'affaires et l'action qu'avait le créancier primitif.

3° Par un tiers non intéressé à payer, *agissant au nom et en l'acquit du débiteur*. — La dette est alors éteinte, car ce payement n'emporte pas subrogation de plein droit. Toutefois, la subrogation pourrait être consentie expressément, et, si elle l'était, la dette ne se trouverait éteinte que par rapport au créancier originaire, et le tiers qui l'aurait payée pourrait, comme précédemment, exercer son recours contre le débiteur, soit par l'action de gestion d'affaires, soit par l'action du créancier originaire.

4° Par un tiers non intéressé, agissant en son propre nom, *pourvu*, dit l'article 1236, *qu'il ne soit pas subrogé aux droits du créancier*.

Comment explique-t-on ces derniers mots de l'article 1236 ?

Ces mots ont fait le désespoir des commentateurs. Ils ont cru comprendre que la loi interdisait au créancier de subroger à ses droits le tiers non intéressé qui le paye en son propre nom; mais comme l'article 1250 lui reconnaît formellement cette faculté, ils ont accusé le législateur d'obscurité et d'inexactitude. Les derniers mots de l'article 1236 ne sont cependant pas inexplicables.

D'abord, ils ne renferment aucune interdiction, pour le créancier, de subroger à ses droits le tiers non intéressé qui le paye. Il pourra donc le subroger. Mais, s'il le subroge, comme le tiers subrogé paye la dette en son propre nom, comme il la paye dans son intérêt personnel, la subrogation a un effet tout particulier : elle implique une cession de créance à son profit, et elle fait que le payement effectué, au lieu d'être un véritable payement destiné à éteindre la dette, constitue, en réalité, le prix de la créance cédée, qui continue alors de subsister au profit du nouveau créancier. (Art. 1236.)

La règle que le payement peut être fait par toute personne est-elle toujours applicable?

En général, la règle que le payement peut être fait par toute personne n'est applicable que lorsque l'obligation consiste à *donner* quelque chose, parce qu'alors le créancier n'a pas d'intérêt à ce que la dette soit acquittée par le débiteur, plutôt que par toute autre personne.

Toutefois, elle est encore applicable, quelquefois, aux obligations qui consistent à faire quelque chose, lorsque le fait à exécuter est de telle nature que le créancier n'ait pas intérêt à ce qu'il soit accompli par le débiteur, plutôt que par tout autre. — Ainsi, lorsqu'on s'est entendu avec un bûcheron pour faire des coupes de bois, ce bûcheron peut, sans aucun doute, se faire remplacer par un tiers.

Mais, si l'obligation a pour objet un fait dans lequel on ait considéré principalement l'habileté et le talent personnel de l'ouvrier, la dette ne peut être acquittée que par le débiteur. — Ainsi, lorsqu'on a fait marché avec un peintre pour un tableau à exécuter, il est évident que celui-ci ne pourrait pas faire exécuter le tableau par un tiers. (Art. 1237.)

Le tiers qui a payé la dette peut-il exercer un recours contre le débiteur?

Oui ; le tiers qui a payé la dette a un recours contre le débiteur pour se faire indemniser par lui, et il peut exercer, soit une action en gestion d'affaires, qui prend naissance à compter du payement qu'il a effectué dans l'intérêt du débiteur, soit une action en subrogation, laquelle n'est pas autre chose que l'action qui compétait au créancier originaire qu'il a désintéressé, munie de tous ses accessoires, tels que priviléges, hypothèques, cautionnement.—Cette dernière action remonte au jour où la créance a commencé d'exister, et, par suite, les hypothèques qui la garantissent étant plus anciennes, ont un rang préférable à celles qui seraient accordées par le débiteur au moment où le tiers consent à payer sa dette.

Le tiers qui a payé la dette du débiteur dans le but de le libérer a toujours l'action en gestion d'affaires ; quant à l'action en subrogation, il ne peut l'exercer qu'autant qu'il a été subrogé par la loi ou par l'une des parties.

Si le tiers qui a payé la dette avait agi uniquement dans le but de faire une libéralité au débiteur, il n'aurait évidemment aucune action contre lui. — Mais, comme les libéralités ne se présument pas, c'est au débiteur à établir que le payement a été fait *animo donandi*.

Quelle capacité faut-il avoir pour payer ?

Aux termes de l'article 1238, il faut pour payer valablement : 1° être propriétaire de la chose donnée en payement; 2° être capable d'aliéner.

1° *Il faut être propriétaire de la chose donnée en payement*. — Toutefois, nous observerons qu'on peut très-bien donner en payement un corps certain sans en être propriétaire. Tel est le cas du vendeur, qui, après avoir transféré à l'acheteur la chose vendue, par l'effet du contrat de vente, en effectue ensuite la livraison, et exécute ainsi un véritable payement. Il en est de même du dépositaire, de l'emprunteur ou du locataire. La règle de l'article 1238 est donc trop absolue. Il faut la limiter aux obligations de donner des choses qui ne sont pas individuellement déterminées, parce qu'alors c'est en effectuant le payement qu'on transfère la propriété.

2° *Il faut être capable d'aliéner*. — Toutefois, le payement qui a été effectué par un incapable n'est pas absolument nul; il est seulement entaché d'une nullité relative, qui ne peut être invoquée que par l'incapable ou ses représentants, et seulement dans le cas où il a payé plus qu'il ne devait.

Au surplus, le payement d'une somme d'argent, ou de tout

autre chose qui se consomme par l'usage, ne peut être répété contre le créancier qui l'a consommée de bonne foi, quoique le payement en ait été fait par une personne incapable de s'obliger, ou qui n'était pas propriétaire de la chose donnée en payement. (Art. 1238.)

A qui peut-on payer ?

On peut payer valablement, soit au créancier, soit à son mandataire, soit au possesseur de la créance.

1° *On peut payer au créancier.* — Pour que le payement fait au créancier soit valable, il faut que celui-ci soit capable de recevoir. Dans le cas contraire, le payement ne libère le débiteur que dans deux hypothèses : 1° lorsque le créancier consent à ratifier le payement après être devenu capable de recevoir; 2° lorsqu'il en retire un profit, c'est-à-dire lorsqu'il en fait un emploi aussi utile qu'il l'aurait fait s'il avait été capable.

Lorsque le débiteur a payé, malgré l'existence d'une saisie-arrêt ou opposition qui avait été faite entre ses mains, à la requête des créanciers de son propre créancier, le payement est bien effectué par rapport à ce dernier; mais il reste sans effets par rapport aux opposants, et ceux-ci peuvent, en faisant valider leur opposition par la justice, le contraindre à payer une seconde fois entre leurs mains.

2° *On peut payer au mandataire du créancier.* — Le créancier peut être représenté par différentes sortes de mandataires. Ainsi, il peut avoir un mandataire conventionnel, légal, ou judiciaire.

Le mandataire *conventionnel* est celui qui a reçu du créancier des pouvoirs réguliers et suffisants. S'il les a reçus dans le contrat même d'où est née la dette, il devient, ce qu'on appelait à Rome, un *adjectus solutionis gratia*, un mandataire que le créancier ne peut révoquer sans le consentement du débiteur.

Le mandataire *légal* du créancier est celui qui le représente en vertu de la loi; tels sont les maris et les tuteurs. — Son mandataire *judiciaire* est celui qui le représente en vertu d'un jugement; tels sont les curateurs donnés à un absent, et les administrateurs nommés pour gérer provisoirement les biens de ceux dont l'interdiction est demandée.

3° *On peut payer au possesseur de la créance.* — On entend par possesseur de la créance celui qui, aux yeux du public, passe pour en être le véritable créancier; tel est, par exemple, l'héritier apparent du créancier originaire. Pour que le payement fait au possesseur de la créance soit valable, il faut que le débiteur ait pu légitimement croire que la créance lui appartenait (Art. 1239, 1240, 1041, 1042.)

Quelle chose doit-on payer?

On doit payer la chose due, dans l'état où elle se trouve lors de la livraison, pourvu que les détériorations ne viennent pas du fait du débiteur. — Si cette chose n'est déterminée que par son espèce, le débiteur n'est pas tenu de la fournir de la meilleure espèce; mais il ne peut pas l'offrir de la plus mauvaise.

Quelquefois, le créancier consent à recevoir une autre chose à la place de celle qui était due. Alors c'est une *dation en payement*. — La dation en payement n'éteindrait pas la dette, si le créancier venait plus tard à être évincé de l'objet qu'il a consenti à recevoir au lieu et place de ce qui lui était dû. (Art. 1243, 1245, 1246.)

Le créancier peut-il être contraint à recevoir des payements partiels?

En principe, le créancier a le droit de recevoir la chose tout entière. — Toutefois, l'article 1244 autorise les juges à accorder plusieurs délais au débiteur; d'où on conclut qu'il peut être autorisé par eux à effectuer des payements partiels.

L'article 1244 ne faisant, d'ailleurs, aucune distinction, il faut décider que les juges peuvent accorder ces délais de grâce, lors même que le débiteur est muni d'un titre exécutoire, pourvu que ce titre exécutoire soit la grosse d'un acte notarié, et non pas un jugement. Dans ce dernier cas, les juges ne pourraient en effet, accorder de délais sans infirmer le premier jugement.

Par exception, les juges ne peuvent accorder des délais de grâce au débiteur, lorsqu'il est en faillite ou en déconfiture, lorsqu'il a diminué, par son fait, les sûretés qu'il avait promises à son créancier, et enfin lorsqu'il est contumace. (Art. 1244.)

Où doit se faire le payement?

Le payement doit se faire au lieu désigné par la convention. Si la convention n'en a pas désigné et que la dette ait pour objet un corps certain, il doit se faire au lieu où se trouvait l'objet dû au moment du contrat. Dans tous les autres cas, il doit avoir lieu au domicile du débiteur.

A défaut de convention contraire, le débiteur supporte les frais do délivrance, car il est obligé à remettre la chose due au pouvoir du créancier, et il a seul intérêt à se procurer la preuve de sa libération. — Les frais d'enlèvement, s'il y en a, sont supportés, au contraire par le créancier. ((Art. 1247, 1248.)

§ II. — *Du payement avec subrogation.*

Qu'est-ce que la subrogation ?

Ainsi que l'explique M. Demante, l'effet du payement est en général de libérer le débiteur en éteignant le droit du créancier; cette règle est sans exception, toutes les fois qu'il y a payement valablement fait par le débiteur lui-même, et de ses propres deniers. — Mais si le payement est fait par un tiers, c'est-à-dire ici, par tout autre que l'obligé principal ou que l'obligé unique, ou s'il est fait des deniers d'autrui, il peut y avoir subrogation aux droits du créancier. Auquel cas, le payement a toujours l'effet de libérer le débiteur envers son premier créancier; mais les droits de celui-ci passent, en tout ou en partie, à celui qui a payé ou qui a fourni les deniers.

Ainsi, la subrogation est la substitution au créancier originaire d'un tiers qui a payé la dette à la place du débiteur, la créance restant d'ailleurs la même.

Le tiers qui a payé la dette à la place du débiteur a déjà, comme on l'a vu, une action en gestion d'affaires pour se faire indemniser par celui-ci. Mais l'action qui appartenait au créancier désintéressé étant ordinairement plus avantageuse, à cause des sûretés qui la garantissent, le législateur a décidé que le tiers qui paye la dette pourrait exercer cette action au moyen d'une subrogation. Il a introduit, par là, un puissant élément de crédit pour le débiteur.

Quel rapport y a-t-il entre la subrogation et la cession de créance ?

Ainsi que nous l'avons vu, le payement fait par un tiers éteint la dette, et par conséquent l'action du créancier. Mais cette action étant éteinte, comment supposer que le tiers qui a payé puisse en user? Pour cela, on a dû imaginer une fiction. Le créancier, dit-on, est censé avoir vendu sa créance au subrogé, qui est réputé l'avoir achetée. C'est par cette fiction que la subrogation se rapproche de la cession de créances, mais elle en diffère sous plusieurs rapports, et notamment sous les rapports suivants :

1° Le créancier qui subroge n'est jamais censé vouloir subroger de manière à se nuire. — Ainsi, lorsqu'il n'a pas reçu le montant intégral de sa créance, mais seulement une partie, il conserve exclusivement à son profit, en vue d'obtenir plus efficacement le remboursement de ce qui lui reste dû par le débiteur, les avantages des priviléges, hypothèques et autres accessoires qui lui avaient été concédés au moment où sa créance a pris naissance, sans que le tiers qui lui a payé une partie de la dette puisse concourir avec lui pour être remboursé par le débiteur des sommes qu'il a fournies. C'est ce qu'exprime la règle *nemo censetur subrogâsse contrà se.* — Au contraire, le cessionnaire qui a acheté une partie de la créance, vient en concours avec le cédant pour la portion de créance qu'il a acquise.

2° Le subrogé ne peut exercer l'action du créancier originaire que jusqu'à concurrence de ses déboursés ; car il n'a pas payé dans un esprit de spéculation, mais pour venir en aide au débiteur et pour le libérer vis-à-vis de son créancier. — Le cessionnaire peut, au contraire, exiger du débiteur le montant intégral de la créance qu'il a acquise contre lui, bien qu'il l'ait acquise à vil prix. — Ainsi, le cessionnaire qui a acheté pour 500 francs une créance dont la valeur nominale est de 1,000 francs, peut néanmoins poursuivre le débiteur pour cette somme de 1,000 francs ; tandis que le tiers qui a payé dans l'intérêt du débiteur la moitié d'une dette de 1,000 francs et qui s'est fait subroger, ne peut recourir contre lui que jusqu'à concurrence de 500 francs.

3° Outre l'action qui appartenait au créancier originaire, le subrogé a encore l'action en gestion d'affaires, parce qu'il a agi dans l'intérêt du débiteur, afin de le soustraire aux poursuites du créancier. — Au contraire, le cessionnaire ne peut pas exercer d'autre action que celle qui appartenait au créancier qui lui a vendu la créance.

4° Dans la subrogation, le subrogé est saisi au moment du payement, indépendamment de toute signification. — Au contraire, dans la cession de créances, le cessionnaire n'est saisi, à l'égard des tiers, que par la signification de la cession faite au débiteur, ou par l'acceptation faite par celui-ci dans un acte authentique,

Quels sont les effets de la subrogation ?

A cet égard, nous trouvons deux systèmes :

Suivant quelques auteurs, le payement fait avec subrogation

éteint la dette, et donne naissance, au profit du tiers qui paye, à une nouvelle action, laquelle est seulement garantie par toutes les sûretés spéciales, telles que priviléges, hypothèques, qui compétaient à l'ancienne. L'action primitive étant éteinte et ses accessoires seuls demeurant attachés à la nouvelle, il en résulte que celle-ci peut avoir un caractère tout différent de la première : par exemple, qu'elle sera commerciale, tandis que la précédente était civile, et qu'ainsi la compétence du tribunal qui doit autoriser les poursuites sera changée, de même que la procédure et les voies de contrainte à employer. (Marcadé.)

Suivant le plus grand nombre des auteurs, au contraire, le payement accompagné de subrogation fait passer sur la tête du subrogé, non-seulement les accessoires de la créance originaire, mais encore cette créance elle-même, avec tous les avantages de preuve, de compétence et d'exécution qui lui compètent. — En faveur de ce système on invoque d'abord l'autorité historique. En effet, l'ordonnance de 1609 déclarait expressément que le subrogé acquiert les droits, actions, priviléges et hypothèques de l'ancien créancier, c'est-à-dire la créance elle-même. En second lieu, on s'appuie sur le texte même de l'article 1250, qui reproduit les termes de cette ordonnance. (Valette.)

Combien y a-t-il d'espèces de subrogation ?

Il y a deux espèces de subrogation : la subrogation conventionnelle et la subrogation légale.

La première résulte de la volonté des parties; elle peut avoir lieu au profit de toute personne qui paye le créancier; mais elle doit être déclarée expressément. — La seconde s'opère de plein droit; mais elle n'a lieu qu'au profit de certaines personnes déterminées.

La subrogation conventionnelle peut émaner, soit du créancier, soit du débiteur.

1° *Elle peut émaner du créancier.* — Dans ce cas, elle doit, pour être valable, réunir deux conditions; il faut : 1° qu'elle soit expresse; 2° qu'elle soit faite en même temps que le payement. — Au reste, il n'est pas nécessaire que les parties se servent de l'expression *subroger* : tout ce que la loi exige, c'est que leur volonté soit clairement exprimée.

2° *Elle peut émaner du débiteur.* — Au premier abord, il peut sembler étrange que celui-ci dispose, au profit d'un tiers, d'un droit qui appartient à son créancier, et qui, au lieu d'être dans ses mains, se trouve exister contre lui. Mais, comme le créancier est entièrement désintéressé par le payement qu'il reçoit, on n'a pas dû refuser au débiteur cette facilité. Il peut donc, en empruntant une somme pour payer sa dette, mettre le prêteur au lieu et place de son créancier originaire, et lui donner ainsi tous les droits réels que celui-ci ne pouvait avoir sur ses biens. Mais alors, pour que la subrogation soit valable, la loi exige deux conditions; il faut :

1° Que l'acte qui constate . emprunt et celui qui constate le payement soient l'un et l'autre notariés;

2° Qu'il soit exprimé dans l'acte d'emprunt, que les deniers sont prêtés sous la condition que le débiteur les emploiera à payer son créancier; et qu'il soit exprimé dans la quittance que le payement a été effectué avec les deniers provenant du prêt.

La loi exige l'emploi de ces formes dans le but de prévenir, autant que possible, des subrogations frauduleuses, au moyen desquelles un débiteur pourrait frustrer ses créanciers des sûretés qui leur étaient légitimement acquises.—Supposons, par exemple, qu'un débiteur ait désintéressé un de ses créanciers, et, qu'ayant besoin de faire un emprunt, il manque de crédit. Il n'aurait qu'à s'entendre avec ce créancier, pour faire revivre fictivement sa créance, y subroger un prêteur, et donner ainsi à ce dernier un rang de préférence sur d'autres créanciers inscrits avant lui. L'obligation qui est imposée au créancier déjà désintéressé, de déclarer dans un acte public qu'il vient d'être payé avec les deniers fournis par le prêteur, lui donnera à réfléchir, et l'empêchera quelquefois de se prêter à des actes contraires aux lois sévères de la probité. (Art. 1249, 1250.)

Quels sont les cas de subrogation légale?

Aux termes de l'article 1251, la subrogation a lieu de plein droit :

1° Au profit du créancier qui a désintéressé un autre créancier, qui lui était préférable à raison de ses priviléges ou hypothèques. — Tous les créanciers indistinctement ont le droit de faire vendre les biens de leur débiteur; mais ils ne sont pas tous payés en même temps sur le prix. Si donc un créancier, placé en rang utile pour être payé, vient à poursuivre la vente des biens du débiteur dans un moment inopportun, le créancier placé dans un rang inférieur est intéressé à payer le premier créancier, s'il y a à craindre que le prix de la vente ne soit absorbé par les créances préférables à la sienne. Il empêchera, par là, une vente qui, faite dans de mauvaises conditions, lui serait préjudiciable.

2° Au profit de l'acquéreur d'un immeuble, qui emploie le prix de son acquisition au payement des créanciers auxquels cet héritage était hypothéqué. — Les créanciers hypothécaires peuvent faire vendre l'immeuble hypothéqué à leurs créances, non-seulement lorsqu'il se trouve entre les mains de leur débiteur, mais encore lorsqu'il est passé entre les mains d'un acquéreur. D'un autre côté, la loi autorise ce dernier à employer le prix qu'il doit à son vendeur à désintéresser les créanciers hypothécaires : mais comme le prix peut se trouver insuffisant, il agira sagement en payant les premiers inscrits, auquel il sera subrogé de plein droit. Par l'effet de cette subrogation, il est assuré d'être remboursé de ce qu'il a payé, au cas où les derniers créancier inscrits qu'il n'a pas désintéressés, viendraient à faire vendre l'immeuble.

3° Au profit de celui qui, étant tenu avec d'autres ou pour d'autres au payement de la dette, avait intérêt à l'acquitter. — Ainsi, les débiteurs solidaires et les cautions ont le bénéfice de la subrogation légale quand ils payent le créancier commun.

4° Au profit de l'héritier bénéficiaire qui a payé de ses deniers les dettes de la succession. (Art. 1251.)

A qui la subrogation est-elle opposable ?

La subrogation est opposable au débiteur; car le subrogé est mis, pour le montant de ses déboursés, au lieu et place du créancier qu'il a désintéressé.—Elle est également opposable aux créanciers contre lesquels le créancier désintéressé pouvait faire valoir un droit de préférence, à raison des priviléges et hypothèques qui étaient attachés à sa créance, car le subrogé jouit de tous les avantages qui appartenaient au créancier originaire.

Mais la subrogation n'est pas opposable au créancier désintéressé, en supposant qu'il n'ait été désintéressé que d'une partie de sa créance, et qu'il ait conservé les droits et la qualité de créancier pour le surplus. — C'est ce qu'exprime la règle *nemo censetur subrogásse contrà se.*

Ainsi, lorsque le créancier originaire n'a été désintéressé qu'en partie, le tiers qui a fait le payement partiel est bien subrogé à ses droits pour obtenir le remboursement de ses déboursés; mais la subrogation qui s'effectue à son profit n'est pas opposable au premier créancier, et il ne peut pas venir en concurrence avec lui. Il en résulte que le premier créancier aura seul l'avantage des priviléges, hypothèques et autres accessoires qui garantissaient sa créance, jusqu'à ce qu'il en ait reçu le payement intégral; et que ce n'est qu'après qu'il aura été complétement désintéressé que le subrogé pourra, à son tour, les faire valoir pour obtenir le remboursement du payement partiel qu'il avait effectué. — Supposons, par exemple, une créance de 1000 francs, garantie par une hypothèque prise sur un immeuble dont la valeur est de 800 francs. Un tiers fait un payement partiel de 500 francs au créancier, et se fait subroger pour cette somme. Mais alors le créancier originaire jouira seul de l'avantage conféré par l'hypothèque, afin d'obtenir le payement des 500 francs qui lui sont encore dus; et ce n'est que lorsqu'il aura reçu le payement intégral de cette somme que le subrogé pourra faire valoir ses droits comme créancier hypothécaire, en sorte que si l'immeuble grevé n'est vendu que 800 francs, l'hypothèque ne servira à lui faire recouvrer ses déboursés que jusqu'à concurrence de 300 francs. Si, au lieu d'être écarté par le créancier originaire, il était venu en concours avec lui, l'hypothèque lui aurait fait obtenir le remboursement d'une somme de 400 francs. (Art. 1252.)

§ III. — *De l'imputation des payements.*

Qu'est-ce que l'imputation des payements?

On appelle imputation des payements l'indication de la dette que le payement doit éteindre ou réduire.

Jusqu'ici nous avons parlé du payement, en tant qu'il représente la totalité de ce qui est dû : mais il peut arriver que le même débiteur soit tenu de plusieurs dettes envers le même créancier, et que la somme qu'il paye ne soit pas suffisante pour les acquitter toutes. Dans ce cas, il faut bien savoir sur quelle dette le payement doit s'imputer; quelle est celle qu'il est destiné à éteindre.

L'imputation est faite, soit par les parties, soit, à leur défaut, par la loi.

Comment l'imputation est-elle faite par les parties?

En principe, le débiteur a le droit d'indiquer la dette qu'il entend payer la première. — Néanmoins, ce droit est soumis à deux restrictions : 1° D'abord, il doit diriger l'imputation sur les intérêts, de préférence au capital ; 2° en second lieu, il ne peut faire l'imputation sur une dette supérieure à la somme payée, parce que ce serait faire un payement partiel.

Quand le débiteur n'indique pas la dette qu'il entend payer la première, l'imputation est faite par le créancier.—Le débiteur ne peut alors demander la rectification de l'imputation faite qu'autant qu'il y a eu dol ou surprise de la part du créancier.

A défaut du débiteur et du créancier, la loi fait elle-même l'imputation. (Art. 1253, 1254, 1255.)

Comment l'imputation est-elle faite par la loi?

La loi fait l'imputation d'après l'intention présumée des parties et leur intérêt respectif. Ainsi :

S'il y a des dettes échues et des dettes qui ne sont pas encore échues, elle dirige d'abord l'imputation sur les dettes échues.

Si toutes les dettes sont échues, elle la dirige de préférence sur les plus onéreuses.

Si toutes les dettes sont échues, et, de plus, si elles sont toutes également onéreuses, elle la dirige sur la plus ancienne.

Enfin, si elles sont toutes échues, et, de plus, également onéreuses et également anciennes, elle la dirige sur toutes proportionnellement. (Art. 1256.)

Quelles sont les dettes les plus onéreuses?

Les dettes qu'on considère comme étant les plus onéreuses pour le débiteur et celles dont il a intérêt à s'acquitter le plus promptement possible sont :

1° Celles qui sont garanties par un privilége;

2° Celles qui sont garanties par une hypothèque;

3° Les dettes chirographaires.

Quant aux dettes les plus anciennes, ce sont celles qui sont échues les premières.

§ IV. — Des offres de payement et de la consignation.

Qu'entend-on par offres réelles et consignation ?

On entend par offres réelles la représentation effective faite au créancier des choses qui lui sont dues, avec sommation de les recevoir.

La consignation est le dépôt fait entre les mains d'un tiers, désigné par la loi ou indiqué par le juge, des objets offerts au créancier et refusés par lui.

Lorsqu'un créancier refuse de recevoir le payement qui lui est offert, soit à raison de ce qu'il ne lui paraît pas suffisant, soit pour toute autre cause, le débiteur, qui a intérêt à se libérer, doit lui faire des offres réelles de la chose due par ministère d'huissier ou de notaire; et, en cas de refus, déposer la chose due dans un lieu déterminé par la loi ou par le juge. — Le payement est alors réputé valablement fait, et les choses consignées deviennent aux risques et périls du créancier, pourvu que les offres et la consignation soient elles-mêmes déclarées valables par la justice.

Mais elles ne peuvent être reconnues valables que si elles réunissent plusieurs conditions. (Art. 1257.)

Quelles sont les conditions exigées pour la validité des offres réelles?

Il faut distinguer :

Lorsque la dette a pour objet un corps certain, ou un genre autre qu'une somme d'argent, le débiteur peut se libérer au moyen des offres réelles, sans avoir besoin de faire la consignation de la chose due, c'est-à-dire sans avoir besoin d'en faire le dépôt entre les mains d'un tiers.

Mais lorsque la dette a pour objet une somme d'argent, les offres réelles, lors même qu'elles sont valables, ne suffisent pas pour libérer le débiteur; il faut, de plus, qu'il y ait eu consignation de la somme offerte en payement.

Dans tous les cas, pour que les offres réelles faites par le débiteur soient valables, il faut :

1° Qu'elles soient faites au créancier, ayant la capacité de recevoir, ou à son représentant;

2° Qu'elles soient faites par une personne capable de payer;

3° Qu'elles soient de la totalité de la somme exigible, en y comprenant les intérêts et les frais;

4° Que le terme soit échu, s'il a été stipulé en faveur du créancier;

5° Que la condition soit arrivée, si la dette est conditionnelle;

6° Que les offres soient faites au lieu dont on est convenu pour le payement; et, à défaut de convention, qu'elles soient faites à la personne du créancier, ou à son domicile, ou au domicile élu pour l'exécution de la convention;

7° Que les offres soient faites par un officier ministériel ayant caractère pour ces sortes d'actes. (Art. 1258.)

Quelles sont les conditions nécessaires à la validité de la consignation, en matière de dettes d'argent?

Pour que la consignation, qui doit être faite lorsque la dette consiste en une somme d'argent, soit valable, il faut :

1° Qu'elle ait été précédée d'une sommation signifiée au créancier, et contenant indication du moment et du lieu où la somme offerte sera consignée.

2° Que le débiteur se soit dessaisi de la somme offerte, en la remettant dans le dépôt indiqué par la loi, avec les intérêts échus. — Le lieu où doit s'effectuer le dépôt est connu sous le nom de *caisse des dépôts et consignations.*

3° Qu'il y ait un procès-verbal dressé par l'officier ministériel, et indiquant la nature des espèces offertes, le refus qu'a fait le créancier de les recevoir ou sa non-comparution, et enfin le dépôt effectué au lieu où il devait être fait.

4° Qu'en cas de non-comparution de la part du créancier, le procès-verbal de dépôt lui ait été signifié, avec sommation de retirer la somme déposée. (Art. 1259.)

Quels sont les effets des offres réelles et de la consignation?

Les offres réelles, suivies de consignation, libèrent le débiteur, lorsqu'elles sont valablement faites. Lorsque la dette consiste en une somme d'argent, on admet généralement que la libération n'a lieu qu'à partir du moment ou la consignation a été effectuée. — En effet, aux termes de l'article 1257, les choses offertes ne passent aux risques et périls du créancier *qu'après qu'elles ont été consignées.* Toutefois, l'article 846 du Code de procédure semble introduire une distinction, en déclarant que les intérêts cesseront de courir à partir du jour de la *réalisation.* Si par ce mot de réalisation il faut entendre, ainsi que l'entendent un certain nombre d'auteurs, la *réitération* à l'audience des offres faites par le débiteur, on arrive à cette conséquence, que lorsque le débiteur a fait ses offres en présence de la justice, il est libéré dès ce moment. (Valette.)

La libération que les offres réelles procurent au débiteur est-elle irrévocable ?

Non ; la libération du débiteur, au moyen des offres réelles qu'il a effectuées, ne devient définitive et irrévocable que lorsque le créancier a accepté les offres, ou qu'un jugement passé en force de chose jugée les a déclarées valables. — Jusque là, le débiteur peut retirer la somme consignée, et se replacer sous le coup de l'ancienne obligation.

Les frais des offres réelles et de la consignation sont à la charge du créancier, si elles sont valables. (Art. 1260, 1261, 1262, 1263.)

Comment le débiteur peut-il se libérer, lorsque la dette ne consiste pas en une somme d'argent ?

Lorsque la dette ne consiste pas en une somme d'argent, deux hypothèses peuvent se présenter : ou bien la dette consiste en un corps certain, c'est-à dire en un objet individuellement déterminé ; ou bien elle consiste en un genre autre qu'une somme d'argent, comme du vin, du blé et autres choses semblables.

1° *La dette consiste en un corps certain.* — Dans ce cas, le débiteur est affranchi de l'obligation de faire la représentation effective de la chose due. Il doit seulement faire sommation au créancier d'avoir à en faire l'enlèvement. A défaut d'enlèvement par le créancier, il peut se faire autoriser par la justice à en effectuer le dépôt dans un lieu désigné par elle.

2° *La dette consiste en un genre autre qu'une somme d'argent.* — Le Code n'a pas prévu ce cas là. Mais on décide généralement qu'il faut alors suivre les règles établies pour les corps certains, et non celles admises pour les sommes d'argent. En effet, on ne peut guère obliger un débiteur à faire transporter au domicile de son créancier, qui est peut-être très-éloigné, le blé ou le vin que celui-ci se refuse à retirer. — En conséquence, le débiteur pourra se libérer en faisant simplement sommation au créancier d'enlever ce qui lui est dû. (Art. 1264.)

§ V. — *De la cession des biens.*

Qu'est-ce que la cession de biens ?

La cession de biens est l'abandon qu'un débiteur fait de tout ou partie de ses biens à ses créanciers. Cet abandon peut être volontaire ou judiciaire.

Comme on le voit, la cession de biens n'est pas, à proprement parler, un payement : mais c'est une voie ouverte par la loi, ou par la volonté des parties, au débiteur qui se trouve hors d'état de payer ses dettes, pour le soustraire aux poursuites de ses créanciers et lui procurer au moins une libération partielle. (Art. 1265, 1266.)

Quels sont les effets de la cession volontaire?

Les effets de la cession volontaire sont déterminés par les parties elles-mêmes.

Le débiteur peut abandonner tous ses biens, ou en abandonner seulement une partie; il peut donner à ses créanciers la propriété même des biens qu'il leur abandonne, ou leur céder simplement la faculté de les vendre, ce qui exemptera les créanciers des formalités longues et coûteuses, qu'entraînent la saisie et l'expropriation forcée. (Art. 1267.)

Qu'est-ce que la cession de biens judiciaire?

La cession de biens judiciaire est celle que le débiteur fait prononcer par la justice, sans le consentement de ses créanciers. — Elle implique l'abandon de tous les biens, et n'est accordée qu'au débiteur insolvable et de bonne foi.

La cession de biens judiciaire a pour effet de permettre aux créanciers de faire vendre les biens, sans employer les formes de la saisie, et de libérer le débiteur jusqu'à concurrence du prix que cette vente produira.

Elle le libérait aussi de la contrainte par corps, avant que cette voie d'exécution n'eût été abolie. (Art. 1268, 1269 1270.)

SECTION II

DE LA NOVATION

Qu'est-ce que la novation?

La novation est la substitution d'une dette nouvelle à une ancienne dette, qui se trouve ainsi éteinte.

Aux termes de l'article 1271, la novation s'opère de trois manières :

1° *Par changement d'objet*, lorsque le débiteur et le créancier conviennent qu'une chose sera payée au lieu et place de celle qui est due;

2° *Par changement de débiteur*, lorsque le débiteur et le créancier conviennent qu'un tiers deviendra débiteur à la place du débiteur actuel;

3° *Par changement de créancier*, lorsque le créancier renonce à ses droits, à la condition que le débiteur s'engage envers une autre personne qu'il lui désigne.

A ces trois manières d'opérer la novation, les auteurs en ajoutent une quatrième, la novation *par changement de cause*. Elle a lieu, par exemple, lorsque le créancier consent à laisser au débiteur, à titre de prêt, ce qu'il lui doit à titre de dépôt. (Art. 1271.)

Ces différents modes d'opérer la novation peuvent-ils se rencontrer dans la même opération?

Oui; la novation peut s'opérer tout à la fois par changement d'objet, de débiteur, et de créancier. Cela arrivera, par exemple, lorsque nous convenons, mon créancier et moi, que je serais déchargé des *mille francs* que je lui dois, si *Primus* mon débiteur consent à fournir à *Secundus* dix hectolitres de *blé*.

Les simples changements, tels que la concession de délais pour le payement, ou l'engagement de fournir hypothèque, ne suffisent pas à produire novation, puisque la novation suppose l'extinction de la dette.

La novation par changement de débiteur n'a-t-elle pas lieu de deux manières?

Oui; la novation par changement de débiteur peut s'opérer de deux manières : par expromission ou par délégation.

Elle a par lieu *expromission*, lorsque le créancier accepte le nouveau débiteur, sans que l'ancien l'ait présenté. Ce dernier ne répond point alors de l'insolvabilité du nouveau débiteur.

Elle a lieu par *délégation*, lorsque le créancier n'accepte, au contraire, le nouveau débiteur que sur la présentation de l'ancien. — Ce dernier répond alors de l'insolvabilité du nouveau débiteur, lorsqu'il était en faillite ou en déconfiture au moment où la novation s'est opérée. Il répond même de son insolvabilité future, à moins que le créancier ne l'ait expressément déchargé de toute responsabilité sans faire aucune réserve. (Art. 1274, 1275, 1276.)

Quelle capacité faut-il avoir pour opérer une novation?

Pour opérer une novation, il faut être capable de s'obliger. En effet, l'une des deux parties dispose de sa créance, et l'autre prend un nouvel engagement.

Au reste, la novation ne se présume pas, par la raison qu'elle contient de la part du créancier une renonciation à ses droits, et que les renonciations de droits ne se présument pas.—Il n'est pas nécessaire, il est vrai, qu'elle soit expressément stipulée; mais il faut que la volonté de l'opérer résulte clairement de l'acte, ou des circonstances qui l'ont accompagné. Ainsi, la simple indication faite par le débiteur d'une personne qui doit payer à sa place, ou l'énonciation faite par le créancier d'une personne qui doit recevoir pour lui n'opèrent point novation. (Art. 1272, 1273, 1277.)

Quelles sont les dettes qui peuvent faire l'objet d'une novation ?

A cet égard, il faut établir plusieurs distinctions :

1° En principe, il n'y a que les dettes valables qui puissent nover ou être novées; car la novation consiste essentiellement dans l'extinction d'une ancienne dette et la création d'une nouvelle, et il est bien évident qu'elle n'aurait pas lieu si l'ancienne dette n'était pas valable ou si la nouvelle n'existait pas.

2° Cependant une dette qui n'est pas radicalement nulle, mais qui est affectée d'un vice qui la rend annulable, peut être novée. — Effectivement, une dette annulable peut être ratifiée par le débiteur, et alors exister civilement. Or, le débiteur qui consent à faire naître une dette valable au lieu et place d'une dette annulable consent, par cela même, à ratifier cette dernière. Au lieu de la faire annuler, il l'acquitte, et il donne en payement la nouvelle obligation qui doit lui être substituée.

3° De plus, une dette annulable peut, non-seulement être novée par une dette valable, mais elle peut aussi, à l'inverse, être substituée par novation à une dette valable, pourvu qu'elle soit également ratifiée par le débiteur.—Seulement, la ratification n'a pas lieu, dans ce cas, par le seul fait du consentement donné à la novation. La nouvelle dette n'étant pas valable au moment où elle a pris naissance, la novation elle-même ne l'est pas, et il faut une ratification postérieure du débiteur pour que la nouvelle dette, et, par suite, la novation qu'elle était destinée à opérer, soient valables.

4° Une dette pure et simple peut être novée par une dette conditionnelle. — Dans ce cas, la novation elle-même pourra être conditionnelle ou pure et simple. Elle sera *conditionnelle*, si les parties ont entendu qu'elle n'aura lieu qu'autant que la condition, à laquelle est subordonnée la seconde obligation, viendra à se réaliser. Elle sera *pure et simple*, si elles ont entendu substituer dès l'instant du contrat, et à tout événement, la dette conditionnelle à la dette pure et simple.

5° A l'inverse, une dette conditionnelle peut être novée par une dette pure et simple. — Dans ce cas, la novation elle-même pourra être, comme précédemment, tantôt conditionnelle, tantôt pure et simple. Elle sera *conditionnelle*, si les parties ont entendu qu'elle n'aura lieu qu'autant que la condition se réalisera. Elle sera *pure et simple*, si elles ont entendu substituer dès l'instant du contrat, et à tout événement, la dette conditionnelle à la dette pure et simple.

Quels sont les effets de la novation, quant aux accessoires de l'ancienne dette ?

En principe, en éteignant l'ancienne dette, la novation éteint, par cela même, tous ses accessoires, toutes les sûretés spéciales, telles que priviléges, hypothèques, qui la garantissaient. — Toutefois, le créancier au profit duquel a lieu la novation peut se les réserver sur les biens de l'ancien débiteur, si celui-ci y consent. Il peut également se faire consentir des hypothèques sur les biens du nouveau débiteur; mais ces hypothèques ne prendront rang qu'à partir de la novation. (Art. 1278, 1279, 1280.)

La novation faite avec le debiteur principal libère-t-elle la caution ?

Oui; la novation faite avec le débiteur principal libère la caution. — Effectivement, la caution n'étant tenue que d'une obligation accessoire dont l'existence est subordonnée à celle de l'obligation principale, il est évident qu'elle est déchargée de toute obligation lorsque cette dernière est éteinte. — Si le créancier n'avait consenti à la novation de l'obligation principale que sous la condition que la caution garantirait l'exécution de la nouvelle obligation, comme elle garantissait l'exécution de la première, la novation serait alors conditionnelle, et elle ne pourrait s'opérer d'une manière définitive que si la caution consentait expressément à renouveler son engagement..

Pareillement, la novation faite avec l'un des débiteurs solidaires libère les autres débiteurs. — Mais, si le créancier n'avait consenti à la novation que sous la condition que tous les débiteurs solidaires, qui garantissaient l'exécution de la première obligation, garantiraient également l'exécution de celle qui lui est substituée, la novation serait conditionnelle, et, de même que dans l'hypothèse précédente, elle ne pourrait exister d'une manière définitive qu'autant que le nouvel engagement serait accepté par les débiteurs solidaires.

On voit par là que le consentement du débiteur ne suffit pas pour que le créancier puisse conserver pour la nouvelle créance les garanties personnelles, telles que cautions, codébiteurs, qui étaient attachées à l'ancienne. Il faut, de plus, le consentement de ces derniers. — Nous avons vu, au contraire, que le consentement du débiteur suffisait pour conserver au créancier les garanties réelles, telles que priviléges, hypothèques, qu'il avait sur l'ancienne créance. (Art. 1281.)

SECTION III

DE LA REMISE DE LA DETTE

Qu'est-ce que la remise de la dette ?

La remise de la dette est l'abandon à titre gratuit que le créancier fait de sa créance.

Cet abandon constitue une libéralité indirecte, laquelle, tout en étant dispensée des formes ordinaires des donations, reste néanmoins soumise au rapport, à la réduction, à la révocation pour cause d'ingratitude ou de survenance d'enfant.

Comment a lieu la remise de la dette ?

La remise d'une dette peut être expresse ou tacite. Elle est *tacite*, lorsqu'elle résulte de certains faits qui la font présumer.

Les faits qui font présumer la remise de la dette sont :

1° La remise volontaire faite par le créancier au débiteur du titre original sous signature privée ;

2° La remise volontaire faite par le créancier au débiteur de la grosse d'un titre authentique.

La conséquence que la loi tire de ces deux faits est très-logique. En effet, d'un côté, les créanciers n'ont pas l'habitude de confier leurs titres à leurs débiteurs ; et d'un autre côté, il n'est guère probable que le débiteur ait trouvé ce titre, ou qu'il l'ait soustrait à son créancier. — Toutefois, la présomption de remise de la dette qui résulte de ces deux faits n'a pas la même force probante. Lorsque le titre que le créancier a remis au débiteur *est un titre original*, elle est invincible ; elle ne peut être combattue par aucune preuve. Au contraire, lorsque le titre remis *n'est que la grosse d'un acte authentique*, la présomption qui résulte de cette remise peut être combattue par des preuves contraires, parce que, malgré l'abandon de la grosse, le créancier peut encore prouver son droit par la minute du titre. (Art. 1282, 1283.)

L'abandon du titre fait-il présumer un payement, ou une remise de dette à titre gratuit?

Avant de répondre à cette question, il importe d'en montrer l'intérêt.

Si l'abandon du titre fait présumer un payement, le débiteur au profit duquel l'abandon a eu lieu, et qui est réputé avoir acquitté la dette avec ses propres deniers, peut exercer un recours contre ses codébiteurs solidaires, s'il y en a, ou contre le débiteur principal.—Si au contraire, l'abandon du titre fait présumer une libéralité, il est soumis au rapport, à la réduction, à la révocation pour cause de survenance d'enfant.

Cela posé, il faut décider que le débiteur, à qui l'abandon du titre a été fait, peut, suivant son intérêt, invoquer le payement ou la libéralité; car l'article 1283 déclare que la remise de la grosse du titre authentique fait présumer la remise de la dette ou le payement. — En conséquence, le débiteur à qui la remise du titre a été faite pourra agir comme s'il avait acquitté la dette entière contre ses codébiteurs, sauf à ceux-ci à établir, s'il est possible, qu'en faisant la remise du titre à l'un d'eux le créancier a entendu les libérer tous. Et, à l'inverse, le débiteur à qui la remise du titre a été faite pourra opposer au créancier ou à ses héritiers qu'il a acquitté la dette, sauf à ceux-ci à établir, s'il est possible, que la remise qui a été faite constitue une libéralité dont ils ont le droit de demander, soit la révocation, soit la réduction ou le rapport.

Nous observerons que la remise de la chose donnée en gage, faite par le créancier gagiste à son débiteur, ne suffit point pour faire présumer la remise de la dette. — La remise ainsi faite n'est qu'une preuve de confiance que le créancier donne à son débiteur. (Art. 1283, 1286.)

La remise du titre faite par le créancier à l'un des débiteurs solidaires libère-t-elle les autres débiteurs?

Il faut distinguer :

La remise du titre faite à l'un des débiteurs solidaires libère évidemment les autres débiteurs *par rapport au créancier qui l'a faite*, car on ne peut supposer que le créancier prétende conserver cette qualité lorsqu'il se met dans l'impossibilité d'agir, non-seulement contre le débiteur qui a reçu le titre, mais encore contre tous autres débiteurs. — Ainsi, la remise qui résulte de l'abandon du titre est une remise *réelle*, qui éteint la dette d'une manière absolue, et non point une remise *personnelle*, destinée à libérer seulement un débiteur.

Mais, si la remise éteint la dette par rapport au créancier qui l'a faite, il n'en est pas de même *par rapport au débiteur à qui le titre a été remis*. — Effectivement, les libéralités ne se présument pas, et la remise du titre entre les mains d'un débiteur doit faire supposer que ce débiteur a acquitté la dette. En conséquence, celui-ci peut exercer un recours contre ses codébiteurs, sauf à ces derniers à établir que la remise du titre a été faite dans le but de les libérer.

Il en serait différemment, si la remise de la dette avait été faite *expressément* et *par convention* à l'un des débiteurs solidaires. — Dans ce cas, il n'y aurait aucun doute sur les intentions du créancier de faire une libéralité, et alors la remise faite à l'un des débiteurs serait présumée faite à tous, à moins que le créancier n'ait fait des réserves à l'égard des autres débiteurs solidaires. — Pareillement, la remise de la dette faite au débiteur principal libère nécessairement la caution.

A l'inverse, la remise de la dette faite à une caution ne libère ni le débiteur principal, ni même les autres cautions ; et celle faite à une débiteur conjoint ne libère pas les autres débiteurs conjoints. (Art. 1284, 1285, 1287.)

La somme payée par la caution, pour la décharge de son cautionnement, est-elle imputée sur la dette?

Oui ; aux termes de l'article 1288, ce que le créancier a reçu d'une caution, pour la décharge de son cautionnement, doit être imputé sur la dette, et tourner à la décharge du débiteur principal et des autres cautions. — Ainsi, *Primus* a consenti à garantir le payement d'une dette de 2,000 fr., qui avait été empruntée par *Secundus*. Si *Primus* paye 1,000 fr., pour être déchargé de son cautionnement, ce payement diminuera d'autant la créance principale, et le créancier ne pourra plus réclamer que 1,000 fr. à *Secundus* et aux autres cautions.

Cette disposition tranche une question qui avait soulevé quelques difficultés dans notre ancienne jurisprudence. Plusieurs auteurs prétendaient que la somme donnée par la caution pour obtenir sa décharge devait être considérée comme l'équivalent du risque auquel elle échappait en se faisant décharger; d'où cette conséquence qu'elle ne devait pas être imputée sur la dette principale, et que le créancier pouvait en exiger le payement intégral. — Le Code, toujours favorable à la libération, décide, au contraire, que ce payement sera considéré comme un à-compte sur la somme principale. (Art. 1288.)

SECTION IV

DE LA COMPENSATION

Qu'est-ce que la compensation?

La compensation est une disposition de la loi, en vertu de laquelle deux personnes, qui sont réciproquement débitrices l'une de l'autre, peuvent retenir chacune en payement ce qu'elles doivent. — Ainsi, lorsque je vous dois 100 et que vous me devez 50, votre dette et la mienne se compensent jusqu'à concurrence de 50, et je n'ai plus à vous fournir que 50.

La compensation repose sur cette idée qu'il vaut mieux tenir que demander. (Art. 1289.)

Comment s'opère la compensation?

La compensation s'opère de plein droit et par la seule force de la loi; mais les dettes à compenser doivent réunir trois conditions, il faut:

1° Qu'elles aient pour objet des sommes d'argent, ou des choses fongibles de la même espèce;

2° Qu'elles soient liquides;

3° Qu'elles soient exigibles.

1° *Il faut qu'elles aient pour objet des sommes d'argent, ou des choses fongibles de la même espèce.* — Effectivement, la compensation est une espèce de payement, dans lequel le créancier retient ce qui lui est dû, au lieu d'attendre qu'on lui en fasse la remise. — Or, on ne peut pas contraindre un créancier à retenir, en payement de sa créance, une chose différente de celle qui lui est due.

Par exception, la compensation peut avoir lieu entre une dette d'argent et une dette ayant pour objet des grains ou denrées, dont le prix est réglé par les mercuriales. C'est qu'alors les denrées peuvent être facilement converties en argent, et réciproquement.

2° *Il faut que les dettes à compenser soient liquides.* — Une dette est *liquide*, lorsqu'elle n'est pas contestée, et qu'on peut en évaluer le montant pour une valeur déterminée.—Lorsqu'une des parties à une créance liquide contre l'autre partie, il faut que la créance que celle-ci peut opposer en compensation soit également liquide, c'est-à-dire qu'elle ne puisse également donner lieu à aucune contestation, soit à raison de son existence, soit à raison de sa valeur; car, s'il en était autrement, la contestation entraînerait des retards, et il ne serait pas équitable de l'opposer en compensation à une autre créance qui devrait être acquittée immédiatement.

3° *Enfin, il faut que les dettes à compenser soient exigibles.* — Une dette est *exigible*, lorsqu'elle ne contient ni terme ni condition. — Lorsque l'une des parties a une créance exigible, il faut que la créance opposée en compensation soit également exigible; parce que si elle ne l'était pas, on priverait une des parties de l'avantage du terme. — Par exception, le terme de grâce n'est pas un obstacle a la compensation. Comme il n'a été accordé au débiteur qu'à raison de l'impossibilité où il se trouvait d'acquitter immédiatement la dette, il disparaît dès que la compensation a fait cesser cette impossibilité.

Lorsque l'une des parties est tenue en même temps de plusieurs dettes exigibles, la compensation s'opère, conformément aux règles de l'imputation, au profit des dettes les plus onéreuses où des plus anciennes. (Art. 1090, 1091, 1092, 1097.)

Suffit-il toujours que les dettes soient fongibles, liquides et exigibles pour que la compensation ait lieu?

En principe, lorsque les trois conditions dont nous venons de parler se trouvent réunies, la compensation a toujours lieu. — Ainsi, elle s'opère :

1° Lorsque les dettes à compenser l'une par l'autre n'étaient pas connues des parties. — Effectivement, comme la compensation dont il s'agit ici existe par la vertu de la loi, comme elle s'opère par la seule force de ses dispositions, sans aucune convention de la part des parties, on conçoit qu'elle puisse avoir lieu, même à leur insu.

2° Lorsque les dettes étaient d'inégale valeur. — Mais, bien entendu, elle ne s'opère alors que dans la limite de la dette la plus faible.

3° Lorsque les dettes étaient payables dans un lieu différent, sauf à tenir compte au créancier, qui devait recevoir son payement dans un lieu plus commode, des frais de la remise.

4° Lorsque les dettes avaient une cause différente : par exemple, lorsqu'elles étaient nées de contrats différents, ou même lorsque l'une était née d'un contrat et l'autre d'un quasi-contrat.

Toutefois, par exception, on ne peut pas opposer la compensation :

1° Lorsque les dettes à compenser étaient causes l'une de l'autre. — Ainsi, quand je vous dois de l'argent, parce que vous m'avez vendu du vin, chacun de nous doit exécuter le contrat. En effet, la compensation est fondée sur la volonté présumée des parties. Or, on ne peut pas admettre qu'elles aient eu l'idée de créer des obligations destinées à s'éteindre aussitôt qu'elles ont pris naissance, au moyen de la compensation.

2° Lorsque l'une des parties demande la restitution d'une chose dont elle avait été injustement dépouillée par l'autre partie.

3° Lorsque l'une des parties demande la restitution d'une chose qu'elle avait remise en dépôt, ou qu'elle avait prêtée gratuitement.

4° Enfin, lorsque l'une des dettes à compenser consiste en une pension alimentaire déclarée insaisissable. (Art. 1293, 1296.)

Quelles sont les personnes qui peuvent invoquer la compensation ?

La compensation peut être invoquée par la caution, jusqu'à concurrence de ce qui est dû par le créancier au débiteur principal. — En effet, elle n'est obligée qu'autant que la dette principale existe ; or, celle-ci étant éteinte de plein droit par la compensation, il est rationnel de permettre à la caution de l'invoquer.

Par contre, la compensation ne peut pas être opposée :

1° Par le débiteur principal, lorsqu'elle s'est opérée entre le créancier et la caution,

2° Par le débiteur solidaire, lorsqu'elle s'est opérée entre le créancier et son codébiteur ;

3° Par le débiteur, qui a consenti à la cession de la créance, faite par le créancier au profit d'un tiers. — En acceptant le transport, le débiteur a, par cela même, renoncé au bénéfice de la compensation. (Art. 1294, 1295.)

La compensation peut-elle avoir lieu au préjudice des droits acquis à des tiers?

Non; la compensation ne peut pas avoir lieu au préjudice des droits acquis à des tiers. — Ainsi, lorsqu'une saisie-arrêt opposition a été faite entre les mains d'une des parties, celle-ci ne peut plus compenser ce qu'elle doit avec les créances qu'elle a acquises depuis la saisie-arrêt formée entre ses mains. (Art. 1298, 1299.)

La compensation n'est-elle pas opérée quelquefois par les parties ou par le juge?

Oui; outre la compensation légale, qui s'opère de plein droit et par la seule force de la loi, il existe une autre compensation. Mais cette dernière a besoin d'être invoquée par l'un des débiteurs et d'être prononcée par le juge. On l'appelle compensation *facultative*. Il n'est pas nécessaire, pour l'opérer, que les dettes à compenser aient pour objet des choses de même nature, ni qu'elles soient liquides et exigibles.

SECTION V

DE LA CONFUSION

Qu'est-ce que la confusion?

La confusion est la réunion sur la même tête des qualités de créancier et de débiteur de la même chose.

Elle a lieu, soit lorsque le débiteur succède à son créancier, soit lorsque le créancier succède à son débiteur, soit lorsqu'un tiers succède en même temps au créancier et au débiteur. (Art. 1300.)

Quels sont les effets de la confusion?

La confusion n'est pas un mode proprement dit d'extinction des obligations; elle constitue plutôt une impossibilité matérielle de les exécuter.

Aussi, lorsqu'elle vient à cesser, par exemple, lorsque le débiteur appelé à la succession de son créancier y renonce, les choses sont remises dans le même état qu'auparavant, et la dette, comme la créance, revivent. — Bien plus, la confusion n'empêche pas la dette de subsister, dans une certaine limite, au moment même où elle s'accomplit, lorsqu'un tiers y a intérêt: c'est ainsi que la dette d'un héritier envers la succession est comprise dans l'actif héréditaire.

Quelles sont les personnes qui peuvent invoquer la confusion ?

La confusion peut être invoquée par la caution, lorsqu'elle s'opère dans la personne du débiteur principal.

Mais elle ne peut pas être invoquée.

1° Par le débiteur principal, lorsqu'elle s'opère dans la personne de la caution.

2° Par les débiteurs solidaires, lorsqu'elle s'opère dans la personne d'un de leurs codébiteurs. — Ils ne sont alors déchargés que pour la portion dont ce dernier était tenu. (Art. 1301.)

SECTION VI

DE LA PERTE DE LA CHOSE DUE

Comment périt la chose due ?

La chose due périt, soit lorsqu'elle est matériellement détruite, soit lorsqu'elle est mise hors du commerce, par exemple, par suite d'expropriation pour cause d'utilité publique, soit enfin lorsqu'elle est perdue de manière qu'on en ignore absolument l'existence, par exemple, par suite d'un vol. (Art. 1302.)

Quels sont les effets de la perte de la chose due ?

Il faut distinguer :

1° La chose a-t-elle péri par cas fortuit avant que le débiteur n'ait été mis en demeure de la livrer, l'obligation est éteinte, et par conséquent la perte est à la charge du créancier.

2° La chose a-t-elle péri par cas fortuit après que le débiteur a été mis en demeure de la livrer, la perte est à sa charge, et il peut être tenu de payer des dommages-intérêts, parce que le retard qu'il a mis à livrer est une faute dommageable. — Toutefois, il pourra se soustraire à ces dommages-intérêts, en prouvant que le cas fortuit qui a détruit la chose serait également arrivé si elle avait été en la possession du créancier.

3° La chose a-t-elle péri par la faute ou par le fait du débiteur, l'obligation est éteinte; mais le débiteur est passible de dommages-intérêts.

4° La chose a-t-elle péri par cas fortuit, mais le débiteur s'était-il expressément chargé des cas fortuits, il est encore tenu d'indemniser le créancier de la perte de sa créance. — La même responsabilité est encourue par le voleur. (Art. 1302.)

Qui doit prouver l'existence du cas fortuit?

Lorsque la chose due a péri par cas fortuit, c'est au débiteur à prouver l'existence du cas fortuit; car tout débiteur qui se prétend libéré doit prouver sa libération. — Si la chose due avait péri après la mise en demeure, le débiteur aurait ainsi deux preuves à faire, savoir: qu'elle a péri par cas fortuit, et que le cas fortuit serait également arrivé si la chose avait été entre les mains du créancier.

Le débiteur, qui est libéré par la perte de la chose due, ne reste-t-il pas tenu, envers le créancier, à certaines prestations?

Oui; le débiteur qui est libéré par la perte de la chose due doit néanmoins restituer au créancier:

1o Ce qui reste de la chose qui a péri. — Ainsi, il doit, par exemple, restituer les matériaux qui ont pu être conservés, lorsque la chose qui a péri était une construction.

2o Les actions en indemnité qu'il peut avoir en raison de cette perte.

Au reste, cette seconde disposition de l'article 1308 est devenue inutile par suite de l'application qui a été faite dans notre législation du principe que la propriété des corps certains est transférée à l'acheteur dès l'instant du contrat et par le seul effet du consentement, encore que les parties sont convenues que la livraison n'en aura pas lieu immédiatement. — Il résulte de cette règle que celui à qui la chose due a été promise ou cédée en est propriétaire dès le moment de la convention, et que toutes les actions, soit réelles, soit personnelles, qui s'y rattachent lui appartiennent de plein droit, comme la chose elle-même, sans qu'il ait besoin de se les faire céder par le débiteur. (Art. 1303.)

Les obligations, qui ont pour objet des genres, peuvent-elles s'éteindre par la perte de la chose due?

Non; il n'y a que les obligations ayant pour objet des corps certains, c'est-à-dire des choses individuellement déterminées, qui soient susceptibles de s'éteindre par la perte de la chose due. En effet, dans les obligations qui ont pour objet des genres, le débiteur est tenu de s'acquitter tant qu'il existera un individu du genre désigné; et, comme les genres ne périssent pas, cet individu existera toujours.

SECTION VII

DE L'ACTION EN NULLITÉ OU EN RESCISION DES CONVENTIONS

Quelle différence y a-t-il entre les contrats radicalement nuls et les contrats annulables?

Les contrats *radicalement nuls* sont ceux qui n'ont pas pu se former, soit parce qu'ils manquent d'une des trois conditions nécessaires à l'existence du contrat, savoir, le consentement, l'objet certain et la cause licite; soit parce qu'ils n'ont pas été faits suivant les formes prescrites pour les contrats solennels. — Toutefois, comme ils ont une apparence d'existence, les tribunaux doivent en reconnaître la nullité. Cette nullité peut être invoquée à toute époque et par toute personne intéressée.

Les contrats *simplement annulables* sont ceux qui ont pu se former, qui existent, mais que l'on peut faire annuler, soit parce que le consentement donné par l'une des parties était infecté d'un vice, soit à cause de l'incapacité des contractants. — Ils ne peuvent être attaqués que par la partie dont le consentement n'a pas été parfait, ou qui était incapable; et seulement pendant un certain délai.

Le Code ne traite ici que des contrats simplement annulables, c'est-à-dire des contrats qui ont pu valablement se former, mais où l'une des parties peut alléguer un vice de consentement, et, dans certains cas, la lésion qu'elle a souffert. — Il appelle indifféremment action en nullité ou action en rescision, l'action par laquelle une partie demande que le contrat qu'elle a consenti soit annulé, et, à la différence de ce qui avait lieu dans notre ancienne législation, il soumet ces deux actions aux mêmes règles et il leur accorde les mêmes effets. Toutefois, nous observerons qu'il désigne plus spécialement, sous le nom d'*action en rescision*, l'action qui a pour but d'obtenir l'annulation du contrat, à raison de la lésion subie par l'une des parties. — Nous n'avons pas, d'ailleurs, à nous occuper ici de cette action, qui n'est admise que dans certains contrats.

Quel est le délai de l'action en nullité relative ou en rescision?

L'action en nullité relative peut être exercée pendant dix ans, par celle des parties qui a à se plaindre de l'erreur, de la violence ou du dol, ou qui a contracté sans avoir une capacité suffisante.

Le délai de dix ans commence à courir à partir du jour où l'erreur ou le dol ont été reconnus, et de celui où la violence a cessé, lorsque l'action est fondée sur l'erreur, le dol ou la violence; et à partir du jour où l'incapacité a cessé, lorsqu'elle est fondée sur l'incapacité de l'une des parties contractantes.

Une question vivement débattue est celle de savoir si le délai de dix ans dont il est ici question est un délai fixe et invariable, qui exclut toute idée de prescription, ou s'il se rattache à la prescription et s'il en suit les règles principales.

Pour se rendre compte de l'intérêt de cette question, il faut savoir que la prescription est un moyen d'acquérir ou de se libérer par un certain laps de temps. Lorsque la personne qui avait une action à exercer a laissé s'écouler un certain temps sans l'exercer, alors qu'elle pouvait le faire, on suppose que la partie adverse lui a donné la satisfaction qu'elle avait le droit d'attendre, et celle-ci se trouve libérée. — Toutefois, lorsque l'action à exercer appartient, à des incapables, qui ne sont pas en état d'agir par eux-mêmes, la loi admet une exception en leur faveur, et elle décide qu'on ne pourra pas leur opposer l'inaction de ceux qui étaient chargés de faire valoir leurs droits, pendant tout le temps qu'a duré leur incapacité. En d'autres termes, la prescription est suspendue à l'égard des incapables, tant que leur incapacité dure, et, dans certains cas, à l'égard des femmes mariées, tant que le mariage existe.

Maintenant, si l'on décide que le délai de dix ans, que la loi accorde pour demander l'annulation des contrats infectés d'un vice, doit suivre les règles générales de la prescrition, il faut en conclure que ce délai sera suspendu, si la partie qui pouvait demander l'annulation du contrat étant décédée, l'action appartient à un héritier mineur ou interdit. — Mais si l'on décide, au contraire, que ce délai est un délai fixe et invariable, qui n'est point assujetti aux règles ordinaires de la prescription, il faut en conclure qu'il doit s'éteindre, à tout événement, par l'expiration des dix ans, lors même que la personne contre laquelle il court deviendrait incapable dans l'intervalle, ou mourrait en laissant des héritiers incapables.

Suivant quelques auteurs, le délai de dix ans établi par l'article 1304, doit être considéré comme un délai fixe et invariable, et non pas comme un délai de prescription. En conséquence, les clauses de suspension de la prescription ne peuvent s'y appliquer.

Cette opinion est rejetée, et avec raison, par le plus grand nombre des auteurs. — En établissant un délai de dix ans, le législateur, disent-ils, a simplement voulu déterminer la durée de la prescription de l'action en nullité, et non point la manière dont elle doit s'accomplir. De ce qu'il a limité à dix ans la durée de l'action en nullité, il ne faut pas conclure qu'il ait voulu déroger aux autres règles de la prescription, notamment en ce qui concerne la suspension pour cause d'incapacité; et l'on doit d'autant moins l'admettre que le Code décide, ailleurs, que les dix ans ne commenceront à courir qu'à partir du jour où l'incapacité aura cessé. (Valette, Marcadé.)

Une autre question, sur laquelle on est généralement d'accord, est celle de savoir si le délai de dix ans pendant lequel l'action doit être exercée est applicable au cas où la partie, qui pourrait agir pour faire annuler son engagement, veut attendre d'être attaquée par le créancier en exécution du contrat, pour opposer alors, par voie de défense, le vice de consentement dont elle a à se plaindre. Dans ce dernier cas, pourra-t-elle opposer à toute époque le vice de son contrat; ou bien ne pourra-t-elle l'opposer, comme précédemment, que pendant le délai de dix ans.

La raison de douter vient de ce qu'en droit romain, la partie contractante qui pouvait alléguer un vice du consentement avait un délai plus ou moins long pour agir, suivant qu'elle agissait par voie d'action ou par voie d'exception. — Elle devait agir par voie d'action, c'est-à-dire demander la nullité du contrat, lorsqu'elle s'était exécutée et qu'elle voulait recouvrer la chose livrée par elle. Elle devait agir, au contraire, par voie d'exception, c'est-à-dire qu'elle devait attendre d'être actionnée par le créancier pour faire valoir le vice du consentement, lorsqu'elle ne s'était pas encore exécutée. L'action de dol, comme toutes les actions prétoriennes, ne durait qu'un an; l'exception, au contraire, était perpétuelle, c'est-à-dire durait trente ans. C'est ce qu'exprimait la règle : *quæ temporalia ad agendum, perpetua sunt ad excipiendum.*

Mais cette règle, qui tenait essentiellement à la forme de procédure employée chez les Romains, n'a pas été transportée dans notre législation. Abrogée par une ordonnance de Villers-Cotte-

<table><tr><td>II.</td><td>23</td></tr></table>

rets, elle n'a pas été reproduite par le Code. Chez nous, le débiteur n'a que dix ans soit pour intenter l'action en nullité, soit pour opposer la nullité si on l'attaque en exécution du contrat. (Art. 1304.)

Quels sont les effets du jugement qui prononce la nullité d'un contrat ?

Le jugement qui prononce la nullité d'un contrat produit les mêmes effets qu'une condition résolutoire accomplie. Il rétablit les choses dans l'état où elles seraient si le contrat n'était pas intervenu ; il anéantit tous les droits réels, tels que servitudes, usufruit, priviléges, hypothèques que les parties ont concédés à des tiers sur les biens qui leur avaient été transmis par la convention ; il fait rescinder toutes les aliénations qu'elles auraient consenties par rapport à ces biens, et il les oblige à se les restituer mutuellement. — Toutefois, lorsque la rescision a eu lieu à raison de l'incapacité de l'une des parties, l'incapable ne doit restituer que ce dont il s'est enrichi.

Que l'on nous permette ici une observation. En décidant, comme elle l'a fait, que l'annulation du contrat produirait, à l'égard des tiers, l'effet d'une condition résolutoire accomplie, et qu'elle anéantirait tous les droits réels, et même les aliénations qui auraient été consenties à leur profit par les parties contractantes sur les biens qu'elles avaient reçus par la convention, le législateur a voulu, sans doute, empêcher que la partie qui a surpris ou arraché le consentement de l'autre ne pût échapper aux conséquences de l'annulation, en faisant sortir de son patrimoine les biens sujets à restitution, ou en les grevant de charges qui rendraient cette restitution illusoire. Mais, si cette considération était d'un grand poids, il y en a une autre dont l'importance n'est pas moindre, et dont on aurait dû, ce nous semble, tenir un plus grand compte. Il s'agit de l'intérêt des tiers, qui ont reçu de bonne foi des droits réels sur les biens sujets à restitution, et dont les droits se trouvent anéantis par l'effet d'une résolution qu'il leur était impossible de prévoir. Comment un acheteur saura-t-il que l'immeuble qui lui est vendu est sous le coup d'une restitution, parce que le contrat qui en a transmis la propriété à son vendeur, plusieurs années auparavant, était infecté d'un vice du consentement. Et, si, malgré sa bonne foi, malgré l'absence de toute faute, il est exposé à subir l'effet d'une clause résolutoire occulte, n'est-ce pas là une grave atteinte portée à la sécurité des contrats?

A notre avis, il faudrait, pour ménager, dans une juste mesure, l'intérêt des contractants dont le consentement a été vicié, et celui des tiers, abréger de moitié au moins le délai de dix ans pour demander l'annulation du contrat, et le faire courir à partir du jour du contrat, et non point à partir de l'époque indéterminée de la cessation de l'erreur, de la violence ou du dol. Après quelques années, toute cause de résolution du contrat aurait ainsi disparu, et les tiers qui ont à traiter avec l'un des contractants pourraient le faire en toute sécurité. (Art. 1304, 1312.)

Quelle est la valeur des contrats faits par les mineurs non émancipés?

Il faut distinguer :

1° S'agit-il des actes de pure administration, de ceux que le tuteur aurait pu faire lui-même sans autorisation, ni autres formalités spéciales, l'acte est valable; seulement, le mineur non émancipé qui l'a fait peut en demander l'annulation, s'il a été lésé, nonobstant la bonne foi de l'autre partie, pourvu toutefois que cette lésion soit de quelque importance. C'est ce qu'exprime la règle de notre ancien droit : *restitutus minor, non tanquam minor, sed tanquam læsus.*

2° S'agit-il, au contraire, des actes de disposition, tels qu'acceptations de successions, aliénations ou emprunts, que le tuteur ne pourrait faire sans accomplir certaines formalités, ils sont radicalement nuls pour défaut de forme, lorsqu'ils ont été passés par les mineurs; et par conséquent ils sont nuls par eux-mêmes et indépendamment de toute lésion. (Art. 1305, 1306, 1307, 1311.)

Quelle est la valeur des actes faits par les tuteurs?

Il faut également distinguer :

1° S'agit-il des actes de pure administration pour lesquels le tuteur est autorisé à agir seul et sans avoir besoin d'aucune autorisation du conseil de famille, ni homologation du tribunal, l'acte qu'il a fait est inattaquable, et le pupille lui-même ne pourrait pas en demander l'annulation pour cause de lésion. — Effectivement, si de pareils actes avaient été annulables, les tiers auraient refusé de traiter avec un tuteur; ce qui aurait causé un grave préjudice aux incapables qu'ils sont chargés de représenter.

2° S'agit-il, au contraire, des actes de disposition pour lesquels le tuteur ne peut agir qu'en accomplissant préalablement certaines formalités, l'acte fait par lui sans l'accomplissement de ces formalités est radicalement nul pour défaut de forme, et il peut être attaqué, non-seulement par le mineur lorsqu'il sera devenu majeur, mais encore par la partie adverse.

La distinction que nous venons d'établir en ce qui concerne les actes faits par le tuteur résulte implicitement de l'article 1314. — Effectivement, cet article déclare que les aliénations d'immeubles faites par le tuteur, ou les partages de succession dans lesquels il a figuré pour le compte du pupille, ne peuvent être attaqués lorsque les formalités prescrites ont été observées; et il faut en conclure que tous les actes assujettis à des formalités suivent les mêmes règles, et que ceux qui n'y sont point assujettis sont, au contraire, inattaquables, lorsqu'ils sont exempts d'erreur, de violence ou de dol. (Art. 1314.)

Quelle est la valeur des contrats faits par les mineurs émancipés ?

Il faut, à l'égard des mineurs émancipés, faire la même distinction que précédemment.

S'agit-il d'un contrat que le mineur émancipé pouvait faire seul, ce contrat est inattaquable.

S'agit-il d'un contrat que le mineur émancipé ne pouvait faire qu'avec l'assistance de son curateur et qu'il a fait seul, le contrat est annulable, mais seulement pour cause de lésion.

S'agit-il d'un contrat pour lequel l'autorisation du conseil de famille ou l'homologation du tribunal étaient nécessaires, le contrat est nul pour défaut de forme et indépendamment de toute lésion, soit qu'il ait été passé par le mineur émancipé, soit qu'il ait été passé par le curateur. (Art. 1305, 1306.)

Quelles sont les obligations pour lesquelles les mineurs sont assimilés à des majeurs ?

Comme on vient de le voir, les mineurs peuvent faire annuler :

1° *Pour défaut de forme*, les contrats faits par eux ou par leur tuteur, sans l'accomplissement des formalités prescrites par la loi.

2° *Pour cause de lésion*, les contrats faits par eux, mais que leur tuteur aurait pu consentir sans l'accomplissement d'aucune formalité.

A l'inverse, les mineurs sont assimilés à des majeurs, et sont considérés comme ayant une pleine capacité.

1° Pour les obligations commerciales, quand ils ont été autorisés à faire le commerce.

2° Pour les conventions matrimoniales, lorsqu'ils ont été assistés de ceux dont le consentement est requis pour la validité du mariage.

3° Pour les obligations résultant des délits ou des quasi-délits qui leur sont imputables. (Art. 1308, 1309, 1310.)

Les majeurs peuvent-ils être restitués pour cause de lésion?

En principe, les majeurs ne peuvent pas être restitués pour cause de lésion; et ce n'est que dans certains contrats et sous certaines conditions qu'ils peuvent demander l'annulation de leur engagement pour cette cause. — Effectivement, dans la plupart des contrats, à titre onéreux, tels que la vente, l'échange, le louage, la société, etc., chacune des parties se propose de faire un bénéfice, et l'on contreviendrait à l'intention qu'elles avaient en contractant, si l'on annulait le contrat à raison des pertes qu'elles ont éprouvées. (Art. 1313.)

CHAPITRE SIXIÈME

DE LA PREUVE DES OBLIGATIONS ET DE CELLE DU PAYEMENT

Articles 1315 à 1369.

Ce chapitre est divisé par le Code en cinq sections, qui traitent : — 1° De la preuve littérale. — 2° De la preuve testimoniale. — 3° Des présomptions. — 4° De l'aveu de la partie. — 5° Du serment.

Ces cinq sections sont elles-mêmes précédées d'un paragraphe, qui comprend les articles 1315 et 1316.

§ I. — *De la preuve en général.*

A qui incombe la charge de la preuve ?

En principe, la charge de la preuve incombe à celui qui allègue un fait nouveau. En conséquence, c'est au demandeur qui réclame l'exécution d'une obligation à prouver qu'elle existe. Cette preuve une fois faite, c'est au défendeur à prouver l'extinction de l'obligation.

Ce principe ne s'applique pas seulement, comme pourrait le faire croire l'intitulé de notre rubrique, à la preuve des obligations; on l'admet pour la preuve de tous les actes juridiques, en général. Ainsi, tout possesseur est présumé propriétaire, et c'est à celui qui produit une allégation tendant à changer cet état de choses à prouver que sa prétention est fondée. (Art. 1315.)

Peut-on prouver un fait négatif?

Oui. En effet, nier un fait, c'est affirmer un fait opposé. En d'autres termes, la preuve d'un fait négatif résulte de la preuve d'un fait positif contraire.—Je prouverai, par exemple, que Tertius n'est pas l'enfant de Secundus, en établissant qu'il est l'enfant de Primus. Pareillement, je prouverai que je n'ai pas contracté librement, en établissant que j'ai subi une violence.

A l'égard de certains faits négatifs, ce mode de preuve sera, il est vrai, impossible, parce qu'il faudrait établir une série indéfinie de faits positifs contraires. — Ainsi, pour établir que je n'ai jamais été chez Primus, qui habite la même ville que moi, il me faudrait rendre compte de l'emploi de mon temps, à tout instant; ce qui serait fort difficile. Mais alors l'impossibilité de fournir la preuve vient de ce que le fait qu'on avance ne peut être établi que par une série indéfinie de preuves, et non pas de ce qu'il est négatif; et il serait tout aussi impossible d'établir par le même procédé un fait positif; de prouver, par exemple, qu'on est allé tous les jours chez Primus.

Qu'est-ce qu'une preuve?

On entend par preuve la conséquence que la loi ou le magistrat tirent d'un fait connu à un fait inconnu, lorsque le second résulte directement du premier. — Ainsi, lorsqu'un débiteur reconnaît par un écrit avoir reçu une certaine somme et s'oblige à la restituer dans un délai déterminé, la reconnaissance qu'il fait est une preuve de son obligation.

La loi reconnaît cinq espèces de preuves, qui sont : la preuve littérale, la preuve testimoniale, les présomptions, l'aveu de la partie et le serment. (Art. 1316.)

SECTION I

DE LA PREUVE LITTÉRALE

La preuve littérale est celle qui résulte d'un écrit.

Les écrits peuvent être, soit des actes authentiques, soit des actes sous seing privé, soit des copies de titre, soit des actes récognitifs et confirmatifs. — Enfin, ils peuvent consister simplement dans des marques, appelées *tailles*.

Suivant l'ordre du Code, nous diviserons cette section en cinq paragraphes, dans lesquels nous passerons successivement en revue chacun de ces modes de la preuve littérale.

§ I. — *Du titre authentique.*

Qu'est-ce qu'un titre authentique?

Le titre authentique est celui qui a été reçu par un officier public, ayant le droit d'instrumenter dans le lieu où l'acte a été rédigé, et avec les solennités requises.

Le mot *titre* a plusieurs significations. Tantôt il signifie une qualité, tantôt il signifie un acte juridique; c'est ainsi que l'on dit *à titre d'héritier, à titre de vente.* — D'autres fois, il exprime un écrit, et c'est dans ce sens qu'il est employé ici.

Les officiers publics qui ont le pouvoir d'instrumenter sont les notaires, avoués et greffiers. — Ils doivent être compétents, tant à raison du lieu qu'à raison de l'acte. (Art. 1317.)

Quel est la force probante des actes authentiques?

Tout acte ayant la forme extérieure d'un acte authentique est réputé l'être réellement. Pareillement, tous les faits rapportés dans l'acte qui a la forme extérieure d'un acte authentique sont réputés vrais. — En conséquence, l'acte authentique fait pleine foi de sa date, ainsi que des conventions et déclarations de toute nature qui y sont insérées.

Pour assurer la force probante des actes authentiques, la loi punit de la peine des travaux forcés à perpétuité ceux qui ont contrefait la signature du notaire dans un acte public. — Elle inflige la même peine au notaire lui-même, lorsqu'il reproduit inexactement les faits qui se sont passés devant lui.

Les actes authentiques ont-ils la même force probante à l'égard des tiers qu'à l'égard des parties?

Oui. L'article 1319 semble, il est vrai, limiter, entre les parties et leurs ayants cause, la force probante des actes authentiques; mais il la confond évidemment avec leur force *efficiente.* Suivant le principe contenu dans l'article 1165, les conventions n'ont d'effet qu'entre les parties contractantes. Les actes qui les contiennent n'ont donc aucune force efficiente à l'égard des tiers, ils ne peuvent ni leur profiter ni leur nuire; mais cela n'empêche pas qu'ils n'aient, au contraire, une force probante absolue à leur égard. — En un mot, l'acte authentique prouve, à l'égard de tous, les conventions qu'il renferme; mais il n'oblige que les parties qui ont contracté. (Marcadé.)

L'acte authentique a-t-il la même force probante pour toutes ses clauses ?

Il faut distinguer :

Un acte authentique contient des clauses dispositives et des clauses énonciatives.

Les clauses *dispositives* sont celles qui se rapportent à l'opération que les parties ont voulu constater. — Les clauses *énonciatives* sont celles qui se rattachent à des faits accessoires, qui pourraient être retranchées de l'acte sans altérer la substance de l'opération principale. — Ainsi, dans un acte de vente, les déclarations relatives au consentement, à l'objet et au prix, sont des clauses dispositives ; celles relatives aux différents propriétaires qui ont précédemment possédé l'objet vendu, sont des clauses énonciatives.

Mais, en outre, parmi les clauses énonciatives, on distingue celles qui ont un rapport direct avec le dispositif, comme, par exemple, la clause par laquelle un vendeur reconnaît avoir reçu par anticipation une partie du prix, et celles qui lui sont complétement étrangères.

L'acte authentique fait pleine foi entre les parties pour ses clauses dispositives, et même pour ses clauses énonciatives en rapport direct avec le dispositif. — A l'égard des clauses énonciatives qui sont étrangères au dispositif, il ne peut servir que d'un commencement de preuve par écrit. En effet, à cause de leur peu d'importance, ces énonciations n'ont pas dû provoquer toute l'attention des parties. (Art. 1320.)

Les actes authentiques n'ont-ils pas une force exécutoire ?

Oui. Mais il importe de remarquer que ce n'est pas la *minute*, c'est-à-dire l'original de l'acte que le notaire garde dans son étude, mais la copie de cette minute qui a la force exécutoire.

Cette copie, qu'on appelle ordinairement *grosse*, n'est d'ailleurs exécutoire qu'aux deux conditions suivantes, il faut :

1° Qu'elle soit revêtue de la formule commençant par ces mots : « *Au nom du peuple français*, » et finissant par ces autres « *Mandons et ordonnons*, etc.* »

2° Qu'elle soit *légalisée,* si on doit la produire hors du ressort de la Cour d'appel, ou hors du département où réside le notaire.

Par suite de cette force exécutoire, le créancier peut requérir la force publique de lui prêter main-forte pour saisir et faire vendre les biens de son débiteur, sans avoir besoin d'obtenir un jugement.

Comment l'acte authentique peut-il être attaqué?

Il faut distinguer :

Il y a dans un acte authentique deux sortes de déclarations : celles qui émanent de l'officier public, par lesquelles il affirme avoir vu et entendu lui-même ; et celles qui émanent des parties. On peut combattre ces dernières, en leur opposant simplement la preuve contraire. Mais on ne peut, au contraire, attaquer les déclarations de l'officier public que par la voie longue et périlleuse de l'inscription de faux. Alors la partie intéressée a le choix, ou de porter plainte au criminel, ou d'agir au civil. Lorsque, sur la plainte, le ministère public exerce des poursuites et qu'un arrêt de mise en accusation a été rendu contre l'officier public, la force exécutoire de l'acte est suspendue. (Art. 1319.)

L'acte nul comme acte authentique peut-il valoir comme acte sous seing privé?

Oui; l'acte nul comme acte authentique peut valoir comme acte sous seing privé, lorsque le contrat qu'il constate n'est pas solennel, pourvu qu'il ait été signé par les parties contractantes.

Cet acte est même dispensé de la formalité des doubles, que le Code exige pour les actes sous seing privé ordinaires. — En effet, comme il reste entre les mains de l'officier public qui l'a reçu, chaque partie peut en faire tirer une copie, et se trouver ainsi munie d'un titre au moyen duquel elle contraindra la partie adverse à exécuter son engagement. (Art. 1318.)

Qu'est-ce qu'une contre-lettre?

On appelle contre-lettre un écrit qui modifie un acte public, et qui est destiné à rester secret entre les parties.

Les contre-lettres ne produisent leurs effets qu'entre les parties contractantes et leurs successeurs universels ou à titre universel. Elles ne peuvent, en aucun cas, être opposées aux tiers. (Art. 1321.)

§ II. — *De l'acte sous seing privé.*

Qu'est-ce qu'un acte sous seing privé?

L'acte sous signature privée est celui qui est fait sans l'intervention d'un officier public, et sous la seule signature des parties.

Il peut servir à prouver tous les contrats, autres que les contrats solennels. — Ses formes varient suivant que les contrats qu'il est destiné à prouver sont synallagmatiques ou unilatéraux.

Quelles sont les formes des actes sous seing privé destinés à prouver des contrats synallagmatiques?

Les actes sous seing privé, destinés à prouver des contrats synallagmatiques, doivent réunir trois conditions. Il faut :

1° Qu'ils soient faits en autant d'originaux qu'il y a de parties ayant un intérêt distinct.

2° Que chaque original contienne la mention du nombre des originaux dressés. — Ainsi, l'acte a-t-il été dressé en trois originaux, chacun d'eux doit porter la mention qu'il a été fait triple.

3° Qu'ils soient signés par toutes les parties contractantes.

Si l'une des trois conditions n'est pas remplie, les actes sous seing privé n'ont, en général, aucune force probante. — Toutefois, aux termes de l'article 1325, le *défaut de mention* que les originaux ont été faits doubles, triples, etc., ne peut pas être opposé par celle des parties qui a exécuté pour sa part la convention. — De plus, on décide, par analogie, que le *défaut même des doubles* ne pourrait être opposé par celle des parties qui s'est exécutée. Il y aurait, en effet, une sorte de mauvaise foi, de la part de celle-ci, à revenir, en prétextant un simple vice de forme, sur un fait qu'elle a volontairement accompli.

Au surplus, les doubles ne sont pas nécessaires lorsqu'il s'agit des contrats synallagmatiques imparfaits. — Effectivement, dans ces contrats, il n'y a pas, à l'origine, deux parties respectivement obligées l'une envers l'autre, et ayant chacune besoin d'un titre pour obliger l'autre à exécuter son engagement. Une seule des parties est créancière, et par conséquent l'autre partie, n'ayant aucun droit à faire valoir, n'a pas besoin d'être munie d'un titre. (Art. 1325.)

Quelles sont les formes des actes sous seing privé destinés à prouver des contrats unilatéraux?

Il faut distinguer :

1° Les actes sous seing privé sont-ils destinés à prouver des contrats unilatéraux ayant pour objet une somme d'argent ou une chose appréciable au nombre, au poids ou à la mesure, il suffit qu'ils soient écrits en entier de la main du débiteur, et signés de lui; — ou bien, s'ils sont écrits par un tiers, qu'ils portent la signature du débiteur, avec cette mention écrite de sa main en toutes lettres : *Bon* ou *Approuvé pour la somme de.... pour telle quantité de vin, ou de blé.*

2° Les actes sous seing privé sont-ils destinés à prouver des contrats unilatéraux ayant pour objet une obligation de faire ou de livrer un corps certain, il suffit qu'ils soient signés par le débiteur.

Les marchands, artisans, laboureurs, sont dispensés de la formalité du *Bon* ou *Approuvé.* Ces personnes ne savent souvent que signer, sans savoir écrire.

Si la somme ou la quantité mentionnée dans le corps de l'acte était différente de celle qui se trouve indiquée sur le *Bon* ou *Approuvé*, il faut décider que le débiteur ne sera tenu que jusqu'à concurrence de la somme ou de la quantité la plus faible. En effet, la contradiction de ces deux énonciations fait naître le doute; or, le doute s'interprète en faveur du débiteur. — Toutefois, les parties sont admises à prouver de quel côté est l'erreur, et à faire ainsi cesser le doute. (Art. 1326, 1327.)

La nullité, pour défaut de forme, des actes sous seing privé, entraîne-t-elle la nullité des obligations qu'ils constatent?

Non; en général, la nullité des actes sous seing privé n'entraîne pas la nullité des contrats qui y sont constatés; car ils sont simplement destinés à prouver leur existence, et non point à les faire naître. Ainsi, dans la plupart des contrats, l'acte sous seing privé est seulement destiné à servir de preuve au contrat, et sa nullité oblige seulement le créancier à prouver l'obligation par d'autres moyens. Il peut même, dans le cas où l'acte est irrégulier, s'en prévaloir comme d'un commencement de preuve par écrit, pourvu qu'il soit signé du débiteur.

Quelle est la force probante des actes sous seing privé?

Les actes sous seing privé portent en eux-mêmes présomption de vérité, et font foi entre les parties de ce qu'ils contiennent. — Mais, à la différence des actes authentiques, si celui auquel on les oppose les dénie, cette présomption de vérité tombe, et le créancier est obligé d'en faire reconnaître judiciairement la sincérité.

Il peut le faire, d'ailleurs, par toute espèce de preuves ; par titres, par témoins, par experts, ou même par de simples présomptions.

Cependant il convient d'observer que lorsqu'un acte sous seing privé a été reconnu en justice, cet acte a entre les parties, leurs héritiers et ayants cause la même force probante que s'il était authentique.

En cas de contestation sur la sincérité de l'acte, c'est au débiteur qui la dénie à faire la preuve de sa dénégation, et il ne peut la faire, comme si l'acte était authentique, que par la voie de l'inscription de faux. (Art. 1322, 1323, 1324.)

Les actes sous seing privé font-ils foi de leur date à l'égard des tiers ?

Non ; à la différence des actes authentiques, qui font foi de leur date à l'égard de tous, les actes sous seing privé ne font foi de leur date qu'entre les parties, leurs héritiers et leurs ayants cause à titre universel, tels que légataires et donataires par universalité. — Dans le cas même où ils ont été reconnus judiciairement, ils ne font pas foi de leur date à l'égard des tiers qui ont contracté avec l'une des parties, comme acheteurs, coéchangistes, donataires, et qui, en cette qualité, sont leurs ayants cause à titre particulier.

La raison de cette différence entre les actes sous seing privé et les actes authentiques est facile à saisir. — Effectivement, les premiers étant rédigés par un notaire, il n'y a pas à craindre que la date qui y est indiquée ait été inexactement portée. Au contraire, lorsque les parties rédigent entre elles un acte sous seing privé, et qu'elles indiquent que la convention qu'il est destiné à constater a eu lieu à telle date, rien n'établit la sincérité de la date indiquée. Elles peuvent, selon qu'elles le jugent à propos, antidater l'acte, ou, au contraire, en reculer la date, et il en résulte que lorsqu'une personne a vendu successivement sa maison à deux acheteurs, la priorité de la date indiquée dans les actes sous seing privé destinés à constater ces deux ventes, n'établit aucun droit de préférence au profit de l'acheteur qui l'invoque. Autrement, il serait trop facile au vendeur, qui a déjà vendu sa maison, de la revendre une seconde fois au profit d'un nouvel acquéreur, et de faire produire des effets à la seconde vente au moyen d'une antidate.

Maintenant, si les actes sous seing privé ne font pas foi par eux-mêmes de la date qui y est mentionnée, cela ne veut pas dire qu'ils ne puissent pas obtenir, sous ce rapport, la force probante nécessaire pour régler les droits des tiers qui ont traité successivement avec la même partie et pour le même objet. Ils peuvent très-bien, au contraire, acquérir date certaine à l'égard des tiers, au moyen de certaines circonstances, par l'emploi de certaines formalités que nous allons faire connaître.

Quelles sont les circonstances qui peuvent donner date certaine à l'acte sous seing privé ?

Un acte sous seing privé acquiert date certaine :

1° Par l'enregistrement, c'est-à-dire par la mention qui en est faite sur un registre spécial, tenu à cet effet par un officier public ;

2° Par la mort de l'un des signataires, car l'acte ne peut évidemment pas avoir été fait postérieurement à cette époque ;

3° Par la mention qui est faite de cet acte sur un autre acte public, tel que procès-verbal de scellé ou inventaire.

Dans tous les cas, ce n'est qu'à partir du jour où l'un de ces trois faits a été accompli que l'acte acquiert date certaine, et qu'il devient ainsi opposable aux successeurs à titre particulier du signataire, qui ont traité postérieurement avec lui. (Art. 1328.)

Est-il également nécessaire que les simples quittances aient date certaine, pour être opposables aux tiers ?

L'article 1328 ne fait aucune distinction entre les actes destinés à prouver un payement, tels que les quittances, et les actes destinés à prouver une obligation. Néanmoins, on admet généralement que les simples quittances font foi de leur date à l'égard des tiers, et quelles peuvent leur être opposées, bien qu'elles n'aient point été enregistrées. — Ainsi, un débiteur a payé son créancier le 1er janvier 1860, et s'est fait délivrer une quittance à cette date. Le 1er février de la même année, le créancier vend sa créance à un tiers ; mais alors le débiteur peut opposer sa quittance au cessionnaire de la créance, pour prouver sa libération, bien qu'il ne l'ait pas fait enregistrer.

On a pensé, sans doute, que la formalité de l'enregistrement serait trop onéreuse pour le débiteur, et que, d'ailleurs, il n'y avait guère à redouter que le créancier consentît à donner une quittance à une autre date qu'à celle où le payement lui a été fait.

Quelles différences y a-t-il entre l'acte authentique et l'acte sous seing privé ?

L'acte authentique et l'acte sous seing privé présentent les différences suivantes :

1° C'est au débiteur à prouver la fausseté de l'acte authentique qu'on lui oppose. — C'est, au contraire, au créancier à prouver la sincérité de l'acte sous seing privé dès qu'on la dénie.

2° L'acte authentique fait foi de sa date *ergà omnes*. — L'acte sous seing privé n'a date certaine, à l'origine, qu'entre les parties et leurs successeurs universels; il n'acquiert date, à l'égard des tiers, que par son enregistrement, sa relation dans un acte public, ou la mort de l'un de ses signataires.

3° L'acte authentique peut seul être revêtu de la forme exécutoire. — Le porteur d'un acte sous seing privé ne peut obtenir l'exécution de la convention, qui y est relatée, qu'en poursuivant le débiteur devant les tribunaux.

4° L'acte authentique peut seul être employé pour les contrats solennels.

Quelle est la force probante des registres des marchands ?

Il faut distinguer :

1° Sont-ils opposés à d'autres marchands et pour faits de commerce, ils font foi pour et contre celui qui les produit. — On ne peut pas, d'ailleurs, en diviser les énonciations, en prenant ce qu'elles ont de favorable et en rejetant ce qu'elles ont de contraire.

2° Sont-ils opposés à des non-commerçants, les registres des marchands font foi contre le marchand, et non pour lui. — Toutefois, ils sont par eux-mêmes un commencement de preuve suffisant pour que le juge puisse déférer le serment supplétoire au marchand qui les invoque. (Art. 1329, 1330.)

Quelle est la force probante des registres et papiers domestiques tenus par les non-commerçants ?

Les registres et papiers domestiques tenus par des non-commerçants ne peuvent jamais servir de titre à celui qui les a écrits, parce que l'on ne peut pas se faire un titre à soi-même. — Mais ils font foi contre lui dans les deux cas suivants :

1° Lorsqu'ils énoncent formellement un payement reçu ;

2° Lorsqu'ils énoncent une dette, *avec mention expresse que cette énonciation a été faite pour suppléer le défaut du titre pour la partie adverse.* — Par exemple, lorsque j'inscris sur mes registres que Primus m'a prêté 1,000 francs, cette note n'a aucune force probante. Mais si j'ajoute que j'ai mis cette inscription sur mes registres *pour servir de titre à Primus*, qui n'en a point exigé, elle fait alors preuve contre moi. (Art. 1331.)

Quelle est la force probante des énonciations mises par le créancier sur un titre de créance?

Il n'y a aucune difficulté lorsque le créancier a apposé sa signature : que le titre soit resté entre ses mains, ou qu'il soit en la puissance du débiteur, cela importe fort peu, l'énonciation emporte toujours la libération du débiteur. — Mais il en est différemment, lorsque l'écriture n'est pas signée. Deux hypothèses peuvent alors se présenter : ou bien il n'existe qu'un seul original, ou bien le titre a été fait en double.

1° *Lorsqu'il n'existe qu'un seul original,* les énonciations mises par le créancier sur cet original font pleine foi de la libération qu'elles tendent à établir, bien qu'elles ne soient ni datées, ni signées par le créancier, mais c'est à deux conditions. Il faut : 1° qu'elles soient écrites de la main du créancier; 2° que le titre sur lequel elles ont été écrites soit toujours resté en la possession de celui-ci. — Effectivement, si le titre original, qui est l'unique moyen de preuve par lequel le créancier pourra constater son droit, n'était pas toujours resté en sa possession, il y aurait à craindre qu'il n'ait été contraint de mettre ces énonciations afin d'amener le débiteur qui le détient à en faire la restitution.

2° *Lorsqu'il existe plusieurs doubles,* les énonciations mises par le créancier sur l'un des doubles font également pleine foi de la libération qu'elles tendent à établir, bien qu'elles ne soient ni datées, ni signées de lui. Mais alors c'est aux deux conditions suivantes : il faut : 1° qu'elles soient, comme précédemment, écrites de la main du créancier; 2° que le double, sur lequel elles ont été mises, soit entre les mains du débiteur. — Effectivement, si le double qui mentionne la libération du débiteur était resté en la possession du créancier, on présumerait que celui-ci avait reçu le titre pour mentionner une quittance ou un à-compte qui devait lui être payé, mais qu'il ne l'a pas été, et qu'alors il n'a pas voulu remettre le double au débiteur. (Art. 1332.)

§ III. — *Des tailles.*

Qu'entend-on par tailles?

On appelle *tailles* les deux parties d'un morceau de bois, fendu dans sa longueur, sur lesquelles certains marchands ont l'habitude de marquer leurs fournitures.

À cet effet, le marchand et son client conservent chacun une des parties du morceau de bois. Celle qui reste entre les mains du fournisseur s'appelle plus particulièrement *taille;* celle qui est remise à la pratique se nomme *échantillon.* — Au moment de chaque fourniture, on joint les deux parties du morceau de bois, et l'on y fait une marque appelée *coche :* chaque coche indique une fourniture.

Les tailles corrélatives à leurs échantillons font foi, quel que soit le chiffre des fournitures. — Si elles ne s'accordent pas, la preuve n'est acquise que jusqu'à concurrence du nombre le plus faible. (Art. 1333.)

§ IV. — *Des copies de titres.*

Quelle est la force probante des copies de titre?

Lorsque le titre original existe encore, les copies de titre n'ont par elles-mêmes aucune force probante. — La partie à laquelle on les oppose peut toujours exiger que le titre original lui soit représenté.

Mais il en est différemment, lorsque le titre original a cessé d'exister. — Dans ce cas, les copies du titre ont par elles-mêmes une force probante plus ou moins forte selon les distinctions suivantes :

1° Les unes ont la même force probante que le titre original lui-même;

2° D'autres peuvent seulement servir de commencement de preuve par écrit;

3° D'autres, enfin, ne peuvent servir que de simples renseignements.

Celles qui ont la même force probante que l'original sont :

1° Les grosses ou premières expéditions, qui sont ordinairement délivrées aussitôt après la rédaction de la minute;

2° Les copies tirées en présence des parties et de leur consentement mutuel;

3° Les copies tirées par l'autorité du magistrat, en présence des parties, ou elles dûment appelées;

4° Les copies qui ont été tirées depuis plus de trente ans.

Celles qui peuvent seulement servir de commencement de preuve par écrit sont :

1° Les copies qui ont été tirées depuis moins de trente ans ;

2° Celles qui ont été tirées par un officier public, qui n'en était pas le dépositaire légal.

Enfin, celles qui ne peuvent servir que de simples renseignements sont les copies des copies.—Toutefois, lorsque la copie d'une copie consiste dans la transcription du titre au bureau des hypothèques, elle peut servir de commencement de preuve par écrit; mais c'est à deux conditions. Il faut : 1° que la minute de l'acte ait été perdue chez le notaire, par cas fortuit ; 2° qu'elle se trouve relatée sur le répertoire du notaire.

Outre les copies de titre dont nous venons de parler, et qui, comme on l'a vu, sont susceptibles d'avoir une force probante plus ou moins grande, il existe certaines copies qui ne peuvent absolument rien établir. — Ce sont les copies tirées par un simple particulier, ou même celles qui ont été tirées par un notaire, sur un acte sous seing privé. (Art. 1334, 1335, 1336.)

§ V. — *Des actes récognitifs et confirmatifs.*

Qu'est-ce qu'un acte récognitif?

On appelle acte *récognitif* celui qui constate à nouveau un droit déjà constaté par un acte dressé au moment de la convention, et qu'on nomme acte *primordial.*

En principe, l'acte récognitif n'a par lui-même aucune force probante. La partie à laquelle on l'oppose peut toujours demander à ce que l'original lui soit représenté. — On a voulu empêcher par là que le créancier ne pût abuser de son influence sur le débiteur, pour exiger dans l'acte récognitif plus que ne contenait l'acte primordial.

Toutefois, il existe, par exception, deux cas dans lesquels l'acte récognitif a force probante par lui-même et indépendamment de l'acte primordial. C'est :

1° *Lorsqu'il reproduit la teneur de l'acte primordial ;*

2° *Lorsque, sans en reproduire la teneur, il réunit ces trois conditions :* 1° qu'il y a plusieurs actes récognitifs conformes l'un à l'autre ; 2° qu'ils sont soutenus de la possession ; 3° et que l'un d'eux a au moins trente ans de date. (Art. 1337.)

Qu'est-ce qu'un acte confirmatif?

L'acte confirmatif est celui que les parties dressent pour constater la ratification d'un contrat annulable.

Comme nous le savons, la ratification peut avoir lieu tacitement ou expressément. Elle a lieu *tacitement*, lorsque la partie qui pouvait faire annuler le contrat a gardé le silence pendant dix ans. Elle a lieu *expressément*, au moyen de l'acte confirmatif.

Pour que l'acte confirmatif soit valable, trois conditions sont nécessaires. Il faut :

1° Qu'il reproduise la substance de l'obligation annulable ;

2° Qu'il mentionne le motif de la nullité ;

3° Qu'il contienne l'intention de réparer le vice d'où provient cette nullité.

La ratification expresse ou tacite a pour effet de rendre le contrat inattaquable. — Mais elle ne peut jamais préjudicier aux tiers, c'est-à-dire aux personnes à qui la partie qui consent à ratifier avait cédé la chose, antérieurement à la ratification. (Art. 1338.)

Les donations qui sont nulles pour défaut de forme peuvent-elles être ratifiées ?

En principe, les actes absolument nuls ne peuvent être ratifiés, car on les considère comme n'ayant jamais existé. En conséquence, le donateur ne peut ratifier une donation nulle pour défaut de forme : il doit en faire une nouvelle.

Néanmoins, le législateur autorise, par exception, les héritiers du donateur à faire cette ratification. — Il a pensé, sans doute, qu'en exécutant la volonté de leur auteur, les héritiers ne font qu'accomplir une obligation naturelle, et il n'a pas voulu y mettre obstacle. (Art. 1339, 1340.)

SECTION II

DE LA PREUVE TESTIMONIALE

Qu'est-ce que la preuve testimoniale ?

La preuve testimoniale est celle qui résulte des déclarations des témoins.

Cette preuve, qui d'abord pouvait être employée pour établir toute espèce de conventions, fut restreinte, par une ordonnance de Moulins, rendue en 1566 par *Charles IX*, sur la proposition de l'illustre chancelier de *L'Hospital*, aux choses n'excédant pas

100 livres. — Cette disposition restrictive a été maintenue par le Code, sauf quelques modifications.

Dans quels cas la preuve testimoniale peut-elle être employée?

En principe, la preuve testimoniale ne peut être employée que dans le cas où il s'agit d'une chose n'excédant pas la valeur de 150 francs. —Toutefois, on peut encore y recourir, quelle que soit la valeur de la chose due :

1° Lorsqu'il y a déjà un commencement de preuve par écrit. — On appelle commencement de preuve par écrit un écrit qui rend vraisemblable le fait allégué, et qui émane de celui qui aurait intérêt à le nier.

2° Lorsque le créancier s'est trouvé dans l'impossibilité d'exiger une preuve écrite. — Par exemple, dans le cas où sa créance provient de quasi-contrats, de délits ou de quasi-délits, ainsi que de dépôts nécessaires.

3° Lorsque le créancier a perdu, par suite d'un cas fortuit, résultant d'une force majeure, le titre qui lui servait de preuve.

Aux termes de l'article 1341, la preuve écrite est nécessaire dans tous les autres cas, *même lorsqu'il s'agit de dépôt volontaire.* Ces dernières expressions ont été employées par le Code, afin de prévenir certains doutes qui s'étaient élevés dans notre ancienne jurisprudence. Plusieurs auteurs, touchés par cette considération que le déposant, qui demande service au dépositaire, peut difficilement en exiger un reçu, étaient d'avis de le dispenser de fournir une preuve écrite du dépôt. Le Code a rejeté cette exception, et a assujetti le déposant à la règle commune. (Art. 1341, 1347, 1348.)

Quelles sont les dispositions qui empêchent que cette règle ne puisse être éludée?

Afin d'empêcher que les parties ne puissent éluder la règle qui décide que la preuve testimoniale n'est admissible que lorsque la chose due n'excède pas la valeur de 150 francs, la loi a établi des dispositions rigoureuses. — Ainsi, elle décide que la preuve testimoniale ne sera pas admise :

1° Lorsqu'on restreint sa demande à 150 fr., après l'avoir formée d'abord pour une somme plus élevée ;

2° Lorsque la somme qu'on demande est déclarée être le restant d'une créance supérieure à 150 fr. ;

3° Lorsque le créancier a le droit d'exiger, outre le capital, des intérêts échus avant la demande, qui, réunis au capital, excèdent la somme de 150 francs ;

4° Lorsque, dans la même instance, le créancier fait plusieurs demandes dont il n'y a point titre par écrit, et qui, jointes ensemble, excèdent la somme de 150 fr. — Peu importe que ces créances proviennent de différentes causes; à moins qu'elles ne procèdent par succession, donation ou autrement, de personnes différentes, et qu'on ne puisse ainsi reprocher au créancier d'en avoir négligé la constatation par écrit.

Toutes ces demandes devront être contenues dans un seul et même exploit, afin que le créancier, en ayant soin de les former à diverses époques, ne puisse tromper les juges et se faire admettre à la preuve testimoniale. (Art. 1342, 1343, 1344, 1345, 1346.)

La preuve testimoniale peut-elle être admise contre et outre le contenu des actes?

Non; lorsque les parties ont dressé un écrit, aucune preuve par témoins ne peut être reçue contre et outre son contenu, ni sur ce qui est allégué avoir été dit, avant ou depuis les actes, encore qu'il s'agisse d'une somme inférieure à 150 fr. — Ainsi, l'une des parties vient-elle à alléguer que la créance produit des intérêts, quand l'écrit n'en fait pas mention, on ne lui permettra pas d'établir sa prétention. (Art. 1341.)

SECTION III

DES PRÉSOMPTIONS

Aux termes de l'article 1349, les présomptions sont des conséquences que la loi ou le magistrat tire d'un fait connu à un fait inconnu.

Il y a donc, comme on le voit, deux sortes de présomptions : les présomptions légales et les présomptions abandonnées à l'appréciation des magistrats.

§ I. — *Des présomptions légales.*

En quoi les présomptions diffèrent-elles des preuves proprement dites?

Si l'on s'attachait littéralement à la définition des présomptions donnée par l'article 1349, il n'y aurait aucune différence entre les présomptions et les preuves. Effectivement, pour que la preuve existe, il faut que le fait inconnu résulte directement du fait connu; tandis que, pour la présomption, il suffit que le fait inconnu résulte indirectement, et par voie d'induction, du fait connu. En d'autres termes, les preuves tendent à faire regarder le fait à établir comme certain; et les présomptions tendent seulement à le faire regarder comme probable. — Ainsi, lorsqu'un débiteur représente la quittance qui lui a été délivrée par le créancier, le fait connu, savoir la représentation d'une quittance, fait regarder comme certain un autre fait, c'est-à-dire le payement. Au contraire, lorsque le débiteur se borne à invoquer la prescription, le fait connu, la prescription, rend seulement probable le fait inconnu, c'est-à-dire le payement. (Art. 1349.)

Qu'est-ce que les présomptions légales?

Les présomptions légales sont celles que la loi fait résulter de certains actes ou de certains faits. Elles sont obligatoires pour le juge.

Les présomptions légales se divisent en deux classes : 1° celles contre lesquelles la preuve contraire n'est pas admise; 2° celles contre lesquelles elle est admise.

Les présomptions contre lesquelles la preuve contraire n'est point admise sont celles qui ont été établies par la loi, pour faire tenir comme certains des faits qui, dans l'intérêt de l'ordre public, doivent être tenus pour tels. — Celles contre lesquelles la preuve contraire est admise ont été établies pour suppléer à l'insuffisance des preuves ordinaires, et pour empêcher que cette insuffisance ne rende trop difficile la solution de certaines questions qu'il importe de trancher. (Art. 1350.)

Quelles sont les présomptions légales contre lesquelles la preuve contraire n'est pas admise?

Les présomptions légales contre lesquelles la preuve contraire n'est pas admise sont celles que la loi a établies, soit pour faire respecter ses dispositions en permettant aux juges d'annuler les actes qui les rendraient illusoires, soit pour empêcher certaines demandes d'être produites en justice. — Telles sont :

1° Les présomptions d'interposition de personnes. — Lorsqu'une donation est faite au conjoint, au père, à la mère, ou à l'enfant d'une personne, en faveur de laquelle le donateur ne pourrait pas disposer, elle est présumée faite à l'incapable lui-même, et en conséquence elle se trouve annulée;

2° Les présomptions qui permettent d'acquérir ou de se libérer par prescription ;

3° Celles qui résultent de l'autorité de la chose jugée ;

4° Celles qui résultent de l'aveu ou du serment de la partie. — Mais c'est à tort que l'aveu et le serment sont placés ici au nombre des présomptions. L'article 1316 les classe, avec bien plus de raison, parmi les preuves. Elles établissent, en effet, la certitude, et non point la simple probabilité du fait inconnu. — Au surplus, certaines présomptions, notamment celles qui permettent d'acquérir ou de se libérer par prescription, tombent devant l'aveu ou le serment de la partie qui aurait pu les invoquer. C'est ce qu'expriment les derniers mots de l'article 1352 : *sauf ce qui sera dit sur le serment et l'aveu judiciaire.* (Art. 1352.)

En quoi consiste l'autorité de la chose jugée?

L'autorité de la chose jugée consiste à tenir la chose jugée comme incontestablement vraie. — C'est ce qu'exprime la règle : *Res judicata pro veritate habetur.*

Toutefois, cette règle n'est pas absolue. Elle ne s'applique qu'à ceux qui ont été parties au procès ; car les jugements ne peuvent ni nuire ni profiter aux tiers. De plus, elle ne s'applique pas à tous les jugements, mais seulement à ceux qui sont définitifs. Enfin, elle ne s'applique aux jugements définitifs, même entre les parties plaidantes, que lorsque la demande qui est formée est identique à un jugement déjà rendu.

Pour que la nouvelle demande soit identique à un jugement déjà rendu, trois conditions sont nécessaires. Il faut qu'il y ait entre les deux affaires : 1° identité d'objet ; 2° identité de cause ; 3° identité de personnes. — Il faut qu'il y ait :

1° *Identité d'objet.* — Il y a identité d'objet, lorsque les deux affaires ont pour objet le même bénéfice, lorsqu'elles tendent au même but, lorsque, en un mot, le jugement à intervenir sur la seconde demande ne peut que confirmer ou contredire le jugement rendu sur la première.

2° *Identité de cause.* — Il y a identité de cause, lorsque les deux affaires sont fondées sur le même fait juridique. — Par exemple, lorsque je revendique contre *Primus*, à titre d'acheteur, la maison A, que j'ai précédemment revendiquée contre lui, au même titre.

Mais il ne faut pas confondre la *cause* avec les *moyens.* La cause, c'est, comme nous l'avons dit, le fait juridique qui donne lieu à la réclamation ; les moyens, ce sont les différentes manières d'établir ce fait juridique. Pour qu'on puisse opposer l'identité de la chose jugée, il n'est pas nécessaire que la seconde demande renferme les *mêmes moyens* que la première ; il suffit que ces différents moyens servent à établir le *même fait juridique.*—Ainsi, lorsqu'on a intenté inutilement une action en nullité d'une convention, pour cause d'erreur, on ne peut pas former une nouvelle demande en nullité de la même convention, pour cause de dol. L'erreur et le dol ne sont, en effet, que des moyens différents d'établir un même fait juridique, le vice du consentement.

3° *Identité de personnes.* — Il y a identité de personnes, lorsque les deux affaires ont été formées par des personnes qui sont *juridiquement* les mêmes. Il suit de là : — 1° que la même personne peut intenter une nouvelle demande, ayant le même objet et la même cause que la première, pourvu qu'elle n'agisse pas en la même qualité. Ainsi, un tuteur, après avoir revendiqué la maison A pour son pupille, à titre d'achat, peut très-bien la revendiquer, au même titre, pour lui-même. — 2° Qu'à l'inverse, une personne qui, juridiquement, mais non pas physiquement, est la même qu'une autre personne qui a déjà intenté une demande, ne peut pas en former une nouvelle. Ainsi, les héritiers, les créanciers, les ayants cause particuliers, ne peuvent pas intenter un procès qui a déjà été intenté par leur auteur, car ils étaient représentés par lui dans le premier jugement.

En résumé, lorsque la demande formée en justice est identique à une demande qui a déjà fait la matière d'un procès, cette seconde demande doit être repoussée. (Art. 1351.)

Les jugements qui concernent un débiteur solidaire sont-ils applicables aux autres débiteurs ?

Il faut distinguer :

Si le jugement a été rendu en faveur du débiteur et pour des motifs qui ne lui étaient pas purement personnels, il profite à ses codébiteurs.

Si, au contraire, il a été rendu contre lui, il ne nuit pas aux autres, parce que les débiteurs solidaires ne se représentent que pour conserver, et non point pour aggraver leur obligation. Ils sont unis *ad conservandam et perpetuandam obligationem, non ad augendam.*

Il faut adopter la même solution pour les jugements qui concernent un créancier solidaire. S'ils sont favorables au créancier, ils profitent à ses cocréanciers; mais s'ils ont été rendus contre lui, ils ne sont pas susceptibles de porter atteinte aux droits des autres.

Quelles sont les présomptions légales contre lesquelles la preuve contraire est admise?

Les présomptions légales contre lesquelles la preuve contraire est admise sont, comme nous l'avons déjà observé, des présomptions que la loi a établies, afin de donner aux juges les moyens de résoudre certaines questions importantes, en se fondant, en cas d'insuffisance des preuves directes, sur certains faits indiqués par le législateur comme devant tenir lieu de preuves. Les présomptions légales dont il s'agit ici étant uniquement destinées à remplacer les preuves lorsqu'elles font défaut, il est évident qu'il n'y a plus lieu de les appliquer, lorsque celles-ci sont fournies. — Parmi les présomptions de cette classe on peut citer :

1° Les présomptions de survie, tirées de l'âge et du sexe des co-mourants. — Ces présomptions sont applicables lorsque deux personnes, qui étaient appelées réciproquement à se succéder l'une à l'autre, sont mortes dans le même événement.

2° La présomption établie en faveur du possesseur.—Celui qui possède une chose en son nom et à titre de propriétaire est réputé, jusqu'à preuve contraire, en être propriétaire.

3° La présomption *is est pater quem nuptiæ demonstrant.*—Bien que cette présomption présente un grand caractère de vérité, elle peut cependant être combattue, dans certains cas, par l'action en désaveu.

§ II. — *Des présomptions qui ne sont point établies par la loi.*

Quelles sont les présomptions qui ne sont point établies par la loi?

Les présomptions de cette nature, qu'on appelle aussi présomptions de *fait* ou de l'*homme*, par opposition aux présomptions légales, sont celles que les magistrats peuvent tirer de l'appréciation des faits et des circonstances. — La loi autorise les juges à faire emploi de ces présomptions toutes les fois qu'ils le jugeront nécessaire, en leur recommandant seulement de n'admettre que celles qui sont graves, précises et concordantes.

Toutefois, si la loi autorise les juges d'une manière générale à recourir aux présomptions de fait, ce n'est que dans les cas où la preuve testimoniale est admise; c'est-à-dire lorsque l'objet de la demande n'excède pas la valeur de 150 francs. — En effet, la loi n'atteindrait pas son but, qui est d'obliger les parties à constater leurs conventions par écrit, si elle permettait au créancier, qui a négligé de le faire dresser, de prouver sa prétention par d'autres moyens. (Art. 1353.)

SECTION IV

DE L'AVEU DE LA PARTIE

Qu'est-ce que l'aveu?

L'aveu est une déclaration par laquelle une partie reconnaît comme vrais les faits allégués par son adversaire.

L'aveu est judiciaire ou extrajudiciaire.

L'aveu *judiciaire* est celui qui est fait, soit en présence du juge, soit dans un acte de procédure. Il doit être fait par la partie elle-même, ou par son fondé de pouvoir spécial. — Il ne peut émaner que d'une personne capable de disposer.

L'aveu judiciaire a une force probante absolue contre celui qui l'a fait. — Toutefois, quel que soit le caractère de certitude qui lui est propre, il n'est pas admis lorsqu'il porte sur un fait dont la loi prohibe la reconnaissance, tel qu'une filiation adultérine ou incestueuse. (Art. 1354.)

L'aveu peut-il être divisé contre celui qui l'a fait?

Non; on ne peut se servir de l'aveu de son adversaire, sans le prendre dans son intégrité. — Toutefois, la divisibilité est admise lorsque, l'aveu portant sur deux faits, le fait accessoire n'a aucune connexité avec le fait principal, et ne tend pas à en modifier ou à en détruire les conséquences.

L'aveu peut-il être révoqué?

Il faut distinguer :

L'aveu peut être révoqué, lorsque celui qui l'a fourni établit qu'il est le résultat d'une erreur de *fait*. — Ainsi, *Primus* avoue que *Secundus* a prêté 10,000 francs à son père; plus tard, il retrouve la quittance qui constate que cette somme avait été remboursée. Cette découverte fera tomber l'aveu.

Au contraire, l'aveu ne peut pas être révoqué, lorsqu'il est le résultat d'une erreur de *droit*. — Effectivement, l'ignorance de celui qui a fourni l'aveu en ce qui concerne les conséquences juridiques que l'aveu pouvait entraîner n'altère pas la sincérité de la confession.

Notons que la violence ou le dol produisent les mêmes effets que l'erreur de fait. — Ainsi, lorsqu'on a reconnu par suite de violence ou de dol être débiteur, on peut très-bien établir que l'aveu qu'on a fait a été involontaire. (Art. 1356.)

Qu'est-ce que l'aveu extrajudiciaire?

L'aveu extrajudiciaire est celui qui est fait hors justice, dans une conversation ou dans un écrit quelconque.

Lorsqu'il est *verbal*, il ne peut être établi par témoins qu'autant que l'objet de l'obligation n'excède pas 150 francs.

La loi n'a pas déterminé la force probante de l'aveu extrajudiciaire. Elle ne s'explique pas davantage sur la question de savoir si l'aveu de cette nature est indivisible et irrévocable.—C'est donc aux juges qu'il appartient d'apprécier ces différentes questions. En résumé, l'aveu extrajudiciaire est loin de présenter les garanties de l'aveu judiciaire. (Art. 1355.)

SECTION V

DU SERMENT

Suivant l'ordre du Code, nous avons divisé cette section en deux paragraphes, qui traitent du serment décisoire et du serment supplétoire.

§ 1. — *Du serment décisoire.*

Qu'est-ce que le serment?

Le serment est l'affirmation d'un fait, en prenant la Divinité à témoin de sa sincérité.

Le serment est judiciaire ou extrajudiciaire, suivant qu'il est prêté en présence de la justice ou hors de sa présence.

Le serment *judiciaire* est prêté à l'audience par la partie elle-même, en présence de son adversaire, ou lui dûment appelé. Celui qui le prête jure, en levant la main droite, que le fait qu'il avance est vrai.

Le serment *extrajudiciaire* est prêté hors l'audience par la partie qui avance un fait. — Bien que la loi ne parle que du serment prêté en justice, on admet généralement que le serment extrajudiciaire a la même force probante que l'aveu extrajudiciaire; et l'on décide qu'il faut lui appliquer les mêmes règles qu'au serment judiciaire, avec cette différence que la partie à laquelle il est déféré ne s'expose pas à perdre son procès en refusant de le prêter.

Le serment judiciaire n'a-t-il pas lieu de deux manières ?

Oui; il y a deux sortes de serment judiciaire, savoir : le serment décisoire et le serment supplétoire.

Le serment *décisoire* est celui qui est déféré en présence de la justice par l'une des parties à l'autre, pour en faire dépendre la décision de la cause. — Le serment *supplétoire* est celui qui est déféré d'office par le tribunal à l'une des parties, pour suppléer à l'insuffisance des preuves.

Le serment décisoire est une sorte de transaction par laquelle les parties terminent un différend, en convenant de s'en tenir à ce qui sera affirmé sous serment par l'une d'elles. — Pour qu'il soit susceptible de produire des effets, il faut :

1° Qu'il soit déféré sur des droits qui puissent faire l'objet d'une transaction. — Ainsi, il ne peut être déféré dans les questions d'état ou de séparation entre époux;

2° Qu'il soit déféré sur un fait de nature à déterminer la solution du litige;

3° Qu'il soit personnel à celui auquel il est déféré. — On admet cependant qu'il peut être déféré à la veuve ou aux héritiers de celui à qui le fait est personnel; mais alors il n'est déféré que sur la question de savoir s'ils ont connaissance du fait imputé à leur mari ou à leur auteur. (Art. 1357, 1358, 1359, 1366.)

Quels sont les différents partis que peut prendre la personne à qui le serment est déféré ?

La personne à qui le serment est déféré peut :

1° Le prêter. — La contestation est alors terminée à son avantage.

2° Refuser purement et simplement de le prêter. — La contestation est alors terminée en faveur de l'adversaire.

3° Refuser de le prêter; mais le référer à son adversaire. — Si celui-ci le prête, on lui donne gain de cause; s'il refuse de le prêter, on le condamne. — Toutefois, le serment ne peut être référé à l'adversaire, lorsqu'il s'agit d'un fait purement personnel à la partie à qui il a tout d'abord été référé. (Art. 1361, 1362.)

A quel moment du procès le serment peut-il être déféré ?

Le serment peut être déféré en tout état de cause, et encore qu'il n'existe aucun commencement de preuve du fait sur lequel il doit porter. (Art. 1360.)

Entre quelles personnes le serment produit-il son effet?

Le serment ne produit son effet qu'entre les parties, leurs héritiers et ayants cause.

Le serment prêté par un créancier solidaire profite à ses co-créanciers, mais il ne peut pas leur nuire.— En effet, les créanciers solidaires ne se représentent les uns les autres que pour les actes qui leur sont avantageux, et non point pour ceux qui peuvent leur nuire.

Pareillement, le serment prêté par un débiteur solidaire sur l'existence de la dette peut profiter à ses codébiteurs; mais il n'est pas susceptible de leur nuire.

Enfin, et pour les mêmes motifs, le serment prêté par le débiteur principal profite à la caution; mais il ne peut pas lui nuire, et réciproquement. (Art. 1365.)

La partie qui a déféré le serment peut-elle se rétracter?

Oui; la partie qui a déféré le serment peut se rétracter, mais seulement dans le cas où la partie adverse n'a pas encore consenti à le prêter. Effectivement, la délation du serment n'est qu'une offre de transaction; or, une offre n'oblige celui qui l'a faite que lorsqu'elle a été acceptée. — Pareillement, la partie à qui on a déféré le serment, mais qui l'a elle-même référé à son adversaire, peut retirer l'offre qu'elle a faite, à son tour, tant qu'elle n'a pas été acceptée.

Au reste, la partie qui a déféré, ou qui a référé le serment à son adversaire, n'est pas admise à établir la fausseté du serment prêté. Effectivement, en consentant à déférer le serment, elle s'engage implicitement à le tenir pour sincère et conforme à la vérité. — A la vérité, le ministère public peut exercer des poursuites à raison de la fausseté du serment prêté; mais, s'il obtient une condamnation, le serment qui en a été l'objet n'en continue pas moins à produire son effet entre les parties. (Art. 1363, 1364.)

§ II. — *Du serment supplétoire.*

Dans quels cas les juges peuvent-ils déférer le serment supplétoire?

Les juges peuvent déférer le serment supplétoire, en cas d'insuffisance des preuves, dans deux hypothèses: 1° pour la décision de la cause ; 2° pour déterminer le montant de la condamnation à prononcer.

1° *Ils peuvent le déférer pour la décision de la cause.* — Dans ce cas, il ne peut être déféré qu'aux deux conditions suivantes. Il faut :

1° Que la demande ou la défense ne soient pas pleinement justifiées ;

2° Qu'elles ne soient pas complétement dénuées de preuves.

En d'autres termes, les juges peuvent déférer le serment, soit au demandeur, soit au défendeur, mais c'est à la condition qu'il y ait déjà un commencement de preuve en faveur de celle des parties à laquelle ils le défèrent. — On admet généralement que ce commencement de preuve doit consister en un écrit, lorsque l'objet en litige dépasse 150 francs.

2° *Ils peuvent le déférer pour déterminer le montant de la condamnation* — Dans ce cas, il ne peut être déféré qu'aux deux conditions suivantes. Il faut :

1° Qu'on ne puisse pas constater autrement cette valeur ;

2° Que le juge détermine la somme jusqu'à concurrence de laquelle le demandeur sera cru sur serment. (Art. 1367, 1369.)

Quelles différences y a-t-il entre le serment supplétoire et le serment décisoire ?

Il y a entre le serment supplétoire et le serment décisoire les différences suivantes :

1° Le juge peut déclarer non avenu le jugement par lequel il a ordonné le serment supplétoire, s'il trouve d'autres preuves propres à l'éclairer. — Au contraire, la partie qui a déféré le serment décisoire ne peut pas se rétracter, lorsqu'il a été accepté par l'adversaire ;

2° Les parties sont admises à prouver la fausseté du serment supplétoire. — Au contraire, elles ne sont pas admises à prouver la fausseté du serment décisoire ;

3° Le serment supplétoire ne peut pas être référé. — Au contraire, le serment décisoire peut l'être. (Art. 1368.)

LIVRE III, TITRE IV

Des engagements qui se forment sans convention.

Les obligations ont leur source principale, mais non pas leur source unique, dans les contrats ; elles naissent encore des quasi-contrats, des délits, des quasi-délits et de la loi.

Nous avons étudié, dans le titre précédent, les obligations qui naissent des contrats. — Il nous reste maintenant à examiner celles qui proviennent des quasi-contrats, des délits et des quasi-délits. (Art. 1370.)

Notre titre ne contient que deux chapitres, qui traitent :

Chap. I. — Des quasi-contrats.

Chap. II. — Des délits et des quasi-délits.

CHAPITRE PREMIER

DES QUASI-CONTRATS

Articles 1371 à 1381.

Qu'est-ce qu'un quasi-contrat ?

On appelle quasi-contrat un fait licite et volontaire, qui fait naître une obligation unilatérale ou synallagmatique imparfaite. — Ainsi, les quasi-contrats produisent les mêmes effets que les contrats ; seulement, au lieu d'être formés par le concours de deux volontés, ils sont formés par un fait licite et volontaire de l'une d'elles.

Sous ce rapport, les obligations qui naissent des quasi-contrats présentent une certaine analogie avec celles qui naissent des délits et des quasi-délits : elles se forment également par suite du fait de l'une des parties, sans qu'il intervienne aucun engagement. — Mais elles en diffèrent en ce qu'elles proviennent d'un fait licite ; tandis que les obligations nées d'un délit ou d'un quasi-délit ont lieu à raison d'un fait illicite et dommageable.

Observons enfin que les obligations qui naissent de la loi diffèrent de toutes les autres, en ce qu'elles sont formées sans aucun engagement des parties, et sans aucun fait de la part de l'une d'elles. — Au reste, les obligations qui naissent de la loi sont éparses dans les divers titres du Code : ainsi, nous trouvons sous le titre du mariage les devoirs respectifs des époux ; sous le titre des tutelles, les obligations réciproques du tuteur et du mineur ; sous le titre des servitudes, celles qui sont imposées aux propriétaires voisins, etc.

Les quasi-contrats dont la loi fait mention ici sont la gestion d'affaires et le payement de l'indu. (Art. 1371.)

Qu'est-ce que la gestion d'affaires ?

La gestion d'affaires consiste dans le fait volontaire d'une personne qui, sans avoir reçu mandat, agit pour le compte d'une autre personne. — Cette dernière est obligée envers le gérant d'affaires, lorsqu'elle a ratifié sa gestion, ou même lorsque la gestion lui a été simplement utile.

Ainsi, pour qu'il y ait gestion d'affaires, deux conditions sont nécessaires. Il faut :

1° Que l'affaire ait été entreprise sans l'assentiment du maître. Si elle avait été entreprise avec son consentement, ce serait un mandat tacite, et non point une gestion d'affaires ;

2° Que le gérant d'affaires ait eu l'intention de se faire rembourser les dépenses qu'il a faites et qui ont été utiles. — Autrement, il aurait agi en vue de procurer gratuitement un avantage au maître, et il ne pourrait pas se faire indemniser des dépenses qu'il a faites à son profit. (Art. 1372.)

Quelles différences y a-t-il entre le mandat et la gestion d'affaires ?

Entre le mandat et la gestion d'affaires, il y a les différences suivantes :

1° Le mandataire peut se faire rembourser toutes ses dépenses. — Le gérant d'affaires, au contraire, ne peut se faire rembourser que ses dépenses utiles, c'est-à-dire celles qui ont profité au maître ;

2° Le mandataire n'est pas obligé de continuer l'affaire qui lui a été confiée, lorsque le mandant est venu à mourir. — Le gérant d'affaires y est, au contraire, obligé. (Art. 1373.)

Quelles sont les obligations qui naissent de la gestion d'affaires ?

La gestion d'affaires est un contrat synallagmatique imparfait, susceptible de produire des obligations, soit de la part du gérant d'affaires, soit de la part du maître.

Les obligations du gérant d'affaires consistent : 1° à continuer l'affaire qu'il a commencée jusqu'à ce qu'elle soit consommée, et, si le maître vient à mourir, à la continuer jusqu'à ce que ses héritiers aient pu en prendre la direction; 2° à y donner les soins d'un bon père de famille; 3° à rendre compte de sa gestion.

Les obligations du maître consistent : 1° à remplir tous les engagements que le gérant d'affaires a utilement contractés en son nom; 2° à l'indemniser de tous les engagements qu'il a contractés personnellement, ainsi que de toutes les dépenses utiles qu'il a faites. — En effet, le gérant d'affaires peut contracter valablement, soit au nom du maître, soit en son nom personnel. (Art. 1372, 1373, 1374, 1375.)

Qu'est-ce que le payement de l'indu ?

Le payement de l'indu consiste dans le payement d'une chose qui n'était pas due. — Ce payement étant nul, il en résulte que celui qui l'a effectué peut exercer une action en répétition contre la personne à qui il a été fait, et que celle-ci est obligée de restituer ce qu'elle avait indûment reçu.

Le payement de l'indu a lieu dans les trois cas suivants :

1° Lorsqu'on a payé, par erreur, une dette qui n'existait pas;

2° Lorsqu'on a payé, par erreur, à une personne, une dette qui existait, mais qui était due à une autre personne; en d'autres termes, lorsqu'on a payé en se trompant de créancier;

3° Lorsqu'on a payé, par erreur, une dette qui existait, mais qu'on ne devait pas soi-même.

En résumé, celui qui exerce l'action en répétition pour se faire restituer le payement qu'il a fait indûment doit prouver trois faits : 1° qu'il a fait un payement; 2° qu'il a fait ce payement sans le devoir ni civilement, ni naturellement; 3° qu'il a payé par erreur. (Art. 1376, 1377.)

Quels sont les effets du payement de l'indu ?

Il faut distinguer :

Si la personne qui a reçu le payement était de bonne foi, si elle croyait réellement avoir un droit de créance pour obtenir la chose qui lui a été payée, elle ne peut être contrainte d'en faire la restitution que jusqu'à concurrence du profit qu'elle en a retiré. — Dans le cas contraire, la personne qui a reçu le payement de mauvaise foi doit indemniser celui qui l'a fourni de tout le préjudice que lui a occasionné ce payement, et elle est même responsable de la perte ou des détériorations survenues par cas fortuit.

De là, les conséquences suivantes :

Celui qui a reçu de bonne foi le payement qui lui a été fait, n'étant tenu d'en faire la restitution que jusqu'à concurrence du profit qu'il en a retiré, il en résulte :

1° Que s'il a vendu la chose donnée en payement, il ne doit restituer que le prix qu'il en a touché ;

2° Que s'il a modifié ou détruit la chose donnée en payement, il n'est pas responsable des modifications ou de la perte, attendu qu'il n'est pas en faute d'avoir eu peu de soins pour une chose qu'il croyait lui appartenir ;

3° Que s'il a détruit le titre, en vertu duquel il pouvait se faire délivrer par son véritable débiteur la chose qui lui a été payée par erreur par une autre personne, il n'a rien à restituer, car il n'a plus aucun moyen d'obtenir le payement de ce qui lui était dû.

Au contraire, celui qui a reçu de mauvaise foi le payement, étant tenu d'indemniser le débiteur de tout le préjudice que lui a occasionné ce payement, il en résulte :

1° Qu'il doit, s'il a reçu une somme d'argent, restituer, non-seulement le capital, mais encore les intérêts depuis le jour du payement ; — et, s'il a reçu une chose frugifère, rendre, non-seulement cette chose, mais encore tous les fruits qu'il a perçus ou qu'il a négligé de percevoir ;

2° Que si la chose reçue a été détériorée ou a péri par sa faute, ou même par cas fortuit, il est tenu de dommages-intérêts envers le débiteur ;

3° Qu'enfin, s'il a vendu la chose, il doit, non-seulement en restituer le prix, mais encore y ajouter un supplément, s'il l'a vendue au-dessous de sa valeur. (Art. 1377, 1378, 1379, 1380.)

Que faut-il décider lorsque l'accipiens n'a été de bonne foi qu'à l'origine ?

Lorsque celui qui a reçu le payement était de bonne foi au moment où il lui a été fait, mais qu'il est ensuite devenu de mauvaise foi, c'est-à-dire lorsqu'il avait cru d'abord avoir droit à la chose donnée en payement, mais qu'il a su plus tard qu'elle lui avait été indûment fournie, il faut alors appliquer la règle précédente, suivant les distinctions que nous avons établies, en tenant compte de la bonne foi qui existait à l'origine et de la mauvaise foi qui est survenue dans la suite.

Ainsi, lorsque le payement qui a été effectué consistait en une somme d'argent, l'*accipiens* n'en doit pas les intérêts pour le temps où il est resté de bonne foi; mais il en est tenu pour le temps où il est devenu de mauvaise foi. — Pareillement, lorsque payement qui a été effectué consistait en un corps certain qui a péri, la perte n'est pas à sa charge si elle a eu lieu dans le moment où il était de bonne foi; et, au contraire, il en est responsable si elle a eu lieu après qu'il était devenu de mauvaise foi.

Au reste, l'*accipiens* qui fait la restitution de la chose qui lui avait été donnée en payement peut toujours, qu'il ait été de bonne ou de mauvaise foi, exiger le remboursement des dépenses nécessaires et utiles qu'il a faites pour sa conservation et son amélioration. — Mais les dépenses voluptuaires ne lui seront remboursées qu'autant qu'il était de bonne foi au moment où il les a faites. (Art. 1381.)

L'action en répétition est-elle opposable aux tiers?

A cet égard, les auteurs ne sont pas tous d'accord. Quelques-uns soutiennent qu'elle est une action personnelle, qui ne peut être dirigée que contre la personne qui a reçu indûment le payement, et qu'elle n'est susceptible de produire des effets qu'à son égard. — Mais cette opinion est généralement repoussée, et l'on décide que l'action en répétition est opposable aux tiers auxquels l'*accipiens* aurait concédé des droits réels sur la chose donnée en payement. Autrement, celui-ci aurait un moyen facile de rendre illusoire le recours exercé contre lui, en grevant la chose de droits réels, ou en la faisant sortir de son patrimoine.

Cette opinion nous paraît équitable et rationnelle. — Effectivement, le payement fait par une partie et accepté par l'autre constitue une convention. Or, toute convention est nulle et absolument inexistante, lorsqu'elle a eu lieu sans cause ou sur fausse cause. Le payement dont il s'agit ici ayant eu lieu sur fausse cause, il en résulte que celui qui l'a effectué n'a pas transféré à l'*accipiens* la propriété des objets livrés, et qu'il peut dès lors agir en revendication contre les tiers aux mains desquels ils se trouvent; à moins que ces derniers n'aient pu les acquérir par prescription, ou par l'effet de la règle *en fait de meubles la possession vaut titre.*

CHAPITRE DEUXIÈME

DES DÉLITS ET DES QUASI-DÉLITS
Art. 1382 à 1386.

Qu'est-ce que les délits et quasi-délits ?

On entend par délit tout acte illicite et dommageable, commis avec intention de nuire, soit à la société, soit à un particulier. — Le quasi-délit est également un acte illicite et dommageable; mais il se distingue du délit en ce qu'il a été commis sans intention de nuire.

Tout délit donne lieu à deux actions : à l'action publique, pour l'application de la peine; et à l'action civile, pour la réparation du dommage causé. — La loi ne considère ici le délit que sous le rapport de l'obligation qu'il fait naître pour celui qui en est l'auteur de réparer le dommage qu'il a causé. A ce point de vue, le quasi-délit présente beaucoup d'analogie avec le délit; car il fait naître également l'obligation de réparer le dommage causé.

Aux termes de l'article 1382, tout fait quelconque de l'homme, qui cause à autrui un dommage, oblige celui par la faute duquel il est arrivé à le réparer. — L'article 1383 ajoute qu'on est responsable, non-seulement du dommage causé par son fait, mais encore par sa négligence, ou par son imprudence.

Ces deux articles supposent qu'il y a eu faute de la part de celui qui a commis le dommage, et que cette faute a été dommageable. — Il faut ajouter que la faute, pour donner lieu à des dommages-intérêts, doit être imputable.

Pour qu'il y ait faute de la part de l'auteur du dommage, il faut que le préjudice causé à autrui provienne d'une contravention à une loi, soit en n'exécutant pas ce que la loi ordonnait de faire, soit en exécutant ce qu'elle défendait. — En outre, la faute doit être imputable, c'est-à-dire qu'elle ne peut donner lieu à une réclamation contre celui qui l'a commise, qu'autant qu'il a eu conscience de ce qu'il faisait. Par suite, l'incapable est tenu, comme la personne capable, des dommages-intérêts qui sont nés à raison d'un délit ou d'un quasi-délit, lorsqu'il a eu la conscience de son action. Pareillement, la personne en état d'ivresse est responsable du dommage causé par elle; car elle doit s'imputer de s'être mise dans un pareil état.

Au surplus, de ce que le dommage causé à autrui n'est pas toujours imputable à celui qui en est directement l'auteur, il ne s'ensuit pas que la personne qui l'a éprouvé soit privée de tout recours. En effet, elle peut, comme on va le voir, exercer souvent son recours contre ceux qui auraient pu l'empêcher. (Art. 1382, 1383.)

N'est-on responsable que du dommage que l'on cause par son propre fait ?

Non; on est encore responsable du dommage causé par les personnes qu'on a sous sa surveillance. Ainsi :

1° Le père, et, après le décès du père, la mère, sont responsables du dommage causé par leurs enfants mineurs, habitant avec eux. — Mais leur responsabilité cesse, non-seulement quand les enfants sont majeurs ou qu'ils n'habitent plus avec eux, mais encore lorsqu'ils n'ont pas pu empêcher les actes dommageables commis par eux.

2° Les maîtres et commettants sont responsables du dommage causé par leurs domestiques et préposés, *dans l'exercice de leurs fonctions.* — Bien plus, ils sont responsables, même dans les cas où ils n'ont pas pu empêcher les actes dommageables. En effet, ils sont en faute de n'avoir pas bien choisi leurs subordonnés, ou de les avoir gardés à leur service. Ainsi, lorsqu'un passant est blessé par un cocher maladroit, il peut actionner son maître.

3° Les instituteurs et artisans répondent du dommage causé par leurs élèves et apprentis, pendant le temps qu'ils sont sous leur surveillance. — Mais leur responsabilité cesse, lorsqu'ils n'ont pas pu empêcher les actes dommageables d'être commis. (Art. 1383.)

N'est-on pas également responsable pour les choses que l'on a sous sa garde ?

Oui. Ainsi on est responsable du dommage causé par l'animal dont on est propriétaire, ou par l'animal dont on se sert, pendant qu'on l'a à son usage. Toutefois, on serait admis à établir qu'on n'a pas pu empêcher le dommage. — Pareillement, le propriétaire d'un bâtiment est responsable du dommage causé par sa ruine, lorsqu'elle est arrivée par vice de construction ou défaut d'entretien.

Au reste, il convient d'assimiler le dommage causé par délit ou par quasi-délit à celui qui résulte du dol du débiteur. — En conséquence, l'auteur du délit ou du quasi-délit doit réparer tout le dommage qui est la suite directe et immédiate de son fait, que ce dommage ait pu ou non être prévu à l'avance. (Art. 1385, 1386.)

FIN DU TOME DEUXIÈME

TABLE DES MATIÈRES

TITRE III

Des obligations.

TITRE IV

Des engagements qui se forment sans convention

FIN DE LA TABLE DES MATIÈRES

Paris. — Imp. Viéville et Capiomont rue des Poitevins, 6

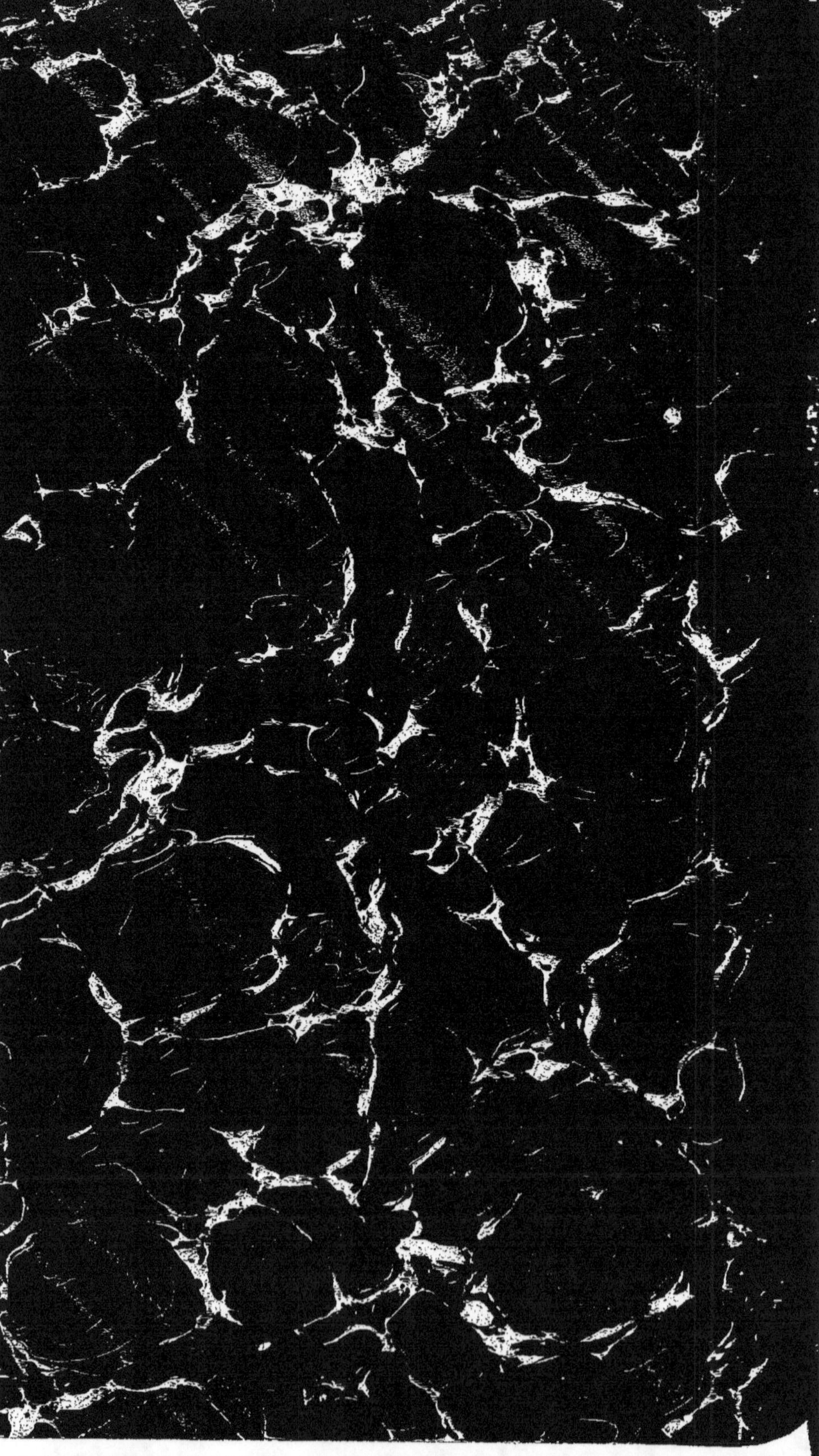

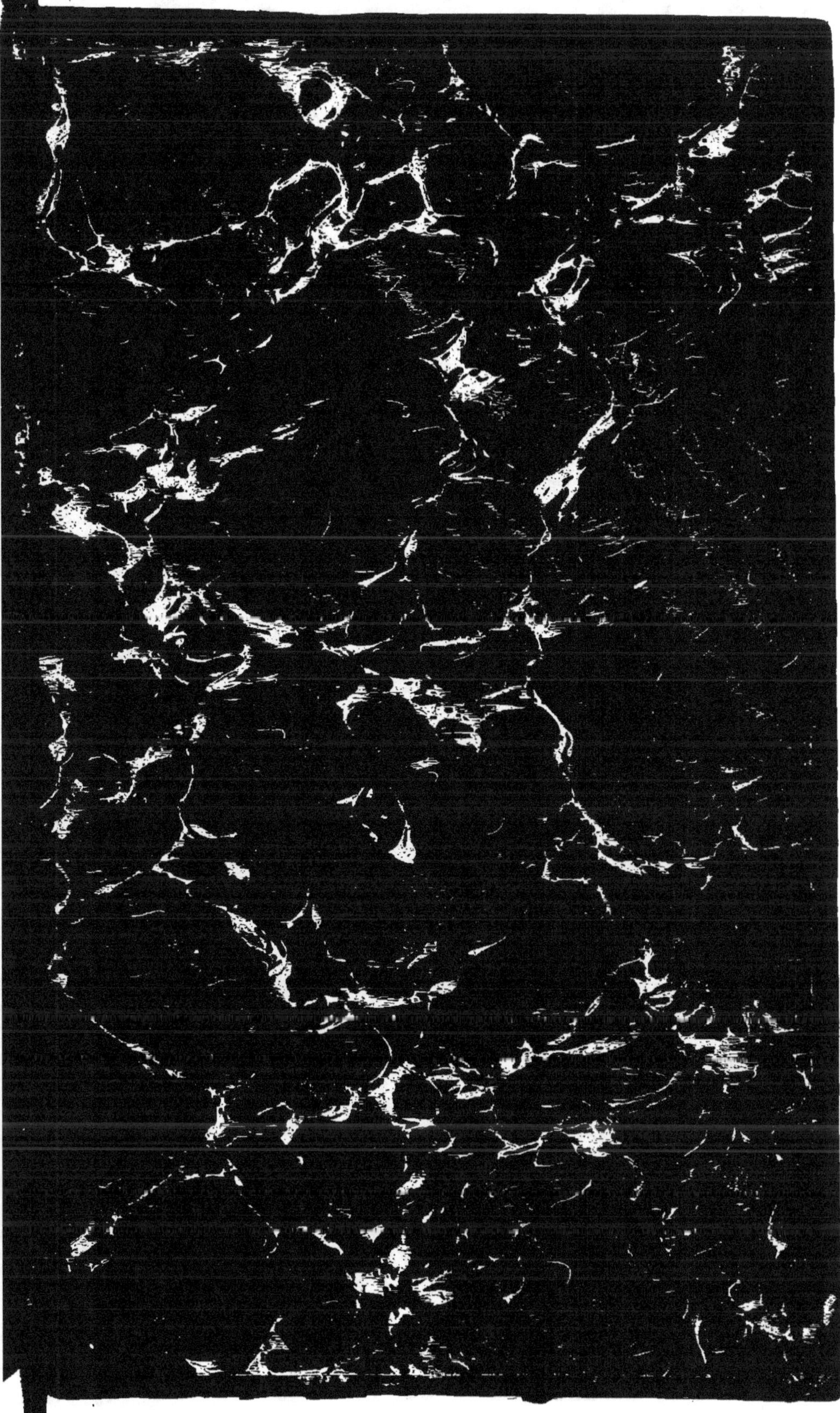